옥대신영 3

고대 중국의 여성 독자를 위한 사랑노래

New Songs from a Jade Terrace

편자 서릉(徐陵, 507~583)은 자가 효목(孝穆)이며, 동해(東海) 담(郯) 사람이다. 남조(南朝) 양(梁)나라 때 태자좌위솔(太子左衛率)을 역임한 서리(徐摛)의 아들로서, 소명태자(昭明太子) 소통(蕭統)이 죽은 후 소강(蕭綱)이 태자가 되었을 때 동궁학사(東宮學士)에 뽑혔으며, 이 무렵 소강(蕭綱)의 취지를 받들어 이 선집『옥대신영(玉臺新詠)』을 편찬하였다. 벼슬은 진(陳)나라 때까지 산기상시(散騎常侍)・오병상서(五兵尙書)・어사중승(御史中丞)・상서우복야(尙書右僕射)・좌광록대부(左光祿大夫) 등을 역임하였다. 그는 당시 유신(庾信)과 이름을 나란히 하여 그의 글을 '서유체(徐庾體)'라고 했으며, 궁체시(宮體詩)의 대표 작가이기도 하였다. 현존하는 그의 작품은 부(賦) 1수, 악부(樂府) 18수, 오칠언체시 22수, 실용문 79편,「옥대신영서(玉臺新詠序)」1편이 있다.

역자 권혁석(權赫錫)은 1960년 경주 출생으로 자호가 유경(由敬)이다. 경북대학교 중어중문학과와 동 대학원(석사) 및 서울대학교 중어중문학과 대학원(박사)을 졸업했으며, 현재는 충주대학교 중국어과에 재직중이다. 역서로는『國譯梅窩實紀』등이 있으며, 논문으로는「『玉臺新詠』研究」,「采桑 詩歌의 審美意識 小考」,「中國 古代童謠의 言語的 特色」,「'尙書・堯典'을 단초로 삼아 고찰한 孔子의 '敬'사상」등이 있다.

옥대신영 3

1판 1쇄 인쇄 2006년 12월 01일
1판 1쇄 발행 2006년 12월 10일

엮은이 / 서릉
옮긴이 / 권혁석
펴낸이 / 박성모
펴낸곳 / 소명출판
출판고문 / 김호영
등록 / 제13-522호
주소 / 137-878 서울시 서초구 서초동 1621-18 (란빌딩 1층)
대표전화 / (02) 585-7840
팩시밀리 / (02) 585-7848
somyong@korea.com / www.somyong.com

값 27,000원

ISBN 89-5626-233-0 93820
ISBN 89-5626-230-6 93820 (전3권)

옥대신영 3

玉臺新詠

고대 중국의 여성 독자를 위한 사랑노래

New Songs from a Jade Terrace

서릉(徐陵) 엮음 / 권혁석(權赫錫) 옮김

소명출판

일러두기

1. 이 원문의 저본은 목극굉(穆克宏) 점교(點校)『옥대신영전주(玉臺新詠箋注)』(北京 : 中華書局, 1985.6, 초판)이다. 그러나 원본에 가깝다고 볼 수 있는 송각본(宋刻本)을 기준으로 하였기 때문에 각권의 말미에 "宋刻不收"라고 되어 있는 작품은 제외하였다.
2. 주요 참고서적은 기용서(紀容舒)의『옥대신영고이(玉臺新詠考異)』(文淵閣 四庫全書), (日) 영목호웅(鈴木虎雄) 역해(譯解)『옥대신영집(玉臺新詠集)』上 · 中 · 下(東京 : 岩波書店, 1953년 초판, 1994년 제8쇄), (日) 내전천지조(內田泉之助)『옥대신영(玉臺新詠)』上 · 下(東京 : 明治書院, 1974년 초판, 1984년 6판), (英) Anne Birrell『*New Songs from a Jade Terrace*』(London, 1982), 부승주(傅承洲) 등 주(注),『옥대신영(玉臺新詠)』上 · 下(北京 : 華夏出版社, 1998년 초판) 등이다.
3. 각 작품 번역의 체계는 작가에 대한 설명을 포함하여 원문 · 역문 · 각주 · 설명 등으로 구성하였다.
4. 각 작품 제목 앞에 병기된 숫자는 전체 작품 667수의 일련번호이며, 각주나 설명 등에서 작품을 언급할 때는 제목 옆에 '(숫자)'를 병기하여 참고의 편리를 도모하였다.
5. 작가에 대한 설명 부분은 주로『중국문학가대사전(中國文學家大辭典)』上 · 下(臺灣 : 世界書局, 1981년 5판)과『중국역대작가소전(中國歷代作家小傳)』上 · 中 · 下(長沙 : 湖南人民出版社, 1979~1985)을 중심으로 하고 기타 여러 전적들을 참고하였다.
6. 번역 원칙은 가능하면 원문의 모든 글자의 존재 의미를 살리려고 노력하였으며, 그로 인해 의미 파악이 어렵게 된 것은 설명을 통해 보완하였다.
7. 원문은 한글맞춤법의 구두점을 적용하여 명기하였으며, 역문은 시적 느낌을 살리기 위해 대부분 구두점을 생략하였다. 다만 복잡한 대화체를 사용한 일부 시는 의미 전달을 명확히 하기 위해 인용 부호를 쓴 경우도 있다.
8. 각주의 표제자는 두음법칙을 무시한 한글 독음을 병기하였다. 다만 동일 각주에서 재차 출현하는 표제자는 한글 독음의 병기를 생략하였다.
9. 독자의 편의를 위해 목차를 간단히 하고, 작가 작품 목록과 기타 작품 목록의 해당 페이지수를 함께 작성하여 기재하였다.

역자 서문

본 역서는 한국학술진흥재단의 2002년 동서양명저번역지원사업에 의한 번역이다.

『옥대신영(玉臺新詠)』과 인연을 맺은 지 벌써 20년이 넘었다. 1985년 대학원에서 이장우(李章佑) 선생님의 수업을 통해 『옥대신영』 서문을 접한 후부터 박사학위논문을 쓰기까지 10년이 넘었는데, 그때까지의 초역에다 다시금 원문 입력과 주석까지 곁들여 재번역한 시간이 다시 10년 가까이 되었다. 그렇게 오랜 세월을 소요하게 된 까닭은 무엇보다도 어려운 고전번역이 천학비재의 나와는 본래 어울리지 않은 때문이요, 둘째는 나태한 학문적 태도 때문이기도 하다. 그간 주변에서 저에게 격려와 질책을 베풀어 주신 분들, 그리고 혹시나 계실지 모를 『옥대신영』의 번역본 출간을 기다려온 분들에게 이 분야 연구자로서 감사와 송구스런 마음을 함께 전한다. 아울러 이 책과 관련하여 저의 석사논문을 지도해주신 이홍진(李鴻鎭) 선생님, 그리고 박사논문을 지도해주신 최완식

(崔完植) 선생님께 머리 숙여 감사드린다. 또한 박사논문의 심사에서부터 번역에 대한 질책과 격려를 베풀어주신 이종진(李鍾振) 선생님께도 깊이 감사드린다.

번역을 해본 경험이 있는 사람은 누구나 느꼈으리라 생각하지만 번역을 경시하는 우리의 학계 풍토에서 번역일에 시간을 투자하기란 여의치가 않다. 번역가 대부분은 그 성과를 인정받기 위해서라기보다는 반드시 번역이 필요하다는 소명의식에서 스스로 선택한 것일 것이다. 외국어를 우리말로 옮기는 것, 그 중에서도 고대 중국어를 현대의 우리말로 옮기기란 그렇게 용이한 일은 아니었다. 특히 장르상에 있어서 시를 번역한다는 일은 거의 불가능에 도전하는 무모함이 아닐까 생각한다. 그런 점에서 『옥대신영』의 번역은 앞뒤를 살피지 않은 차라리 막무가내식의 작업이었다. 그렇기에 책장마다에는 애매하고 모호한 표현들이 가득할 것이며, 그로 인해 오히려 원작에 대한 오해를 살 여지도 충분하다. 지면을 빌려 오역 투성이인 번역의 출간을 결정하는 데 있어서 적잖은 용기가 필요했음을 밝힌다. 그 용기란 바로 제현들의 질책을 받을 좋은 기회라는 위안에서 나온 것으로, 독자들의 질정을 간곡히 바란다.

다음으로 이 번역본에 실린 작품의 내용에 대해 한 가지 언급하고자 한다. 육백여 수의 작품들의 주제는 한 마디로 사랑이다. 그러나 그 사랑이란 대부분 사랑하는 사람과의 이별로 인한 그리움이다. 이별 없는 기쁜 사랑, 어쩌면 인류의 영원한 존재 이유이자 과제가 아닌가 한다. 사랑이 굳건한 사회, 이별과 미움이 드문 사회, 그것이 바로 이상향일 것이다. 바라건대 천여 년 전의 중국 사랑시를 읽으면서 한 번쯤 그런 마음을 먹어볼 수 있다면 역자로서는 더없는 보람이라고 생각한다.

끝으로 형식이 다른 원고를 일정한 꼴을 갖춘 책으로 만들어준 소명출판 편집부의 노고에 지면을 빌려 감사를 표하며, 자신밖에 모르던 역자로 하여금 사랑에 대한 이해를 보다 깊게 해준, 그래서 번역상의 오류를 좀 더 줄게 해준 아내 영심(英心)께도 부끄러움을 무릅쓰고 감사를 드린다.

2006년 10월
역자 삼가 씀

해제

고대 중국의 여성 독자를 위한 사랑노래 모음

1. 개요

『玉臺新詠』 10권은 南朝 梁나라 武帝 때 태자 蕭綱의 취지에 따라 徐陵이 편찬한 시가선집으로, 『詩經』·『楚辭』를 제외하면 가장 오래된 시가선집이다. 수록된 작품은 宋刻本 기준, 漢代부터 편찬 당시 梁代까지의 민가 포함 115명의 實名 작가의 시가로서 오언체(417수), 오언사구이운체(157수), 칠언체(44수), 사언체·육언체 및 잡언체(49수) 등 총 667수에 달한다. 이 시가선집은 漢代부터 南朝 말엽에 해당하는 梁代까지의 시가 중에서 여성과 관련된 시가를 총괄하는 성격을 지니고 있다. 작가와 작품의 수량에 있어서도 당시에 편찬된(520~526) 시문선집인 『文選』에 수록된 시가(65명 작가, 444수)를 훨씬 능가한다.

2. 『옥대신영』의 편찬 경위

『玉臺新詠』의 편찬 경위에 관한 구체적 내용은 그 서문에서조차 언급이 거의 없으며, 간접적으로 편찬에 영향을 끼친 인물로 알려진 蕭綱에 대한 전기인 『梁書』와 『南史』의 「簡文帝紀」 및 실재 편찬자로 알려진 徐陵의 사적을 기록한 『南史』와 『陳書』 「徐陵傳」 등의 자료에도 관련된 기록이 전혀 없으며, 이후 『隋書』 「經籍志」에서 처음으로 겨우 '『玉臺新詠』 十卷 : 徐陵撰'이란 목록 형식이 보인다. 이런 사정으로 인해 이 시가집의 명확한 편찬 경위는 지금까지도 정확히 규명되지 않고 있다.

이 시가집의 편찬 경위에 관한 후대 기록 대부분은 唐나라 때의 『大唐新語』란 책의 내용에 근거한 것인데, 그것은 바로 唐 太宗과 그 신하 虞世南 사이의 일화로서 다음과 같다.

> 太宗이 侍臣들에게 말하기를 "짐이 장난삼아 염정시를 지었노라"고 하니, 虞世南이 곧바로 간언하기를 "임금님의 작품은 비록 훌륭하지만 격조는 고상하지 않습니다. 주상께서 애호하시는 것은 아랫사람들이 반드시 따르게 마련입니다. 이런 문장이 전파된다면 아마도 세상에 풍미할 것 같으니, 이후 임금님의 조서를 받들지 않도록 해주십시오"라고 하였다. 이에 太宗이 말하기를 "그대의 간절한 충정이 이와 같으니 짐이 그대를 기특히 여기노라. 모든 신하들이 다 世南과 같다면야 세상이 잘 다스려지지 않음을 어찌 근심하겠는가"라고 하고 이에 비단 50필을 하사하였다. 옛날 梁나라 簡文帝가 태자였을 때, 염정시 짓기를 좋아해 東宮이 모두 그렇게 변하여 차츰 유행하게 되었는데, 그것을 '宮體'라고 했다. 만년에는 작풍을 고치고자 했지만 되지 않자, 이에 徐陵으로 하여금 『玉臺集』을 편찬케 하여 그 체제를 확대시켰다. 永興公의 간언은 자못 고사 때문이었다(太宗謂侍臣曰, 朕戱作艶詩. 虞世南便諫曰, '聖作雖工, 體制非雅. 上之所好, 下必隨之, 此文一行, 恐致風靡, 而今而後, 請不奉詔.' 太宗曰, '卿懇誠若此, 朕用嘉之. 群臣皆若世南, 天下何憂不理.' 乃賜絹五十疋. 先是,

梁簡文爲太子, 好作艶詩, 境內化之, 浸以成俗, 謂之宮體. 晩年改作, 追之不及, 乃令徐陵撰『玉臺集』, 以大其體. 永興之諫, 頗因故事).

—『大唐新語』「公直」

기존 연구들 대부분은 이 자료를 기본 전제로 삼아 편찬 경위를 연역해낸 것이다. 하지만 『大唐新語』란 책의 성격이 정사가 아닌 소설가류에 속한다는 점과 그 편찬 시기가 몇 조대를 지난 대략 3백 년 후라는 점 등으로 인해 그 내용을 완전히 믿을 수는 없다. 따라서 보다 정확한 편찬 경위를 밝히기 위해서는 편찬 당시와 보다 근접한 시기의 신빙성 높은 관련 자료를 우선으로 해야 함은 물론이며, 시가의 발전이란 흐름 속에서 통시적·공시적 측면의 고찰을 통해 편찬 경위의 내적 동인을 밝혀내야 할 것이다.

1) 편찬 배경

시가사의 흐름에서 볼 때, 이 선집이 편찬된 南朝 梁나라 때는 여기에 실린 작품으로 대표되는 宮體詩류의 염정적인 시가가 주류를 이룬 시기다. 이에 앞서 문인들의 문학에 대한 관심의 표출은 後漢 말 建安 시기를 계기로 본격화되었다. 建安 시기 曹操·曹丕·曹植이 앞장을 서고 수많은 문인들이 뒤를 따르며 민가의 청신한 체제를 모방하기 시작하면서부터 중국의 문인시가는 꽃을 피우기 시작한다. 이러한 建安 문학은 일면 통속적인 민가로부터 내용·형식·제재 등에 있어서 차츰 雅化되어 가는 초기 과정이라고 볼 수 있다. 일단 문인들의 수중으로 전이된 시가는 정치의 혼란과 귀족사회라는 南朝의 특징과 맞물려 정치에 실의하여 가문과 일신의 안녕에만 관심을 가졌던 귀족문인들의 오락적 수요에 부응해 내용보다는 형식, 公利보다는 개인적 쾌락을 추구하는 쪽으로 발전하게 된다.

좀 더 구체적으로 살펴보면 宋을 이은 齊나라는, 초기 약 10여 년 간 정치가 안정되어 어느 정도의 치세기를 맞는다. 이로 말미암아 문학 또한 흥성하였다. 당시의 시가는 武帝의 연호를 딴 '永明體'로 불리는데, 王融·謝朓·范雲·任昉·沈約·陸倕·蕭琛·蕭衍 등 '竟陵八友'가 창작 활동의 중심이 되었다. 작품의 길이는 짧아졌으며, 수사와 성률이 더욱 강구되었는데, 이는 문인의 수중에서 차츰 소실되어 가던 음악성을 언어문자의 측면에서 되살리고자 노력한 결과로 볼 수 있다. 음악성이란 외재율 탐색에 대한 노력은 이후 율시 탄생의 중대한 계기를 제공하게 된다. 시의 공간적 측면에서 볼 때 산수시의 경우 전 시대의 玄理와 유람의 공간에서 탈피하여 일상생활의 공간으로 나아가면서 좀 더 사람과 밀착하게 된다.

齊를 이어 蕭衍이 세운 梁(502~557)나라는 남북조 역사 중 가장 평화로운 치세라고 불릴 만큼 정치적 안정을 이루었으며, 문학도 따라서 매우 흥성였다. 이 시기는 특히 '竟陵八友'의 한 사람이었던 武帝 蕭衍을 비롯하여 그의 아들 蕭統·蕭綱·蕭繹 등 蕭氏 부자를 중심으로 한 미증유의 거대한 문학 집단이 형성되어 활발한 창작 활동이 이루어진다. 이 시기의 두드러진 시가 양식은 '宮體詩'라고 할 수 있다. 宮體詩에 관한 기록 중 가장 직접적인 자료를 보면 다음과 같다.

> 簡文帝는 시 짓기를 매우 좋아하였다. "그의 시집 서문에 이르기를 '나는 일곱 살 때부터 시벽이 있었는데, 커서도 싫증이 나지 않았다'라고 하였다. 그러나 경박하고 기염한 것이 병폐였는데, 당시에 그것을 '宮體'라고 하였다(雅好題詩. 其序云, '余七歲有詩癖, 長而不倦.' 然傷於輕艶, 當時號曰'宮體')."
>
> —『梁書』「簡文帝紀」

'宮體'라는 명칭은 본래 徐陵의 아버지인 徐摛(472~549)에게서 비롯된 것으로, 그 근원은 전대의 '永明體'라고 할 수 있다. 즉 蕭衍 등 '竟

陵八友'의 시가에서 진일보하여 염정적인 내용에다 형식이 더욱 정제된 시가로서, 蕭綱이 태자였을 때 東宮에서 유행하였던 新體詩가 바로 그것이다. 이를 '新變'의 관점에서 본다면, 전대의 '新變'한 新體詩인 '永明體'에서 다시 한번 '新變'한 新體詩라고 할 수 있을 것이다.

漢代부터 梁代까지의 중국 중고 시기 시가의 흐름은 雅俗의 관념이 서로 대립・부정・복고・新變하는 과정의 연속선상에서 파악될 수 있다. 이를 다시 『玉臺新詠』이 편찬된 梁代만을 두고 본다면 일면 漢代 유가사상의 영향으로 대두된 詩教說로부터 시가가 탈피하는 과정의 종점에 해당하는 시기로 시가의 독립이 완성된 시기란 긍정적 의의를 지니고 있다. 『玉臺新詠』은 바로 이러한 梁代 시풍의 직접적인 반영이자, 중고 시기 시가의 발전과 독립을 총결하는 의미를 지니고 있다.

『玉臺新詠』 탄생의 보다 직접적인 배경은 이러한 시가사적 배경보다 梁代 문단에 있어서 전후기로 양분된 두 문단의 대립이라고 할 수 있다. 梁代의 蕭氏 부자는 魏나라 曹氏 부자처럼 문단을 활발하게 영도한 영수였다. 『玉臺新詠』과 『文選』은 바로 그들 문학 활동의 주요한 결실이다.

梁代 문단을 蕭衍의 두 아들, 蕭統과 蕭綱을 중심으로 한 성격이 상이한 두 문단으로 나누어 그 상황을 살펴보면 다음과 같다. 梁代 전기와 후기는 각각 蕭統과 蕭綱이 중심이 되어 문단을 형성하였다. 두 사람은 모두 일찍부터 문학을 애호하였으며, 상당수의 작품 창작과 나름대로의 문학관을 피력하여, 창작과 이론면에서 모두 높은 성취를 보였다.

梁代 전기, 즉 蕭統(501~531)이 태자로 東宮에 거처하고 있을 동안(502~531)에는 『文心雕龍』의 관점같이 유가의 詩教說에서 어느 정도는 벗어나 문학의 독자적 심미 특성을 인정한 蕭統 일파가 문단의 주류를 이루고 있었다. 그들은 당시 문단의 추세인 시가의 俗化에 대해 그 형식면에서는 긍정하면서도 綺艷한 내용으로의 俗化는 반대하였다. 蕭統의 문학관은 『文選』의 서문에 잘 나타나 있듯이, 유가사상에 기초하여

문학의 실용성을 강조하면서도 일면 문학의 독자적인 성격과 위치를 긍정하는 것이었다. 즉 그는 명백히 '姬公之籍'과 '孔父之書' 같은 유가의 경전을 모두 문학의 범주에서 제외시켰으며, 오로지 '내용이 깊은 생각에서 나온 것과 의미가 아름다운 문채로 귀속되는(事出於沈思, 義歸乎翰藻)' 작품만을 수록한다고 했다. 그리하여 그는 다음과 같이 雅俗 절충의 관점을 보였다.

> 대개 문장이란 법식을 따르면 투박하게 되기 쉽고, 화려함을 추구하면 허황한 병폐를 지니게 마련이니, 화려하면서도 허황하지 않고 법식을 따르면서도 투박하지 않은 문채와 내용이 함께 빛나야만 군자의 경지에 이른다(夫文典則累野, 麗亦傷浮, 能麗而不浮, 典而不野, 文質彬彬, 有君子之致).
>
> —「答湘東王求文集及詩苑英華書」

아울러 문학의 진화를 긍정하여 당시의 '新變' 시풍을 일면 수긍하였지만, 문학의 효용이란 측면에서는 오락적 효용보다 교화적 효용을 우위에 두어, 남녀간의 애정을 다룬 시가와 여성을 소재로 한 시가에 대해서는 반대하는 입장이었으며, 나아가 이러한 시가의 근원인 樂府와 당시의 민가를 매우 경시하였다. 이 점은 『文選』에 잘 반영되어 있는데, 즉 『文選』에는 古樂府만 단지 3수 수록되어 있을 뿐이며, 漢代의 많은 樂府와 南朝의 吳聲·西曲의 민가, 나아가 이것을 모방한 五言四句二韻體의 시는 수록하지 않았다. 또한 그가 쓴 「陶淵明集序」에 따르면, 陶淵明의 작품 중 여성을 소재로 다룬 「閑情賦」를 구슬의 흠이라고 평하고 있다. 이러한 관점은 蕭綱 일파의 문학관과는 정면으로 배치되는 점이다. 이 일파는 蕭統이 죽기 전까지, 즉 梁代 전기를 대표하는 문단이었다.

이와 더불어 梁代 후기 시풍을 대표하는 일파로서, 문학의 공용성을 배제하고 극단적인 개인의 오락성을 주장한 蕭綱 일파를 들 수 있다. 그들은 문학창작 활동을 인격과 분리하여 당시의 이른바 '宮體詩' 창작의 이론적 기틀을 제공해 주었다.

다음은 蕭綱의 문학관을 그의 글을 통해 귀납해 낸 것이다.

첫째, 문학의 창작 활동에 금기와 구속을 받지 말고 최대한 상상력을 발휘해야 한다. 이는 蕭綱의 문학관의 가장 독특한 부분으로, 열 살인 자신의 둘째 아들 蕭大心에게 학문과 입신의 근엄함을 강조하기 위해 준 「誡當陽公大心書」에 보인다.

> 입신의 도리는 문장과는 다른데, 입신은 우선적으로 신중해야 하고, 문장은 그 다음으로 방탕해야 한다(立身之道, 與文章異, 立身先須謹重, 文章且須放蕩).

이 글에서 '문장'은 곧 현대적 의미의 문학 곧 시가를 말하며, 이는 실용적, 학술적 산문과 구별되는 것이다. 그리고 '방탕'이란 현대적 의미의 생활상의 방탕함이 아니라, 정서의 발로가 아무런 구애를 받지 않는 것을 말하는 것으로, 그 구애란 대표적인 예로 전통적 유가의 詩教인 '止乎禮義'와 같은 도덕적 규범을 말한다. 즉 문학 창작은 입신과 학문과는 달리 정서 활동에 구속을 받지 않아야 한다는 주장이다.

둘째, 公利的인 실용문과는 다른 시가의 독자성 인정 및 지위를 제고시켰다. 중국의 경우 문학은 일체의 문장으로 파악되어 漢代까지는 주로 유가의 부속적인 載道의 수단으로 여겨져 왔다. 魏의 曹丕에 이르러 문학 자체의 독립적인 지위가 어느 정도 인정되었으며, 나아가 시가가 다른 문장과는 다르다는 인식이 싹트기 시작했다. 이후 西晉 때의 陸機는 시가가 다른 문장과는 달리 정감과 밀접한 관계를 가진 것이라고 파악하기에 이르렀으며, 다시 蕭綱에 이르러서 그는 시가가 지니고 있는 경전과는 다른 독자성을 명확히 인식하게 되었다. 따라서 曹丕에서부터 시작된 시가의 독자성에 대한 인식은 蕭綱에 이르러 완성되었다고 말할 수 있다. 다음은 蕭綱의 「與湘東王書」 중의 일부분이다.

무릇 六典·三禮의 시행에도 그 장소가 있으며, 五禮를 적용함에도 그 장소가 있다. 생각이나 감정을 노래함에 오히려 「內則」편을 모방하고, 붓을 잡고 뜻을 써내려감에 오히려 「酒誥」를 모방하고, 더디게 가는 봄날에 오히려 『歸藏』을 학습하고, 맑은 강물을 보면서 오히려 『大傳』을 모방하는 예를 아직 듣지 못했다(若夫六典三禮, 所施則有地, 吉凶嘉賓, 用之則有所. 未聞吟詠情性, 反擬內則之篇, 操筆寫志, 更摹酒誥之作, 遲遲春日, 翻學歸藏, 湛湛江水, 遂同大傳).

이 글을 보면 그는 확실히 감정을 노래하는 시가와 경전의 차이를 파악하였으며, 아울러 시가의 가치를 경전과 동등한 위치에서 서로 비교하여 시가의 위치를 제고시켰음을 알 수 있다. 또한 역대 제왕에 비해 두드러지게 많은 시가 창작과 儒·道·佛에 관한 저술은 그가 경서와 시가를 동일한 범주에서 비교 파악한 것이 아니라, '경서(교화)↔시가(오락)'이란 각각의 독자성을 인정한 결과라고 할 수 있다.

셋째, 형식미를 강구하였다. 중고 시단에 있어서 형식미를 강구한 대표적인 시체는 바로 謝朓·沈約 등의 永明體다. 이는 언어의 성률을 통해 시가의 음악성을 강구하려는 시도로 볼 수 있다. 이러한 永明 시인들의 작품에 대해서 그는 다음가 같이 높이 평가하였다.

근세의 謝朓와 沈約의 시와 任昉과 陸倕의 산문은 실로 문장 중의 으뜸이며, 저술 중의 모범이다(近世謝朓沈約之詩, 任昉陸倕之筆, 斯實文章之冠冕, 述作之楷模).

—「與湘東王書」

그리고 謝靈運의 천재성으로 인한 형식적으로 세련되지 못한 투박함에 대해서 다음과 같이 언급하면서 시를 배우는 자는 세련된 형식미를 강구해야 한다고 하였다.

謝靈運은 말을 토해냄이 하늘에서 뽑아낸 듯 자연스럽게 나오므로, 간혹 구속되지 않은 면이 있는데, 이것은 그의 투박함이다. …… 이 때문에 謝靈運을 모방하게 되면 그 진수에 이르지 못하고 단지 쓸데없이 길어지게 될 따름이다(謝客吐言天拔, 出於自然, 時有不拘, 是其糟粕. …… 是爲學謝則不屆其精華, 但得其冗長).

—「與湘東王書」

이러한 형식미에 대한 강조는 그의 작품 속에 그대로 나타나는데, 『玉臺新詠』에 수록된 그의 작품 76수 중 대부분이 齊言體이며, 권9에 수록된 칠언체 및 잡언체 12수 중에도 실제 잡언체는 단지 3수에 불과할 정도로 그 구법의 정제화를 이루었다.

넷째, 음악을 애호하였다.

유미주의 문학은 문학의 기능을 교화적인 것으로 보기를 거부하고 오락적인 것으로 보기를 주장한다. 따라서 오락적 기능에 수반되는 것은 자연히 가무 등의 음악이다. 蕭綱은 스스로 다음과 같이 말한 것으로 보아 음악을 애호하였음을 알 수 있다.

성격이 본래 문학을 좋아한데다, 게다가 때때로 짧은 노래를 읊으니, 비록 보잘것없는 소리이지만 붓을 놓을 수가 없었다(性旣好文, 時復短詠, 雖是庸音, 不能閣筆).

—「與湘東王書」

그가 애호한 음악이란 주로 민간의 음악이었다. 이는 일찍이 藩王으로서의 성장 배경과 관련이 있다. 즉 태자로 책봉되기 전의 지방관으로서의 생활은 그로 하여금 비교적 쉽게 민간 정서에 접근할 수 있도록 하였다. 이로 인해 그는 민가 모방에 힘을 썼으며, 작품의 내용 또한 대개는 민가의 주요 내용인 남녀의 애정과 이별인데, 민가 또는 민가의 영향을 받은 작품을 수록한 권9와 권10에 그의 작품이 33수나 수록되어 있음을 통해 그 사실을 알 수 있다. 아울러 그의 작품 중 상당수가 연회

석상에서 창화한 작품으로, 이는 음악과 같은 오락적 수요에 부응한 성격을 띠고 있으니 그의 음악 애호와 무관하지 않다.

蕭統·蕭綱을 중심으로 한 두 문학관은 문학의 심미적 속성에 대한 긍정에서 출발하여 구체적 내용상으로는 차이를 보인다. 梁代 초기 즉 蕭統(501~531)이 죽기 전까지는 당시의 창작 추세에도 불구하고 전자가 우세하였으며, 蕭統 사후 蕭綱이 태자가 된 532년 이후는 창작과 이론에 있어서 모두 후자가 우세하였다.

이러한 두 문학관의 대립은 당시 梁朝에서의 성격이 상이한 두 문학집단의 정치적 역학구도와 관련이 깊은데, 이는 나아가 『文選』과 『玉臺新詠』 탄생의 직접적인 배경이 된다. 梁代 초에는 蕭統이 태자로서 권력의 핵심부에 있음으로 인해 당시 문단의 주류를 형성할 수 있었다. 정치적 지위의 우위를 힘으로 삼아 전대부터 유행하기 시작해 당시 한창 풍미하고 있던 綺艶한 내용의 宮體詩를 반대하였다. 그와 함께 자신의 문학관을 실현하기 위해 그에 부합하는 작품집인 『文選』을 편찬하게(520~526) 하였으며, 나아가 그것을 통해 당시 문단의 계도적 역할을 수행하고자 하였다.

한편 蕭綱은 자신의 문하에 있던 문인들과 함께 문단을 이루어 蕭統을 중심으로 한 궁정 문학파와 대립하여 당시 문단의 주류를 다투었다. 그 노력의 하나로 동생 蕭繹의 문학적인 재능을 극찬하면서 자신의 세력으로 끌어들였다. 후에 蕭統이 죽고 자신이 태자가 되자, 徐陵·庾信은 물론이요, 원래 蕭統의 문하에 있던 蕭子顯 등까지 끌어들여, 당시의 서로 다른 문학관의 두 문단을 자신의 문학관 중심으로 통일하고, 그들 문학관 및 작품에 정통성을 부여하기 위해 『文選』과는 성격이 다른 『玉臺新詠』을 편찬하게 되었던 것이다. 그리하여 당시 그들의 宮體詩야말로 『詩經』의 風의 정신을 계승한 시가의 전형이라고 하여 漢代부터 당시까지의 '緣情'의 시가만을 수록하였다. 다시 말하면 『玉臺新詠』은 蕭綱을 중심으로 한 당시의 오락 문학관의 결산물이자, 蕭統 및

『文選』과의 대립에서 탄생한 산물이라고 할 수 있다.

2) 편찬자

『玉臺新詠』의 편찬자가 徐陵이라는 사실은 옛부터 모두 인정하고 있어 이론의 여지가 없다. 다만 『大唐新語』의 기록대로 蕭綱의 명에 의해 徐陵이 편찬한 것인지, 아니면 시가집 자체에 명기된 기록 '陳나라의 尙書左僕射 太子少傅인 東海人 徐陵이 편찬함(陳尙書左僕射太子少傅東海徐陵撰)'이란 구절과 시가집 서문 등에 따라 徐陵이 독자적으로 편찬한 것인지가 문제이다. 이에 대해 비록 『大唐新語』의 기록을 무시한다 할지라도 전술한 편찬 배경을 통해 볼 때, 徐陵은 단지 명목상의 편찬자이며 배후의 주도적 인물은 바로 蕭綱이란 것을 알 수 있다. 이는 동시대에 편찬된 『文選』이 실재로는 서문을 쓴 蕭統의 취지하에 그의 親臣이었던 劉孝綽·殷藝·陸倕·王筠·到洽 등에 의해 편찬되었다는 사실과 마찬가지다.

이러한 추론을 더욱 신빙성 있게 하는 증거로 다음 몇 가지 사항을 들 수 있다.

첫째, 이 시가집의 작가의 명칭, 특히 왕족의 명칭을 통해 蕭綱이 이 시가집의 주체였음을 쉽게 알 수 있다. 즉 본서의 저본인 宋刻本 작품에 국한시켜 볼 때, 권7·권9·권10 등에 수록된 왕족 작가에 대한 명칭을 보면 그 사실이 명확하다. '梁武帝'는 편찬 당시의 명칭이 아닌 시호인 점으로 보아, 왕족의 명칭에 대해서는 후인들의 가필이 있었을 것으로 볼 수 있다. 蕭綱 역시 太淸 3년(549)에 즉위했으며, 이어 蕭繹 또한 大寶 3년(552)에 즉위하여, 후에 각각 簡文帝·元帝라고 시호되었는데도, 宋刻本의 작품에 한해서 이들의 시호를 쓰지 않은 점으로 보아, 후인의 가필은 武帝 蕭衍 한 사람에게만 국한되었을 것으로 볼 수 있다. 그렇다면 편찬 당시 원서에서의 蕭衍의 명칭은 아마도 '御製'라고 하였을 것이며, 후인들이 작가를 명확하게 하기 위해 시호를 썼을 것이 분명하다. 이러한 관점에서 왕족 작가의 명칭을 볼 때, 蕭衍·蕭綸(제6자)·蕭繹(제7자)·蕭紀(제8자) 등은 단순히 梁武帝·邵陵王·湘東王·武陵王 등으로 명기하고 있음에 반해, 蕭綱에 대해서만은 '皇太子 聖製'라고 높이 받들고 있음을 알 수 있다. 단지 지위상의 고하로 말한 것이라면 당연히 武帝 蕭衍을 더 높여야만 되며, 蕭綱만을 극도로 떠받들 수 없는 것이다.

둘째, 수록된 작품의 수로 볼 때, 蕭綱의 작품이 가장 많다는 점이다(宋刻本 기준 총 115인 667수 중 76수). 이 점 또한 이 시가집이 그의 주도하에 편찬된 것임을 보여주는 방증이라고 할 수 있다.

셋째, 수록된 梁代의 작품 중 蕭綱의 작품에 응대한 창화시가 많다는 사실이다. 즉 蕭繹의 「寒宵三韻」·「詠秋夜」 두 편은 蕭綱의 「和湘東王三韻」인 「春宵」·「冬曉」와 창화한 것이며, 劉遵의 「從頓還城應令」은 蕭綱의 「頓暫還城」에 응한 것이며, 庾信 및 徐陵의 「奉和詠舞」는 蕭綱의 「詠舞」에 응한 것이며, 王訓의 「奉和率爾有詠」은 蕭綱의 「率爾爲詠」에 응한 것이며, 庾肩吾의 「詠美人自看畵應令」은 蕭綱의 「詠美人觀畵」에 응한 것 등이 그 예다. 이 또한 이 시가집이 蕭綱의 주도하에 그의 문하에서 편찬되었다고 볼 수 있게 하는 부분이다.

이상의 여러 사실로 보아 『玉臺新詠』은 蕭綱의 취지하에 그의 문하에 있던 徐陵에 의해 편찬되었다고 할 수 있다.

3) 편찬 시기

『玉臺新詠』의 편찬 경위에 관한 연구 중에 가장 논의가 분분하면서도 아직 정확한 결론에 이르지 못한 부분이 바로 편찬 시기에 관한 부분이다. 이는 곧 이 시가집 자체 혹은 다른 어느 문헌에도 그에 관련된 정확한 기록이 전해오지 않는 까닭이다. 단지 앞에서 인용한 『大唐新語』 중에서 유일하게 그 직접적인 단서를 제공하고 있는데, 그 또한 책의 성격상 전적으로 의거할 수는 없을뿐더러 표현 또한 모호하다.

이와 달리 시가집 자체에 편찬 시기를 암시하는 단서를 발견할 수 있는데, 즉 작품의 배열 순서이다. 이는 시가집 서두의 목록 부분을 통해 일목요연하게 살펴볼 수 있다. 아울러 목록에 명기된 작가의 명칭 또한 중요한 단서를 제공해 주고 있다. 이러한 추론을 가능하게 하는 것은 다름 아닌 『玉臺新詠』의 편찬 방법이 기존의 책과는 다른 점에 있다. 즉 『詩品』이나 『文心雕龍』·『文選』 등은 편찬 당시의 조대 또는 편찬 당시에 생존한 사람에 대한 비평이나 작품을 범위에서 제외했던 반면에, 이 시가집에 수록된 작품은 오히려 편찬자인 徐陵 및 그와 동시대에 생존했던 사람의 작품이 중심을 이루는데, 이는 편찬 시기 고증에 중요한 단서를 제공해 준다.

먼저 권1에서 권6까지의 무명씨의 작품 및 民歌를 제외한 작품의 작가별 배열 순서를 그 생졸 연대와 함께 살펴보면 졸년이 확실한 작가들 중 세 곳의 예외, 즉 권2의 曹丕와 甄皇后, 권3의 王微와 謝惠連, 권4의 王僧達과 顔延之를 제외하고는 전체적으로 작가의 졸년순으로 배열되어 있음을 볼 수 있다. 이 배열 순서를 편찬 원칙과 결부시켜 본다면, 위의 예외 중 첫 번째의 예외는 왕과 그 왕비라는 관점에서 순서를 바꾼 것으로 볼 수 있고, 나머지 예외에 속하는 작가 중 일부는 그 졸년이 현존하는 전적의 기록이 잘못되었거나, 아니면 편찬자가 잘못된 자료를 근거하였을 수도 있겠으며, 또는 책이 전해오는 과정에서 원본과는 다르게 잘못 배열되어졌을 가능성도 있다.

다음으로 권7은 모두 梁朝 왕족의 작품을 수록하고 있는데, 그 순서는 蕭衍·蕭綱·蕭綸·蕭繹·蕭紀 등의 순으로, 졸년을 기준으로 한 것이 아니라 왕족의 長幼順으로 배열하고 있다. 여기서는 우선 명기된 작가의 명칭을 통하여, 蕭衍의 재위 기간(502~549), 蕭綱이 태자로 있을 때(531~549), 蕭繹이 제위(552~554)에 오르기 전의 공통된 시기(531~549)에 이 시가집이 편찬되었다는 것을 알 수 있다. 이로써 『大唐新語』에서 편찬 시기를 蕭綱의 만년이라고 한 기록은 잘못된 것이라고 할 수 있다.

편찬 가능 시기는 다시금 편찬자 徐陵의 사적을 살펴봄으로써 범위를 더욱 좁힐 수가 있다. 즉 그는 太清 2년(548)에 通直散騎常侍를 겸직하여 北朝 東魏(534~550)에 사신으로 갔으며, 그 이후 梁의 도읍인 建康에 侯景이 침입하여 武帝가 피살되고, 蕭繹이 江陵에서 제위에 오를 동안은 억류되어 梁朝에 돌아올 수 없었으니, 이로써 편찬 가능 시기는 531년에서 548년 사이로 좁혀진다.

다음은 권8의 편집 순서를 보기로 하겠다.

권8

蕭子顯(489~537)	王筠(481~549)	劉孝綽(481~539)
劉遵(?~535)	王訓(511~536)	庾肩吾(487~550)
劉孝威(496~548)	徐君倩(550?재세)	鮑泉(?~552)
劉緩(549?재세)	鄧鏗(?)	甄固(?)
庾信(513~581)	劉邈(?)	紀少瑜(535?재세)
聞人倩(?)	徐陵(507~583)	吳孜(?)
湯僧濟(?)	劉令嫺(525?재세)	王叔英妻劉氏(?)

이상 권8의 배열 순서는 권7까지의 배열 순서와는 전혀 다르며, 위에서 추론한 편찬 가능 시기 이후에 죽은 사람도 있는 것으로 보아 졸년순이 아닌 것은 확실하다. 그렇다면 여기에는 어떤 배열 원칙이 존재하는가? 이에 대하여 日人 興膳宏은 독특한 방법으로 중요한 단서를 제공하였다. 즉 그는 이 시가집과 거의 비슷한 시기(534년 1월)에 편찬된 불교의 백과전서격인 『法寶聯璧』 중의 蕭繹이 쓴 서문을 제시하였다. 그 책은 서문에 의하면 모두 220권에 달하는 것으로, 蕭綱이 태자로 있을 때 東

宮의 문인 · 학자 38명을 동원하여 편찬한 책이다. 서문 말미에 '삼가 작위를 초록하여 왼쪽에 열거한다(謹抄纂爵位, 陳諸左方)'라고 하면서 편찬에 참여한 38명을 관직의 고하 순서에 따라 그 관직 · 지역 · 성명 · 나이 · 자 등을 기록하고 있다. 그 중 蕭繹 · 蕭子顯 · 劉遵 · 王訓 · 庾肩吾 · 劉孝威 등 6인이 『玉臺新詠』에 수록된 작가라는 점과 그 배열 순서가 서로 일치한다는 점을 알 수 있다. 이러한 사실로 하나의 가설을 세울 수 있는데, 즉 권8의 배열 원칙은 곧 편찬 당시에 생존해 있던 작가의 관직의 고하순이라는 것이다. 당시가 고대 봉건왕조 체제였다는 사실을 감안하면 그 가능성은 더욱 높다고 하겠다.

이러한 가설과 함께 다시 七言體 및 雜言體를 수록한 권9와 五言四句二韻體를 수록한 권10의 배열 순서를 살펴보면 다음과 같이 각각 그 전반부는 권6까지의 배열순이며, 후반부는 권7~권8의 배열순으로 이루어졌음을 알 수 있다.

권9

司馬相如(B.C.179~B.C.117) 劉細君(B.C.110재세) 張衡 秦嘉 曹丕
曹植 傅玄 張載(289재세) 陸機 鮑照 釋寶月(490재세)
陸闕 沈約 吳均 張率 費昶 蕭綱 蕭繹 蕭子顯 王筠
劉孝綽 劉孝威 徐君蒨 王叔英妻劉氏

권10

賈充(217~282) 孫綽(320~377) 王獻之(344~388) 桃葉(?) 謝靈運(385~433)
劉駿(430~464) 許瑤之(?) 鮑令暉 王融 謝朓 虞炎(488재세) 沈約
施榮泰 高爽 吳興妖神(?) 江洪 沈滿願 何遜 吳均 王僧孺 劉令嫻
姚翻 王環(?) 蕭衍 蕭綱 蕭子顯 劉孝綽 庾肩吾 王臺卿(?)
劉孝儀(484~550) 劉孝威 江伯搖(?) 劉泓(?) 何曼才(?) 蕭驎(?) 紀少瑜
王叔英妻有氏 戴暠(?) 劉孝威

이상 권9~권10의 배열 순서는 곧 권9의 司馬相如로부터 費昶까지와 권10의 賈充으로부터 王環까지는 권1부터 권6까지의 배열순에 따른 것이며, 그 후반부는 권7~권8의 배열순에 따른 것임을 볼 수 있다. 이러한 배열 순서를 종합하면, 권1에서 권6까지 및 권9~권10의 전반부는 편찬 당시 졸한 사람의 졸년순 배열이며, 권7~권8 및 권9~권10의 후반부는 편찬 당시 생존해 있던 사람의 梁朝에서의 관직 고하순 배열이라는 사실을 추론할 수 있다. 권10 마지막의 劉孝威는 권10에 거듭 수록되어 있는데, 마지막의 그의 시 2수는 五雲溪館活字本에는 앞부분에 함께 수록되어 있다. 아마도 傳寫되는 과정에 탈락되어 후인들이 덧붙였을 가능성이 있다.

이로써 그 편찬 시기는 권1에서 권6까지 및 권9~권10의 전반부에 수록된 졸년이 명확한 작가 중 가장 최후에 졸한 張率의 졸년(527)과 권6의 최후에 수록된 何思澄의 졸년 범위가 梁武帝 中大通 4년(532) 이후라고 한 것과, 권7~권8 및 권9~권10의 후반부에 수록된 작가 중 그 졸년이 가장 이른 劉遵의 졸년(535) 사이라고 볼 수 있다. 여기서 사적이 명확하지 않은 작가들의 졸년이 좀 더 많이 밝혀지게 되면 편찬 시기의 범위 또한 더욱 좁힐 수 있지만, 우선 이상의 자료를 종합하여 편찬 가능 시기의 범위를 蕭綱이 태자가 된 이후 何思澄이 죽은 해(532)부터 劉遵이 죽은 해인 535년 사이라고 추론할 수 있다.

3. 『옥대신영』의 작품 개황

『玉臺新詠』은 서두의 徐陵의 서문과 함께 모두 10권으로 구성되어 있다. 이 시가집에는 漢代의 무명씨의 고시・악부・동요 등과 枚乘의 시를 비롯하여, 梁代의 徐陵 등의 시에 이르기까지 오언체를 위주로 사언체・육언체・칠언체・잡언체 등의 시를 수록하고 있는데, 권1에서 권6까지는 시대순이란 원칙에 따라 작품을 수록하였고, 권7에는 梁代 왕족, 권8에는 梁朝에 벼슬하던 사람을 중심으로 한 편찬 당시 생존 작가들의 작품을 수록하였고, 권9에는 전적으로 오언체를 수록한 다른 권과는 달리 칠언체를 위주로 하고 사언체・육언체・잡언체 등을 수록하고 있으며, 마지막 권10은 絶句의 남상인 五言四句二韻體를 수록하고 있다. 각 권마다의 수록 순서를 보면, 대체로 편찬 당시 이미 죽은 작가는 졸년순이며, 생존 작가는 관직의 고하순 또는 생년순을 원칙으로 하고 있다. 이를 도표로 나타내면 다음 표와 같다.

宋刻本『玉臺新詠』의 작가와 작품 수

	작가 수	작품 수
권1	枚乘・繁欽 등 漢代 작가 13인	五言詩 45수
권2	曹丕・左思 등 魏晋간 작가 11인	五言詩 39수
권3	陸機・劉鑠 등 晋宋간 작가 12인	五言詩 39수
권4	王僧達・施榮泰 등 宋齊간 작가 11인	五言詩 44수
권5	江淹・庾丹 등 齊梁간 작가 12인	五言詩 69수
권6	吳均・劉令嫻 등 梁代 작가 9인	五言詩 60수
권7	梁武帝 蕭衍 등 梁代 왕족 작가 5인	五言詩 71수
권8	蕭子顯・王叔英妻 劉氏 등 梁代 생존 작가 21인	五言詩 56수
권9	司馬相如・沈約 등 漢代－梁代 작가 25인	四言・六言・七言・雜言詩 89수
권10	賈充・劉孝威 등 漢代－梁代 작가 38인	五言四句二韻詩 155수
전체	漢代－梁代 작가 115인	四言・五言・六言・七言・雜言詩 667수

이상의 宋刻本에 수록된 작가와 작품의 수에 대해 紀容舒의 『玉臺新詠考異』에서는 작품의 총 편수는 위와 같지만, 작가에 대해서는 약간의 이견이 있다. 四庫全書本 역시 수록된 작품은 위와 같은데, 다만 권4의 顔延之의 「秋胡詩」 1수(9章)를 9수로 본 차이가 있다.

그러나 陳玉父本과는 다른 別本 宋刻本을 저본으로 삼은 五雲溪館 活字本(현재 四部叢刊本)은 약간 차이가 있는데, 특히 작가에 대해서는 책이 전체적으로 조판 과정에서 탈락되고 잘못 들어간 부분이 많아 고찰할 가치가 별로 없다. 수록된 작품에 대해서도 宋刻本과 비교하였을 때 추가된 시와 누락된 시가 일부 있는데, 먼저 추가된 시는 권6의 吳均의 시에 「梅花落」 1수가 있으며, 탈락된 시는 권6의 吳均의 시 「和蕭洗馬子顯古意」 6수 중 제2·3·4·5 등의 4수, 王僧孺의 시 「爲人述夢」 1수, 費昶의 10수 중 마지막 시 「長門后怨」 1수(이는 목록에는 10수로 되어 있는 걸로 보아 조판 과정에서 누락된 것 같음)와 권7의 蕭綱의 시 중 마지막 시 「孌童」 1수와 권8의 庾肩吾의 시 7수 중 마지막 「和湘東王應令冬曉」 1수, 庾信의 「雜詩」 3수 중 두 번째 시 「七夕」 1수 등 모두 9수이다. 이로써 이 판본에 수록된 시가는 宋刻本보다 8수 적은 총 159수(권4의 顔延之의 「秋胡詩」를 9수로 보고 있지만 1수로 계산함)이다.

다음은 『文選』의 詩卷 부분과 비교하여 작가와 작품을 살펴보기로 하겠다. 먼저 『文選』에 수록된 작가와 작품의 수는 漢代 李陵으로부터 齊梁代 徐悱에 이르기까지 모두 65인의 시와 무명씨의 古詩 19수를 포함하여 총 444수가 된다. 이것은 제32~33권의 屈原·宋玉·劉安 등의 楚辭를 뺀 것이다. 『玉臺新詠』과 비교하여 특징으로 들 수 있는 것은 첫째, 『玉臺新詠』이 편찬 당시 생존하고 있던 작가의 작품을 중심으로 수록하고 있는 반면, 『文選』은 생존 작가의 작품을 제외시켰다. 둘째, 『玉臺新詠』이 空前絶後할 정도로 많은 여성 작가의 작품을 수록하고 있는데 비해, 『文選』은 전체를 통해 班昭의 「東征賦」와 班婕妤의 「怨歌行」 1수만을 수록하고 있으며, 시가로 볼 때는 단지 1인 1수에 한하고 있음을 볼 수 있다. 셋째, 『玉臺新詠』이 악부와 민가를 대량으로 수록하고 있음에 비해 『文選』은 단지 「古樂府」 3수 등 극히 일부분만 수록하고 있다. 이러한 차이점은 두 선집의 특징을 여러 가지 측면에서 비교해볼 수 있게 하는 좋은 자료가 된다.

4. 『옥대신영』의 선시(選詩) 기준

『玉臺新詠』이란 제명과 그 서문은 편찬자의 선시 기준을 말해주는 부분이다. 무릇 모든 저작의 제목은 그 저작의 내용을 총괄하는 의미를 가지기 때문에 먼저 '玉臺新詠'이란 제명이 가지고 있는 의미에 대해서 살펴보기로 한다.

이 선집의 제목에 대해서는, '玉臺'(趙均)·'玉臺集'(『大唐新語』·『滄浪詩話』)·'玉臺新詠集'(沈逢春) 등의 이명이 있는데 모두 별칭이다. 우선 '玉臺'란 옥으로 장식한 누대 혹은 아름다운 누대를 가리키니, 모두 궁중 여인들의 거처, 넓게는 여인들의 거처를 가리키는 미칭으로 볼 수 있다. 이와는 달리 옥으로 장식된 경대란 뜻으로 쓰인 경우도 있다. 어쨌든 '玉臺'의 뜻은 좁은 의미로는 궁중 여인들의 거처를 말하며, 나아가 여인들의 거처, 또는 여인들의 생활공간을 가리킨다고 할 수 있다. 그러므로 '玉臺'는 곧 이 시가집에 수록된 시가의 내용적인 측면을 가리키는 말로, 여성과 관계가 있음을 뜻한다.

다음으로 제목에 쓰인 '新詠'이란 의미에 대해 살펴보면, '新'은 '舊'에 대한 말로서, 이전과는 다른 새로운 것이란 의미이며, '詠'은 시가라는 의미로 쓰였다고 할 수 있다. 따라서 '전대와는 다른 새로운 시가'라는 의미로 파악할 수 있다. 그렇다면 그 새로운 시가는 무엇을 가리키는 것일까? 이 점을 밝히기 위해 우선 '新詠'과 유사한 용어, 즉 '新聲'·'新變'의 의미를 살펴보기로 하겠다. 그 중 먼저 편찬자 徐陵의 '新聲'에 대한 관점을 보면 다음과 같다.

> 그렇지만 이미 新聲은 없어지고 모두 옛날의 음악과 같아져, 정작에는 대부분이 음률에 맞추는 것을 부끄럽게 여기어, 魏文侯를 졸리게 하게 될까 겁이 날 뿐이다(但旣乏新聲, 全同古樂, 正恐多慙於協律, 致睡於文侯耳).
>
> —「荅族人梁東海太守長孺書」

여기서의 '新聲'은 전대와 다른 새로운 음악이란 의미로 볼 수 있다. 아울러 다른 용례에 있어서도 모두 음악과 관련하여 각 시대마다의 새로운 음악·악곡·곡조란 뜻으로 사용되고 있다. 다시 말하면 전대부터 전해오던 舊曲인 전통음악이 아니라 당시에 새로이 유행하게 된 新曲이란 의미로 파악할 수 있다. 그러나 이러한 의미로 쓰인 '新聲'을 漢代부터 梁代까지 몇 조대를 걸친 다양한 종류의 시가들을 수록하고 있는 『玉臺新詠』의 작품을 개괄하는 명칭인 '新詠'으로 파악할 수는 없다.

南朝 시가사의 가장 큰 의의는 '新變'에 있다고 할 수 있다. 그 중 永明體의 '新變' 내용은 주로 형식상의 聲律 강구와 그를 위해 필요했던 구수의 제한(4·8·10구) 등이며, 이러한 永明體가 다시 '新變'하여 梁代의 宮體詩가 되었다고 할 수 있다. 宮體詩는 永明體에서 다시 新變하여 聲律을 더욱 정밀하게 강구하였고, 내용면에서는 더욱 편협하게 되어 여성과 관련된 艶詩가 되었던 것이다. 齊梁시대에 국한시켜 '新變'을 말하자면, 주로 형식적 측면에서 일변하여 齊 永明體가 되었고, 내용적 측면에서 再變하여 梁 宮體詩가 되었다고 볼 수 있다. 이와 같이 내용면에서 여성과 관련된 시가로서의 '新變'의 의미를 지니고 있는 宮體詩는 바로 『玉臺新詠』에 수록된 작품의 주류를 차지하고 있다. 이로 본다면 '新詠'의 의미는 漢代로부터 梁代까지의 한 가지로 개괄할 수 없는 형식적 측면에서의 시가를 말한 것이 아니라, 내용적 측면에서의 宮體詩와 같은 종류로 볼 수 있는 여성과 관련된 시가를 의미한 것이라고 볼 수 있다.

이상을 종합하면, 『玉臺新詠』이란 제목의 의미는 곧 '玉臺의 새로운 시가'라고 할 수 있으며, 나아가 '여성과 관계 있는 새로운 시가'라는 뜻으로 볼 수 있다.

다음으로 서문에 나타난 선시 기준을 살펴보겠다. 『玉臺新詠』의 서문은 이 시가집의 편찬자인 徐陵이 썼다. 고금을 막론하고 서문의 성격은 저작이나 詩文 등의 저작·편찬 경위나 요지, 작가·작품에 대한 평론 또는 그와 관계된 기타 사항에 대해 밝히는 글이다. 따라서 『玉臺新詠』의 내용과 편찬 동기 및 선시 기준 등을 살펴보는데 있어서, 그 서문이 가장 일차적이면서도 직접적인 자료임은 분명하다.

서문의 요지는 '후궁들을 위해 각지에 흩어져 있는 명편과 가작들을 편집하였다'는 것이다. 그러나 이 글의 성격은 기존의 다른 저작 또는 선집의 서문과는 전혀 다르다. 즉 옛부터 서문이란 실용문에 속하는 글로서, 사실의 전달을 목적으로 편저자의 취지를 서술한 글이다. 하지만 徐陵의 이 서문은 후궁이라는 한 여성 형상의 창조를 통한 허구를 기초로 하고 있어, 구체적인 편찬 경위와 선시 기준이 명확하게 밝혀져 있지 않다.

다만 마지막 제8장에서 '전대의 이름난 작품과 현재의 가작들(往世名篇, 當今巧製)'을 수집하여 편집한다고 했으며, 나아가 좀 더 구체적으로 수록된 작품의 성격을 밝히고 있다.

> 사랑 노래를 편찬하고 수록하여, 모두 열 권으로 만들었다(撰錄豔歌, 凡爲十卷).

> 일찍이 雅와 頌에는 끼이지 못하지만, 역시 國風 작가들에게는 외람되지 않을 것이다(曾無忝(일작 '參')於雅頌, 亦靡濫於風人).

이를 통해 본다면 수록된 시가가 『詩經』의 國風에 견줄 수 있는 사랑노래라고 했음을 알 수 있다.

다음으로 수록된 시가의 효용에 대해서 다음과 같이 비교적 길게 언급하고 있다.

> 다시금 옥녀와 투호를 한다 해도 즐거움은 백 번 던지는 데서 끝나고, 齊나라 여인처럼 육박으로 다투어도 마음의 즐거움은 여섯 대젓가락에서 끝이 나며, 한가로운 경치에도 별로 즐겁지 않으니, 오직 새로운 시에 뜻을 맡겨서, 무

릇 저 원추리와 차조기를 대신하여 조금이나마 근심을 든다(雖復投壺玉女, 爲觀盡於百驍, 爭博齊姬, 心賞窮於六箸, 無怡神於暇景, 惟屬意於新詩, 庶得代彼皐蘇, 微蠲愁疾).

이를 통해 알 수 있는 것은 독자로 설정된 후궁들은 적막하고 수심에 찬 기다림의 연속인 나날을 지내는데, 그들의 근심을 덜어주기 위해 이 시가집을 편찬하였으며, 그 시가의 효용은 투호·육박 등의 오락에 비해 더욱 높으며, 또 원추리·차조기와 같은 근심 해소용 약제와 같은 성격을 지닌다고 하였다. 이는 수록된 작품의 성격과 이 시가집 편찬의 취지가 명백히 오락적 기능에 있음을 강조한 것이라고 하겠다. 여기에서 말하는 '新詩' 또한 제명의 '新詠'과 같은 의미로 당시 새로이 유행하던 新體詩인 宮體詩를 가리킨다고 볼 수 있다.

서문은 이어서 다음과 같이 그러한 시가의 효용이 유가와 도가 등의 사상을 습득하는 것보다 더 나으며, 또한 歌功頌德을 위주로 왕실의 수요에 부응하였던 漢代의 賦보다 더 낫다고 했다.

어찌 鄧 황후가 『春秋』를 배웠지만 유가의 업적을 이루기 어려웠던 것과, 竇 태후가 오로지 黃老에 심취했지만 금단의 술법을 이루지 못했던 것과 같겠는가? 이 때문에 西蜀의 호걸집에서 감정 기탁하는 것을 모두 「魯靈光殿賦」에서만 하고, 東宮의 甲觀에서 음영을 단지 「洞簫頌」에만 그치던 것보다는 나을 것이다(豈如鄧學春秋, 儒者之功難習, 竇專黃老, 金丹之術不成? 因勝西蜀豪家, 託情窮於魯殿, 東儲甲觀, 流詠止于洞簫).

漢代의 賦가 비록 제왕의 오락적 수요에 부응한 일면도 있으며, 사물에 대한 심미의식의 표현으로 볼 수도 있지만 『玉臺新詠』에 수록된 작품과는 성격이 다르며, 또한 오락적 효용이 뒤진다고 편찬자는 파악하였던 것이다.

종합하면, 서문에 나타난 이 시가집의 편찬 목적과 선시 기준은 후궁들의 오락적 수요에 부응하기 위한 시가라는 것이다. 즉 『詩經』의 國風에 견줄 수 있는 전대부터 당시까지의 사랑노래를 편집하였다는 것이다. 서문에 나타난 편찬 목적은 독자를 염두에 둔 것으로, 그 독자란 좁게는 당시 궁중 내의 여성들, 즉 后妃 및 궁녀들을 의미한다고 할 수 있다. 나아가 넓게는 바로 고대 식자층에 속하는 여성들을 의미한다고 볼 수 있다.

5. 『옥대신영』과 여성문학

『玉臺新詠』은 여성 독자를 위해 여성과 관련된 작품을 수록한 시가집이다. 그 중에는 여성 작가의 작품도 있고, 남녀의 애정을 노래한 작품도 있고, 여성의 미덕·미모 및 규방의 주변 사물을 노래한 작품도 있고, 남성 동성애에 있어서의 여성 역으로 볼 수 있는 남성을 노래한 작품도 있고, 여성을 단지 오락의 상대 또는 소유물로 본 작품도 있다. 그러나 극히 일부 부정적 관점에서 나온 작품을 제외하고는 대부분이 긍정적 관점의 여성 관련 작품이다. 고대 중국 문학, 특히 시가사가 남성 위주로 전개되어 왔다는 점을 감안한다면 이 시가집은 여성문학으로서의 매우 큰 의의를 지니고 있다. 작품의 내용적 측면뿐만 아니라 외형적인 여러 측면에서도 『玉臺新詠』은 여성문학적 특징이 농후하다.

첫째, 다른 선집에 비해 여성 작가의 작품이 매우 많이 수록되어 있는데, 즉 班婕妤, 吳孫公主 劉細君, 秦嘉妻 徐淑, 魏 甄皇后, 劉勳妻 王宋, 桃葉, 蘇伯玉妻, 鮑令暉, 范靖妻 沈滿願, 徐悱妻 劉令嫻, 王叔英妻 劉氏, 吳興妖神 등이다.

둘째, 남성 작가의 작품일지라도 모두 여성과 관계된 작품이며, 아울러 작품의 시점이 대부분 여성이라는 특징을 지니고 있다.

셋째, 수록된 작품에 사용된 어휘가 대부분 여성과 밀접한 관련성을 지니고 있다. 즉 여성의 외모・화장・복식 등에 관한 어휘가 거의 매편마다 다량으로 사용되고 있다. 또한 당시 여성들의 노동에 관계된 어휘들이 많이 사용되고 있는데, 주로 양잠・베짜기・다듬이질・다림질・薰衣・재봉・빨래 등 가족의 의복을 준비하는 일과 마름・연밥・궁궁이 등의 식물을 채취하여 가족에게 음식을 제공하는 일이 일상적인 일이었음을 보여 준다. 그리고 여성의 생활공간으로서의 처소와 관련된 어휘들이 많이 사용되고 있다. 처소와 관련된 어휘는 일찍이 漢代의 賦에도 많이 등장하는데, 차이점은 漢賦에 사용된 처소들은 대부분 궁정을 중심으로 한 제왕 위주의 것임에 반해, 이 시가집에 수록된 작품들에서는 영역이 궁궐 밖 민간으로까지 확대되어 범위의 제한이 없어졌다는 점이다. 아울러 그것은 일반 여성을 포함하여 후비 혹은 기녀 등 여성의 생활공간으로 등장한다는 점이 다르다.

넷째, 애정과 이별에 관한 전고와 상징어가 많이 사용되고 있다. 입신양명에 뜻을 둔 남성과는 달리 여성의 주된 관심은 애정에 집중되어 있었으므로 이 또한 여성과 밀접한 관계를 지닌 어휘이자 여성문학적 요소라고 할 수 있다.

다섯째, 가족 관계에 관련된 호칭 및 애정 상대로서의 남녀에 관한 호칭 등이 많이 사용되고 있다. 이 또한 여성과 밀접한 관계를 지닌 어휘이자 여성문학적 요소라고 할 수 있다.

여섯째, 순전히 여성의 전유물이라고 볼 수는 없지만 애정과 관련된 각종의 감정과 심리에 관련된 어휘들이 많이 사용되고 있다. 이 또한 대부분은 여성의 심리에 관한 어휘들이다. 아울러 기쁜 감정보다 슬픈 감정에 대한 표현이 압도적으로 많은 것 또한 이 시가집이 여성의 슬픔을 내용으로 한 작품을 위주로 하고 있음을 말한다.

마지막으로 『文選』과 비교하였을 때 『玉臺新詠』에 쓰인 글자 중 『文

選』에 출현하지 않는 글자들을 살펴보면, 대략 2백 자 정도가 된다. 그 글자 중 상당수가 여성의 외모·복식·화장과 관계 있는 글자이다. 이는 바로 그 사용 빈도와는 무관하게 또 다른 측면에서 『玉臺新詠』의 여성문학적 특징을 보여주는 부분이다.

종합하면 『玉臺新詠』은 수록된 개개의 작품은 물론 시가집 자체의 성격으로 보아, 남성 위주의 고대 역사의 흐름 속에서 초기 인류의 여성주의의 원형을 소리 높여 외친 여성문학으로서의 의의를 지니고 있다고 할 수 있다.

6. 『옥대신영』과 『화간집(花間集)』

『花間集』은 後蜀人 趙崇祚가 편찬(540)하고 歐陽炯이 서문을 쓴 최초의 문인 詞選集으로, 晩唐 溫庭筠을 중심으로 한 五代 詞人의 작품 500수를 수록하고 있다. 『玉臺新詠』과 『花間集』은 모두 음악과 관련된 가사집이라는 공통점이 있다. 차이점은 작품에 적용된 음악의 성격과 결합 방식을 들 수 있는데, 즉 전자의 작품은 모두 漢代 및 南朝의 樂府와 민간 음악임에 비해 후자에 수록된 작품의 음악은 燕樂이며, 또한 전자의 작품은 대부분 가사가 있은 연후에 入樂된 것으로 인식되고 있는데 비해, 후자의 작품은 악보에 맞추어 지은 가사라는 점이다.

음악 형식의 차이를 무시하고, '塡詞'라는 음악과의 결합 방식만을 놓고 본다면, 그 연원은 隋代 이전으로 거슬러 올라갈 수 있다. 즉 漢代 악부의 음악을 建安시대 曹氏 부자를 중심으로 한 문인 집단이 대대적으로 채용하여 가사를 지었으며, 이후 西晉의 陸機, 南渡 후인 宋의 鮑照 등이 모두 악부에 의해 가사를 지었다. 비록 東晉 이후 漢魏의 음악이 많은 변화를 일으켰다 할지라도 악부의 음악을 제명으로 한 많은 擬樂府 창작은 단순히 그 뜻만을 모방한 것이라는 관점은 무리가 있다. 후대 학자들은 이것들을 모두 '擬樂府'라고 하여 음악성을 상실한 시라고 보지만, 그것은 문헌에 악보가 남아 있지 않다는 점에서 나온 추측일 따름이지, 결코 당시 상황을 정확히 파악한 것이라고는 할 수 없다.

이 점을 수긍한다면 당시의 악부 모방 작품은 악보가 먼저 있은 연후에 그 가사를 지은 것으로도 볼 수 있다. 그 외에 문인이 직접 작곡과 작사를 겸했던 일도 있었는데, 현존하는 문헌상 梁 武帝 蕭衍이 이미 새로이 음악을 지어 가사를 전사하였음을 알 수 있다. 이러한 사실로 볼 때, 『玉臺新詠』의 작품이 후대의 詞와도 유사함을 알 수 있다. 『玉臺新詠』은 시가 음악과 분화되는 과정의 산물이고, 『花間集』은 음악과 분화된 시의 음악과의 재결합 과정의 산물이니, 결국 그 頂點에서는 같은 성격을 띤다고 할 것이다.

『花間集』의 성격을 좀 더 구체적으로 살펴보면 『玉臺新詠』과 관련된 몇 가지 특징을 발견할 수 있다.

첫째, 晩唐 五代에 확립된 詞는 바로 시가 음악과 분리된 후, 음악에 대한 회귀의 결과라고 볼 수 있다. 그것은 곧 『玉臺新詠』에 수록된 작품과 같은 음악성이 짙은 시가로의 회귀이다.

둘째, 여성과 애정을 내용의 특징으로 하는 詞는 바로 『玉臺新詠』과 내용상의 동일성에 의해 밀접한 관계를 가지는데, 이는 비록 직접적이고 의식적인 계승은 아닐지라도 그 음악 정신의 계승이라고 볼 수 있다.

셋째, 유가의 교화성을 배제한 내용적인 측면은 심미의식에 있어서 唐代 시가에 대한 부정에서 출발하여 『玉臺新詠』 편찬 시기인 南朝의 유미주의 심미의식에 대한 긍정의 결과라고 볼 수 있다.

이상의 詞와의 관계를 통해 알 수 있는 것은 음악적 측면에서 『玉臺新詠』의 작품이 시가 음악과 분리되기 시작할 무렵의 초기 단계에 속하는 까닭에 내용면에서 편협한 점이 존재하는데, 이는 詞에도 마찬가지로 적용시킬 수 있다. 즉 『花間集』의 詞 역시 시에서 분리되어 음악성과 결합하기 시작할 무렵의 초기 단계로서의 내용면의 편협성이 존재한다고 할 수 있을 것이다. 이 두 시대의 시와 음악은 모두 후대로 가면서 형식과 내용면에 있어서 발전을 가져와 전자는 唐代 律詩라는 황금기를 맞게 되고 후자는 宋代에 이르러 황금기를 맞게 되는 공통점이 있다.

7. 『옥대신영』의 가치

우선 해당 시기 시가의 교감과 여성 관련 풍속사를 연구하는 자료로서의 가치를 지니고 있다.

이 시가집은 비록 내용면의 편협성을 인정한다고 하더라도 漢代 이후 梁代까지의 시가선집으로서, 다음과 같은 점에서 중고 시기 시가를 연구하는 데 있어서 결코 빠트릴 수 없는 귀중한 자료 역할을 한다.

첫째, 「日出東南隅行」·「孔雀東南飛」 등 민가 및 무명씨의 작품은 물론이요, 曹植의 「棄婦詩」, 左思의 「嬌女詩」, 庾信의 「七夕」 등 유명 문인의 작품조차도 이 선집을 통해 후세에 전해질 수 있었다.

둘째, 『文選』 또는 기타 전적 및 작가의 문집에 수록된 작품과 중복되는 경우에 일부 작가 또는 작품의 자구에 있어서 차이를 보이는 부분이 있는데, 이 선집을 통해 그 진위를 교감하는 자료로 삼을 수 있다. 예를 든다면, 『文選』에 수록된 '古詩十九首' 중 8수는 이 선집에서 枚乘의 작품으로 수록하고 있는데, 이것을 徐陵의 단순한 실수로 볼 수는 없다. 이에 대해 故 李徽教 교수는 일찍이 『文選』에 수록된 古詩 19수와 기타 전적에서 찾아낸 5수를 포함한 24수의 古詩와 『玉臺新詠』에 수록된 古詩 8수, 枚乘의 「雜詩」 9수 및 『文選』과 『玉臺新詠』에 수록된 陸機의 「擬古詩」를 서로 비교하여 枚乘의 「雜詩」 9수에 해당하는 작품이 하나의 묶음으로 전해지고 있었다고 추론하였다.

淸初의 朱彛尊 역시 서로 차이를 보이는 부분은 두 책을 함께 살펴야 한다고 인식하였다. 다음은 원서에 수록된 그의 跋文의 끝 부분이다.

> 그렇기 때문에 시를 외우고 세상을 논하는 사람들은 마땅히 『玉臺新詠』을 취해서 함께 살필 것이지, 『文選』만을 오로지 믿지는 말아야 될 것이다(然則誦詩論世者, 宜取『玉臺』並觀, 毋偏信『文選』可爾).

이렇게 볼 때 『玉臺新詠』에 수록된 작가와 작품의 관계의 진실성을 단순히 『文選』 및 기타 전적과의 다르기 때문에 잘못이라고 무시해버릴 수만은 없다. 그것은 작품의 내용이 염정적이라서 읽을 가치가 없다고 여겨 나아가 시가집 자체의 진실성마저 무시해버리는 잘못된 태도라고 할 수 있다.

아울러 이 시가집 권9에 수록되어 있는 「盤中詩」는 종래 어느 시대 누구의 작품인지 불분명하다고 알려져 왔지만, 이 선집에서는 西晉 때 蘇伯玉의 처의 작품이라고 밝혀져 있는 것도 그 한 예에 속한다. 이와 같이 다른 전적과 비교할 때 작품의 자구나 작가에 있어서 차이를 보이는 작품이 상당히 많다. 이 선집이 조기에 편찬된 자료라는 이유 하나만으로도 중고 시기 문학을 연구하는 사람들에게 있어서 결코 빼 놓을 수 없는 귀중한 자료가 된다.

셋째, 이 선집은 내용적인 측면에서 중고 시기의 여성 관련 풍속사를 연구하는 데 있어서도 귀중한 자료 역할을 한다. 즉 변경으로 출정한 남편을 그리워하는 작품을 통해, 당시의 군대·부역의 제도를 어느 정도 파악할 수 있으며, 남녀의 연애와 결혼을 소재로 한 작품을 통해 당시의 연애와 혼인제도의 여러 측면을 파악할 수 있으며, 또한 기녀를 소재로 한 작품을 통해 중국 妓女史의 일면을 이해할 수 있으며, 또한

采桑·擣衣 등 여성의 노동을 소재로 한 작품 및 여성과 관련된 각종 시구를 통해 당시의 여성 생활사의 일면을 파악할 수도 있다. 이 밖에도 남성 동성애·侍童·買妾 등과 관련된 당시 귀족층의 잡다한 생활 풍속을 파악할 수 있는 귀중한 자료 역할을 한다.

8. 『옥대신영』의 판본

『文選』은 편찬된 직후부터 사대부들의 관심의 대상이 되어, 隋代의 蕭該의 『文選音義』로부터 지금까지 그 연구가 지속되어 와 판본의 진위에 대해서는 의심이 없었다. 이와는 달리 『玉臺新詠』은 그 성격상 사대부들의 존중을 받지 못하여 일찍부터 온전한 판본이 망실되었으며, 그로 인해 서로 다른 여러 가지 판본이 출현하였다. 따라서 『玉臺新詠』의 판본 연구는 중국 고전문학 연구에 있어서 중요한 부분이라고 할 수 있다. 특히 편찬되어 장서각에 보관된 이후, 2차에 걸친 화재로 장서들이 불타게 되었다고 하니, 그런 재난 속에서도 지금 그 책이 남아 있다는 것은 판본의 善不善을 따지기에 앞서 그나마 다행스런 일이라고 할 수 있다.

『玉臺新詠』의 판본에 대해서 살펴보면, 南朝 梁나라 때 徐陵이 편찬한 이 시가집은 사대부들의 경시를 받은 나머지 원본의 모습이 망실된다. 현존하는 최고의 판본은 비록 殘卷이지만 敦煌에서 발견된 唐寫本인데, 그것을 통해 적어도 唐代에는 그 원형이 남아 있었을 것이라고 추측해 볼 수 있다. 나아가 현존하는 다른 여러 판본들을 가지고 이 唐寫本의 체제를 따라 원본의 체제 정도는 재구성해 볼 수 있을 것이다. 이후 北宋 시기에 國子監 등에서 판각하였는데, 그때는 이미 온전한 형태가 아니었으며, 南宋시대 陳玉父가 복원시킬 때부터도 여러 가지 서로 다른 판본이 존재하고 있었으며, 그에 따라 明淸을 거치면서 諸家들이 저마다 교정·보충하고 箋注하여 지금까지 여러 모습으로 전해져 온다.

따라서 지금 가장 善本이라고 치는 明 趙均 覆刻本 역시 五雲溪館活字本 등 다른 판본들과 마찬가지로 원본의 모습과 완전히 일치한다고는 볼 수 없다. 그러나 옛부터 諸家들이 殘卷인 唐寫本 이외에는 南宋 때의 陳玉父本을 가장 완전한 최초의 善本으로 여겼으니, 이 판본을 覆刻한 趙均本을 또한 가장 善本으로 칠 수밖에 없는 것이다. 다만 현존하는 五雲溪館活字本 또한 비록 版刻 시기는 明代이지만 陳玉父本과는 또 다른 宋刻本을 저본으로 한 것이니, 이 두 가지 판본을 함께 살펴야 할 것이다. 따라서 역자는 明淸 이후 宋刻本이라고 말하는 陳玉父本을 저본으로 삼고 五雲溪館活字本 및 기타 다른 판본도 함께 참고하였다.

아울러 현재 우리가 볼 수 있는 책들이 저본으로 삼은 판본을 살펴보면, 먼저 본 역서의 기본 텍스트인 1986년판 穆克宏 點校本은 程琰 删補本이며(그 중 '宋刻不收'의 작품은 후인들의 보충으로 보고 번역에서 제외시켰다), 四部備要本과 1967년판 廣文書局本(臺北) 또한 程琰 删補本이며, 四庫全書本은 馮班 校正趙均本이며, 四部叢刊本은 五雲溪館活字本이며, 中國書店(北京, 1986)과 中州書局(鄭州, 1991)에서 영인한 것은 1935년판 世界書局本으로, 이는 또한 趙均 覆刻宋本을 저본으로 한 것이며, 臺北 世界書局에서 1972년 재판한 영인본은 비록 趙均 覆刻宋本을 저본으로 하고 있지만 字版의 차이와 『續玉臺新詠』이 수록되어 있지 않은 차이점이 있다. 1993년 上海書店에서 영인한 것은 四庫全書本이다. 일본 번역본의 경우 岩波文庫에서 1953·1955·1956년에 걸쳐 상·중·하 세 권으로 출판된 것은 '官版'이라고도 하는 日本 文化翻刻本을 저본으로 한 것이며, 이것을 주석상에서 약간의 수정을 거쳐 출판한 것이 明治書院에서 1974년과 1975년에 걸쳐 상하권으로 출판한 新釋漢文大系本이다.

『玉臺新詠』의 版本

順番	版本名	時期	底本	備考
1	敦煌 唐寫本	唐代	唐代 版本	2卷의 51行 殘存
2	陳玉父本	嘉定 乙亥(1215)	舊京本· 石氏所藏本	麻沙本·宋刻本· 祖本
3	五雲溪館 活字本	1514년 以前	別本 宋刻本	四部叢刊本
4	華允剛蘭雪堂 活字本	1514년	五雲溪館活字本	趙均 所藏本
5	徐學謨海曙樓刻本	嘉靖(1522~1566)	別本 宋刻本	日本에 전해짐
6	鄭玄 撫刻本	嘉靖 己亥(1539)	通行本·陳隋外集	續玉臺新詠
7	張嗣修·茅國縉本	萬曆(1573~1619)	別本 宋刻本	
8	華亭楊元鑰本	萬曆(1573~1619)	華允剛蘭雪堂活字本	
9	歸安茅元禎 重刻本	1579년(?)	華亭楊元鑰本	歸安茅氏重刻本
10	李維楨 跋本	萬曆 32년(1604)	別本 宋刻本	
11	袁宏道 評本	1622년 以前	華亭楊元鑰本	陶周望 所藏本
12	沈逢春刻本	1622년	袁宏道 評本	
13	馮氏兄弟 抄宋刻本	崇禎 2년(1629)	趙均所藏 陳玉父本	馮舒 跋本
14	趙均 覆刻宋本	崇禎 6년(1633)	陳玉父本	善本으로 알려짐
15	馮班 校正趙均本	永曆 己丑(1649)	趙均 覆刻陳玉父本	四庫全書本
16	南陵徐氏覆小宛堂 影宋本	1675년 前後	趙均 覆刻陳玉父本	
17	吳兆宜 箋注本	康熙 乙卯(1675)	徐乾學所藏 趙均本	總 870章
18	清初抄本·清影明 抄本	淸代	趙均本(?)	北京圖書館 所藏
19	紀容舒 考異本	乾隆 丁丑(1757)	趙均 覆刻陳玉父本	四庫全書本
20	紀均 校正稿本	乾隆 癸巳(1773)	趙均本(?)	評點, 校正
21	程琰 删補本	乾隆 甲午(1774)	吳兆宜 箋注本	四部備要本
22	日本 文化 翻刻本	文化 3년(1806)	趙均 覆刻陳玉父本	官版
23	穆克宏 點校本	1985년	程琰 删補本	北京 中華書局本

옥대신영 3

차례

역자 서문 _ 3
해제-고대 중국의 여성 독자를 위한 사랑노래 모음 _ 6

3

『옥대신영』 권8 _ 39
『옥대신영』 권9 _ 117
『옥대신영』 권10 _ 249

작가 작품 목록 _ 371
기타 작품 목록 _ 398
찾아보기 _ 400

차례

옥대신영 1 · 2

1

『옥대신영』 서문 __ **39**
『옥대신영』 권1 __ **65**
『옥대신영』 권2 __ **181**
『옥대신영』 권3 __ **265**

2

『옥대신영』 권4 __ **39**
『옥대신영』 권5 __ **117**
『옥대신영』 권6 __ **207**
『옥대신영』 권7 __ **283**

『옥대신영』 권8

卷8

소자현(蕭子顯)

◇蕭子顯(489~537) : 자가 景陽이며, 蘭陵(지금의 江蘇省 常州市 서북) 사람이다. 齊 高帝 蕭道成의 손자이자, 蕭子恪의 여덟 번째 동생이다. 어려서부터 총명하였고, 공부를 좋아하였으며 글을 잘 썼다. 일곱 살 때 寧都縣侯에 봉해졌으며, 梁나라 天監 초에는 子爵으로 강등되었다. 벼슬은 建康令・中書郎・臨川內史・黃門郎・吏部尙書・國子祭酒・侍中 등을 역임하였으며, 외직인 吳興太守로 있다가 얼마 후 죽었다. 저작으로는 『後漢書』 100권, 『南齊書』 60권, 『普通北伐記』 5권, 『貴儉傳』 30권 및 문집 20권이 있다.

「악부(樂府)」 2수

368. 해가 동남쪽에서 떠올라

「日出東南隅行」[1]

大明上苕苕,[2]	태양은 높디높게 솟아 있고
陽城射凌霄.[3]	양성은 까마득한 허공을 뚫고 있네
光照窓中婦,	햇빛이 창 안의 여인을 비추는데
絶世同阿嬌,[4]	절세의 미모는 아교와 똑같네
明鏡盤龍刻,	밝은 거울엔 서리를 튼 용이 조각되어 있고
簪羽鳳凰雕.	비취새깃 비녀엔 봉황 무늬 아로새겨져 있네
逶迤梁家髻,[5]	구불구불 양기 처의 말갈기 같은 쪽에
冉弱楚宮腰.[6]	하늘하늘 초나라 궁녀의 가는 허리
輕紈雜重錦,[7]	가벼운 흰 깁에 정교한 비단 섞여 있고
薄縠間飛綃.[8]	주름 비단 사이사이에 나는 듯 가벼운 생견
三六前年暮,	삼륙 십팔 세 재작년 저녁
四五今年朝.	사오 이십 세 올해 아침

1) 相和歌辭 相和曲에 속한다. 제1권 古樂府 6수 중 제1수 「日出東南隅行」(9)의 주석을 참조할 것.

2) '苕苕'(초초) : 아주 높은 모양. '岧岧'와 통한다.

3) '陽城'(양성) : 楚나라의 지명. 宋玉의 「登徒子好色賦」에 "한 번 찡긋 웃으면 陽城 남자를 혹하게 하고, 下蔡 사람을 정신나가게 한다(嫣然一笑, 惑陽城, 迷下蔡)"라고 했다. 여기에서는 借用된 지명이다.

4) '阿嬌'(아교) : 漢 武帝의 陳 왕후의 어릴 때 이름.

5) '逶迤'(위이) : 구불구불하게 끝없이 이어져 있는 모양. '梁家髻'(량가계) : 漢나라 梁冀의 아내의 머리 모양.

6) '冉弱'(염약) : 연약한 모양. '楚宮腰'(초궁요) : 『韓非子』에 "楚나라 靈王이 가는 허리를 좋아하여, 도성 안에는 굶어 죽는 여자가 많았다(楚靈王好細腰, 而國中多餓人)"라고 한다.

7) '紈'(환) : 가늘고 얇은 비단. '重錦'(중금) : 정미한 사직물의 일종.

8) '縠'(곡) : 주름 비단의 일종. '飛綃'(비초) : 생사로 짠 얇은 깁.

蠶園拾芳繭, 잠실 정원에서 향기로운 고치 주어 담으며
桑陌采柔條. 뽕밭 가에서 부드러운 가지를 따네
出入東城里, 동쪽성 마을을 드나들기도 하며
上下洛西橋.[9] 낙양 서쪽 다리를 오르내리기도 하네
忽逢車馬客,[10] 문득 수레 탄 나그네를 만나니
飛蓋動襜軺.[11] 나는 듯한 지붕에 장막 친 빠른 수레 움직이네
單衣鼠毛織,[12] 홑옷은 쥐털로 짰으며
寶劍羊頭銷.[13] 보검은 삼각형 무쇠칼
丈夫疲應對,[14] 사내는 여자와의 응대에 지치고
御者輟銜鑣.[15] 마부는 재갈을 당기며 말을 멈추네
柱間徒脉脉, 기둥 사이에서 공연히 하염없이 바라보기도 하며
垣上幾翹翹.[16] 담장 위로 몇 번이나 발돋움질하기도 하네
女本西家宿,[17] 여인은 본래 서쪽 미남자 집에서 자기를 원했으며
君自上宮要.[18] 태수도 응당 상궁에서 만나기를 바랐다네

---

9) '洛西橋'(락서교): 『初學記』에 의하면, 魏晋 이전에 洛陽에는 洛水에 浮橋가 있었으며, 洛水 북쪽은 富平津으로 黃河를 건너는 浮橋가 있었는데, 杜豫가 건설했다고 한다.

10) '忽'(홀): 『藝文類聚』와 『文苑英華』 등에는 모두 '路'자로 되어 있다.

11) '襜'(첨): 수레의 휘장. '軺'(초): 옛날, 가볍고 빠른 마차.

12) '鼠毛'(서모): 전설상의 기이한 쥐인 火鼠의 털로 짠 베인 火鼠布를 가리킨다.

13) '羊頭銷'(양두소): 삼각 모양의 무쇠.

14) '丈夫'(장부): 성인 남자에 대한 칭호. 여기에서는 太守의 속관을 가리키는데, 太守를 위해 여인에게 유혹의 말을 전하는 사람이다.

15) '銜鑣'(함표): 재갈을 가리킨다.

16) '垣'(원): 낮은 담장. '翹翹'(교교): 머리를 들고 바라보다. 이상 두 구는 저택으로 돌아온 太守가 미인을 그리워하는 행동을 나타낸 부분이다.

17) '西家宿'(서가숙): 『風俗通』에 다음과 같은 이야기가 전해온다. 齊나라 사람에게 딸이 있었는데, 두 남자가 그녀와 결혼하고자 했다. 그런데 동쪽 집 아들은 못생겼으나 부자였고, 서쪽 집은 잘생겼으나 가난했다. 부모는 망설여 결정하지 못하고 딸에게 정하라고 하면서 "지적하여 말하는 것이 어려우면, 한쪽 소매를 걷어올려 알려다오"라고 했다. 이에 딸은 두 소매를 다 걷어올렸다. 이상하게 여겨 그 까닭을 물으니 "밥은 동쪽 집에서 먹고, 잠은 서쪽 집에서 자고 싶어요"라고 하였다.

18) '上宮'(상궁): 春秋시대 衛나라 지명으로, 남녀의 밀회 장소를 가리킨다. 『詩經』「鄘

漢馬三萬匹,	한나라 말 삼만 필에
夫壻仕嫖姚.[19]	남편은 표요교위 벼슬아치
鞶囊虎頭綬,[20]	호랑이 머리 수놓인 관인 주머니와 끈에다
左珥鳧盧貂.[21]	관의 왼쪽 귓가에는 물오리 벼슬을 꽂았네
橫吹龍鐘管,[22]	용종 피리 비껴 불고
奏鼓象牙簫.	상아 퉁소 연주하네
十五張內侍,[23]	십오 세에 시중이 된 장량의 아들 같고
十八賈登朝.[24]	십팔 세에 조정에 들어간 가의와 같네
皆笑顏郎老,[25]	모두 안사의 늙음을 비웃고
盡訝董公超.[26]	전부 동언의 빼어난 미모를 감탄하네

風」「桑中」에 "나와 상중에서 만나기로 약속했고, 나를 상궁에서 만나기를 바랐으며(期我乎桑中, 要我乎上宮)"라고 했다. '要'(요) : 필요하다. 요구하다.

19) '嫖姚'(표요) : 관명. 漢나라 때의 武官인 嫖姚校尉를 가리킨다. 霍去病이 일찍이 이 관직을 역임했다. 이하 끝까지는 여인의 제 남편에 대한 자랑이다.

20) '鞶囊'(반낭) : 官印을 넣어 두는 가죽주머니. '虎頭'(호두) : 관인 주머니에 새긴 무늬를 가리킨다. '綬'(수) : 官印을 매는 끈.

21) '鳧盧貂'(부로초) : 물오리 머리의 황금색 깃으로 만든 관모의 장식. 鈴木虎雄은 '鳧盧'는 지명, '貂'는 담비로 보고, 이 구에 대해 '담비의 꼬리를 관 왼쪽에 꽂는 侍中 벼슬의 복식'을 말한 것이라고 보았다.

22) '橫吹'(횡취) : 橫吹曲. 漢나라 때의 군악. '龍鍾'(룡종) : 대나무의 일종. 이 대나무로 피리를 만들 수 있었다고 한다.

23) '張內侍'(장내시) : 漢나라 留侯 張良의 아들인 張辟彊을 가리킨다. 그는 15세에 侍仲에 올랐다.

24) '賈'(가) : 漢나라 賈誼를 말한다. 『漢書』「賈誼傳」에 의하면, 그는 洛陽 사람으로, 18세에 이미 『詩經』과 『書經』을 다 욀 수 있었으며, 문장을 잘 짓기로 郡內에 소문이 자자하여, 文帝가 그를 불러 박사에 임명하였는데, 당시 그의 나이는 20여 세로 가장 어렸다고 한다.

25) '顏朗'(안랑) : 顏駟를 가리킨다. 『白帖』에 의하면, 漢 武帝가 '郎署(옛날, 郎官이 집무하던 곳)'를 지나다가 지저분한 눈썹과 흰 머리카락의 顏駟를 발견하고 묻기를, "노인장은 언제 朗이 되었길래 어찌 이렇게 늙었소?"라고 물으니, 대답하기를, "소신은 文帝 때 朗이 되었는데, 文帝께서는 문학을 좋아했고 소신은 무예를 좋아했습니다. 景帝께서는 미모를 애호했는데 소신의 용모는 추하였습니다. 폐하께서는 젊음을 좋아하시는데 소신은 이미 늙어버렸습니다. 이 때문에 늙도록 불우하게 지내고 있습니다"라고 대답했다고 한다.

26) '董公'(동공) : 옛날, 미남자로 유명한 董偃, 또는 董賢을 가리킨다.

해설 이 작품은 제1권의 악부시인 「日出東南隅行」(9)을 모방한 시다. 내용 역시 특별한 것은 없다. 뽕을 따는 여인과 그 여인을 유혹하는 지나가는 귀한 신분의 남자, 그리고 유혹에 대해 자신의 남편이 더 훌륭하다고 자랑하면서 거절하는 내용으로 구성되어 있다.

369. '미녀편'을 모방하다

「代美女篇」[27]

邯鄲輟舞,[28]	한단 미인은 춤을 멈추고
巴姬請罷弦.[29]	파촉 미녀는 거문고 연주 끝내고자 하네
佳人淇洧上,[30]	미인은 기수와 유수 가에 있는데
豔趙復傾燕.[31]	조나라 미인보다 어여쁘고 연나라 미인보다 낫네
繁穠既爲李,[32]	무성하고 농염한 미모는 이미 배꽃인데
照水亦成蓮.	물에 비추니 다시금 연꽃이 되네
朝沽成都酒,[33]	아침에는 성도에서 술을 팔고
暝數河間錢.[34]	밤에는 하간에서 돈을 세네
餘光幸未借,[35]	이웃집 불빛 다행히 아직 빌릴 정도는 아니며

27) 雜曲歌辭에 속한다. 제2권 曹植의 「美女篇」(56)에 대한 모방으로, 그 주석을 참조할 것.

28) '邯鄲'(한단) : 옛날 趙나라의 서울. 『樂府詩集』에는 '章丹'으로 되어 있다.

29) '巴'(파) : 四川省 동부 일대. '姬'(희) : 옛날, 여인에 대한 미칭.

30) '淇洧'(기유) : 두 강 淇水와 洧水.

31) '趙'(조) · '燕'(연) : 모두 옛날 미인의 고장으로 유명했던 지역이다.

32) '繁穠'(번농) : 무성하고 요염하게 아름다운 모양.

33) '沽'(고) : 어떤 책에는 '酤'자로 되어 있는데, 이 글자와 통한다. 사다. 또는 팔다. '成都酒'(성도주) : 司馬相如와 卓文君이 몰래 도망을 나와 호구지책으로 술을 판 적이 있는데, 여기에서는 그 사실을 가리킨다.

34) '暝'(명) : 밤. 저녁. '河間錢'(하간전) : 『後漢書』에 의하면, 桓帝 때의 동요에, "河間의 미녀는 돈을 잘 세고(河間奼女工數錢)"란 구절이 있다. 이상 두 구는 작품 속의 미녀가 대담하고 발랄하여 거리낌 없이 행동하는 것을 나타내고 있다.

蘭膏空自煎.[36]　　택란 기름 등잔불은 부질없이 절로 타네

해설 이 작품은 제2권 曹植의 「美女篇」(56)을 모방하여 지은 시다. 내용 또한 원작과 크게 다를 바 없다. 다만 원작의 주인공 여인이 남성들의 이상적인 여성상임에 반해, 이 작품은 기녀라는 신분상의 차이가 있다.

왕균(王筠)

◇王筠(481~549) : 자가 元禮, 別字는 德柔, 小字는 養이며, 琅邪 臨沂(지금의 山東省 臨沂縣) 사람이다. 일곱 살 때 글을 지을 수 있었으며, 16세에 지은 「芍藥賦」는 글이 매우 아름다웠다. 이후로도 재주로 이름을 날려 劉孝綽과 齊名하였으며, 특히 沈約으로부터 '당대의 王粲(當今王粲)'이란 칭찬을 들었다. 그리고 昭明太子 蕭統으로부터는 雅正하다는 칭찬을 들었다. 벼슬은 처음에 中軍臨川王行參軍을 시작으로 太子舍人을 역임하였으며, 梁 武帝 때는 尙書殿中郞·太子洗馬·太子中庶子·度支尙書 등을 역임하였으며, 簡文帝 때는 太子詹事를 역임하였다. 재물을 좋아하며 인색하였는데, 집에 도적이 들자 놀라 떨다가 우물에 떨어져 죽었다. 저작으로는 『尙書』 30권 등 자못 많았으나 대부분 망실되고 明人의 輯本인 『王詹事集』만이 남아 있다.

---

35) '借'(차) : 『藝文類聚』에는 '惜'자로 되어 있다. 『考異』는 이 구의 의미에 대해 미상이라고 했다. 이하 두 구에 대해 어떤 사람은 미녀가 아직 결혼하지 않아 미모 또한 부질없이 시들어감을 노래한 것이라고 했다. 吳注는 『列女傳』 중의 가난한 齊나라 여인 徐吾 이야기를 인용하였는데, 즉 동해가의 가난한 여인 徐吾는 이웃의 李吾 집에 가서 그 집 촛불을 빌려 함께 길쌈을 했다고 한다.

36) '蘭膏'(란고) : 옛날, 택란나무로 정제한 기름. 등잔용 기름으로 쓰였다. '煎'(전) : 타다. 졸아들다.

「오 주부의 작품에 화운하여(和吳主簿)」 6수[37]

「춘월(春月)」 2수

370. 봄달 1

「春月」 其一

日照鴛鴦殿,[38] 해는 원앙전을 비추고
萍生雁鶩池.[39] 부평초는 안목지에서 자라네
遊塵隨影入,[40] 떠다니는 먼지는 그림자 속으로 들어가고
弱柳帶風垂. 연약한 버들은 바람을 띠고 드리워져 있네
青骹逐黃口,[41] 푸른 매는 참새 새끼를 쫓고
獨鶴慘羈雌.[42] 외로운 학은 새장에 갇힌 암컷을 슬퍼하네
同衾遠遊說,[43] 한이불 덮고 자던 그이 멀리 유세하러 떠나니
結愛久生離. 맺은 사랑 오래도록 생이별
於今方溘死,[44] 지금 바야흐로 별안간 죽게 된다면

---

37) '吳主簿'(오주부): 梁나라 吳均을 가리킨다. 제6권 서두(237~256)에 그의 작품이 수록되어 있다. '主簿': 문서·장부 등의 업무를 맡은 漢代 이후의 관직 이름.

38) '鴛鴦殿'(원앙전): 왕궁 내의 건축물 이름. 『飛燕外傳』에 "임금이 鴛鴦殿에 거처했다(帝居鴛鴦殿)"라고 했다.

39) '雁鶩池'(안목지): 漢나라 때 왕실 정원의 이름. 『西京雜記』에 "梁 孝王이 兎園을 만들고, 동산 안에 雁池를 만들었는데, 연못 사이에는 학 모래섬과 물오리 모래톱을 두었다(梁孝王築兎園, 園中有雁池, 池間有鶴洲鳧渚)"라고 했다.

40) '遊塵'(유진): 떠다니는 먼지.

41) '青骹'(청교): 다리가 청색인 매. '黃口'(황구): 어린 새를 가리킨다.

42) '慘'(참): 슬프다. '羈雌'(기자): 새장에 갇힌 암컷.

43) '同衾'(동금): 같은 이부자리의 사람. 남편을 가리킨다. '遊說'(유세): 옛날, 說客들이 여러 나라를 두루 다니며 군주를 찾아가 언변에 의지하여 그들의 정치적인 주장을 펼치던 일을 가리킨다.

44) '於今'(어금): 현재. '溘死'(합사): 갑자기 죽다.

寧須萱草枝?[45]　　어찌 원추리 가지가 필요하리

해설 이 작품은 벼슬을 위해 먼 길 떠난 남편을 그리워하는 여인의 심경을 노래한 시다. 남편이 비록 자신과 집안을 위해 벼슬을 하러 길을 떠났지만 여인에겐 오직 이별만이 슬픈 것이다. 사람의 일생이 얼마나 짧은데 그 짧은 시간 동안도 헤어져 살아야만 하는가. 특히 봄날 같은 청춘을. 혹시 이렇게 기다리다 갑자기 죽게 된다면 그땐 근심걱정을 잊게 해준다는 망우초인들 무슨 필요가 있겠는가. 나중에 후회하지 말고 빨리 돌아오시길.

371. 봄달 2

「春月」 其二

蒼葹心未發,[46]　　도꼬마리 줄기는 아직 피지 않았고
蘼蕪葉欲齊.[47]　　궁궁이 잎사귀는 키가 나란해져 가네
春蠶方曳緒,[48]　　봄누에는 바야흐로 실을 뽑고
新燕正銜泥.　　새로 온 제비는 한창 진흙 물어 나르네
野雉呼雌雊,[49]　　들판의 꿩은 암컷을 부르며 울고
庭禽挾子棲.　　마당의 새는 새끼를 품고 둥지에 들어 있네
從君客梁後,[50]　　그대가 양 땅으로 떠난 후엔

---

45) '萱草'(훤초) : 원추리. 근심걱정을 잊게 해준다고 한다. 忘憂草라고도 한다.
46) '蒼葹'(권시) : 도꼬마리. 국화과의 한해살이풀. 높이 1m. 열매는 瘦果로 길이 2cm 정도의 타원형이다. 열매를 한방에서는 蒼耳子라고 하며, 해열·발한·두통 등에 사용한다. 어린 잎은 식용할 수 있고, 그 씨도 쪄서 식용한다. 줄기와 잎을 비벼 바르면 독충에 대한 해독효과가 있다고 한다.
47) '蘼蕪'(미무) : 궁궁이. 향초의 일종.
48) '緒'(서) : 실.
49) '雊'(구) : 꿩이 울다.

方晝掩春閨. 바야흐로 대낮에도 봄 규방은 닫혀 있는데
山川隔道里, 산천이 길과 마을을 가로막고 있어
芳草徒萋萋.[51] 향기로운 풀만 부질없이 무성하네

해설 이 작품은 멀리 떠난 남편을 그리워하는 여인의 심경을 노래한 시다. 이제 막 봄이 와 만물에 생기가 넘쳐난다. 그러나 유독 아직 춥고 긴 겨울에서 벗어나지 못한 곳이 한 군데 있다. 바로 임이 멀리 떠나 외롭게 독수공방하고 있는 여인의 처소이다. 마치 봄이 왔지만 아직도 겨울인 동화 속의 '키다리아저씨 집'을 연상시킨다. 규방이야 겨울이든 말든 계절은 무심하게 봄 향기가 짙어만 간다.

「가을밤(秋夜)」 2수

372. 가을밤 1

「秋夜」 其一

九重依夜館,[52] 깊숙한 규방은 어두운 별관에 붙어 있는데
四壁慘無暉.[53] 사방 벽은 캄캄하게 빛이 들지 않네
招搖顧西落,[54] 북두칠성은 서쪽을 바라보며 지고
烏鵲向東飛. 까막까치는 동쪽으로 날아가네
流螢漸收火,[55] 흐르는 반딧불이는 차츰 불빛 거두고

---

50) '從'(종) : ……로부터. '客梁'(객량) : 손님이 梁(河南省 開封) 땅에 기거하다.
51) '萋萋'(처처) : 무성한 모양.
52) '九重'(구중) : 구중궁궐. 여기에서는 집안 깊숙한 곳에 위치한 규방을 가리킨다. '館'(관) : 『考異』는 '管'자로 고쳤으며, 이 구에 대해 의미가 미상이라고 했다.
53) '慘'(참) : '黲'자와 통한다. 어둡다.
54) '招搖'(소요) : 북두칠성의 일곱째 별. 여기에서는 북두칠성을 가리킨다.

絡緯欲催機. 베짱이는 베틀 속도를 재촉하려고 우는 듯
爾時思錦字,[56] 이때 비단에 새긴 글자엔 그리움이 베어들며
持製行人衣. 이걸 가지고 길 떠난 사람의 옷을 짓네
所望丹心達,[57] 그리워 바라보는 그곳에 붉은 이 마음 전달되어
嘉客倘能歸. 훌륭하신 나그네가 돌아올 수 있다면

해설 이 작품은 길 떠난 임을 위해 베를 짜 옷을 만드는 여인의 그리운 심경을 노래한 시다. 가을은 봄과 여름 동안 바깥으로 나와 활동하던 만물이 제 본래 있던 곳으로 돌아가 차츰 외부 활동을 멈추는 시기다. 그리고 겨울 맞을 준비를 하는 기간이기도 하다. 그런데도 우리 임만은 이런 자연의 상규를 어기고 집으로 돌아올 줄 모른다. 베짱이 소리를 동무 삼아 베를 짜고 사랑의 마음으로 수를 놓아 옷을 짓는다. 이 옷이 임에게 잘 전달되어 임이 다시 돌아올 수만 있다면 얼마나 좋을까.

373. 가을밤 2

「秋夜」 其二

露華初泥泥,[58] 이슬 맺힌 꽃 비로소 반짝반짝
桂枝行欶欶.[59] 계수나무 가지는 막 반들반들
殺氣下重軒,[60] 음산한 기운은 겹겹 난간 아래로 내리고

---

55) '絡緯'(락위) : 베짱이. 속칭으로 '紡織娘'이라고도 한다.

56) '爾時'(이시) : 이때. '錦字'(금자) : 비단으로 짠 글자. 여기에서는 부인이 남편에게 써 준 서신을 가리킨다.

57) '丹心'(단심) : 변함없는 사랑. 열렬히 사랑하는 마음.

58) '泥泥'(니니) : 이슬이 많은 모양. 축축하게 젖은 모양.

59) '欶欶'(속속) : 나뭇가지가 반들반들한 모양.

60) '殺氣'(살기) : 스산한 기운. 차가운 기운. '重軒'(중헌) : 층층의 난간.

輕陰滿四屋.	가벼운 음기가 집의 사방에 가득 퍼지네
別寵增脩夜,61)	은총을 잃으니 긴 밤은 더욱 길고
遠征悲獨宿.	먼 길 떠난 그 사람 혼자 자는 것 슬퍼하네
愁縈翠羽眉,62)	그리움은 비취빛 눈썹에 얽혀 있고
淚滿橫波目.63)	눈물은 은근한 눈매에 가득하네
長門絶往來,64)	대문에는 오가는 사람 끊기었는데
含情空杼軸.65)	사랑을 품은 채 부질없이 베를 짜네

해설 이 작품은 먼 길 떠난 임을 그리워하는 여인의 심경을 노래한 시다. 내용은 앞 작품과 거의 같다.

「멀리 바라보다(遊望)」 2수

374. 멀리 바라보다 1

「遊望」 其一

落日照紅妝,	떨어지는 해는 붉은 화장 비추는데
挾瑟當窗牖.	비파 끼고서 창문가에 있네
寧復歌蘼蕪?66)	어찌 다시금 궁궁이를 노래하랴

---

61) '別'(별) : 이별. '寵'(총) : 총애하는 사람. '修夜'(수야) : 긴 밤.
62) '翠羽眉'(취우미) : 비취새의 깃털 같은 눈썹.
63) '橫波目'(횡파목) : 다정한 눈길. '橫波' : 움직이는 눈매.
64) '長門'(장문) : 대문.
65) '杼軸'(저축) : 북과 바디. 모두 베틀의 부분 명칭이다.
66) '蘼蕪'(미무) : 궁궁이. 향초의 일종. 제1권 古詩 8수 중의 첫수(1)에, "산에 올라가 궁궁이를 캐고, 산을 내려오다 옛 남편을 만났네(上山採蘼蕪, 下山逢故夫)"라는 시구가 있다. 즉 버림받은 아내를 뜻한다.

惟聞歎楊柳.67)	오직 수양버들을 탄식하는 소리만 들릴 뿐
結好在同心,68)	서로의 사랑은 한마음에서 싹텄으며
離別由衆口.69)	이별은 여러 사람의 말 때문
徒設露葵羹,	부질없이 이슬 맺힌 아욱으로 국을 끓이지만
誰酌蘭英酒.70)	누구에게 난초꽃 띠운 술을 따르랴
會日杳無期,	만날 날 아득하게 기약도 없으니
蕣華安得久?71)	무궁화꽃 어찌 오래 갈 수 있으랴

해설 이 작품은 다른 사람의 비방 때문에 남편과 이별한 여인의 그리움과 슬픔을 노래한 시다. 다른 사람들이 여인의 무엇에 대해 비방한 것인지는 알 수 없다. 다만 알 수 있는 것은 그것이 모함이라는 것. 혼자 보내야 하는 밤이 가까워지니 온갖 근심들이 다 일어난다. 근심을 삭여보려고 비파를 가지고 버림받은 부인을 노래한 고시를 연주해보지만 북받친 설움 때문에 연주가 제대로 되지 않는다. 다만 이별을 탄식하는 노래만 홍얼댈 뿐이다. 이른 아침에 밭에 나가 귀한 아욱을 따와 국을 끓이고 향기 그윽한 난초술을 준비했지만 누구에게 따르겠는가. 다시 만날 희망조차 끊겼으니 이내 청춘인들 어찌 오래 가기를 바라겠는가.

---

67) '楊柳'(양류) : 옛날 가곡에 「折楊柳」가 있는데, 이별의 슬픔을 노래한 것이다.
68) '結好'(결호) : 서로 사랑함을 가리킨다. '同心'(동심) : 서로 마음이 통하다. 서로 한마음이다.
69) '衆口'(중구) : 많은 사람들의 입. 여기에서는 다른 사람들이 이러쿵저러쿵하는 것을 가리킨다.
70) '蘭英酒'(란영주) : 난초꽃으로 빚은 술. 枚乘의 「七發」 중에, "난초꽃술을 따루어 입을 가신다네(蘭英之酒, 酌以滌口)"라고 했다.
71) '蕣華'(순화) : 무궁화. 무궁화는 여름 가을에 꽃이 피는데, 아침에 피었다가 저녁에는 진다.

375. 멀리 바라보다 2

「遊望」 其二

相思不安席,	그리움에 안절부절
聊至狹邪東.[72]	잠시 후 좁은 골목 동쪽까지 나왔다네
愁眉倣戚里,[73]	찡그린 눈썹은 외척 마을 화장을 모방했고
高髻學城中.	높다랗게 찐 쪽은 성 안 스타일을 본받았네
雙眉偏照日,[74]	한 쌍의 문짝은 마침 햇빛을 받아 빛나고
獨蕊好縈風.	한 떨기 꽃에는 곧잘 바람이 맴도네
自陳心所想,	스스로 속으로 생각하는 사랑을 적어
獻賦甘泉宮.[75]	감천궁에다 시를 지어서 바친다네
傳聞方鼎食,[76]	들려오는 소문에 솥 늘어놓은 귀인의 집이라고 하니
詎憶春閨中?	어찌 봄 규방 안 여인을 생각이나 하겠는가

해설 이 작품은 기루에 사는 기녀가 애인을 기다리는 마음을 노래한 시다. 다시 만나기로 한 날짜가 벌써 많이 지났건만 언약했던 그 사람은 그림자도 뵈지 않는다. 안절부절, 수심에 찬 얼굴로 골목 어귀까지 나와 본다. 그러나 기다리는 사람은 오지 않고 다만 들리는 건 그 사람이 성안의 지체 높은 집안의 자제라는 소문뿐. 그런 귀공자가 어찌 이런 화류계의 여자를 생각이나 하겠는가.

---

72) '聊'(료) : 잠시. '狹邪'(협사) : 좁은 골목. 주로 기루가 밀집해 있다.
73) '愁眉'(수미) : 근심어린 눈썹. 여기에서는 後漢 梁冀의 아내를 가리킨다. 우는 듯한 화장을 했었다고 한다. '戚里'(척리) : 漢나라 때 외척들이 모여 살던 곳.
74) '眉'(미) : 吳注는 '楣(상인방)'자로 보았고, 『考異』는 '扉(문짝)'자로 보았는데, 여기에서는 후자를 따랐다.
75) '甘泉宮'(감천궁) : 漢나라 때의 궁전 이름. 지금의 陝西省 淳化縣 서북쪽 甘泉山에 있었는데, 본래는 秦나라 때의 궁전이었으며, 漢 武帝 때 증축되었다.
76) '鼎食'(정식) : 솥을 여러 개 걸어놓고 식사하다. 신분이 높은 집의 상징으로 쓰였다.

유효작(劉孝綽)

◇劉孝綽(481~539) : 자가 孝綽, 小字가 阿士, 본명은 冉이며, 彭城 安上里(지금의 江蘇省 銅山縣 부근) 사람이다. 劉繪의 아들로서 어려서부터 총민하여 일곱 살 때 글을 지을 수 있었는데, 외숙인 中書郎 王融이 그를 '신동'이라고 하면서, "세상에 문장으로 나만한 사람이 없었는데, 이제 이 말은 阿士에게 해당되리라"라고 칭찬하였다. 天監 초에 著作佐郎이 되었으며, 나중에 尙書水部郎에 천거되었으나 글을 올려 사양하였다. 한 번은 武帝의 잔치 자리에서 시 7수를 지었는데, 武帝가 매우 찬탄하였으며, 이로 말미암아 그에 대한 조야의 인식이 일신되었으며, 秘書丞에 오르게 되었다. 昭明太子 역시 문사를 애호하여, 殷芸·陸倕·王筠·到洽 등과 함께 그를 불러 들였다. 太子僕이 되어 동궁의 기록을 관장하였는데, 재주만 믿고 대부분의 일을 얕보며 소홀히 처리하여 비난을 받았다. 그러나 문장만은 후진들이 추앙하였으니, 한 편의 문장이 아침에 이루어지면 저녁이면 두루 퍼져 호사가들이 모두 외우고 베꼈으며, 그 소문이 북방에까지 퍼졌으며, 정자의 기둥과 벽에 그의 글이 써져 있지 않은 곳이 없을 정도였다. 문집 14권이 있었다고 하나 망실되고 지금은 明人의 輯本인 『劉秘書集』이 남아 있다.

376. 멀리 이웃 배의 주인이 물건 하나를 던지니 여러 여인들이 서로 가지려고 하는 것이 보이는데, 어떤 손님이 나에게 그것을 시로 읊도록 청했다

「遙見鄰舟主人投一物, 衆姬爭之, 有客請余爲詠」

河流旣浼浼,77)　　강물은 잔잔히 흐르고
河鳥復關關.78)　　물새는 꾸욱꾸욱 우는데

77) '浼浼'(면면) : 물이 부드럽게 흐르는 모양.
78) '關關'(관관) : 새들이 서로 화답하며 우는 소리.

落花浮浦出,[79]	떨어진 꽃잎은 포구로 떠서 나오고
飛雉渡洲還.	나는 꿩들은 모래섬을 지나 돌아오네
此日倡家女,[80]	이런 날 기생집 여인들
競嬌桃李顏.	얼굴이 복사꽃 자두꽃과 아름다움을 다투네
良人惜美珥,[81]	주인 나리는 아름다운 귀고리가 아까워
欲以代芳菅.[82]	향기로운 왕골로 대신하려 하네
新縑疑故素,[83]	새로 짠 누런 비단은 옛날의 흰 비단을 시기하고
盛趙蔑衰班.[84]	한창 나이 조비연은 시든 반첩여를 업신여기네
曳綃事掩縠,[85]	끌리는 생사 치마는 감춰진 명주와 다투고
搖珮奪鳴環.[86]	흔들리는 패옥은 울리는 고리옥과 다투네
客心空振蕩,	손님의 마음이야 부질없이 요동질한다 해도
高枝不可攀.[87]	높은 가지는 손에 잡을 수가 없네

해설 이 작품은 뱃놀이 할 때 남자 주인이 귀고리를 던지자, 여러 기생들이 서로 다투어 가지려는 것을 옆의 배에서 보고 그 광경

---

79) '浦'(포) : 물의 가장자리. 또는 강 하류가 바다로 들어가는 곳.

80) '倡家'(창가) : 기녀들의 집.

81) '珥'(이) : 귀걸이.

82) 이 구는 『詩經』「陳風」「東門之池」 중의 "성 동문 아래 흐르는 해자는, 왕골을 부드럽게 하네. 저 아름다운 아가씨, 나와 만나서 이야기를 나누네(東門之池, 可以漚菅. 彼美淑嬉, 可與晤言)"라는 구의 내용에서 왔다. 즉 이상 두 구는 주인이 자기가 아끼는 귀고리를 가지고 미인과 친하고자 한다는 뜻이다.

83) '縑'(겸) : 두 가닥 실로 짠 황색 비단. 이 구는 제1권 古詩 8수 중의 첫수(1)의 내용을 가리킨다. 이하 네 구의 구법은 모두 같다. 즉 각 구의 앞 두 글자는 모두 새 여인을 가리키는 말이며, 뒤의 두 구는 옛 여인을 가리키는 말이다. 뜻은 주인을 향해 새로 알게 된 여인과 옛날부터 알던 여인들 사이에 서로 총애를 다투며 귀고리를 먼저 가지려고 한다는 것이다.

84) '趙'(조) : 趙飛燕을 가리킨다. '班'(반) : 班婕妤를 가리킨다.

85) '曳'(예) : 끌다. '綃'(초) : 생사. '事'(사) : 『考異』는 『藝文類聚』를 따라 '爭(다투다)'자로 고쳤는데, 여기에서도 이를 따랐다. '縠'(곡) : 주름 명주.

86) '奪'(탈) : 『考異』는 '奮(힘을 다하다)'자로 보았는데, 여기에서도 이를 따랐다.

87) '高'(고) : 『藝文類聚』에는 '喬(높다)'자로 되어 있다.

을 노래한 것이다. 아울러 아름다운 그 여인들과 가까이 할 수 없는 남자의 마음을 노래하고 있다. 이 작품은 당시 시가의 제재의 무한성을 보여주는 작품이라고 할 수 있다.

377. 기수 가에서 떠돌이의 아내를 희롱하는 모습을 보고 「淇上戲蕩子婦示行事」[88]

桑中始弈弈,[89]	뽕밭 속은 비로소 빛이 나고
淇上未湯湯.[90]	기수 물은 아직 콸콸 흐르지는 않는데
美人要雜珮,[91]	미인은 여러 가지 패옥을 필요로 하고
上客誘明璫.[92]	귀한 손님은 명월주 귀고리로 유혹하네
日暗人聲靜,	날은 어두워지고 사람 소리 고요하니
微步出蘭房.[93]	사뿐하게 난향 그윽한 규방을 나오네
露葵不待勸,	이슬 맺힌 아욱국 권할 사람 기다릴 필요도 없고
鳴琴無暇張.[94]	울리는 거문고 켤 만큼 여유도 없네
翠釵挂已落,	비취빛 비녀는 머리카락에 걸려 있다 이미 떨어졌지만
羅衣拂更香.	얇은 비단옷 흔들리니 다시금 향기가 나네

88) '淇'(기) : 河南省 북부를 흐르는 강 이름. 黃河의 지류로, 지금의 汲縣 동북 淇門鎮에서 남쪽으로 黃河로 흘러든다. 어떤 책에는 '示行事'란 글자가 없다.

89) '桑中'(상중) : 다음 구의 '淇'와 함께 春秋시대 衛나라의 밀회장소였던 고유명사의 차용으로 볼 수도 있다. 『詩經』「鄘風」「桑中」에 "나와 桑中에서 만나기로 약속했고, 나와 上宮에서 만나기를 바랐으며, 나를 淇水 가로 전송해 주었네(期我乎桑中, 要我乎上宮, 送我乎淇之上矣)"라고 했다. '弈弈'(혁혁) : 빛나는 모양. '奕奕'과도 통한다. 어떤 주석에는 걱정하는 모양이라고도 풀이했다.

90) '湯湯'(상상) : 강물이 수량이 많으면서도 급하게 흐르는 모양.

91) '雜珮'(잡패) : 여러 종류의 옥이 함께 연결되어 있는 패옥.

92) '明璫'(명당) : 옥으로 만든 귀고리.

93) '蘭房'(란방) : 규방의 미칭. 여기에서는 떠돌이의 아내의 방을 가리킨다.

94) '張'(장) : 현을 퉁기다. 이상 두 구는 주인공 여자의 남편이 객지를 떠돌며 돌아오지 않은 지 오래되었음을 뜻한다.

如何嫁蕩子, 어찌하여 떠돌이에게 시집가
春夜守空牀? 봄밤에 텅 빈 침상 지키고 있는지
不見青絲騎,[95] 말 탄 젊은이 보이지 않으니
徒勞紅粉妝. 붉은 분화장도 헛되기만 하네

해설 이 작품은 남편이 장돌뱅이처럼 집을 나가 오랫동안 돌아오지 않은 한 생과부를 누군가 유혹하는 것을 보고 그 느낌을 노래한 시다. 봄이 와서 뽕잎은 넓게 자라 햇빛에 반짝인다. 뽕 따는 여인들이 저마다 춘정을 품고 지나가는 나그네를 곁눈질하는데, 어떤 높은 신분의 나그네가 주인공 여인을 귀고리로 유혹한다. 하지만 아직은 남편을 기다려야 하는 몸이니 거절할 수밖에 없는 처지. 그러나 날이 저물어 집에 돌아오니 다시 독수공방의 신세. 맛있는 식사를 지어서 드릴 사람도 없고, 아름답게 보일 사람도 없다. 어찌하여 떠돌이 남자에게 시집가서 이런 좋은 봄밤에 독수공방하는지. 더 이상 유혹하는 사람도 없으니 화장도 의미가 없다.

378. '빛나는 바둑판'이란 제목으로 양초가 5푼 길이 타들어 가는 시간에 완성하다

「賦詠得照棋燭刻五分成」[96]

南皮弦吹罷,[97] 남피 지방에 관현악 소리 그치자

95) '青絲騎'(청사기): 말을 탄 젊은 사람. '青絲': 검은 머리카락을 가리킨다.
96) '賦……得'(부……득): 기존 시구를 제목으로 삼아 시를 지을 경우, 和韻 또는 칙명으로 시를 지을 경우, 여러 사람이 서로 제목을 나누어 함께 시를 지을 경우 등에 시의 제목 앞에 붙이는 말이다. 일반적으로 '賦得'이라고 한다. '五分'(오분): 1寸의 반 길이. 어떤 곳에는 '照棋燭'을 바둑판을 비추는 촛불이라고 보았고, '刻五分'에 대해서는, 하룻밤의 시간을 잴 때 양초에 다섯 부분의 표시를 해서 시간을 잰 것을 가리킨다고 했으며, 제목의 의미를 촛불 아래에서 밤새도록 바둑을 둔다라고 보았다.

終奕且留賓.[98]　　마지막으로 바둑을 두기 위해 또 손님을 붙잡네
日下房櫳闇,　　해 지고 방 창문 어두워지니
華燭命佳人.　　꽃다운 촛불 밝히라고 미인에게 명하네
側光全照局,　　측면의 불빛은 대국을 다 비추고
迴花半隱身.[99]　　꽃다운 몸 돌린 채 반쯤 몸을 숨기네
不辭纖手卷,[100]　　섬섬옥수 고달픈 것도 마다 않으며
羞令夜向晨.　　부끄러움에 밤은 새벽으로 향하네

해설 이 작품은 미인이 바둑 두는 옆에서 촛불을 들고 시중을 드는 모습을 노래한 시다. 이 작품 역시 제재가 특이한 작품에 속한다.

379. 밤에 기녀의 노래를 듣고 '까마귀가 밤에 우네'란 제목으로 시를 짓다

「夜聽妓賦得烏夜啼」[101]

鵾弦且輟弄,[102]　　'곤계' 곡조 거문고 연주 잠깐 멈추고
鶴操暫停徽.[103]　　'별학조' 음악도 잠시 멈추었네
別有啼烏曲,　　따로 '오야제' 곡조 연주하는데

---

97) '南皮'(남피) : 지명. 曹조의 「與吳質書」에, "매번 옛날 南皮에서 놀 때를 생각하면, 정말로 잊을 수가 없다오. 오묘한 생각으로 六經을 논하였고, 諸子百家의 글을 읽으면서 한가로이 시간을 보내기도 하였고, 거문고도 연주하고 바둑도 두었으며, 마지막엔 雙六 놀이도 했었지요(每念昔日南皮之游, 誠不可忘, 旣妙思六經, 逍遙百氏, 彈棋間設, 終以六博)"라고 했다. '弦吹'(현취) : 관현악.

98) '終奕'(종혁) : 마지막 게임으로 바둑을 두다. '奕' : 바둑이나 雙六 등의 도박.

99) '迴'(회) : 방향을 틀다. '花'(화) : 촛불을 들고 있는 미인을 가리킨다.

100) '卷'(권) : 『考異』는 『初學記』를 따라 '倦(싫증나다)'자로 고쳤는데, 여기에서도 이를 따랐다.

101) 淸商曲辭 西曲歌에 속한다. '烏夜啼'(오야제) : 舞曲 이름.

102) '弦'(현) : 어떤 책에는 '鷄'자로 되어 있다. '鵾鷄'(곤계) : 옛날 가곡 이름.

103) '鶴操'(학조) : 옛날 가곡 이름. '徽'(휘) : 현악기의 줄을 가리킨다.

東西相背飛.	암수 까마귀 동서로 떨어져 난다네
倡人怨獨守,	기생은 독수공방 신세 원망하고
蕩子遊未歸.	떠돌이 임은 객지를 유랑하며 돌아오지 않네
若逢生離曲,[104]	당신도 생이별 음악 듣게 되면
長夜泣羅衣.	긴 밤 내내 비단옷을 눈물로 적시리라

해설 이 작품은 기녀가 부르는 「烏夜啼」 노래를 듣고 그 느낌을 노래한 시다. 밤에 여관에서 잠을 청하는데 이웃 기루에서 노랫소리가 들려온다. 수심에 찬 이별 음악만이 계속 이어지니 나그네 마음도 못내 서글퍼진다. 쉽게 정을 주고 떠난 떠돌이를 못 잊어 저토록 그리운 노래를 애타게 부르는데, 그 어떤 냉혈한인들 이런 노랠 듣고 감상에 젖지 않을 수 있으랴.

380. '그리운 사람에게 드리다'란 제목으로 짓다 「賦得遺所思」[105]

遺簪彫瑇瑁,[106]	임이 주신 비녀는 대모로 조각되어 있고
贈綺織鴛鴦.	선물 받은 비단천은 원앙 무늬가 짜져 있는데
未若華滋樹,[107]	그래도 꽃 가득 핀 나무보다 못하니
交枝蕩子房.	가지를 꺾어 떠돌이의 방에 가져다 놓네
別前秋已落,	이별하기 전에는 가을이라 낙엽 이미 졌었고
別後春更芳.	이별한 후에는 봄이 되어 다시금 향기롭네

104) '若逢'(약봉) : 『藝文類聚』에는 '忽聞'이라고도 되어 있다. '曲'(곡) : 『考異』는 제3구와 중복된다고 하면서 『藝文類聚』를 따라 '唱'자로 고쳤다.

105) 梁나라 雜曲歌辭에 속한다.

106) '遺'(유) : 선물하다. 보내다. '瑇瑁'(대모) : 바다거북. '玳瑁'와 같다.

107) '未若'(미약) : ……보다 못하다. '不如'와 같다. '華滋'(화자) : 나무에 꽃이 무성하다.

所思不可寄,　　　그리운 임에게 부칠 수가 없으니
惟憐盈袖香.　　　오직 가련한 건 소매 가득한 향기뿐

해설 이 작품은 집을 떠나 돌아오지 않는 떠돌이 남편을 그리워하는 여인의 심경을 노래한 시다. 남편은 떠나기 전에 귀한 비녀와 원앙 무늬의 비단옷을 정표로 주셨다. 그리고는 소식도 없이 돌아오지 않는다. 남편이 떠날 때는 가을이라 마당 앞의 꽃나무에 잎이 다 지고 없었는데, 지금 다시 봄이 되어 제법 꽃이 달려 있다. 불현듯 남편 생각이 간절해진다. 그래서 꽃나무 가지 하나를 꺾어 주인 없는 빈 방에 들여다 놓는다. 부칠 수 없는 선물은 공연히 여인의 소매만 향기롭게 한다.

유준(劉遵)

◇劉遵(488~535) : 자가 孝陵이며 彭城 安上里(지금의 江蘇省 銅山縣 부근) 사람이다. 劉孝綽의 종형이자 劉孺의 동생이다. 젊어서는 청아한 성품에 학문과 덕행, 글을 잘 짓는 것으로 이름이 났었다. 처음에 著作郎 · 太子舍人을 지냈으며, 蕭綱의 총애를 받아 晉安王의 記室諮議參軍 · 帶邛縣令을 역임했다가 蕭綱이 태자가 된 후에는 中庶子에 임명되었다. 蕭綱이 그를 위해 문집을 편찬했다고 한다.

381. 황태자의 명을 받고 지은 시 '아름다운 젊은이' 「繁華應令」[108]

可憐周小童,[109]	사랑스런 주소동
微笑摘蘭叢.	미소 지으며 난초꽃을 따네
鮮膚勝粉白,	고운 피부는 분보다 더 하얗고
慢臉若桃紅.[110]	매끄럽고 고운 뺨은 복사꽃처럼 붉다네
挾彈雕陵下,[111]	조릉 땅 아래서 화살 끼고 사냥하며
垂釣蓮葉東.[112]	연잎 동쪽에서 낚싯대 드리우네
腕動飄香麝,	손목 움직이니 사향이 흩날리며
衣輕任好風.	옷이 가벼우니 부드러운 바람 따라 일렁이네
幸承拂枕選,[113]	운 좋게도 침전의 먼지 터는 사람으로 뽑히어
得奉畫堂中.[114]	그림으로 꾸며진 방안에서 임금을 모시게 되었네
金屏障翠被,[115]	황금빛 병풍은 비취색 이불을 가리고
藍帊覆薰籠.[116]	남빛 보자기는 향기로운 옷상자를 덮고 있네
本欲傷輕薄,[117]	본래 경박함을 싫어할 줄 알기에

---

108) '繁華'(번화) : '繁華子'와 같다. 용모가 아름다운 젊은 남자. '應令'(응령) : 태자의 명령에 응하여 짓다. 참고로 황제의 명에 응하여 짓는 것을 '應詔', 여러 왕공들의 명에 응하여 짓는 것을 '應教'라고 한다.

109) '周小童'(주소동) : 옛날 미소년인 周小史. 제7권 蕭綱의 「孌童」(353)의 '周小史'의 주석을 참조할 것.

110) '慢臉'(만검) : 보드럽고 고운 뺨. '慢'자는 '曼'자와 통용된다.

111) '雕陵'(조릉) : 지명. 河南省 扶溝縣 서북 지역. 이 구는 『莊子』에 나오는 전고를 차용한 것으로, 莊周가 雕陵에서 까치를 사냥했다는 이야기를 가리킨다.

112) 漢 樂府 「江南」에 "물고기가 연잎 동쪽에서 놀고, 물고기가 연잎 서쪽에서 노네(魚戲蓮葉東, 魚戲蓮葉西)"라는 구가 있다.

113) '拂枕'(불침) : 침석의 먼지를 털다. '奉'(봉) : 모시다.

114) '畫堂'(화당) : 漢나라 궁중의 殿堂. 후에는 집을 가리키는 말로 쓰였다.

115) '金屏'(금병) : 귀한 병풍. '障'(장) : 막다. 가리다. 차단하다. '翠被'(취피) : 비취색 이불.

116) '薰籠'(훈롱) : 향기 나는 상자.

117) '欲'(욕) : 『考異』는 『藝文類聚』를 따라 '知'자로 고쳤는데, 여기에서도 이를 따랐다. '傷'(상) : 싫어하다.

含辭羞自通.	말을 머금은 채 마음 전하는 걸 부끄럽게 여기네
剪袖恩雖重,118)	소매를 자르는 은총 무겁고
殘桃愛未終.119)	먹다 남은 복숭아를 드리는 사랑 아직 끝나지 않았다 하더라도
蛾眉詎須嫉?120)	아미 눈썹 미인이 어찌 질투할 필요가 있으랴
新妝遞入宮.	새로 화장한 여인이 차례로 궁중에 들어오는데

해설 이 작품은 蕭綱의 「變童」(353) 시에 응대하여 지은 시다. 내용은 원작과 거의 같으며, 역시 미소년의 용모를 노래하고 있다. 미소년에 대한 이러한 약간의 기형적인 심미의식이 당시 왕실에서 제왕과 신하들에게 널리 공유되고 있었다는 점은 상당히 놀랄 만한 일이다.

382. 태자의 명을 받고 '관사에서 성으로 돌아와'란 시를 짓다 「從頓還城應令」121)

漢水深難渡,122)	한수는 깊어서 건너기가 어려우며

---

118) '剪袖'(전수) : 소매를 자르다. 『漢書』「佞幸傳」에 의하면, 漢 哀帝 때 미모로 임금에 총애를 받은 董賢의 전기가 수록되어 있다. 그에 대한 임금의 총애는 지극하였다. 한번은 임금과 함께 낮잠을 자는데, 임금이 잠에서 깨어나 보니 그가 임금의 소매를 깔고 자고 있었다. 그러자 임금은 그를 깨우지 않기 위해 소매를 자르고 일어날 정도였다고 했다.

119) '殘桃'(잔도) : 먹다 남은 복숭아. 『韓非子』「說難」 등에 의하면 미모로 임금의 총애를 받았던 春秋시대 衛나라의 彌子瑕에 대한 이야기가 나오는데, 그가 복숭아를 반쯤 베어 먹다가 임금에게 주었는데도 임금이 오히려 더 총애하였다고 한다.

120) '蛾眉'(아미) : 나방의 촉수 같이 길고 구부정한 미인의 눈썹. '詎'(거) : 어찌. 이하 두 구는 임금이 비록 미소년을 총애하지만, 그 총애는 미인들에 대한 총애와는 다르기 때문에 미인들이 굳이 질투를 할 필요가 없음을 말하고 있다.

121) 제7권에 蕭綱의 「從頓蹔還城」(333)이란 시가 있는데, 이 작품의 원작이다.

122) '漢水'(한수) : 陝西省 寧羌縣에서 발원하여 湖北省 襄陽 지역을 통과하여 長江에 흘러드는 강 이름.

深潭見底淸.[123]	깊디깊지만 바닥이 보일 정도로 맑다네
錦筰繫鳧舸,[124]	비단으로 꾸민 대오리 동아줄은 물오리 모양의 뱃머리에 묶고
珠竿懸翠旍.[125]	진주장식 상앗대엔 비취새 깃발을 달았네
鳴笳芳樹曲,[126]	호드기 불면서 '방수곡'을 연주하고
流唱采蓮聲.[127]	흐르는 강물 위에서 '채련곡'을 노래하네
神遊不停駕,[128]	신선의 행차처럼 수레 멈추지 않고
日暮反連營.[129]	해 저무니 늘어선 군영으로 돌아오네
寧顧空房裏,[130]	어찌 텅 빈 방안을 돌아보랴
階上綠苔生.	계단 위에 푸른 이끼가 자라는 것을

해설 이 작품은 공무로 바쁜 태자가 대전과 후궁을 돌볼 겨를이 없는 것을 노래한 시다. 임지에서 공무를 보면서 그리움을 주제로 한 음악도 연주하고 노래도 부른다. 그러나 막상 도성을 지나칠 때는 성안으로 들어오지 않고 수레를 몰고 바로 임지로 돌아간다. 내전엔 태자의 발길이 끊어져 계단에 이끼가 자라나고 방안은 텅 비어 있건만.

123) '深潭'(심담): 강물이 매우 깊은 곳.

124) '筰'(작): 대오리로 꼰 동아줄. 배를 끌 때 사용된다. '鳧舸'(부가): 뱃머리를 물오리 모양으로 꾸민 큰 배.

125) '珠竿'(주간): 진귀하고 아름다운 대나무 장대. '翠旍'(취정): 비취새 깃털로 장식한 깃발.

126) '笳'(가): 호드기. 중국 고대 북방 민족의 악기. '芳樹'(방수): 옛날 곡조 이름.

127) '采蓮'(채련): 옛날 곡조 이름.

128) '神遊'(신유): 왕의 행차를 높여서 신선의 거동처럼 보인다고 했다. '駕'(가): 수레.

129) '反'(반): 돌아오다. '連營'(련영): 여러 막사가 길게 이어져 있는 군영.

130) '寧'(녕): '豈'자와 같다. 어찌. 이하 두 구는 여성의 시점이다.

왕훈(王訓)

◇王訓(511~536) : 자가 懷範이며, 琅邪 臨沂(지금의 山東省 臨沂縣) 사람으로, 王暕의 아들이다. 용모가 준수했고 행동거지도 훌륭했으며, 문장 또한 아름다워 후진들의 모범이 되었다. 16세 때 武帝에게 文德殿으로 불려갔는데, 응대하는 말이 명쾌하여 國子生에 임명되었다. 벼슬은 秘書郎 · 太子舍人 · 秘書丞 · 侍中 등을 역임했으며, 특히 동궁의 총애가 컸다. 질병으로 인해 26세의 나이로 요절하였으며, 시호는 '溫子'이다.

383. '급히 지은 노래'에 화운하여

「奉和率爾有詠」[131)]

殿內多仙女, 궁전 내의 선녀 같은 많은 여인들
從來難比方. 본래 비유할 데 없이 아름다운데
別有當窗豔,[132)] 따로 창가의 예쁜 여인
復是可憐妝. 더욱 사랑스럽게 화장한 모습
學舞勝飛燕, 배운 춤은 조비연보다도 더 낫고
染粉薄南陽.[133)] 분화장도 남양 여인들을 우습게 여길 정도
散黃分黛色,[134)] 황색분 고루 펼쳐 눈썹 빛깔 뚜렷하게 하고
薰衣雜棗香. 옷에 향기 넣을 때는 대추향도 섞는다네
簡釵新輾翠,[135)] 큰 비녀는 새로 비취깃으로 꾸미고

---

131) 제7권 蕭綱의 「率爾成詠」(347)이란 시가 이 시의 원작이다.
132) '豔'(염) : 미녀.
133) '薄'(박) : 경시하다. 깔보다. '南陽'(남양) : 지명. 분의 산지로 유명한 곳이다.
134) '散黃'(산황) : 이마에 노란 분을 바르다. 이런 화장법은 六朝에서 唐代에 이르기까지 유행하였다. '黛色'(대색) : 눈썹의 색.
135) '簡釵'(간채) : 큰 비녀. '輾'(전) : 꾸미다. 조탁하다. '碾'과 통한다.

試履逆塡牆.[136]	처음 신는 신발로 거슬러 담장을 따라 가네
一朝恃容色,	하루아침에 미모에 의지해
非復守空房.	다시는 독수공방 않게 된 여인
君恩若可恃,	임금님의 은총이 믿을 만하다면
願作雙鴛鴦.	한 쌍의 원앙새가 되었으면 한다네

해설 이 작품은 후비의 미모와 임금의 총애를 바라는 심정을 노래한 시다. 용모와 재주를 통해 후궁으로 들어와 다행히 임금에게 총애를 입었다면 더 이상의 소원이 무엇이겠는가. 그렇지만 영원토록 금슬 좋은 원앙새처럼 총애를 잃지 않고 싶은 바람은 결국 부질없는 욕심일 뿐이겠는가.

유견오(庾肩吾)

◇庾肩吾(487~550) : 자가 子愼이며, 南陽 新野(지금의 河南省 新野縣) 사람인데, 대대로 江陵(지금의 湖北省 江陵縣)에 살았다. 庾信의 아버지이며, 8세 때 시를 지을 수 있었다. 처음에는 晉安王國常侍가 되었으며, 雍州로 따라 가 蕭綱의 명으로 劉孝威・徐摛 등과 함께 전적을 베끼고 편찬하는 일에 참여하였으며, '高齋學士'로 불리었다. 蕭綱이 태자가 되자 東宮通事舍人・太子中庶子를 역임했으며, 蕭綱이 제위에 오르자 度支尙書에 올랐다. 侯景의 난 때에는 포로가 되었지만 시를 잘 써서 풀려났다. 나중에 江陵으로 도망 가 江州刺史가 되었다가 武康縣侯에 봉해졌다. 蕭綱・徐摛 등과 함께 宮體詩 창도자 중의 한 사람으로, 그의 시는 어휘의 조탁이 많고, 성률 강구가 심한 편이지만,

136) 鈴木虎雄은 이 구의 의미에 대해 미상이라고 했다. '試履'(시리) : 처음 신는 신발. '逆塡牆'(역전장) : 거슬러 담장을 따라가다. 어떤 책에는 '送垣牆'이라고 되어 있다.

율시 형성에는 어느 정도 기여했다고 할 수 있다. 저작으로는 『書品』 및 문집 10권이 있었다고 하나, 지금은 明人의 輯本인 『庾度支集』이 남아 있다.

384. '그리운 사람이여'란 제목으로 쓴 시

「詠得有所思」[137]

佳期竟不歸,[138]	아름다운 언약 끝내 임은 돌아오지 않고
春物坐芳菲.[139]	봄날은 부질없이 향기가 진동하네
拂匣看離扇,	먼지 털고 상자 열어서 손 떠난 부채 바라보고
開箱見別衣.	옷상자 열자 헤어질 때 입었던 옷이 보이네
井桐生未合,[140]	우물가 오동나무는 아직 우물을 뒤덮을 정도는 아니고
宮槐卷復稀.[141]	홰나무는 잎이 돌돌 말려 다시금 드문드문
不及銜泥燕,	진흙 문 제비들이
從來相逐飛.	줄곧 암수 서로 좇아 날아다니는 것보다 못하네

해설 이 작품은 임이 멀리 떠난 임을 그리워하는 여인의 심경을 노래한 시다. 다시 찾아오겠다는 아름다운 그 약속, 그러나 때가 지나도 임은 그림자조차 볼 수가 없다. 약속을 저버린 것이리라. 아니 약속했던 사실조차도 잊은 것인지 모르겠다. 그러나 봄은 어김없이 찾아와 여인의 가슴을 분탕질한다. 상자 속에는 여인처럼 버림받은 부채

137) 鼓吹曲辭에 속한다.
138) '竟'(경): 『樂府詩集』에는 '杳(아득하다)'자로 되어 있는데, 역시 뜻은 통한다.
139) '物'(물): 『樂府詩集』에는 '日'자로 되어 있는데, 여기에서는 이를 따랐다. '坐'(좌): 헛되이.
140) '合'(합): 가리다. 뒤덮다.
141) '宮槐'(궁괴): 홰나무. '守宮槐'라고도 한다. 이 나무는 잎이 낮에는 포개어 합쳐져 있다가 밤에는 벌어진다고 한다.

가 간수되어 있고, 옷장에는 임을 전송할 때 입었던 그 옷이 간수되어 있다. 아직 봄은 남아 있건만 이내 신세는 진흙 물고서 암수 함께 날며 집을 짓는 저 제비만도 못하구나. 아……

385. '미인 자신이 그림을 보다'란 시에 응대하여 「詠美人自看畵應令」[142)]

欲知畵能巧,	그림을 얼마나 잘 그렸는지 알고 싶어
喚取眞來映.[143)]	그림 속의 주인공을 불러다 서로 비춰보는데
並出似分身,	둘 다 분신과 같아서
相看如照鏡.	서로 바라보니 마치 거울을 보고 있는 듯하네
安釵等疏密,	꽂은 비녀도 듬성하고 빽빽한 정도가 똑같고
著領俱周正.[144)]	옷깃도 둘 다 단정하네
不解平城圍,[145)]	평성의 포위를 풀지 못했다면
誰與丹靑競?	그 누가 미인도와 미모를 다툴 수 있었을까

해설 이 작품은 미인도 속의 미인과 실재 미인의 아름다움을 함께 노래한 시다. 미인도 그림이 얼마나 핍진하게 그려져 있는가를 보려고 작품의 주인공을 불러 봤더니 그 미인이 거울을 보고 있는 듯한

142) 이 작품의 원작은 제7권 蕭綱의 「詠美人觀畵」(352)이다.

143) '眞'(진) : 미인도 속의 주인공.

144) '著領'(착령) : 입은 옷의 깃. '周正'(주정) : 단정하다.

145) '平城圍'(평성위) : 『藝文類聚』에서 『漢書』를 인용하여, "임금이 平城에까지 갔다가 흉노에게 포위당하였다. 이레 동안 먹을 것이 없었는데, 陳平이 화공에게 미녀를 그리게 하여 사람을 보내어 염지에게 보내어 말하기를 '漢나라에는 미녀가 있는데 자질이 이 그림과 같다. 장차 선우에게 드리려고 한다'라고 하니 염지가 그럴법하다는 생각이 들어 선우에게 조르니 이에 포위망에서 벗어날 수 있었다(上至平城, 爲匈奴所圍, 七日乏食. 陳平使畫工圖美女, 間遣人遺閼氏, 云, '漢有美女, 資質若是, 將欲獻單于.' 閼氏以爲然, 從容言於單于, 乃始得出)"라고 했다.

착각이 들 정도였다. 그러나 옛날 漢나라 高祖가 匈奴와 전쟁을 하다가 포위되었을 때 화공의 도움으로 풀려나지 못했다면 어떤 미인이 그림 속의 미인과 미모를 다툴 수 있었겠는가?

386. '횡취곡 장안도'란 제목으로 지은 시 「賦得橫吹曲長安道」[146)]

桂宮連複道,[147)]	계수나무 궁전은 이중 복도와 이어져 있고
黃山開廣路.[148)]	황산궁은 넓은 길을 열고 있네
遠聽平陵鐘,[149)]	멀리 평릉의 종소리 들리고
遙識新豊樹.	까마득한 곳 신풍의 나무를 알아보겠네
合殿生光彩,	모여 있는 전각에는 광채가 나고
離宮起煙霧.[150)]	도성 밖 궁전에는 안개가 이네
日落歌吹還,[151)]	해가 지니 노래소리 퉁소 소리 돌아오고
塵飛車馬度.	먼지 날리며 수레와 말이 지나가네

146) '橫吹曲'(횡취곡) : 본래 鼓吹曲에서 나온 것으로, 말 위에서 연주하던 군악의 한 가지다. 『樂府解題』에 "漢나라 橫吹曲은 28解가 있었는데, 李延年이 지었다. 魏晉 이래 오직 10곡만 전해왔는데, 즉 「黃鵠」·「隴頭」·「出關」·「入關」·「出塞」·「入塞」·「折楊柳」·「黃覃子」·「赤之揚」·「望行人」 등이 그것이다. 후에 「關山月」·「洛陽道」·「長安道」·「梅花落」·「紫騮馬」·「驄馬」·「雨雪」·「劉生」 등 8곡이 생겨서 모두 18곡이 된다(漢橫吹曲, 二十八解, 李延年造. 魏晉已來, 唯傳十曲. 一曰黃鵠, 二曰隴頭, 三曰出關, 四曰入關, 五曰出塞, 六曰入塞, 七曰折楊柳, 八曰黃覃子, 九曰赤之揚, 十曰望行人. 後又有關山月, 洛陽道, 長安道, 梅花落, 紫騮馬, 驄馬, 雨雪, 劉生八曲, 合十八曲)"라고 했다.

147) '桂宮'(계궁) : 궁전 이름. '複道'(복도) : 누각 사이에 시렁처럼 설치된 통로.

148) '黃山'(황산) : 궁전 이름. 黃山宮.

149) '平陵'(평릉) : 다음 구 '新豊'과 같이 漢나라 도읍 長安 부근의 지명.

150) '離宮'(리궁) : 도읍지 이외 지역의 궁전으로 황제가 순시할 때 머무는 곳.

151) '歌吹'(가취) : 노래소리와 북치고 피리 부는 음악 소리.

해설 이 작품은 長安 부근의 풍경을 노래한 시다. 長安 쪽으로 난 길을 따라 멀리 바라보면 높다란 궁전들이 보이는 것 같다. 그리고 長安 가까이에서 시간을 알리는 종소리가 들려오고 新豊 땅의 숲도 보인다. 한곳에 모인 듯한 여러 전각에는 빛이 발하는 것 같고, 뚝 떨어져 있는 궁전에는 안개가 자욱하다. 해가 지니 長安 부근 기루에서는 음악 소리가 들리고, 공무를 마치고 기루를 찾는 귀인들의 마차가 먼지를 일으키며 빠르게 지나간다.

387. 남원에서 돌아오는 사람들을 구경하다

「南苑還看人」[152]

春花競玉顔,	봄꽃은 옥 같은 얼굴과 아름다움을 다투고
俱折復俱攀.	미인들은 모두 꽃가지를 꺾기도 하고 당기기도 하네
細腰宜窄衣,[153]	가는 허리는 좁은 옷에 어울리고
長釵巧挾鬟.[154]	긴 비녀는 쪽찐 머리에 교묘하게 질러져 있네
洛橋初度燭,[155]	낙수 다리 아래엔 처음으로 불 밝힌 배가 지나가고
青門欲上關.[156]	푸른 성문은 빗장을 걸려고 하는데
中人應有望,[157]	규방 안의 여인에겐 당연히 기다리는 사람 있으니

152) '南苑'(남원) : 지명. 劉宋 이후 도시인들의 유람지가 된 곳이다. '還看人'(환간인) : 吳注에 의하면 어떤 책에는 '看人還'으로 되어 있다고 했는데, 여기에서도 이를 따랐다. 제6권에 何思澄의 시 「南苑逢美人」(295)이 있다.

153) '窄衣'(착의) : 몸에 꼭 달라붙는 옷.

154) '挾'(협) : 끼다. 지르다. 『藝文類聚』에는 '扶'자로 되어 있다.

155) '洛橋'(락교) : 洛水의 다리. 여기서는 일반적인 다리란 뜻으로 차용되었다. '度燭'(도촉) : 촛불을 밝힌 배 또는 수레가 다리 아래 또는 위를 지나감을 뜻한다.

156) '青門'(청문) : 여기에서는 성문을 가리킨다. 『三輔黃圖』에 의하면, 長安城 동쪽에서 남쪽 끝의 첫째 성문을 霸城門이라고 한다. 사람들이 성문의 색이 푸른 색이어서 青城門 혹은 青門이라고 했다고 한다. '上關'(상관) : 대문의 빗장을 걸다.

上客莫前還.[158]　　귀한 손님이여 날 저물기 전에 돌아오소서

해설 이 작품은 낮에 유원지로 놀러나갔다가 날이 저물어 집으로 돌아오는 사람들을 보고 상상해서 쓴 시다. 유원지는 봄이 되어 온갖 꽃들이 만발하고, 그 꽃을 구경하러 나온 아가씨들의 미모도 꽃 못잖다. 날이 저물자 성안으로 돌아가는 행렬들이 이어지고, 규방에는 놀러나간 남편을 기다리는 아내가 있다.

388. 건흥원에서 만났다가 송별하다

「送別於建興苑相逢」[159]

相逢小苑北,　　작은 공원 북쪽에서 그녀를 만났는데
停車問苑中.　　수레 세우고 공원 안의 사정을 물어보네
梅新雜柳故,　　새로 심은 매화나무 오래된 버드나무와 섞여 있고
粉白映綸紅.[160]　　분 바른 흰 얼굴은 붉은 두건에 빛난다네
去影背斜日,　　떠나는 사람의 그림자는 기운 해를 등지고
香衣臨上風.[161]　　향기로운 옷은 바람 부는 대로 날린다네
雲流階漸黑,　　구름이 흘러드니 계단은 차츰 검어지고
冰開池半通.　　얼음이 녹으니 연못이 반쯤 열린다네
去馬船難駐,　　떠나는 말과 배는 잡아두기가 어렵고
啼烏曲未終.[162]　　'오야제' 곡조 아직 끝나지 않았는데

157) '中人'(중인) : 성안 또는 규방 안에 있는 여인.
158) '上客'(상객) : 존귀한 손님, 또는 남편. '莫'(모) : '暮'자와 통용된다.
159) '建興苑'(건흥원) : 梁 武帝 天監 4년에 秣陵(지금의 南京)의 建興里에 만든 정원. 제8권에 紀少瑜의 시 「建興苑」(412)이 있다. 제목은 建興苑에서 전에 알던 어떤 여인을 만났다가 다시 송별한다라는 뜻이다.
160) '綸'(륜) : 두건. 어떤 사람은 '輪'자와 통한다고 보고 태양이라고 해석하였다.
161) '上風'(상풍) : 바람이 불어오는 방향을 가리킨다.

眷然從此別,[163]	아쉬워하면서 지금부터 이별하면
車西馬復東.	수레는 서쪽으로 말은 다시 동쪽으로

해설 이 작품은 유원지에서 아는 여인을 만났다가 다시 헤어지는 장면을 노래한 시다. 유원지 북쪽으로 말을 타고 가다가 수레를 타고 지나가던 옛날 여인을 만났다. 잠시 만나 즐거운 회포를 푼다. 그러나 날이 저물어 더 이상 머물 수가 없다. 진한 미련을 가슴 한켠에 앙금처럼 남겨둔 채 다시 서로 이별할 수밖에.

「상동왕의 시에 화운하여(和湘東王)」 2수[164]

389. 명을 받아 지은 시 '봄밤'

「應令春宵」

征人別未久,[165]	길 떠난 사람은 작별한 지 아직 오래지 않고
年芳復臨牖.	꽃다운 나이의 여인은 또한 창가에 있네
燭下夜縫衣,	촛불 아래에서 한밤중에 옷 꿰매는데
春寒偏著手.[166]	봄날 한기가 유난히 손에 느껴지네
願及歸飛雁,	북쪽으로 날아 돌아가는 기러기 편에
因書寄高柳.[167]	고류 땅으로 편지라도 부쳤으면

162) '啼烏'(제오) : 「烏夜啼」 곡조를 가리킨다.
163) '眷然'(권연) : 아쉬운 모양.
164) 제7권에 같은 제목으로 蕭綱의 작품 두 수(325, 326)가 있다. 따라서 이 작품은 추측컨대 작가가 蕭綱의 명령에 의해 지은 것이 아닌가 한다.
165) '未'(미) : 『藝文類聚』에는 '來'자로 되어 있는데, 뜻은 통한다.
166) '著手'(착수) : 손에 닿다. 손에 느껴지다.
167) '高柳'(고류) : 지명. 山西省 大同府 陽高縣 서북 지역. 여기에서는 먼 길 떠난 임이

해설 이 작품은 멀리 떠난 임을 그리워하며 그리운 마음을 기러기 편에라도 전하고 싶은 여인의 심경을 노래한 시다. 다른 작품들과 다른 점은 이들의 이별이 아직은 얼마 되지 않았다는 것이다. 벌써 그리움이 이러할진대 이 여인은 앞으로 긴 이별의 세월을 어떻게 견뎌낼까.

390. 명을 받들어 지은 '겨울 아침'

「應令冬曉」

鄰雞聲已傳,	이웃의 닭 소리 이미 들리고
愁人竟不眠.	근심에 잠긴 사람 결국 잠 못 이루네
月光侵曙後,	달빛이 새벽 뒤를 침투하고
霜明落曉前.	서리는 환히 아침 전에 내리네
縈鬟起照鏡,[168]	쪽찐 머리로 일어나 거울 보는데
誰忍插花鈿.[169]	그 누가 꽃비녀 꽂을 마음이 내키겠는가

해설 이 작품은 독수공방하는 여인이 그리움으로 새벽까지 잠을 못 이루는 모습을 노래한 시다. 아직 배필을 만나지 못했든지, 아니면 남편이 변경으로 종군했든지, 그것도 아니면 남편의 사랑이 식어 버림받았든지 어쨌든 여인은 이런저런 생각과 상상으로 밤새 잠을 이루지 못한다. 어느새 닭 우는 소리 들리고 달빛이 여전히 새벽을 비추며, 아침이 되기 전에 서리까지 뽀얗게 내렸다. 침상에서 일어나 거울을 보고 머리를 올리는데, 비록 곁에 귀하고 예쁜 비녀가 있지만 누굴 위

살고 있는 곳이란 뜻으로 차용되었다.

168) '縈'(영): 둘둘 감다. 쪽을 찌는 것을 가리킨다.

169) '花鈿'(화전): 여인들의 首飾의 일종.

해 머리에 꽂을 것인가. 다시금 낙담의 한숨소리뿐.

유효위(劉孝威)

◇劉孝威(490?~549?) : 자가 孝威, 본명은 밝혀져 있지 않으며, 彭城 安上里(지금의 江蘇省 銅山縣 부근) 사람이다. 劉孝綽의 여섯째 동생으로, 劉孝綽의 셋째 동생 劉孝儀와 함께 '三筆六詩'라고 불리기도 했다. 일찍이 晉安王 蕭綱의 法曹參軍과 主簿를 역임했으며, 후에 蕭綱이 태자가 되자, 太子洗馬·太子中舍人·太子庶子 등을 역임했다. 太淸 연간에는 中庶子·通事舍人이 되었으며, 太淸 3년(549) 侯景의 난 때 司州刺史 柳仲禮를 따라 포위망을 벗어나 安陸으로 갔다가 질병으로 죽었다. 저작으로는 문집이 전후 각 10권이 있었다고 하나, 지금은 明人의 輯本인 『劉庶子集』이 남아 있다.

391. 시연에서 '모래언덕에 밤 달이 밝다'란 제목으로 지은 시 「侍宴賦得龍沙宵月明」[170]

鵲飛空繞樹,	까치는 날아와 공연히 나무 주위를 맴돌고
月輪殊未圓.[171]	달님은 아직도 완전한 원형이 아니라네
嫦娥望不出,	항아는 기다려도 나타나지 않고
桂枝猶隱殘.	계수나무 가지는 잔영을 숨기고 있는 듯
落照移樓影,	떨어지는 달빛은 누각의 그림자를 옮기고
浮光動塹瀾.[172]	물에 비친 달빛은 해자의 물결을 일렁이네

170) '龍沙'(룡사) : 사막의 용 모양의 모래언덕. 변경의 사막지역을 가리킨다.
171) '殊'(수) : 아직. 오히려.

櫪馬悲羌吹,[173] 마판 위의 말은 퉁소 소리에 슬퍼하고
城烏啼塞寒. 성곽 위의 까마귀는 변경 추위에 울어예네
傳聞機杼妾, 아낙네 베 짜는 소리 들려오니
愁余衣服單. 홑겹 내 옷 걱정하는 아내인가 한다네
當秋終已脆,[174] 가을이 되자 내옷 실밥은 벌써 약해졌는데
銜啼織復難. 울먹이며 베 짜는 것도 어려울 것
斂眉雖不樂, 찌푸린 눈썹으로 비록 즐겁지는 않지만
舞劍强爲歡. 칼춤 추면서 억지로나마 즐겁게 지내려 한다네
請謝函關吏,[175] 함곡관 관리시여 제발
行當泥一丸.[176] 나아가 한 덩이 진흙이 되게 해주소서

해설 이 작품은 변경 사막지대로 종군한 병사의 고향 아내에 대한 그리움을 노래한 시다. 변경의 을씨년스러운 풍경에 대한 묘사와 고향에서 베를 짜며 자신을 그리워할 아내를 상상하였다. 특히 마지막 두 구에서는 자신의 한 몸을 던져 다시는 종군으로 인한 이별이 없게 만들고 싶은 염원을 읽을 수 있다. 후대 변새시의 선구로 볼 수 있다.

---

172) '塹'(참): 해자. 성 둘레에 방어용으로 파 놓은 못.

173) '櫪'(력): 마판. 마구간에 까는 판자. '羌'(강): 중국 서부 지역의 소수 민족. '羌吹'(강취): 고대 羌族의 관악기인 羌笛을 가리킨다.

174) '終'(종): 吳注에는 '絲(실)'자의 잘못이라고 했는데, 여기에서도 이를 따랐다. '脆'(취): 쉽게 끊어지다. 이 구는 남자가 입고 있는 옷이 오래되어 쉽게 해진다는 뜻이다.

175) '函關'(함관): 函谷關. 여기서는 변경의 관문을 가리키는 말로 차용되었다.

176) '行'(행): 나아가다. 떠나다. '當'(당): 되다. 이 구는 王莽 말기, 後漢 초기의 隴西에 본거지를 두었던 隗囂와 관련이 있다. 『後漢書』「隗囂傳」에 의하면, 漢나라 王元이 函谷關을 지키면서 동쪽으로 劉秀에게 대항하는 隗囂에 대해 "소신은 청컨대 한 알의 진흙을 가지고 대왕을 위해 동쪽의 函谷關을 봉해버리고자 합니다. 이것은 다시없는 좋은 기회입니다(元請以一丸泥, 爲大王東封函谷關, 此萬世一時也)"라고 했다고 한다. 여기에서는 외적의 침입을 완전 봉쇄하여 종군으로 인한 이별이 없게 하겠다는 의미로 쓰였다.

392. 상동왕의 명에 따라 화운하여 지은 '겨울 아침'

「奉和湘東王應令冬曉」

妾家邊洛城,	소첩의 집은 낙양성 근처라서
慣識曉鍾聲.	새벽 종소리를 잘 알고 있습니다
鍾聲猶未盡,	종소리 아직 채 끝나지 않았는데
漢使報應行.[177]	한나라 사신은 길 떠날 시간임을 알립니다
天寒硯水凍,	날씨가 추워 벼룻물도 얼었고
心悲書不成.	마음이 슬퍼 편지도 완성하지 못합니다

해설 이 작품은 변경으로 종군한 남편에게 보낼 편지를 쓰는 여인의 모습을 노래한 시다. 洛陽城 근처에 살고 있기에 새벽을 알리는 성안의 종소리가 귀에 익숙하다. 종소리가 울리는 것은 변경으로 떠날 사신의 출발 시간이 임박했다는 말. 편지라도 부쳐야 되는데, 날씨가 워낙 추워 벼룻물조차 얼었고, 겨우 녹여서 편지를 쓰지만 눈물만 흐를 뿐 편지를 완성하지 못한다. 할 수 없이 다음 사신 떠날 때를 기다리는 수밖에.

393. 약현에서 우연히 베 짜는 여인들을 보고 급히 아내에게 부치는 시

「鄀縣遇見人織率爾寄婦」[178]

妖姬含怨情,[179]	아리따운 여인 원망을 머금고

---

177) '漢使'(한사): 변경으로 떠나는 사신을 가리킨다.

178) '鄀縣'(약현): 지명. 지금의 湖北省 宜城 동남쪽에 해당한다. 『史記』「吳世家」에, "楚나라는 겁이 나 郢을 버리고 鄀으로 천도했다(楚恐而去郢遷鄀)"라고 했다. '率爾'(솔이): 급한 모양.

織素起秋聲. 하얀 비단 짜면서 가을 소리 내네
度梭環玉動,[180] 북을 옮기니 옥팔찌 흔들리고
踏躡珮珠鳴.[181] 발판 밟으니 허리에 찬 구슬 울리네
經稀疑杼澀, 날줄이 잘 안 빠지니 북이 껄끄러운가 하고
緯斷恨絲輕. 씨줄이 끊어지니 실이 약한 게 한스럽네
蒲萄始欲罷, 포도 무늬는 막 끝나가려 하고
鴛鴦猶未成. 원앙 무늬는 아직 완성되지 않았네
雲棟共徘徊,[182] 구름 같은 대들보 주위를 모두 서성대기도 하며
紗窓相向開. 비단 창문은 서로를 향해 열려 있다네
窓疏眉語度,[183] 창살 성기니 눈짓이 전달되고
紗輕眼笑來. 비단 얇으니 눈웃음 전해오네
曨曨隔淺紗,[184] 어렴풋이 얇은 비단 사이에 두니
的的見妝華.[185] 뚜렷이 꽃처럼 꾸민 얼굴 보이네
鏤玉同心藕,[186] 옥에는 동심 뿌리를 새겼고
列寶連枝花.[187] 보석에는 연리지 꽃을 차례로 박아 넣었네
紅衫向後結, 붉은 적삼은 뒤로 향해 묶었고
金簪臨鬢斜. 금비녀는 귀밑머리 주위에 비스듬히 질러져 있네
機頂掛流蘇,[188] 베틀 꼭대기엔 오색 꽃술을 달았고
機旁垂結珠. 베틀 옆에는 구슬 레이스를 드리웠네

179) '妖姬'(요희) : 아리따운 미인.
180) '梭'(사) : 베틀의 북. 아래의 '杼'와 같다. '環玉'(환옥) : 여기에서는 팔찌를 가리킨다.
181) '躡'(섭) : 베틀의 발판.
182) '雲棟'(운동) : 구름 같이 높은 대들보.
183) '眉語'(미어) : 눈짓으로 뜻을 표현하거나 정을 전달하는 것.
184) '曨曨'(롱롱) : 어슴푸레한 모양.
185) '的的'(적적) : 분명한 모양.
186) '同心藕'(동심우) : 연뿌리 같이 잘록잘록 하지만 연결되어 있는 것.
187) '連枝花'(련지화) : 붙어 있는 줄기에서 피는 꽃.
188) '流蘇'(류소) : 오색 실로 만든 술. 깃발이나 장막 등에 달았다.

青絲引伏兎,[189]	푸른 실은 엎드린 토끼를 잡아끌고
黃金繞鹿盧.[190]	황금은 도르래를 감싸고 있네
豔彩裾邊出,	고운 빛깔은 치맛자락 주위에서 나오고
芳脂口上渝.	향기로운 연지는 입가에 넘치네
百城交問道,[191]	수백 성에서 교대로 무엇을 줄까 물으며
五馬共踟躕.[192]	다섯 말 끄는 수레는 모두 머뭇머뭇 나아가지 못하네
直爲閨中人,[193]	그러나 규방 안의 사람은
守故不要新.	옛 사랑 지키며 새 사랑 필요하지 않다네
夢啼漬花枕,	꿈속 울음에 꽃수 놓인 베개 적시고
覺淚濕羅巾.	잠에서 깨어 흘리는 눈물은 비단수건을 적시네
獨眠眞自難,[194]	혼자 자는 밤 정말로 견디기 어려우며
重衾猶覺寒.	겹겹의 이불에도 오히려 추위를 느끼네
愈憶凝脂暖,[195]	그럴수록 떠오르는 건 보드라운 피부의 따사로움
彌想橫陳懽.[196]	더욱더 생각나는 건 함께 누웠을 때의 즐거움
行驅金絡騎,[197]	집을 떠날 때는 황금 굴레의 말을 몰았으며

189) '伏兎'(복토) : 옛날 수레나 베틀의 바닥 판자와 축을 이어주는 부분을 가리키는데, 모양이 엎드린 토끼 같다고 해서 붙은 이름이다.

190) '鹿盧'(록로) : 도르래 장치. '轆轤'라고도 한다. 바퀴와 축을 이용하여 만든 일종의 기중장치로서, 우물 위에 설치하여 물을 긷기도 했다.

191) '道'(도) : 『考異』는 『藝文類聚』에 따라 '遺(선물하다. 주다)'자로 보았는데, 여기에서도 이를 따랐다. 즉 傾城의 미인에게 성주가 유혹하기 위해 무엇을 줄까 묻는 것을 가리킨다.

192) '五馬'(오마) : 다섯 필의 말. 옛날 太守가 행차할 때 다섯 필의 말이 끄는 수레를 탔다고 해서, 太守를 가리키는 말로 쓰이기도 한다. '踟躕'(치도) : '踟躇'와 같다. 머뭇거리는 모양. 이 구는 제1권의 古樂府 「日出東南隅行」(9)의 내용 중 "태수가 남쪽으로부터 오는데, 다섯 필 말이 서서 머뭇거리네(使君從南來, 五馬立踟躕)"란 구절을 가리킨다.

193) '直爲'(직위) : 그러나. 그런데. 이하 네 구는 고향 아내에 대한 묘사이다.

194) 이하 끝까지는 남자의 시점이다.

195) '凝脂'(응지) : 매끄럽고 부드러운 피부.

196) '橫陳'(횡진) : 옆으로 눕다. 부부가 함께 눕는 것을 가리킨다.

歸就城南端.	집에 돌아갈 땐 성 남쪽 모퉁이로 간다네
城南稍有期,[198]	성 남쪽 끝에서 만나기로 약속하였으니
想子亦勞思.[199]	당신 생각하노라면 그리움에 가슴 아프네
羅襦久應罷,[200]	비단저고리도 오래도록 버려두었을 테고
花釵堪更治.	꽃비녀도 다시 장만해야 될 테지
新妝莫點黛,	새로 화장할 때 눈썹은 칠하지 마시게
余還自畫眉.	내가 돌아가면 꼭 눈썹 그려줄 테니

해설 이 작품은 한 남자가 객지에서 베 짜는 여인들을 보고 문득 고향집에서 자신을 그리워하고 있을 아내를 생각하며 쓴 시다. 작품은 크게 전후반부로 나눌 수 있는데, 전반부는 베 짜는 여인의 미모에 대한 찬미이며, '直爲閨中人'부터 시작되는 후반부는 고향에 있는 아내의 고독한 생활에 대한 상상이다. 재미있는 것은 마지막 두 구다. 즉 빨리 돌아가서 아내의 화장을 도와주겠다는 남편의 솔직하고도 애틋한 사랑이 스며 있다.

서군천(徐君倩)

◇徐君倩 : 생졸년이 불확실하며, 자는 懷簡이다. 徐羨之의 증손이며, 徐孝嗣의 손자이자, 徐緄의 아들이다. 『南史』 등에는 '徐君蒨'으로 되어 있다. 東海

---

197) '金絡騎'(금락기) : 황금 말굴레를 씌운 말.

198) '期'(기) : 만나기로 한 약속.

199) '勞思'(로사) : 노심초사하다. 고심하다.

200) '羅襦'(라유) : 얇은 비단으로 만든 짧은 저고리. '罷'(파) : 여기에서는 벗어두었음을 뜻한다.

郯(지금의 山東省 郯城縣) 사람이다. 일찍이 湘東王의 鎭西諮議參軍을 역임한 적이 있다. 악기 연주와 노래를 잘 했으며, 여색을 좋아하고 매우 사치스럽게 살았다. 侍妾이 수십 명이나 되었으며, 늘 기생들을 수레에 태우고 시내를 돌아다니고 荊楚 지방의 산천을 유람하였다. 지은 글은 輕豔한데, 단지 4수의 시만이 남아 있다.

394. 아내와 함께 밤을 새며 새해를 맞이하다

「共內人夜坐守歲」[201]

歡多情未極,	기쁨이 넘치고 사랑도 끝없는 밤
賞至莫停杯.	즐거움 생기면 술잔 멈추지 마시게
酒中挑喜子,[202]	술통 가운데 갈거미를 건지기도 하고
粽裏覓楊梅.[203]	찹쌀떡 속에서 양매를 찾기도 하네
簾開風入帳,	주렴 걷히니 바람이 휘장 안으로 들어오고
燭盡炭成灰.	촛불은 꺼지고 화로의 숯은 재가 되었네
勿疑鬢釵重,	살쩍에 지른 비녀 무거워졌다고 의아하게 생각하지 마시게
爲待曉光來.	밝아오는 새벽빛을 기다리기 때문이라네

201) '守歲'(수세): 전통 세시 풍속의 하나. 섣달 그믐날 온 가족들이 모두 화롯가에 둘러앉아 간식과 과일 등을 먹으면서 이야기를 나누기도 하고 각종 놀이도 하며 밤을 새는 것을 가리킨다. 어떤 책에는 이 작품을 劉孝威의 시라고 했다.

202) '挑'(도): 건지다. 장난하다. '喜子'(희자): 갈거미. 다리가 긴 작은 거미. 옛사람들은 이 벌레가 나타나면 기쁜 일의 징조로 여겼다고 한다.

203) '粽'(종): 찹쌀에 대추 따위를 넣어 댓잎이나 갈잎에 싸서 쪄 먹던 단옷날 음식의 한 가지. '楊梅'(양매): 양매. 소귀나무의 열매. 소귀나무는 속나무라고도 하며 낙엽활엽교목으로, 높이가 20m 정도이다. 가지 끝에 잎이 빽빽이 달리며, 열매는 둥글며 6월 무렵 적자색으로 익는데, 날로 먹는 것 외에 소금에 절이거나, 잼·과실주 등에 쓰인다.

해설 이 작품은 아내와 함께 섣달 그믐날 밤을 새며 새해를 맞이하는 다정한 모습을 노래한 시다. 문인들의 고대 애정시 대부분이 '無病呻吟'에 지나지 않으며, 그렇지 않은 작품일지라도 이별(또는 사별)의 한을 노래한 것이 대부분이라고 볼 때, 이 시와 같이 부부의 기쁜 사랑을 생생하고 구체적인 장면을 통해 표현한 시는 문학사적으로도 의의가 매우 크다.

395. 초봄에 아내 손잡고 놀러 나가다

「初春攜內人行戲」

梳飾多今世,	빗은 머리와 화장은 거의 현대적이며
衣著一時新.	입은 옷가지도 한결같이 새롭다
草短猶通屧,[204]	풀이 짧으니 그런 대로 나막신 신고도 다닐 수 있으며
梅香漸著人.	매화 향기는 조금씩 사람에게 묻어난다
樹斜牽錦帔,[205]	기울어진 나뭇가지는 비단 숄을 당기고
風橫入紅綸.[206]	비껴 부는 바람은 붉은 수건 속으로 들어온다
滿酌蘭英酒,[207]	난초꽃 띄운 술 가득히 따르는데
對此得娛神.	이런 모습 대하자니 마음 한없이 즐겁다

해설 이 작품은 아내와 함께 한 봄나들이의 정겨운 모습을 눈에 선하도록 그린 시다. 겨우내 집안에 웅크리고 지내다가 따뜻한 봄을 맞아 아내와 나들이를 간다. 아내는 한껏 멋을 부려 치장을 하였

204) '屧'(섭) : 나막신.
205) '帔'(피) : 어깨에 걸치는 수건. 숄.
206) '紅綸'(홍륜) : 붉은 수건.
207) '蘭英酒'(란영주) : 난초꽃으로 빚은 술.

고, 아직 풀이 많이 자라지 않아 걸어다니는 것도 아무 불편이 없다. 매화꽃이 만발하여 그 향기가 사람의 옷에 조금씩 묻고, 길가의 나뭇가지들이 가끔씩 옷에 걸리기도 한다. 적당한 곳에 돗자리를 깔고 준비해 온 음식과 술을 함께 먹는다. 이 작품 역시 앞의 시와 마찬가지로 부부 사이의 즐거운 사랑을 구체적인 행위를 통해 묘사하고 있다는 점에서 문학사적으로 의의가 매우 크다고 할 수 있다.

포천(鮑泉)

◇鮑泉(?~551) : 자가 潤岳이며, 東海(江蘇省 漣水縣 북쪽) 사람으로, 鮑幾의 아들이다. 처음에 湘東王 蕭繹의 常侍가 되었다가 信州刺史로 옮겼다. 侯景의 난 때 어명을 받들고 湘州를 공격했는데 패하여 파직 당했다가 나중에 다시 郢州長史에 임명되었다. 大寶 2년(551)에 侯景의 군대에 잡혀 죽었다. 저작으로 『新儀』 30권과 문집 1권이 있었다고 하나 모두 망실되고 지금은 9수의 시만 남아 있다.

396. 남원에서 놀러나온 사람들을 구경하며 「南苑看游者」[208]

洛陽小苑地,[209] 낙양의 작은 공원에
車馬盛經過. 수레와 말들이 분주히 오고 가네

208) '南苑'(남원) : 지명. 劉宋 이후 도시인들의 유람지가 된 곳이다. 제6권에 何思澄의 시 「南苑逢美人」(295)과, 제8권 庾肩吾의 「南苑還看人」(387) 등이 있다.
209) '洛陽'(락양) : 南朝의 수도였던 建康(지금의 南京)을 가리키는 말로 차용되었다.

緣溝駐行幰,[210]	도랑가로는 다니던 수레 멈춰 있고
傍柳轉鳴珂.[211]	버드나무 옆으로는 방울 울리며 말들이 지나가네
履高含響珮,[212]	높은 신발은 온통 패옥 소리 울리고
襪輕半隱羅.	얇은 버선은 비단치마 속에 반쯤 숨어 있네
浮雲無處所,	뜬 구름은 정처 없는데
何用轉橫波?[213]	어찌 곁눈질을 보내는지

해설 이 작품은 유원지에 놀러나온 남녀가 서로 은근히 정을 표시하는 것을 노래한 시다. 좋은 계절에 공원은 사람들로 붐빈다. 개울가로는 여인들이 타고 온 수레가 나란히 줄지어 서 있고, 버드나무 주변으로는 남자들이 말을 타고 지나간다. 남자들은 높은 나막신을 신었기 때문에 허리에 찬 패옥이 철렁철렁 소리를 내고, 여인들이 신은 얇은 버선은 비단치마 속으로 반쯤 숨어 있다. 사랑에 있어서 늘 뜬구름같이 정처 없는 남자들에게 무엇 때문에 은근한 눈길 보내는가, 그대 여인들이여.

397. 해질녘에 귀가하는 사람을 보면서

「落日看還」

妖姬競早春,	어여쁜 아가씨는 이른 봄과 아름다움을 다투고
上苑逐名辰.[214]	왕실 정원은 좋은 절기를 향해 내달리니

210) '幰'(헌) : 수레에 치는 휘장. 여기에서는 여인들이 타고 온 수레를 가리킨다.
211) '珂'(가) : 말굴레. 또는 굴레에 다는 장식물.
212) '含'(함) : 『考異』는 '全(온통)'자의 잘못이라고 했는데, 여기에서도 이를 따랐다. 五雲溪館活字本에는 '合'자로 되어 있다. '珮'(패) : 허리에 차는 장식품.
213) '橫波'(횡파) : 곁눈질. 유혹하는 눈길. 이상 두 구는 남자들의 여자들에 대한 사랑은 뜬구름처럼 일정함이 없는데, 여인들이 왜 눈길을 보내며 유혹하는가라는 뜻이다.
214) '上苑'(상원) : 황실의 정원. '名辰'(명신) : 좋은 때. 좋은 절기.

苔輕變水色,	가벼운 이끼는 물빛을 녹색으로 만들고
霞濃掩日輪.	짙은 노을은 햇님을 가리네
雕甍斜落景,[215]	조각된 용마루에 지는 해의 그림자 비스듬히 비치고
畵扇拂遊塵.	그림 부채는 떠다니는 먼지를 턴다네
衣香遙已度,	옷 향기는 멀리서도 벌써 내게 전해오고
衫紅遠更新.	저고리의 붉은 색 멀리서도 더욱 새롭네
誰家蕩舟妾?[216]	배 젓는 여인은 뉘 집 아낙이며
何處織縑人?[217]	고운 비단 짜던 사람은 어디서 온 여인인가

해설 이 작품은 해질 무렵에 왕실의 정원에서 놀다가 집으로 돌아가는 사람들, 그 중에서 특히 여인들의 모습을 노래한 시다. 아가씨는 이른 봄 매화꽃과 아름다움을 다투고, 왕실 정원에도 봄이 찾아오기 시작한다. 연못에 가볍게 낀 이끼는 투명한 물빛을 녹색으로 만들고, 노을이 짙어 해가 희미하다. 아름다운 무늬가 조각된 지붕의 용마루에는 서산으로 기우는 햇빛이 비스듬히 비치는데, 여인은 그림이 그려진 부채를 흔드니 떠다니는 먼지가 날린다. 곁을 지날 때 나던 여인들의 향기는 여인들과 함께 멀어졌지만, 저고리의 빨간 색은 아직도 선명하게 보인다. 뱃놀이 하는 저 여인은 누구의 아내이며, 고운 비단 짜던 저 새 여인은 또 어디에서 온 여인인지.

---

215) '甍'(맹) : 용마루.

216) '蕩舟'(탕주) : 배를 젓다. 뱃놀이하다.

217) '織縑人'(직겸인) : 고운 비단 짜는 사람. 즉 새로 맞은 아내를 가리킨다. 이 구는 제1권 서두의 古詩 「上山采蘼蕪」 중의 "새사람은 고운 비단 잘 짜고(新人工織縑)"란 구를 가리킨다.

유완(劉緩)

◇劉緩(대략 549년 전후 재세) : 자가 含度이며, 平原 高唐(지금의 山東省 高唐縣 부근) 사람이다. 劉昭의 아들이자 劉縚의 동생이다. 젊어서부터 이름이 났으며, 성품이 호탕한데다 사심이 없고 풍류가 있었다. 安西湘東王記室 · 通直郞 · 中錄事 등을 역임했으며, 大同 6년(540)에 蕭繹이 江州刺史로 갔을 때 함께 따라가 벼슬을 살다가 죽었다. 문집 4권이 있었다고 하나 지금은 다만 8수의 시와 「照鏡賦」 1편이 남아 있다.

398. 유 장사의 '유명 인사가 미인을 좋아하는 것을 노래하다'란 시에 삼가 화답하여 짓다

「敬酬劉長史詠名士悅傾城」[218]

不信巫山女,[219]　　무산의 신녀라고도 믿지 못하겠고
不信洛川神.[220]　　낙수의 여신이라고도 믿지 못하니
何關別有物,　　무슨 다른 존재와 관련이 있는가
還是傾城人.[221]　　바로 성을 기울게 할 미인이라네
經共陳王戲,[222]　　진사왕과 함께 놀던 적이 있고

---

218) '酬'(수) : 다른 사람의 작품에 화답하여 짓는 것을 가리킨다. '劉長史'(유장사) : 정확하게 누구를 가리키는지는 확실하지 않지만 추측하면 湘東王 蕭繹의 長史를 지냈던 劉之遴, 또는 그의 동생 劉之亨일 가능성이 크다. '長史'(장사) : 관명. 漢나라 때는 丞相 또는 三公의 속관, 魏晉 이후로는 王公의 속관을 가리킨다. 이 작품은 梁나라 雜曲歌辭에 속한다.

219) '巫山女'(무산녀) : 巫山의 神女를 가리킨다. 宋玉의 「高唐賦」에 보인다.

220) '洛川神'(락천신) : 洛水의 女神인 宓妃를 가리킨다. 曹植의 「洛神賦」에 보인다.

221) 漢 李延年의 「歌詩」(24)에 보인다.

222) '經共'(경공) : 일찍이 ……와 함께. 다음 구 '曾與'와 같은 뜻이다. '陳王'(진왕) : 魏나라 陳思王 曹植을 가리킨다. 그는 일찍이 陳王에 봉해졌으며, 죽은 후에는 '思'란 시호를 받았다. 이 구는 그가 지은 「洛神賦」 중의 미인인 '洛水의 여신'을 가리킨다.

曾與宋家鄰.[223]　일찍이 송옥의 이웃집에 살기도 했다네
未嫁先名玉,[224]　시집도 가기 전에 먼저 '옥'이라고 불렸고
來時本姓秦.[225]　시집올 때 본래 성은 진씨였다네
粉光猶似面,　흰 분의 빛깔도 오히려 얼굴색과 같고
朱色不勝脣.　붉은 색도 입술 색보다 더 붉지는 못하네
遙見疑花發,　멀리서 보니 피어 있는 꽃처럼 보이지만
聞香知異春.[226]　향기를 맡아보니 봄꽃과는 다른 줄 알겠네
釵長逐鬟髲,[227]　비녀는 길어 쪽진 머리와 다리머리를 따라 질러져 있고
袜小稱腰身.[228]　배두렁이는 작아서 잘록한 허리와 어울리네
夜夜言嬌盡,　밤마다 말씨는 애교를 다하고
日日態還新.　날마다 교태는 다시금 새롭네
工傾荀奉倩,[229]　재주는 순봉천을 솔깃하게 하고

---

223) 이 구는 宋玉의 「登徒子好色賦」에 나오는 宋玉의 이웃집에 사는 미인을 가리킨다.

224) '名玉'(명옥): 이름을 玉이라고 하다. 干寶의 『搜神記』에, "吳나라 왕 夫差의 작은 딸의 이름이 玉이었는데, 韓重이란 동자에게 반하여 그에게 시집가고 싶어 했으나 허락을 받지 못하자 기가 막혀 죽었다. 韓重이 공부를 하러 갔다가 집으로 돌아와 그녀에게 가서 조문을 했는데, 그녀의 묘지 옆에 그녀의 형상이 나타나 그를 돌아보며 목을 길게 빼고 노래를 했다(吳王夫差小女名玉, 悅童子韓重, 欲嫁之, 不得, 乃結氣而死. 重遊學歸, 往弔之, 玉形見於墓側, 顧重, 延頸而歌)"라고 했다.

225) '秦'(진): 제1권의 古樂府 「日出東南隅行」(9)의 여주인공 이름인 '秦羅敷'를 가리킨다.

226) 이 구는 미인의 미모가 꽃처럼 아름답게 보이지만 실재로는 꽃이 아닌 사람이란 뜻이다.

227) '逐'(축): (순서대로) 따르다. '髲'(피): 다리. 여자의 머리숱이 많아 보이도록 덧넣어서 딴 머리.

228) '袜'(말): 옛날, 여인들이 허리를 돋보이게 하기 위해 입던 배두렁이. '稱'(칭): 적합하다. 어울리다.

229) '荀奉倩'(순봉천): 魏나라 荀粲을 가리킨다. 『魏志』「荀彧傳」에 의하면, 何邵가 荀粲의 전기를 썼는데, "荀粲의 자는 奉倩으로, 그는 항상 부인은 재주와 지혜를 가지고 논해서는 안 되고 미색을 위주로 삼아야 한다라고 했다. 표기장군 曹洪의 딸이 미색이 뛰어났는데 아내로 맞았다. 그녀는 용모와 복식, 휘장 등이 매우 화려하였으며, 남편의 사랑을 독차지하며 즐겁게 지냈다(粲, 字奉倩, 粲常以婦人者才智不足論, 自宜以色爲主. 驃騎將軍曹洪女有美色, 粲於是聘焉. 容服帷帳甚麗, 專房歡宴)"라고 했다.

能迷石季倫.[230]	능력은 석숭을 넋 나가게 하네
上客徒留目,[231]	귀한 손님이 공연히 눈길을 주지만
不見正橫陳.[232]	정작 옆으로 누운 모습은 볼 수 없으리

해설 이 작품은 미인의 아름다움을 노래한 시다. 미인과 관련된 여러 가지 전고를 나열하는 가운데 미인의 미모가 매우 뛰어남을 이야기하고 있다. 비록 신분이 귀한 남자들이라 할지라도 쉽게 그녀의 마음을 얻지는 못할 것이라고 하였다.

「상동왕의 시에 화운한 잡다한 노래(雜詠和湘東王)」 3수

399. 추운 규방

「寒閨」[233]

別後春池異,	이별한 뒤 봄 연못은 달라져
荷盡欲生冰.	연꽃은 다 지고 얼음 얼려고 하네
箱中剪刀冷,	상자 속의 가위는 차갑고
臺上面脂凝.[234]	경대에는 얼굴에 바른 연지 굳어 있네
纖腰轉無力,	가는 허리 갈수록 연약해져
寒衣恐不勝.	겨울옷도 이기지 못할 것 같네

230) '石季倫'(석계륜): 晉나라 石崇을 가리킨다. 그의 자가 季倫이다.
231) '上客'(상객): 존귀한 손님. '留目'(류목): 그윽한 눈길을 보내다.
232) '橫陳'(횡진): 옆으로 눕다. 이 구는 미인과 잠자리를 함께 할 수 없다는 뜻이다.
233) 어떤 책에는 '冬宵'라고 되어 있다.
234) '面脂'(면지): 얼굴에 바른 연지.

해설 이 작품은 임과 헤어진 후의 여인의 수심을 노래한 시다. 봄날에 헤어졌었는데, 시간은 흘러 연못에는 벌써 연꽃도 다 졌고 얼음이 얼려고 하는 겨울이 되었다. 바느질을 하려고 상자를 열어보니 가위조차 차가와 손에 잡기가 겁나고, 거울을 보며 화장한 얼굴에는 금방 바른 연지조차 굳어져 버린다. 그리움에 식욕도 사라져 자꾸만 몸이 여위어 가니 두터운 겨울옷을 입으면 몸도 제대로 가누지 못할 지경이다.

400. 가을밤

「秋夜」

樓上起秋風,	누각 위로 이는 가을바람
絶望秋閨中.	희망 끊긴 가을 규방 안
燭溜花行滿,[235]	흐르는 촛농 가득 피어오르는 불꽃
香燃籢欲空.[236]	타는 향 비어가는 향 상자
徒交兩行淚,	부질없이 교차하는 두 줄기 눈물
俱浮妝上紅.	온통 화장한 연지 위로 번지네

해설 이 작품은 임과 만날 희망조차 끊긴 여인의 슬픔을 노래한 시다. 바람이 스산하게 부는 가을, 규방 안에는 일체의 희망이 끊겼다. 잠 못 이루고 독수공방하면서 하염없이 눈물을 흘리는 여인, 그리고 곁에는 촛불도 주인을 위해 줄줄 눈물을 흘리고 있다.

---

235) '溜'(류): 흘러내리는 촛농을 가리킨다.
236) '籢'(렴): 향을 넣어 보관하는 상자를 가리킨다.

401. 겨울밤

「冬宵」

不堪寒夜久,	견디기 어려운 길고 긴 겨울밤
夜夜守空牀.	밤마다 텅 빈 침상 지키고 있네
衣裾逐坐襵,[237)]	옷자락은 앉는 자세 따라 주름이 접히고
釵影近燈長.	비녀 그림자는 등잔이 가까울수록 길어지네
無憐四幅錦,[238)]	사랑해주는 이 없는 네 폭 비단이불
何須辟惡香?[239)]	나쁜 냄새 쫓는 향이 왜 필요하랴

해설 이 작품은 임이 떠난 후 독수공방하는 외로운 여인의 심경을 노래한 시다. 외로운 사람에겐 주위 사람들이 모두 잠자리에 든 밤 시간이 제일 견디기 어렵다. 그런데 겨울밤은 어찌 그다지도 길기만 한지. 임 없는 텅 빈 침상이라 추위도 몇 갑절 더 크게 느껴진다. 멍하니 앉아 있다가 일어서면 치맛자락은 마구 주름이 잡혀 있고, 등잔 가까이로 다가가니 머리에 꽂은 비녀의 그림자가 장대만하게 길어진다. 임을 위해 장만했던 이 비단 이불도 임이 없으니 향수는 또 누굴 위해 뿌리겠는가.

---

237) '衣裾'(의거) : 옷자락. '逐'(축) : 따라서.
238) '四幅錦'(사폭금) : 네 폭짜리 비단이불.
239) '辟惡香'(벽악향) : 나쁜 기운이나 냄새를 물리치는 향료.

등갱(鄧鏗)

◇鄧鏗 : 생평에 대한 기록이 없다. 다만 『梁書』 「鄧元起傳」에 그의 아버지 鄧元起에 관한 기록이 있을 따름이다. 鄧元起는 南郡 當陽 사람으로, 天監 초에 當陽縣侯에 봉해졌다. 나중에 감옥에서 자결하였는데, 사후 죄를 조사하여 작위와 봉토를 삭감, 봉읍의 반을 줄이고 松滋縣侯로 강등시켰는데, 아들 鄧鏗이 그 뒤를 이었다.

402. 양주 음 자사의 '잡다한 원망'이란 시에 화운하여 「和陰梁州雜怨」[240]

別離雖未久,	이별한 지 아직은 오래되지 않았것만
遂如長別離.[241]	필경 오랫동안 이별한 것 같아요
叢桂頻銷葉,[242]	수북이 자란 계수나무는 금새금새 잎을 떨구었고
庭樹幾攀枝.[243]	마당의 꽃가지도 몇 번이나 잡아당겼는지 모르겠어요
君言妾貌改,	당신께선 제 모습 바뀌었다고 말하지만
妾畏君心移.	저는 당신 마음 옮겨갈까 겁나요
終須一相見,	끝내는 한 번 서로 만나서

240) '陰梁州'(음량주) : 梁나라 때 梁州刺史를 지냈던 陰子春을 가리킨다. 그는 자가 幼文이며 武威 姑臧 사람이다. 아버지 陰智興은 蕭衍과 이웃에 살면서 어렸을 때부터 서로 사이가 좋았으며, 蕭衍이 제위에 올랐을 때 梁秦 두 州의 刺史가 되었다. 陰子春도 普泰 연간에 梁秦 두 州의 刺史가 되었으며, 太建 2년에 죽었다. 『藝文類聚』와 『樂府詩集』에는 제목이 모두 '閨怨'으로 되어 있다. 雜曲歌辭에 속한다.

241) '遂'(수) : 끝내. 결국. 필경.

242) '銷葉'(소엽) : 잎이 떨어지다. 이 구는 계수나무 잎이 떨어지는 가을이 몇 번이나 지났음을 뜻한다.

243) 이 구는 마당의 꽃나무 가지를 잡아당겨 꽃을 땄던 봄이 몇 번이나 지났음을 뜻한다.

併得兩相知.　　　각자 서로의 마음을 알았으면 하지요

해설 이 작품은 임과 헤어진 여인의 임에 대한 그리움과 버림받을지 모른다는 걱정을 노래한 시다. 비록 남들처럼 몇 십 년 이별하지는 않았지만 그래도 긴 이별처럼 느껴진다. 계수나무의 잎이 떨어지는 가을도 몇 번 보냈고, 꽃가지 꺾던 봄도 몇 차례나 지나갔다. 당신은 내가 늙어서 모습이 보기 싫게 변했다고 말할지 모르지만, 나는 당신이 나를 버리고 새 여자를 찾아가는 게 가장 두렵다. 나중에 꼭 한 번 마나 두 사람의 마음을 확인이라도 해보고 싶다.

403. 명을 받들어 '밤에 기녀의 노래를 듣고'란 시에 화운하여 「奉和夜聽妓聲」[244]

燭華似明月,[245]　　촛불은 달처럼 밝고
鬟影勝飛橋.　　쪽진 머리 그림자는 나는 듯한 다리보다 더 높다
妓兒齊鄭舞,[246]　　기녀들은 한결같이 정나라 춤을 추고
爭妍學楚腰.[247]　　미인들은 초나라 궁녀의 가는 허리 흉내냈다
新歌自作曲,　　새 노래는 자신들이 지은 곡조
舊瑟不須調.　　옛날부터 연주하던 비파라서 조율할 필요도 없다
衆中俱不笑,　　모든 기녀들이 다 웃지 않고 있으니
座上莫相撩.[248]　　자리의 손님들도 놀리지 마시길

244) 이 작품은 太子 蕭綱의 「夜聽妓」란 작품에 화운한 것이다.
245) '燭華'(촉화) : 촛불의 불꽃.
246) '妓兒'(기아) : 기녀. 옛날, 음악에 종사하던 여자 연예인.
247) '楚腰'(초요) : 가는 허리를 가리킨다. 옛날, 楚나라 靈王이 가는 허리를 좋아하자 도성 안에는 굶어 죽는 여인이 많았다고 한다.
248) '撩'(료) : 건드리다. 유혹하다. 놀리다.

해설 이 작품은 잔치 자리에서 기녀들이 춤추고 노래하고 연주하는 모습을 묘사한 시다. 밤에 열린 잔치, 자리를 밝히는 촛불은 마치 보름달처럼 환하다. 그리고 촛불에 비친 기녀들의 쪽진 머리는 높은 다리처럼 높다랗고, 가는 허리는 마치 굶어죽어 가며 애썼던 초나라 궁녀들을 본받은 것 같다. 처음 들어보는 듯한 새 노래는 모두 자신들이 직접 작곡한 것이고, 늘 연주하던 비파이기 때문에 따로 조율할 필요도 없다. 모두들 훌륭한 연주를 위해 음악에 몰두한 채 엄숙하게 미소도 짓지 않고 있으니, 좌석의 손님들도 그들에게 이러쿵저러쿵 농담을 걸지 말았으면.

견고(甄固)

◇甄固 : 생평에 대한 기록이 없다.

404. 태자의 명을 받들어 '춘정' 시에 화운하여 「奉和世子春情」[249]

昨晩褰簾望,[250]	어제 저녁에 주렴을 걷고 하늘을 바라볼 때
初逢雙燕歸.	처음으로 한 쌍의 제비 돌아오는 것 보았는데

249) 蕭綱이 태자였을 때의 작품에 화운한 시다. 吳注에 의하면, 蕭綱에게 「春情曲」(『樂府詩集』에 수록된 제목)이 있다고 했는데, 이 작품은 제9권에 「雜句春情」(487)이란 제목으로 수록되어 있지만, 雜言 8구로 이루어져 이 작품의 원작으로 보기 어렵다. 생각건대 제7권의 「春閨情」(345)이 비록 8구로 되어 있지만 원작이 아닐까 한다.

250) '褰'(건) : 걷다. 말아올리다.

今朝見桃李,	오늘 아침 복숭아나무 자두나무를 보니
不啻數花飛.[251]	다만 여러 개의 꽃잎이 바람에 날립니다
已愁春欲度,	벌써 봄이 지나가려 하는 것을 걱정하게 되니
無復寄芳菲.	더 이상 향기로운 꽃을 그대에게 부칠 수가 없겠어요

해설 이 작품은 사랑을 품은 여인의 부푼 마음이 지나가는 봄에 대한 아쉬움을 노래한 시다. 분명히 어제 저녁에 제비를 처음 보았었는데, 오늘 아침에 벌써 복사꽃과 자두꽃이 떨어지고 있다니. 채 봄을 느끼기도 전에 벌써 봄이 곁을 지나가니 꽃가지를 꺾어서 임에게 부치며 사랑의 마음을 전하는 것도 어렵게 되었구나.

유신(庾信)

◇庾信(513~581) : 자가 子山, 小字는 蘭成이며, 南陽 新野(지금의 河南省 新野) 사람이다. 梁나라 때의 中書令 庾肩吾의 아들이다. 어려서부터 남달리 총명하였으며, 여러 서적들을 두루 익혔는데, 특히 『春秋』에 해박하였다. 梁나라 때 벼슬을 시작하여 抄撰學士 · 東宮學士 · 建康令 등을 역임했는데, 글이 화려하고 綺豔하였다. 蕭綱이 태자였을 당시 아버지 庾肩吾는 太子中庶子였으며, 徐陵의 아버지 徐摛는 左衛率이었기 때문에 그와 徐陵은 모두 抄撰學士로서 부자가 함께 동궁을 출입하며 綺豔한 시문으로 이름을 떨쳤는데, 그들 시문은 '徐庾體'라고 불렸다. 侯景의 난 때 江陵의 元帝에게 도망가 御使中丞이 되었다.

251) '不啻'(불시) : 단지. 그러나.

전란 중에 西魏로 사신 갔다가 억류되었는데 江陵이 함락되자 北朝의 周나라에서 벼슬을 하였다. 周 明帝와 武帝는 모두 문학을 애호하여 그를 후하게 대했으니, 驃騎大將軍·開府儀同三司·洛州刺史 등의 높은 관직을 역임할 수 있었다. '庾開府'라고 부르기도 한다. 北朝에 있을 때는 비록 벼슬은 높았지만 항상 강남의 고향에 대한 그리움이 있었으며, 그로 인해 南朝에서의 綺豔한 풍격과는 판이한 감정에 충실한 「哀江南賦」·「擬詠懷詩」 등의 작품을 남겼다. 저작으로는 문집 21권이 있었다고 하나, 지금은 망실되고 明人의 輯本인 『庾開府集』이 남아 있다.

특히 그의 후기 작품은 南朝에서 단련한 세련된 형식미와 北朝에서 체득한 충실한 내용이 적절하게 조화를 이룬 것으로, 南北朝 문학의 총결이자 후대 문학의 개시라는 의의를 지니고 있다.

405. 명을 받들어 '춤'이란 시에 화운하여

「奉和詠舞」[252)]

洞房花燭明,[253)] 깊숙한 규방에 꽃 같은 촛불은 밝고
燕餘雙舞輕.[254)] 연나라 두 무희의 춤 동작 가볍네
頓履隨疎節,[255)] 바닥을 차면서 스타카토 리듬을 따르고
低鬟逐上聲.[256)] 쪽진 머리 낮추고서 높은 음을 따라가네
半轉行初進,[257)] 스텝을 돌다가 다시 처음으로 나아가는데

252) 제7권 蕭綱의 시 「詠舞」(344)가 이 작품의 원작이다. 어떤 책에는 '奉'자가 없다.

253) '洞房'(동방) : 집안 깊은 곳에 위치한 내실. 규방.

254) '燕餘'(연여) : 燕나라 미녀. 무희를 가리킨다. 戰國시대 燕나라가 秦나라에게 망할 때 燕나라 미녀들이 秦나라로 끌려갔는데, 그 여자들을 '燕나라가 망한 후 남은 사람'이라 불렀다고 한다.

255) '頓履'(돈리) : 춤추는 동작의 하나. 음악의 박자에 따라 발로 바닥을 치는 것. '疎節'(소절) : 끊어지는 리듬. 또는 느린 박자.

256) '上聲'(상성) : 높은 음조. 일설에는 곡조의 일종으로 보기도 한다. 『古今樂錄』에 「上聲歌」란 곡조가 있으며, 제10권에도 近代西曲歌 중의 「上聲」(545)과 蕭衍의 「上聲歌」(617) 등이 있다.

衫飄曲未成.	저고리 하늘거리고 곡조는 아직 끝나지 않았네
鸞迴鏡欲滿,[258]	난새처럼 빙 도니 거울에 가득 차려 하고
鵠顧市應傾.[259]	고니처럼 돌아보니 한 도시가 기울 것 같네
已曾天上學,	일찍이 하늘에서 춤을 배웠으니
詎似世中生?[260]	어찌 세상에서 탄생한 춤과 같으랴

해설 이 작품은 기녀의 춤 동작을 노래한 시다. 깊숙한 곳에 위치한 규방에서 두 기녀가 춤을 춘다. 방안에는 촛불이 환하고 두 사람은 가볍게 몸을 움직이며 춤을 춘다. 스타카토 리듬을 따라서 발로 바닥을 툭툭 치기도 하고 높은 음이 나올 때는 머리를 낮추어 춤을 춘다. 스텝을 돌다가 다시 돌아서서 처음 위치로 나아가는데 저고리는 하늘거리며 곡조는 계속 이어진다. 난새가 날개를 펼친 듯 두 팔을 펼치니 거울 안에 그 모습이 가득하고, 학이 고개를 돌리듯 뒤를 돌아보니 한 도시 전체가 빠져들 듯하다. 그것은 필경 선녀들의 춤이지 인간세상의 춤은 아니리라.

---

257) '半'(반):『考異』는『藝文類聚』에 따라 '步'자로 고쳤는데, 여기에서도 이를 따랐다.

258) '鸞迴'(란회):춤 동작을 형용한 말.

259) '鵠'(곡):고니. '市應傾'(시응경):『吳越春秋』에, "吳나라 왕 闔閭가 閶門 밖에서 딸의 장례를 치룰 때, 흰 학을 吳나라 시장에서 춤을 추게 하니, 수만 명이 따라와 구경을 하였으며, 마침내는 그 춤으로 인해 모인 남녀가 춤추는 학과 함께 묘지 입구로 들어가게 되었다(吳王闔閭葬女於閶門外, 舞白鶴於吳市, 萬人隨觀, 遂使男女與鶴俱入墓門)"라고 했다. 여기에서는 춤이 너무도 절묘해 한 도시 전체의 사람들을 감동시킨다는 뜻으로 쓰였다.

260) '詎'(거):어찌.

406. 칠석

「七夕」

牽牛遙映水, 견우의 모습 멀리 은하수에 비칠 제
織女正登車. 직녀는 막 수레에 오른다
星橋通漢使,[261] 별로 이은 다리로 한나라 사신 지나가고
機石逐仙槎. 베틀 받침돌은 신선이 탄 뗏목을 내쫓는다
隔河相望近, 강을 사이에 두고 서로 가까이 바라보는데
經秋離別賒.[262] 가을 지나면 이별은 아득히 길기만 하다
愁將今夕恨, 근심 속에 오늘 밤을 한스럽게 여기면서
復著明年花. 다시금 내년에 꽃 필 날을 기다린다

해설 이 작품은 견우직녀의 전설을 통해 남녀의 이별을 노래한 시다. 견우직녀의 전설은 중국 애정시 중의 이별을 주제로 한 시가의 원형이 된다. 서로 사랑하지만 외부적인 원인에 의해 원하지 않게 이별해야 할 경우 그들의 마음은 어떠하겠는가. 그런 사랑은 비단 중국뿐만이 아니라 인류가 살고 있는 곳이면 어디에서나 존재할 것이니, 어찌 동서고금을 구분할 수가 있겠는가. 견우직녀는 그나마 1년에 한 번은 만날 수 있었는데, 작품에서는 그 기쁜 날에도 오히려 다시 헤어져야 할 것을 생각하고 근심 속에서 보낸다고 노래하고 있다.

---

261) '漢使'(한사) : 漢나라 사신. 여기에서는 漢 武帝 때 서역에 파견되었던 張騫을 가리킨다. 『荊楚歲時記』에, "漢 武帝가 張騫을 大夏로 사신을 보내 黃河의 발원지를 찾아보게 하여, 뗏목을 타고 한 달 동안 가다가 한 곳에 도착하니 베를 짜는 여인 한 사람과 소를 끌고 강 모래톱으로 와서 물을 먹이는 한 젊은이를 보게 되었다. 베 짜던 여인은 베틀 버팀목에서 받침돌을 하나 빼내어 張騫에게 주어 돌아가게 했는데, 나중에 이 일이 東方朔에게 알려졌다(漢武帝令張騫使大夏, 尋河源, 乘槎經月, 而至一處, 見一女織, 一丈夫牽牛飮河渚. 織女取楮机石與騫而還, 後爲東方朔所識)"라고 했다.
262) '賒'(사) : 오랜 시간이 걸리다. 길다.

407. 하 복야의 '집에 돌아와 고인을 그리워하다'란 시에 삼가 화운하다

「仰和何僕射還宅懷故」[263)]

紫閣旦朝罷,[264)]	자주색 누각에 아침 조회 파하고
中臺文奏稀.[265)]	중대성엔 저녁이 되자 상소도 드물다
無復千金笑,	다시는 천금짜리 미소가 없으니
徒勞五日歸.[266)]	공연히 닷새만의 휴가도 번거롭기만 하다
步檐朝未掃,[267)]	다니던 처마 아래는 아침에도 아직 쓸지 않았고
蘭房晝掩扉.[268)]	난향 그윽한 안방은 낮에도 문이 닫혀 있다
落生理曲處,[269)]	이끼는 곡조를 연습하던 누대에 자라나고
網積迴文機.[270)]	거미줄은 회문시 수놓던 베틀에 자욱하게 걸려 있다
故瑟餘弦斷,	예전의 비파는 줄이 끊어진 채 남아 있고
歌梁秋燕飛.[271)]	노래소리 맴돌던 대들보엔 가을제비가 날아든다
朝雲雖可望,[272)]	아침 구름이야 볼 수 있다지만

263) '仰'(앙) : 삼가. 공경히. '何僕射'(하복야) : 미상. 鈴木虎雄은 『梁書』에 의거하여 何敬容이라고 보았다. 그는 梁 武帝 中大通 3년에 尙書右僕射를, 大同 3년에 尙書左僕射를 각각 역임했으며, 昭明太子가 죽은 후 蕭綱이 태자가 되었을 당시 徐陵·庾信 등과 함께 蕭綱의 抄撰學士로 있었기 때문에, 그가 이 시의 작자 庾信과 함께 東宮에서 벼슬을 했을 것이다. '僕射' : 관직 이름. 秦나라 때 설치되었으며, 宋나라 때 폐지되었다.

264) '紫閣'(자각) : 황제의 궁전.

265) '中臺'(중대) : 尙書省. 즉 尙書僕射가 근무하는 관청. '文'(문) : 『考異』는 '夕'자의 잘못이라고 했는데, 여기에서도 이를 따랐다.

266) '五日歸'(오일귀) : 옛날, 관리들이 닷새 만에 한 번씩 휴가를 받아 집으로 돌아가 쉬는 것을 가리킨다.

267) '步檐'(보첨) : 처마 밑의 복도.

268) '蘭房'(란방) : 난향 그윽한 방. 즉 규방에 대한 미칭.

269) '理曲'(리곡) : 곡조를 연습하다.

270) '迴文機'(회문기) : 回文詩가 수놓인 베를 짜는 베틀.

271) '歌梁'(가량) : 노랫소리가 감돌던 대들보.

夜帳定難依.	밤의 침상 장막은 필경 의지하기 어렵다
願憑甘露入,[273]	감로문으로 들어가 번뇌를 해탈하고
方假慧燈輝.[274]	바야흐로 지혜의 등불 빌렸으면 한다
寧知洛城晚,	저무는 낙양성에서
還淚獨霑衣?	집에 돌아와 눈물 흘리며 홀로 옷깃 적시는 줄 어찌 알겠는가

해설 이 작품은 객지에서 관직생활을 하다가 아내가 죽어 휴가를 내어 고향에 돌아와 죽은 아내를 회고하며 슬퍼한 시다. 작품의 내용으로 보아 죽은 사람이 혹 첩이 아닐까 생각된다. 아울러 죽은 후 시간도 좀 흐른 것으로 보여진다. 조정에서 일을 마치고 휴일이 되어 고향에 돌아오지만 사랑하던 사람을 다시 볼 수 없으니 휴일도 무의미하다. 처마 밑 마당도 그녀가 없으니 청소하는 이가 없고, 안방도 끝내 굳게 닫힌 채 사람 발길이 끊겼다. 평소에 곡조를 연습하던 누각의 섬돌에는 사람이 다니지 않아 이끼가 자라기 시작하고 베틀도 사용하지 않으니 거미줄이 자욱하다. 옛날에 쓰던 비파는 줄이 끊어진 채 먼지가 뽀얗게 쌓여 있고, 그녀의 노랫소리가 울리던 대청 대들보 주위로는 가을 제비가 날아든다. 비록 전설 속의 神女의 화신인 아침 구름이야 볼 수 있지만 밤이 되어 침소에서는 그녀 없이 외로운 장막을 의지 삼아 잠을 이루기는 어렵다. 아! 불가의 가르침을 배워 이 번뇌를 해탈하고 삶과 죽음의 이치를 터득했으면. 날이 저물어 낙양성에서 집에 돌아와 혼자 눈물 흘리는 이 사람의 심정을 그녀는 과연 알고 있을까.

---

272) '朝雲'(조운) : 巫山 神女의 화신으로 알려져 있는 아침 구름.

273) '甘露'(감로) : 불교 용어. 梵語 Amrta의 의역으로 佛法 · 涅槃에 비유된다. 『智度論』에, "모든 중생들은 甘露門이 열리면 어찌 나오지 않겠는가(一切衆生, 甘露門開, 如何不出)"라고 했다.

274) '慧燈'(혜등) : 불교 용어. 지혜의 등불. 아무리 어두운 곳이라도 다 비추는 지혜.

유막(劉邈)

◇劉邈 : 자와 생평 등이 자세하지 않다. 彭城(지금의 江蘇省 徐州市) 사람이다. 侯景의 난 때 侯景이 臺城을 오래도록 공격하였는데도 함락하지 못하자 侯景에게 화의를 권유하여 받아들여졌다. 그의 시는 단지 이 선집에 수록된 4수밖에 남아 있지 않은데, 풍격이 淸婉하며 대부분 여성의 생활을 묘사하고 있다.

408. 만산에서 뽕 따는 여인들 보다

「萬山見采桑人」[275]

倡妾不勝愁,[276]	기녀들이 수심을 못 이겨
結束下靑樓.[277]	단장하고서 푸른 누각을 내려오네
逐伴西蠶路,	동무들 따라 서쪽 잠실 길로 가서
相攜東陌頭.	손에 손 잡고 동쪽 밭둑길 어귀로 가네
葉盡時移樹,	뽕잎 다 따면 수시로 다른 나무로 옮겨가고
枝高乍易鉤.[278]	가지 높을 땐 잠시 긴 갈고리로 바꾸네
絲繩挂且脫,[279]	뽕 바구니 매는 끈은 매었다가 또 풀고
金籠寫復收.	금빛 바구니는 쏟았다가 다시 주워 담네

275) '萬山'(만산) : 지명. 襄陽의 명소.

276) '倡妾'(창첩) : 가무에 종사하는 기녀.

277) '結束'(결속) : 치장하다. 화장하다. '靑樓'(청루) : 기녀들의 거처. 妓院. 妓樓.

278) '乍'(사) : 잠시. 잠깐. 높은 곳의 뽕잎을 따기 위해 긴 갈고리로 바꿔 잡고 가지를 끌어당겨 딴다는 뜻이다.

279) '絲繩'(사승) : 명주실로 꼰 끈. 여기에서는 뽕잎을 담는 바구니를 매는 끈이다. '挂'(괘) : 묶다. 『樂府詩集』에는 '提(들다)'자로 되어 있는데, 의미는 통한다. 끈을 매거나 드는 동작은 뽕따는 작업을 마쳤다는 의미며, 풀거나 또는 놓는 동작은 작업을 계속하겠다는 의지의 표현이다.

蠶饑日已暮, 누에 배고프고 날 이미 저물었는데
詎爲使君留?[280] 어찌 태수 때문에 머물고만 있는지

해설 이 작품은 기녀들이 뽕을 딴다는 핑계로 지나가는 남자를 유혹하려고 하는 것을 노래한 시다. 무료함에 지친 기녀들이 한껏 화장을 하고 삼삼오오 뽕밭으로 나간다. 뽕을 따는 게 애당초 목적이 아니었기 때문에 바구니에 뽕이 가득해도 집에 돌아가지 않고 바구니를 쏟았다가 다시 주워 담는다. 그러는 사이에도 눈은 줄곧 한길에 가 있다. 혹시라도 멋진 남자가 지나가면서 유혹해 주지나 않을까 기대하면서. 날은 저물고 잠실의 누에들은 배고파하는데도 옛날 秦羅敷를 유혹하던 태수 같은 남자를 기다리느라 기녀들은 돌아갈 줄 모른다. 漢代 심미의식이 여성의 미덕에 있었다면 南朝의 심미의식은 자유로운 연애에 있었다고 할 수 있다.

409. 여인이 베 짜는 것을 보고 잠시 그녀를 위해 노래하다 「見人織聊爲之詠」[281]

纖纖運玉指, 섬섬옥수 움직이며
脉脉正蛾眉.[282] 은근한 마음으로 아미 눈썹 바로 잡네
振躡開交縷,[283] 발판 힘껏 밟으며 엇갈린 실 풀어내고
停梭續斷絲. 북을 멈추고 끊어진 실을 잇네

---

280) '詎'(거) : 어찌. '使君'(사군) : 太守를 일컫는 말. 이 구는 제1권 古樂府 「日出東南隅行」(9) 중의 秦羅敷와 太守 사이의 이야기와 관계 있다.
281) 『藝文類聚』(권65)에는 徐陵의 「詠織婦」로 되어 있다.
282) '脉脉'(맥맥) : 마음속의 감정을 눈길로 표현하는 모양. 이 구는 그리운 감정이 서려 있는 눈길을 바로잡아 베틀에 주의를 기울인다는 뜻이다.
283) '躡'(섭) : 베틀의 날실을 한 칸씩 걸어서 끌어 올리도록 하는데 필요한 발판 장치. 제8권 劉孝威의 「郄縣遇見人織率爾寄婦」(393)에도 보인다. '交縷'(교루) : 서로 교차된 실.

簷花照初月,[284]	처마 아래 핀 꽃은 초승달에도 빛나고
洞戶未垂帷.	구석진 규방은 아직 휘장을 내리지 않았네
弄機行掩淚,[285]	베틀 부리면서 또 눈물 감추고자 하니
翻令織素遲.	오히려 비단 짜는 것 더디게만 하네

해설 이 작품은 임을 그리면서 베를 짜는 여인의 슬픈 모습을 노래한 시다. 섬섬옥수로 베를 짜는 여인, 비록 말은 않고 있지만 멀리 떠나 돌아오지 않는 임에 대한 그리움이 눈가에 묻어 있다. 발판도 열심히 밟고 때로는 끊어진 실도 이어가면서 베를 짜는데, 규방 바깥 처마 아래에 핀 꽃은 너무 붉어 초승달에도 빛이 난다. 아직 잠잘 때가 아니니 휘장도 드리우지 않았는데, 임 향한 그리움으로 흐르는 눈물 때문에 베 짜는 속도는 자꾸만 느려진다.

410. 가을 규방

「秋閨」

螢飛綺窓外,	반딧불이 비단창문 밖을 날 때
妾思霍將軍.[286]	소첩은 곽 장군을 그리워합니다
燈前量獸錦,	등잔 앞에서 짐승 수놓인 비단 재단하고
簷下織花紋.	처마 아래서 꽃무늬 베를 짭니다
墜露如輕雨,	떨어지는 이슬은 보슬비인 양
長河似薄雲.[287]	긴 은하수는 엷은 구름 같은데

284) '初月'(초월) : 초승달. 『藝文類聚』(권65)에는 이 구가 "처마 앞으로 초승달이 비치고(簷前初月照)"라고 되어 있다.

285) '行'(행) : 또. 또한. 아울러.

286) '霍將軍'(곽장군) : 漢 武帝 때의 장군 霍去病. 외삼촌 衛靑과 함께 흉노 정벌에 공을 많이 세웠다. 여기에서는 변방으로 종군한 남편을 가리킨다.

秋還百種事,[288]	가을 돌아오니 온갖 일이 많아져
衣成未暇薰.	옷 다 지었으나 향기 넣을 틈이 없습니다

해설 이 작품은 베 짜는 여인의 변경으로 종군한 남편에 대한 그리움을 노래한 시다. 가을이라 반딧불이는 창 밖에 날고 규방 안의 여인은 베를 짜서 옷을 만든다. 자욱한 밤이슬은 마치 보슬비 같고, 하늘에 길게 놓여 있는 은하수는 흡사 엷은 구름 같다. 옷은 다 지었지만 온갖 가을걷이 일 때문에 옷에 향기를 넣을 겨를이 없다.

411. 고취곡 '버들가지 꺾어서'

「敲吹曲 折楊柳」[289]

高樓十載別,	십 년 전 헤어졌던 높은 누각에
楊柳擢絲枝.[290]	수양버들은 실 같은 가지를 뽑아냅니다
摘葉驚開駛,[291]	버들잎 따면서 세월 빠름에 놀라고
攀條恨久離.	가지 당기면서 오랜 이별을 한합니다
年年阻音信,	해마다 임 소식은 막혀 있고
月月減容儀.	다달이 내 모습은 늙어갑니다
春來誰不望,	봄이 오니 누군들 기다리지 않겠습니까
相思君自知.[292]	저의 그리움 당신께서는 응당 알고 계시겠지요

287) '長河'(장하) : 은하수를 가리킨다.

288) '百種事'(백종사) : 추수 등의 가을에 해야 할 갖가지의 일을 가리킨다. 어떤 사람은 복잡한 심사를 가리킨다고도 보았다.

289) 橫吹曲辭에 속한다. 제7권에 蕭綱의 「折楊柳」(318)가 있다.

290) '擢'(탁) : 뽑다.

291) '開'(개) : 한 해의 시작. '駛'(사) : 신속하다. 빠르다. '開駛' : 한 해의 시작인 봄이 너무 빨리 오다.

292) '君'(군) : 『考異』는 '各'자의 잘못이 아닌가 하였다.

해설 이 작품은 집을 떠나 십 년 동안이나 돌아오지 않는 임을 기다리는 여인의 그리움을 노래한 시다. 임에게서 오는 소식은 갈수록 뜸하더니 이젠 완전히 끊어져 버렸고, 그럴수록 그리움과 온갖 걱정 때문에 여인의 몸은 늙어간다. 매년 봄이면 다 헛된 짓인 줄 알면서도 다시 한번 임 돌아오기를 기다려 본다. 이 그리움을 떠돌이 당신도 당연히 알아야 할 텐데…….

기소유(紀少瑜)

◇紀少瑜(대략 535년 전후 재세) : 자가 幼瑒이며, 丹陽 秣陵(지금의 江蘇省 南京市) 사람이다. 본래 吳氏였으나 紀氏에게 양육되었기 때문에 성을 바꾼 것이다. 일찍이 어버이를 여의었으나 지조와 절개가 있었으며, 王安期의 사람됨을 사모하였다. 나이 13세에 글을 지을 수 있었으며, 초서에 능하였고 玄談을 잘하였다. 19세 때 太學에서 공부했으며, 六經에 통달하였다. 처음에는 晉安國中尉가 되어 蕭綱의 총애를 받았으며, 大同 7년(541)에는 東宮學士가 되었다. 후에 武陵王의 記室參軍으로 있다가 죽었다. 현존하는 시는 단지 4수뿐이다.

412. 건흥원

「建興苑」[293)]

丹陵抱天邑,[294)]　　붉은 산은 천자의 도읍을 껴안고 있으며

---

293) '建興苑'(건흥원) : 梁 武帝 天監 4년에 秣陵(지금의 南京)의 建興里에 만든 정원. 제8권에 庾肩吾의 「送別於建興苑相逢」(388)이란 시가 있다. 梁나라 雜曲歌辭에 속한다.

紫淵更上林.[295]　보랏빛 강물은 상림원을 지나고 있네
銀臺懸百仞,[296]　은빛 누대는 백 길 높은 곳에 걸려 있고
玉樹起千尋.[297]　옥 같은 나무는 천 길 높은 곳에 솟아 있네
水流冠蓋影,[298]　강물은 벼슬아치의 의관과 수레 지붕이 비쳐 흐르고
風揚歌吹音.[299]　바람은 노래와 퉁소 소리를 하늘로 날리네
踟躕憐拾翠,[300]　한 곳에 머뭇거리며 주운 비취새 깃 좋아하고
顧步惜遺簪.[301]　걷다가 돌아보며 잃어버린 비녀 아까와 하네
日落庭花轉,　해가 지니 뜰의 꽃 그림자도 방향을 바꾸고
方幰屢移陰.[302]　사각형 수레 휘장은 계속 옮겨가며 그늘을 만드네
終言樂未極,　끝내 즐거움 아직 다하지 않았다고 하면서
不道愛黃金.　황금 아깝다고는 말하지 않네

해설 이 작품은 建興苑이란 공원에 놀러 나온 여인들의 모습을 노래한 것이다. 좋은 입지조건을 갖춘 공원은 놀러 나온 귀인들과 미인들로 붐빈다. 특히 여인들은 다니다가 떨어진 새의 깃털 중에 예쁜 것이 보이면 걸음을 멈추고 주어서 머리에 꽂기도 하고, 때로는

294) '丹陵'(단릉) : 吳注에 의하면 고유명사(堯의 출생지)로 보았으며, 鈴木虎雄은 南京의 鍾山을 가리키는 말로 보았는데, 여기에서는 후자를 따랐다. '抱'(포) : 둘러싸다. '天邑'(천읍) : 서울.

295) '紫淵'(자연) : 깊은 연못. 長江이나 玄武湖를 가리킨다. '更'(갱) : 지나가다. '上林'(상림) : 漢나라 황실의 정원인 上林苑. 여기에서는 차용되었다.

296) '仞'(인) : 한 길. 7尺. 일설에는 8尺이라고도 한다.

297) '玉樹'(옥수) : 전설 속의 仙木. 또는 아름다운 나무. '尋'(심) : 8尺.

298) '冠蓋'(관개) : 벼슬아치의 관복과 수레 지붕.

299) '歌吹'(가취) : 노랫소리와 악기소리.

300) '踟躕'(치도) : 머뭇거리는 모양. '拾翠'(습취) : 비취새의 깃을 주워 머리에 장식으로 꽂는 것을 가리킨다.

301) '顧步'(고보) : 이리저리 살피면서 천천히 걷는 것을 가리킨다.

302) '幰'(헌) : 수레에 치는 휘장. 이 구는 햇빛을 막기 위해 친 수레의 휘장을 햇빛의 방향이 바뀜에 따라 여러 차례 옮겨 다는 것을 말한다.

노는 데 정신이 팔려 비녀가 떨어진 줄도 모르다가 잃어버린 비녀를 아까워하기도 한다. 해는 이미 서쪽으로 완연히 기울었지만 놀러 나온 사람들은 아직도 흥이 미진하다고 말할 뿐 결코 돈이 아깝다고 말하지는 않는다.

413. 명령에 응하여 오균의 시를 모방하여 지은 시 「擬吳均體應教」[303]

庭樹發春暉, 뜰의 나무는 봄빛을 발하고
遊人競下機. 놀러가는 여인들은 다투어 베틀에서 내려오네
卻匣擎歌扇,[304] 상자 뒤져 가무 부채 꺼내 손에 들고
開箱擇舞衣. 옷상자 열어서 무도복 고르네
桑萎不復惜, 뽕잎 시드는 것도 안타까워하지 않으며
看光遽將夕.[305] 햇빛을 보니 어느덧 저녁이 되려 하네
自有專城居,[306] 자신에겐 한 성을 휘어잡는 남편이 있건만
空持迷上客.[307] 공연히 귀한 손님 넋 나가게 하네

---

303) '吳均體'(오균체) : 梁나라 시인 吳均(6권 서두 및 10권에 그의 시가 수록되어 있음)의 작품의 풍격. 『梁書』「吳均傳」에, "吳均의 문체는 속기가 없으면서도 예스러움이 있는데, 호사가들 중 어떤 사람이 그 문체를 배워 吳均體라고 했다(均文體淸拔有古氣, 好事者或斅之, 謂爲吳均體)"라고 했다. '應教'(응교) : 王公의 명에 의해 짓는 시문을 뜻한다.

304) '卻匣'(각갑) : 상자를 뒤지다. '擎'(경) : 높이 들다. '歌扇'(가선) : 노래 부르는 사람이 가무할 때 사용하는 부채.

305) '遽'(거) : 문득. 매우 빨리. 어느덧.

306) '專城居'(전성거) : 한 성을 마음대로 하는 사람. 즉 성주 또는 태수. 이 구는 제1권 古樂賦 「日出東南隅行」(9) 중에 秦羅賦가 태수의 유혹을 물리치면서 자신의 남편을 자랑할 때 하던 말이다.

307) '上客'(상객) : 존귀한 손님.

해설 이 작품은 봄날에 춘정에 못 이겨 놀러 나온 여인들의 모습을 노래한 시다. 베도 짜고 누에도 치는 바쁜 시기인데도 불구하고 놀러 나와 노래하고 춤을 춘다. 여인들에겐 비록 지금은 멀리 떠나고 없지만 응당 남편이 있는 몸인데 어찌 귀한 손님들이 반하게끔 유혹하는지.

414. 봄날

「春日」

愁人試出牖,	시름에 잠긴 여인 창문 밖을 보니
春色定無窮.	봄빛이 정작 무궁하다네
參差依網日,308)	들쑥날쑥 거미줄에 비치는 햇빛
澹蕩入簾風.309)	따사롭게 주렴으로 불어오는 바람
落花還繞樹,	떨어지는 꽃은 다시금 나무를 맴돌며 떨어지고
輕飛去隱空.310)	가벼이 나는 새는 허공 속으로 사라져가네
徒令玉筯迹,311)	부질없이 옥 젓가락 같은 눈물 흔적 만드니
雙垂明鏡中.	밝은 거울 속에 두 줄기로 흘러내리네

해설 이 작품은 임을 그리는 봄날 여인의 심경을 노래한 시다. 첫 구에서 묘사된 것처럼 주인공은 봄날인데도 왜 시름에 젖어 있으며, 또한 마지막 두 구에서 언급된 눈물은 또 무엇 때문일까. 비록 구체적인 설명은 없지만 집을 떠나 돌아오지 않는 임 때문이 아닐까.

---

308) '參差'(참치) : 거미줄의 모습을 형용하는 말. 빽빽한 나뭇가지 사이로 햇빛이 비치는 모습을 형용하는 말로 보기도 한다.
309) '澹蕩'(담탕) : 바람이 온화하게 부는 것을 형용하는 말.
310) '輕飛'(경비) : 가볍게 나는 새를 가리킨다.
311) '玉筯'(옥근) : 눈물의 미칭.

문인천(聞人倩)

◇聞人倩 : 생평이 자세하지 않다. '倩'자는 어떤 책에는 '蒨'자로 되어 있다.

415. 봄날

「春日」

高臺動春色, 높은 누대엔 봄빛이 요동하고
淸池照日華. 맑은 연못엔 화창한 햇님이 비치네
綠葵向光轉, 초록색 해바라기는 햇빛을 향해 돌고
翠柳逐風斜. 비취빛 버들은 바람 부는 대로 쏠리네
林有驚心鳥, 숲 속엔 놀라서 날아가는 새 있고
園多奪目花. 동산에는 눈길 빼앗는 꽃이 많네
相與咸知節,[312] 서로 모두 다 절기를 알건만
歎子獨離家. 그대만 유독 집을 떠나 있으니 탄식이 나오네
人行今不返, 길 떠난 사람 지금도 돌아오지 않는데
何勞空折麻?[313] 어찌 부질없이 삼을 꺾는 수고를 하는지

해설 이 작품은 집 떠난 임을 그리워하는 봄날 여인의 심경을 노래한 시다. 봄이 되면 만물이 약동한다. 나무와 꽃, 심지어 새들조차

---

312) '相與'(상여) : 서로. '咸'(함) : 모두. 다. '節'(절) : 절기. 이 구절은 앞에서 언급한 해바라기・버드나무・새・꽃 등의 동식물은 모두 절기를 안다는 뜻이다.

313) '麻'(마) : 삼. 베를 짜는 데 쓰이는 식물. 제6권 徐悱의 「對房前桃樹詠佳期贈內」(278)에 "복사꽃 꺾어서 소마를 대신한다(言折代疎麻)"라고 했는데, 헤어져 있는 사람에게 보내는 선물이란 뜻으로 쓰였다. '麻'를 麻紙로 보고 편지를 쓴다는 뜻으로 해석하는 사람도 있다. 이상 두 구는 『藝文類聚』・『初學記』・『文苑英華』 등에 수록된 작품에는 없는데, 『考異』는 그 두 구를 후인들이 뺐다고 보았다.

도 좋은 절기를 알아 생명력이 넘치는데, 유독 당신만은 집에 돌아와야 할 때를 모르고 있다. 그런데도 나는 당신의 안녕을 빌고자 소마를 꺾어 보내려고 한다. 보내야 할 곳도 모르면서 말이다. 다 부질없는 짓이며 헛된 일이지만 그렇다고 딱히 달리 방법도 없으니 답답하기만 하다.

서효목(徐孝穆)

◇徐陵(507~583) : 자가 孝穆이며, 東海 郯(지금의 山東省 郯城縣) 사람이다. 梁나라 때 員外散騎常侍를 역임한 徐超之의 손자이자, 太子左衛率을 역임한 徐摛의 아들로서, 蕭綱의 취지에 따라 이 선집 『玉臺新詠』을 편찬한 사람이다. 8세 때 글을 지을 수 있었고, 12세 때에는 『莊子』·『老子』 등의 뜻에 통달하였으며, 장성해서는 사적들을 두루 섭렵하여 구변에 막힘이 없었다. 普通 2년(521)에 晉安王 蕭綱이 平西將軍寧蠻校尉가 되었을 때, 徐摛는 蕭綱의 참모가 되었는데, 蕭綱이 徐陵으로 하여금 寧蠻府軍의 일에 참여토록 했다. 蕭綱이 태자가 되자, 徐陵은 東宮學士로 뽑혔다. 이후 다시 南平王府行參軍과 通直散騎侍郎을 역임하였다. 蕭綱이 동궁에 있을 때, 자신이 지은 『長春殿義記』의 서문을 그에게 쓰도록 했으며, 또 자신의 저술인 『莊子義』를 강술하게 하였다. 이 선집 역시 이 당시에 편찬된 것으로 보인다.

太淸 2년(548)에는 通直散騎常侍를 겸직하였으며, 이때 사신으로 北朝 東魏에 갔다가 억류되었다. 후에 江陵이 西魏 및 北齊에 의해 함락되어 元帝가 피살되자, 이에 王僧辯·陳霸先이 蕭繹의 아들 蕭方智를 建康에서 임금으로 옹립하였는데, 이때 北齊에서는 梁朝 宗室인 蕭淵明을 梁의 후사로 보냄에 비로소 사신으로 따라 돌아와 尙書吏部郎이 되었다.

후에 梁나라는 陳霸先에 의해 찬탈 당하게 되는데(557), 그는 陳나라에서도 벼슬하여 散騎常侍가 되었으며, 이후 계속하여 文帝 때는 五兵尙書·御史中丞·吏部尙書 등을 역임했고, 宣帝 때는 尙書右僕射·左僕射를 역임했으며,

後主 때는 左光祿大夫・太子少傅 등을 역임하여 人臣으로서는 최고의 영화를 누리다가 至德 원년(583)에 죽었다.

그의 글은 舊體를 변화시켜, 구성이 교묘하고 빈틈이 없으며 새로운 뜻이 많았다. 그리고 하나의 글이 나올 때마다 호사가들이 일찌감치 傳寫하여 암송하니, 마침내 중원과 이적들에게까지 두루 퍼졌다. 또한 그는 당시에 庾信과 齊名되어 그들의 글을 '徐庾體'라고 했으며, 宮體詩의 대표 작가이기도 하였다.

그의 글들은 隋나라의 침략 등 전란으로 인해 대부분이 망실되었으며, 특히 문집 30권은 후인이 『藝文類聚』와 『文苑英華』 등에서 일부를 찾아내어 총 6권으로 輯佚하였는데, 淸나라 吳兆宜가 箋注하여 『徐孝穆集箋』이라는 형태로 四庫全書 속에 남아 있다. 그의 작품으로 현존하는 것은 賦 1수, 樂府 18수, 五七言體詩 22수, 실용문 79편, 그리고 「玉臺新詠序」 한 편이 있다.

416. 명령을 받아 붓 가는 대로 장난삼아 쓴 시
「走筆戲書應令」[314]

此日乍殷勤,[315]	오늘 문득 은근히 사랑의 감정에 빠지니
相嫌不如春.	봄날 같지 않은 날이 싫다네
今宵花燭淚,	오늘 밤에도 꽃 등잔에 눈물 흐르건만
非是夜迎人.	임 모실 밤은 아니라네
舞席秋來卷,	춤추던 자리는 가을이 되자 말아두었고
歌筵無數塵.	노래하던 자리에는 무수한 먼지
曾經新代故,	일찍이 새것이 옛것을 대신한다 했지만
那惡故迎新.[316]	어찌 옛사람을 싫어하고 새사람을 맞는지
片月窺花簟,[317]	조각달은 꽃무늬 돗자리를 엿보듯 비추고

314) '應令'(응령) : 태자의 명을 받아 시를 짓는 것을 말한다. 임금의 명을 받는 것을 '應詔', 王公의 명을 받는 것을 '應教'라고 한다.

315) '殷勤'(은근) : 사랑의 마음이 깊은 모양.

316) '那'(나) : 어찌. '哪'와 같다. '惡'(오) : 싫어하다. 미워하다.

輕寒入帔巾.318)　가벼운 한기는 숄 안으로 스며드네
秋來應瘦盡,　가을이 되자 응당 몸은 야윌 대로 야위어
偏自著腰身.319)　오직 잘록한 허리만이 저절로 뚜렷하네

해설 이 작품은 한창 때가 지난 기녀가 찾아주지 않는 임을 원망하는 심경을 노래한 시다. 계절은 만물이 조락하기 시작하는 가을이다. 마치 시들어가는 자신을 보는 것 같아 계절마저 싫다. 방에는 화촉이 밝게 피어오르고 있지만 임을 모시던 옛날의 그 밤은 아니다. 임 앞에서 춤추고 노래할 때 펼쳤던 자리는 먼지가 뽀얗게 쌓인 채 보관되어 있다. 비록 옛말에 새것이 옛것을 대신한다는 말이 있지만 어찌 사람마저 그 말에 적용되는지 야속하기만 하다. 근심으로 식욕이 없으니 몸은 야위고 눈에 들어오는 것은 오직 잘록한 허리만 두드러진다.

417. '춤'이란 시를 받들어 화운하다

「奉和詠舞」

十五屬平陽,320)　열다섯 살 때는 평양 공주에게 있었고
因來入建章.321)　그로 인해 건장궁에 들어왔다네
主家能教舞,322)　공주의 집에서는 춤을 잘 가르치고
城中巧且妝.323)　성 안에는 화장술이 뛰어나네

317) '花簟'(화점) : 꽃무늬가 있는 대나무 자리.
318) '帔巾'(피건) : 어깨에 걸치던 수건. 숄.
319) '偏'(편) : 오직. 오로지. '自'(자) : 저절로. '著'(저) : 드러나다. 나타나다.
320) '平陽'(평양) : 平陽侯 曹壽에게 시집 간 漢 武帝의 누이인 陽信長公主를 가리킨다. 武帝가 밤에 복장을 바꿔 나갈 때 平陽侯로 자주 사칭하고 다녔는데, 平陽公主 집의 歌妓였던 衛子夫에게 반해 그녀를 왕궁으로 데려와 후에 그녀를 왕후로 봉했다.
321) '建章'(건장) : 漢나라의 궁궐 이름.
322) '主家'(주가) : 平陽公主의 집을 가리킨다.

低鬟向綺席,	쪽진 머리 낮추며 비단 자리로 향하고
擧袖拂花黃.[324]	소매 들어 이마의 노란 꽃잎을 가리네
燭送窗邊影,	촛불은 창가로 그림자를 보내고
衫傳鉿裏香.[325]	저고리는 옷상자 속 향기를 전하네
當關好留客,[326]	당연히 손님을 잘 붙잡아두기 위해
故作舞衣長.	무도복 자락 일부러 길게 만들었다네

해설 이 작품은 옛날 漢나라 때 춤을 잘 추어 왕후가 되었던 衛子夫의 고사를 빌어 춤추는 기녀의 모습을 노래한 시다.

418. 왕 사인의 '손님을 전송하러 간 뒤 돌아오지 않는 사람을 규방에서 기다리는 여인이 있네'라는 시에 화운하여 「和王舍人'送客未還閨中有望'」[327]

倡人歌吹罷,	기녀는 노래와 연주 끝나니
對鏡覽紅顔.	거울 앞에서 홍안을 비추네
拭粉留花稱,[328]	분은 닦고 머리에 꽂은 꽃은 뽑아서 보관하고

---

323) '旦'(단) : 『考異』는 『藝文類聚』를 따라 '畫'자의 잘못으로 보았는데, 여기에서도 이를 따랐다. '畫妝'은 化粧과 같다.

324) '拂'(불) : 가리다. '花黃'(화황) : 옛날, 여인들의 얼굴 장식의 하나. 황금색 종이를 잘라서, 별·달·꽃·새 등의 모양을 만들어 이마에 부치던 것을 말한다.

325) '鉿'(협) : 정으로 뚫거나 악기를 연주하는 소리를 나타내는 의성어이다. 작품의 내용과 관련이 없는 글자다. 따라서 『考異』는 『藝文類聚』에 따라 '篋(상자)'자로 고쳤는데, 여기에서도 이를 따랐다.

326) '關'(관) : 관련이 있다. 『藝文類聚』에는 '由(이유)'자로 되어 있는데, 여기에서도 이를 따랐다.

327) '王舍人'(왕사인) : 梁나라 때 太子舍人을 지냈던 王褒를 가리킨다. 『梁書』「王規傳」에 의하면, 王規의 아들 褒는 자가 子漢이며, 秘書郎 및 太子舍人을 역임했다. 大同 2년에 아버지 상을 이유로 면직하였다고 한다. '舍人' : 임금 또는 태자 주위에서 일을 보던 관직 이름.

除釵作小鬟. 비녀도 뽑고 난 뒤 작은 쪽을 짓네
綺燈停不滅,[329] 꽃등잔불 움직이진 않지만 아직 꺼지진 않았고
高扉掩未關. 높다란 사립문 닫혔지만 아직 잠그진 않았네
良人在何處?[330] 임은 어디에 계시는가
惟見月光還. 오직 보이는 건 돌아오는 달빛뿐

해설 이 작품은 연회가 끝난 뒤 손님을 전송하러 갔다가 돌아오지 않는 임을 기다리는 여인의 모습을 노래한 시다. 작품의 여주인공은 아마도 벼슬아치의 첩이 된 기녀가 아닐까 한다. 모처럼 남편이 손님들을 데리고 놀러 왔다. 손님들 앞에서 노래도 하고 춤도 추었다. 잔치가 끝나자 남편은 손님들을 전송하러 간다고 하면서 함께 나갔는데 밤이 깊어도 돌아올 줄을 모른다. 여인은 임과 함께 밤을 보낸다는 희망 하나로 최선을 다해 노래하고 춤을 추었다. 그리고 지금 혹시나 돌아왔다가 자는 줄 알고 그냥 가버리실까 봐 대문도 잠그지 않고, 불도 끄지 않고 기다리는데, 약속한 임은 결국 돌아오지 않고 달빛만 교교히 흐르고 있다.

419. 양 연주자사의 집안 기녀를 대신해 선물받은 거울에 응답한 시

「爲羊兗州家人答餉鏡」[331]

信來贈寶鏡,[332] 심부름꾼이 와서 보배로운 거울을 주셨는데

---

328) '花稱'(화칭) : 일종의 머리 장식.

329) '綺燈'(기등) : 아름다운 등잔. '高扉'(고비) : 대문의 높은 문짝.

330) '良人'(량인) : 애인.

331) '羊兗州'(양연주) : 北朝 北魏에서 兗州刺史를 역임했던 羊侃을 가리킨다. 『南史』「羊侃傳」에 의하면, 그는 자가 忻祖이며, 泰山 梁父 사람으로, 본래 北朝 사람이었다. 아버지의 뜻에 따라 南朝로 왔는데, 梁나라 大通 3년에 建鄴에 와서 徐州刺史 · 侍中 ·

亭亭似圓月.[333] 맑고 밝기가 둥근 달과 같네
鏡久自踰明, 거울은 오래 되면 응당 더욱 밝아지건만
人久情踰歇.[334] 사람은 오래 되면 사랑이 갈수록 식는다네
取鏡掛空臺, 거울을 꺼내어 빈 경대에 걸어 두었다가
於今莫復開. 오늘부터는 두 번 다시 꺼내지도 않는다네
不見孤鸞鳥,[335] 외로운 난새를 볼 수 없으니
亡魂何處來? 죽은 새의 혼령은 어디에서 올까

해설 이 작품은 부호의 집 기녀가 주인에게 거울을 선물 받고 찾아 주지 않는 주인을 원망하는 마음을 노래한 시다. 심부름꾼을 통해 비록 귀한 거울을 선물로 받았지만 그 뒤로 한 번도 찾아주지 않는 주인이 너무도 야속하다. 거울은 쓰면 쓸수록 밝아지는데 사람의 정은 어찌 오래되면 식어지고 마는지. 처음 선물 받았을 때는 애지중지 경대에 걸어두었지만 이제는 아예 상자 속에서 꺼내지도 않는다. 외로

都官尙書 등을 역임했다. 그는 성품이 호방하고 사치를 좋아하여 歌妓와 첩을 줄을 세울 만큼 두었으며, 지극히 사치스럽게 생활하였다고 한다. 그 중에 쟁을 연주하던 陸太喜는 녹각으로 만든 두겁을 착용하였으니 그 길이가 7촌이나 되었다고 한다. 그리고 무희 張靜婉은 허리 사이즈가 1척 6촌으로, 손바닥 위에 올려놓고 춤을 추게 할 수 있을 정도였다고 한다. 또 孫荊玉은 허리를 뒤집어 뒤로 땅에 닿는 능력이 있었는데, 그렇게 해서 자리 위에 있는 옥비녀를 물 수 있을 정도였다고 한다. 임금이 歌妓 王娥兒를 보내왔고, 태자도 歌妓 屈偶之를 보내왔는데 모두 신기한 곡조를 절묘하게 잘 불러, 한때 그들을 상대할 만한 사람이 없었다고 한다. '家人'(가인) : 羊侃 집안의 歌妓를 가리킨다. '餉'(향) : 선물로 보내다.

332) '信'(신) : 심부름하는 사람.

333) '亭亭'(정정) : 맑고 밝은 모양.

334) '踰'(유) : 더욱. 갈수록. '歇'(헐) : 다하다. 시들다. 식다.

335) '孤鸞鳥'(고란조) : 짝을 잃은 외로운 난새. 난새는 봉황과 비슷한 전설상의 새다. 이하 두 구는 南朝 宋 范泰의 「鸞鳥詩」 서문의 고사를 가리킨다. 옛날 罽賓國의 왕이 峻祁山에서 난새 한 마리를 잡았는데, 왕이 매우 좋아하여 황금 새장에 온갖 귀한 먹이를 주어도 갈수록 슬퍼하면서 울지 않았다. 그 부인이 그에게 말하기를 "소문에 새는 자기와 비슷한 존재를 보면 운다고 하니 거울에 비춰보면 어떨지요?"라고 하여 그 말대로 하니 과연 슬피 울어 그 소리가 하늘에까지 올라갔다고 한다.

운 난새의 모습을 비춰볼 거울조차 없으니 사라진 짝은 어디를 통해 올 수 있을지.

오자(吳孜)

◇吳孜 : 생평이 자세하지 않다. 太淸 2년(548)에 梁나라 學士가 되었다.

420. 봄 규방의 원망

「春閨怨」[336)]

玉關信使斷,[337)]	옥문관을 내왕하던 편지 사절 끊어졌고
借問不相諳.	수소문해 보지만 소식을 알 수가 없네
春光太無意,	봄빛은 너무도 무정한데
窺窓來見參.[338)]	창문을 통해 경치가 어떤지를 알아보네
久與光音絶,[339)]	오랫동안 햇빛과는 단절되어 살다가
忽值日東南.	문득 동남쪽에 떠 있는 해를 본다네
柳枝皆嬲燕,[340)]	버들가지는 모두 제비와 장난을 하고

336) 雜曲歌辭에 속한다.

337) '玉關'(옥관) : 甘肅省 敦煌 서쪽에 있는 玉門關. 서역으로 통하는 관문인데, 여기에서는 단지 변경을 가리키는 말로 차용되었다.

338) '見參'(견참) : 알아보다. 탐문하다.

339) '音'(음) : 『考異』는 '景'자의 잘못이 아닌가 하였다. 여기에서도 이를 따랐다. 鈴木虎雄은 '光音'이 멀리 떠나 있는 임의 모습과 목소리를 가리킨다고 했는데, 그럴 경우 다음 구와 의미가 잘 연결되지 않는다. 시간이란 뜻으로 보면 억지로 뜻이 통할 것도 같다.

桑葉復催蠶. 뽕잎은 다시금 누에치기를 재촉하네
物色頓如此,[341] 경치가 문득 이와 같으니
孀居自不堪.[342] 과부의 생활 당연히 견디기 어렵네

해설 이 작품은 변방에 종군한 남편을 그리워하는 여인의 심경을 노래한 시다. 변방으로 오가는 사신도 끊긴 지 오래되어 임의 소식을 아는 사람은 아무도 없다. 봄이 왔지만 임이 없으니 아무런 의미가 없다. 방안에만 틀어박혀 지내다가 문득 창문을 통해 약동하는 봄 경치를 보고난 뒤 가슴에는 잊고 있었던 사랑과 그리움이 불현듯 솟아난다. 아! 생과부의 생활은 정말로 감당하지 못할 일이로다.

탕승제(湯僧濟)

◇湯僧濟 : 생평이 자세하지 않다. 어떤 책에는 '濟'자가 '齊'자로 되어 있다.

421. 우물을 치다가 금비녀를 주운 것을 노래하다 「詠渫井得金釵」

昔日倡家女, 옛날에 기루의 한 아가씨가
摘花露井邊.[343] 뚜껑 없는 우물가에서 꽃을 땄다네

340) '嬲燕'(뇨연) : 제비와 장난하다.
341) '物色'(물색) : 풍경. 경치.
342) '不堪'(불감) : 이길 수 없다.
343) '露井'(로정) : 덮개가 없는 우물.

摘花還自插,	꽃을 따서 다시 제 머리에 꽂고
照井還自憐.	우물물에 비추며 또한 스스로 예쁘다고 여겼다네
窺窺終不罷,	보고 또 보면서 끝내 우물을 떠나지 않고
笑笑自成妍.	요리조리 미소 지으며 혼자 교태를 부리는데
寶釵於此落,	보석 비녀가 이 우물에 떨어졌으니
從來不憶年.344)	그로부터 몇 년이 흘렀는지를 알 수가 없다네
翠羽成泥去,	비취새 깃털은 진흙이 되어 없어졌지만
金色尙如先.	황금의 색채는 아직도 옛날과 같다네
此人今不在,345)	그 아가씨 지금은 없고
此物今空傳.	이 물건만 지금까지 부질없이 전해온다네

해설 이 작품은 우물을 청소하다가 주운 금비녀 하나를 통해 그 비녀의 주인을 상상하며 쓴 시다. 옛날에 한 기녀가 우물에서 꽃을 꺾어 머리에 꽂은 후 우물물에 그 모습을 비춰 보다가 그만 머리에 지르고 있던 비녀를 우물에 빠트려버렸다. 그때가 언제인지는 정확히 알 수는 없지만 비녀 끝에 장식으로 달려 있어야 할 비취새의 깃털은 떨어져 나가고 없지만 비녀 자체는 옛날 그대로 황금색이 선명하다. 비녀의 주인공은 죽고 없지만 비녀만은 부질없이 아직까지 남아 있다. 제재가 특이한 작품이라고 할 수 있다.

344) '從來'(종래) : 여태껏. 그 후로. '不憶'(불억) : 『初學記』와 『太平御覽』에는 모두 '非一'이라고 되어 있다.

345) '不'(불) : 어떤 책에는 '何'자로 되어 있다.

서비(徐悱) 처(妻) 유씨(劉氏)

◇劉令嫻 : 제6권에 보인다.

422. '반첩여의 원망'이란 시에 화운하여

「和婕好怨」[346)]

日落應門閉,[347)]	해 지자 궁문은 닫히고
愁思百端生.	근심스런 생각이 만 갈래로 일어나네
況復昭陽近,[348)]	하물며 소양궁이 가까우니
風傳歌吹聲.	바람에 노래소리 악기소리 들려오네
寵移終不恨,	총애가 옮겨 간 것은 끝내 한스럽지 않지만
讒枉太無情.[349)]	비방과 누명이 너무도 비정하다네
只言爭分理,[350)]	단지 말로써 명분과 도리를 따지는 것이지
非妬舞腰輕.	춤추는 가벼운 허리를 질투하는 게 아니라네

346) 이 작품은 역시 다음 작품과 마찬가지로 『樂府詩集』에는 王叔英의 처 劉氏의 작품이라고 되어 있다. 아울러 제6권에 이미 劉令嫻의 작품이 실려 있기 때문에 여기에서는 王叔英의 처의 작품으로 볼 수 있을 것이다. 『考異』는 『藝文類聚』의 잘못을 따라 후인들이 고쳤기 때문이라고 보았다. 鈴木虎雄이 이 설을 따르고 있다. 相和歌辭 楚調曲에 속한다.

347) '應門'(응문) : 궁궐의 정문.

348) '況復'(황부) : 하물며. 더욱이. '昭陽'(소양) : 漢나라 궁전 이름. 成帝의 총애를 받았던 趙飛燕이 거처하던 곳이다.

349) '讒枉'(참왕) : 비방과 누명. 史書에 의하면 班婕妤는 왕후로서의 婦德을 지녔는데 趙飛燕·趙合德 자매의 모함으로 쫓겨나게 되었다고 한다.

350) '爭'(쟁) : 언쟁하다. 따지다. '分理'(분리) : 명분과 도리.

해설 이 작품은 趙飛燕으로 인해 총애를 잃은 班婕妤의 원망어린 심경을 노래한 시다. 太后를 모시며 長信宮에 살고 있는데, 해가 지자 찾아올 사람이 없으니 대문은 닫힌다. 자리에 누워도 잠은 오지 않고 수많은 생각들이 머릿속을 맴돈다. 게다가 趙飛燕이 살고 있는 昭陽宮과 가까우니 임금님 모시고 잔치하는 소리가 바람을 타고 들려온다. 내 용모가 시들고 재주가 없어 총애가 다른 사람에게로 간 것은 결코 한스럽지 않다. 다만 나를 비방하고 헐뜯는 사람들이 너무도 매정하게 생각된다. 원망은 결코 질투로 인한 것이 아니라 명분과 도리상 올바르지 못함을 따지는 데서 생긴 것이니, 임금님이시여! 제발 잘 헤아려 주시옵소서.

왕숙영(王叔英) 처(妻) 유씨(劉氏)

◇劉氏 : 王叔英은 琅邪(지금의 山東省 臨沂縣) 사람이며, 그의 처 劉氏는 劉繪의 딸이자 劉孝綽의 여동생이다. 劉孝綽에게는 세 명의 여동생이 있었는데, 모두 재주와 학문이 뛰어났으며, 다른 두 사람은 각각 張㥛과 徐悱에게 시집갔다.

423. '왕소군의 원망'이란 시에 화운하여

「和昭君怨」[351)]

一生竟何定, 　사람의 한 평생은 필경 어떻게 정해지는지

351) 琴曲歌辭에 속한다.

萬事良難保. 만사는 정말 보증하기 어렵네
丹青失舊圖,[352] 단청 초상화에도 본래 모습이 없으며
玉匣成秋草.[353] 상자 속의 옥 같은 신분이 가을 풀 같은 신세가 되었네
相接辭關淚,[354] 관문을 떠날 때 끝없이 이어지던 눈물은
至今猶未燥.[355] 아직까지도 마르지 않았네
漢使汝南還,[356] 한나라 사신이 사막 남쪽으로 돌아가는데
殷勤爲人道. 깊은 동정심으로 나를 위해 말씀 좀 잘 해 주었으면

해설 이 작품은 흉노의 單于의 왕비로 시집가는 王昭君의 슬픔과 원망을 노래한 시다. 세상만사 뜻대로 되는 일이 하나도 없는 걸 보면 사람의 운명이란 게 정말 어떻게 결정되는지 알 수가 없다. 애초에 뇌물 좋아하는 화가들이 내 모습을 멋대로 그릴 때 잘못되었을지도 모른다. 漢나라 궁중에선 마치 상자 속의 귀한 보석 같았는데, 지금은 가을 들판에 제멋대로 자랐다가 시들어가는 잡초 같은 신세가 되고 말았다. 국경을 넘을 때 흘리던 눈물은 아직 마르지 않았는데, 수행해주던 漢나라의 사신도 돌아가려 한다. 제발 나를 생각하는 마음으로 돌아가면 임금님에게 내 이야기를 잘 해주어야 할 텐데.

---

352) '丹青'(단청) : 그림. '圖'(도) : 『樂府詩集』에는 '儀(용모)'자로 되어 있는데, 여기에서도 이를 따랐다. 『西京雜記』에 의하면, 元帝는 후궁을 간택할 때 화공이 그린 초상화를 보고 정했는데, 당시 궁녀들은 화공에게 그림을 잘 그려달라고 다투어 뇌물을 바쳤으나 유독 王昭君만은 뇌물을 주지 않아 본래 모습보다 훨씬 추하게 그려졌다고 한다.

353) 제2권 石崇의 「王昭君辭」(83) 중의 "예전엔 상자 속 구슬, 지금은 더러운 흙에 핀 꽃(昔爲匣中玉, 今爲糞土英)"이란 구절의 내용을 가리킨다.

354) '相接'(상접) : 계속 이어지다. 끊임없다.

355) '燥'(조) : 마르다.

356) '汝'(여) : 『考異』는 의미가 통하지 않는다고 하여 '漠(사막)'자의 잘못이라고 보았는데, 여기에서 이를 따랐다. 어떤 해석은 '汝南'을 옛날 豫州의 汝南郡을 가리킨다고 하면서 王昭君의 고향이라고 하였다.

『옥대신영』 권9

卷9

「가사(歌辭)」 2수[1]

424. 가사 1

「歌辭」 其一

東飛伯勞西飛燕,[2] 동으로 때까치 날고 서로는 제비가 나는데
黃姑織女時相見.[3] 견우와 직녀는 때가 되어 만난다네

---

1) 雜曲歌辭에 속한다. 『樂府詩集』에는 이 작품 제1수가 권68의 '雜曲歌辭' 부분에 古辭 「東飛伯勞歌」란 제목으로, 제2수는 권85의 '雜歌謠辭' 부분에 梁 武帝 蕭衍의 「河中之水歌」란 제목으로 수록되어 있다.

2) '伯勞'(백로) : 새 이름. 때까치. '鶪'이라고도 하는데, 음력 5월이 되면 울기 시작한다. 이 구는 동쪽과 서쪽에서 각각 따로 나는 때까치와 제비를 통해 견우와 직녀를 연상하게 한 부분이다.

3) '黃姑'(황고) : '河鼓'와 같이 견우를 뜻한다.

誰家女兒對門居,[4] 한 아가씨가 맞은 편 집에 사는데
開華發色照里閭.[5] 꽃 같은 얼굴빛이 온동네를 환하게 비추네
南窗北牖挂明光,[6] 남쪽 북쪽 창문에는 밝은 거울 걸려 있고
羅幃綺帳脂粉香.[7] 고운 비단 휘장 안엔 연지와 분 향기 가득하네
女兒年歲十五六, 아가씨는 나이 십오륙 세
窈窕無雙顏如玉. 둘도 없는 아리따운 모습 옥 같은 얼굴
三春已暮花從風,[8] 석 달 봄도 이미 저물어 꽃들이 바람에 날려 떨어지니
空留可憐與誰同.[9] 부질없이 집에만 있으면 사랑스런 미모는 뉘와 함께 할까

해설 이 작품은 남자의 시점에서 봄날의 아리따운 아가씨의 모습을 그린 노래다. 남자와 한동네 이웃집에 꽃다운 나이의 아가씨가 살고 있다. 그 아가씨에게 반한 남자는 자신의 신세가 마치 견우직녀가 은하수를 사이에 두고 바라볼 수는 있어도 만나지 못하는 처지와 같다고 생각한다. 그러는 사이에 봄은 어느덧 지나가고 여인은 여전히 꿈쩍도 않는다. 마지막 두 구는 차라리 야속한 아가씨에 대한 남자의 투정이 아닐까.

---

4) '誰家'(수가) : 어떤. 누구. '女兒'(여아) : 여자. 아가씨. '對門'(대문) : 맞은 편.
5) '開華發色'(개화발색) : 여자의 얼굴이 꽃이 피어 아리따움을 발하는 것 같다는 의미이다. '里閭'(리려) : 마을.
6) '窗'(창) · '牖'(유) : 모두 창문을 뜻한다. '明光'(명광) : 여기에서는 거울을 가리킨다.
7) '羅幃綺帳'(라위기장) : 얇고 고운 비단으로 만든 각종 휘장. '脂粉'(지분) : 연지와 분.
8) '三春'(삼춘) : 봄 세 달. 즉 음력 1~3월. '花從風'(화종풍) : 꽃이 바람에 날려 떨어지다.
9) '空留'(공류) : 부질없이 집에 머물러 있다. '可憐'(가련) : 사랑스럽고 예쁜 모습.

425. 가사 2

「歌辭」 其二

河中之水向東流, 황하의 물은 동쪽으로 흐르고
洛陽女兒名莫愁.[10] 낙양 아가씨 이름은 막수라네
莫愁十三能織綺, 막수는 열세 살에 비단을 짤 수 있었고
十四採桑南陌頭. 열네 살 때는 남쪽 길 끝에서 뽕을 땄으며
十五嫁爲盧家婦, 열다섯 살 땐 시집가서 노씨 집의 며느리가 되었고
十六生兒字阿侯. 열여섯 살 땐 아들을 낳았으니 이름을 아후라고 했다네
盧家蘭室桂爲梁,[11] 노씨 집 규방은 계수나무로 들보를 만들었고
中有鬱金蘇合香.[12] 방안에는 울금향과 소합향이 가득하다네
頭上金釵十二行, 머리 위엔 금비녀가 열두 줄
足下絲履五文章.[13] 발에 신은 비단신발은 오색 무늬 화려하다네
珊瑚掛鏡爛生光,[14] 산호가지에 걸린 거울 찬란하게 빛을 내고
平頭奴子提履箱.[15] 하녀들은 신발 상자를 들고 시중드네
人生富貴何所望, 인생살이 부귀하니 무얼 더 바랄까만
恨不嫁與東家王.[16] 한스럽기는 동쪽 이웃집 남자에게 시집가지 못

---

10) '莫愁'(막수): 古樂府 중에 나오는 여자. 이 작품의 내용과는 달리 일설에는 石城(지금의 湖北省 鍾祥縣)의 여자로 노래를 잘 불렀다고 한다. 현재 南京市에 莫愁湖가 있는데, 六朝시대 그녀가 이곳에 살았다는 전설이 있다.

11) '蘭室'(란실): 우아한 방. 규방에 대한 미칭. '梁'(량): (대)들보. 건물의 기둥과 기둥 사이를 연결한 나무.

12) '鬱金'(울금): 鬱金香이란 초본식물을 원료로 만든 향. '蘇合'(소합): 蘇合香이란 나무에서 추출한 수지를 원료로 만든 향.

13) '絲履'(사리): 비단신발. '文章'(문장): 문채. 무늬.

14) '珊瑚掛鏡'(산호괘경): 산호가지에 거울을 걸다.

15) '平頭'(평두): '平頭小樣巾'의 준말로, 평민들이 쓰던 두건. 하인을 가리키는 말로 쓰이기도 한다.

16) '東家王'(동가왕): 일반적으로 王昌을 가리킨다고 하며, 이로 인해 莫愁가 사랑하는 사람 王昌에게 시집가지 못하고 盧氏 집으로 시집갔다는 전설이 생겼다. 생각건대

한 것

해설 이 작품은 부귀한 집에 시집간 여인이 사랑하는 사람과 결혼하지 못함에 대한 후회의 심정을 서술한 노래다. 부잣집으로 시집간 莫愁는 아들도 낳고, 호화로운 저택에서 하녀들의 시중을 받으며 남부럽지 않게 살고 있다. 그러나 그녀가 살면서 깨달은 것은 인생에 있어 중요한 것은 결코 부귀가 아니라 사랑하는 사람과 결혼하여 행복하게 사는 것이었다. 이러한 깨달음은 아마도 동서고금, 어디에서든 통하는 진리가 아닐까.

426. 월인가

「越人歌」[17]

序 : 楚鄂君子皙[18]者, 乘青翰之舟, 張翠羽之蓋. 榜枻[19]越人悅之, 櫂檝而越歌, 以感鄂君, 歡然擧繡被而覆之. 其辭曰.

楚나라 왕자 鄂君 子皙가 푸른 새가 새겨진 배를 탔는데 배의 지붕은 비취새 깃털로 장식되어 있었다. 사공은 越나라 여인으로 그를 좋아해서 노를 저으며 越나라 노래를 불러 鄂君을 감동시켰다. 그래서 鄂君은 기뻐하면서 수놓인 이불을 가져다 그녀에게 덮어 주었다. 그 가사는 다음과 같다.

今夕何夕兮, 오늘 밤은 어떤 밤인가

'王'자는 '子(남자)'자의 잘못이 아닌가 하며, 여기에서는 구체적인 거명보다는 사랑하던 남자 정도로 보는 것이 나을 것 같다.

17) 雜歌謠辭에 속한다.

18) '子皙'(자수) : 楚나라 唐王의 친동생.

19) '榜枻'(방예) : 사공을 가리킨다.

搴舟中流.[20]　배를 강 중류로 저어가네
今日何日兮,　오늘은 어떤 날인가
得與王子同舟!　왕자님과 함께 배를 탄 날
蒙羞被好兮,[21]　내 모습 부끄럽지만 호감을 얻었으니
不訾詬恥.[22]　망신스러움도 꺼리지 않는다네
心幾頑而不絶兮,[23]　굳건한 내 마음 결코 끊어지지 않는 것은
得知王子.　왕자님을 알게 되었기 때문이라네
山有木兮木有枝,　산에 나무가 있고 나무엔 가지가 있듯이
心悅君兮君不知!　속으로 당신을 좋아한다는 걸 당신은 모르시겠지

해설 이 작품은 왕자를 사모하는 처녀 뱃사공의 마음을 표현한 노래다. 비록 신분이 천한 뱃사공이요, 외모도 미인으로 보기 어렵겠지만 왕자의 호감을 얻었으니 그 아니 즐겁겠는가. 당신과의 사랑을 위해서라면 세상 그 무엇이 두렵겠는가. 당신이 한 그루 나무라면 나는 그 나무에 붙어 있는 가지가 되고 싶다. 당신을 사모하는 이 여인의 애타는 마음을 당신은 아시는지 모르시는지.

---

20) '搴舟'(건주) : 배를 빼내다. 즉 강가에 있는 배를 강 중앙으로 저어가는 것을 가리킨다.
21) '蒙羞'(몽수) : 자기의 신분과 외모 등이 왕자에게 부끄럽다는 뜻이다. '被好'(피호) : 왕자의 호감을 샀다란 뜻이다.
22) '訾'(자) : 싫어하다. 따지다. 책망하다. '詬恥'(후치) : 부끄러움. 치욕. 망신. 이 구의 뜻은 다른 사람들이 나에 대해 이러쿵저러쿵 욕하는 것을 사랑을 위해 모두 감당하겠다는 뜻이다.
23) '心幾頑'(심기완) : 심지가 매우 굳다.

사마상여(司馬相如)

◇司馬相如(B.C.179~B.C.117) : 자가 長卿이며, 蜀郡 成都(지금의 四川省 成都) 사람이다. 어렸을 때부터 독서를 좋아하고 검술을 익혔으며, 戰國시대 藺相如를 좋아하여 이름을 相如로 고쳤다. 뇌물을 주고 郞이 되었으며, 景帝 때 처음으로 武騎常侍란 관직에 올랐다. 당시 梁孝王을 배알했는데, 함께 있던 유세객 鄒陽·枚乘·莊忌 등이 그를 보고 매우 기뻐하니, 그는 병을 핑계로 관직에서 물러나 몇 년 동안 梁 땅에서 객거하였는데, 이때 「子虛賦」를 지었다. 梁孝王이 죽자 그도 고향에 돌아왔는데, 가난한데다 직업도 없었다. 마침 부자 卓王孫의 집에 갔다가 그 집 딸 과부 卓文君을 꾀어 함께 도망가 술집을 차려 생계를 영위하였다. 이 소문을 들은 卓王孫이 부끄럽게 여기고 거금을 주었다. 당시 蜀 사람 중 楊得意가 狗監에 있으면서 武帝를 모시고 있었는데, 한 번은 武帝가 「子虛賦」를 읽고 칭찬하며 작가와 함께하지 못함을 한탄할 때, 楊得意의 추천으로 武帝를 알현하게 되었다. 武帝 앞에서 다시 「上林賦」를 지어 中郎將에 올랐으며, 이후 孝文園令을 역임하였다. 그는 辭賦 작가로 이름이 높았는데, 작품으로는 전술한 두 賦 외에도 「大人賦」·「美人賦」·「長門賦」·「哀二世賦」 등이 明人의 輯本인 『司馬文園集』에 수록되어 전한다.

「금가(琴歌)」 2수[24)]

427. 거문고 노래 1

「琴歌」 其一

序 : 司馬相如遊臨邛,[25)] 富人卓王孫有女文君新寡, 竊於壁間窺之,

24) 琴曲歌辭에 속한다.
25) '臨邛'(임공) : 지명. 四川省 城都 남쪽에 위치.

相如鼓琴, 歌以挑之, 曰.

司馬相如가 臨邛 지방에 놀러 갔는데, 부자 卓王孫에게 얼마 전에 과부가 된 딸 文君이 있었으니, 그녀가 몰래 벽 틈으로 그를 훔쳐 보자, 司馬相如는 거문고를 타면서 다음과 같이 노래하며 유혹했으니, 그 노래는 다음과 같다.

鳳兮鳳兮歸故鄉,	봉새여 봉새여 고향으로 돌아왔네
遨遊四海求其凰.[26]	사해를 떠돌면서 황새를 찾았다네
時未通遇無所將,	시절이 맞지 않아 함께 할 짝이 없었는데
何悟今夕升斯堂.	어찌 알았으랴 오늘 밤 이 대청에 오를 줄을
有豔淑女在此方,	어여쁜 숙녀 이곳에 있는데
室邇人遐獨我腸.	방은 가까우나 사람은 멀어 내 마음 외롭게 하네
何緣交頸爲鴛鴦?	무슨 수로 목 서로 부비는 다정한 원앙이 될 수 있을지

해설 이 작품은 봉황새의 수컷을 의인화하여 그 짝을 유혹하는 노래다. 온 세상을 떠돌면서 짝을 찾아다녔지만 찾지 못했었는데 오늘 우연히 이 집에 들러 아름다운 아가씨를 만나게 되었다. 그러나 남들의 이목 때문에 사랑하는 마음을 전달할 방법이 없으니 어찌 하면 좋을까.

26) '遨遊'(오유) : 떠돌다. 돌아다니다.

428. 거문고 노래 2

「琴歌」 其二

皇兮皇兮從我棲,[27]	황새여 황새여 나를 따라와 깃드니
得託字尾永爲妃.[28]	그대에게 몸을 맡겨 교미하고 새끼 치며 영원한 짝이 되네
交情通體心和諧,[29]	정을 나누고 한 몸 되면 마음도 서로 잘 맞을 터
中夜相從知者誰?	한밤중에 당신 따라간다면 아는 이 그 누구랴
雙興俱起翻高飛,	짝을 이뤄 잠을 깨고 같이 일어나 높이 날면 되니
無感我心使予悲.	내 마음을 건드려 날 슬프게 하지는 마세요

해설 이 작품은 봉황새의 암컷을 의인화하여 남자의 유혹에 응대한 노래다. 봉새가 황새를 찾아와 둥지를 트니 새끼를 낳고 살면서 영원한 짝이 될 것이다. 서로의 마음 전기처럼 통하니 즐겁기 그지없는데, 한밤중에 남몰래 만나 멀리 도망가면 그 누가 알 수 있을까. 제발 마음만 건드려 놓고 떠나 나를 슬프게 하지 마시길.

오손공주(烏孫公主)

◇劉細君(대략 B.C.140~B.C.87년 사이 재세) : 漢 武帝의 형인 江都王 劉建과 그 첩 사이의 딸로서, 이름이 世君이다. 烏孫이란 漢나라의 서북 지역 新疆

27) '皇'(황) : '凰'자와 통한다. 봉황새의 암컷.
28) '得託'(득탁) : 만나서 몸을 의탁하다. '字'(자) : '孶'자와 통한다. 새끼를 번식하다. '尾'(미) : 동물의 교미.
29) '和諧'(화해) : 마음이 잘 맞는다는 뜻이다.

省 伊犁河 유역에 있던 유목 민족의 나라이다. 月氏國에게 쫓겨 匈奴로 도망갔다가 후에 임금 昆莫이 장성하여 匈奴의 도움을 받아 月氏國을 물리치고 옛 땅을 회복하였는데, 이에 漢나라가 烏孫國과 화친하여 匈奴의 세력을 끊고자 하였다. 그로 인해 혈맹 화친을 맺는 일환으로 劉細君이 昆莫에게 시집가게 되었다. 이때가 武帝 元封(B.C.110~B.C.105) 연간이었으며, 시집가서는 昆莫의 右夫人이 되어 별궁에 거처하며 실제 昆莫과는 자주 만나지 못했으며 게다가 언어도 통하지 않았다고 한다. 그러한 자신의 신세에 대한 슬픔과 고국에 대한 그리움을 서술한 시가 바로 이 시인데, 『前漢書』에도 수록되어 있다. 더욱 비참한 것은 昆莫이 늙자, 그녀를 후계자인 岑陬에게 개가하도록 명함에 그녀는 따르지 않고 우선 漢나라에 어떻게 할 것인지를 물었는데, 漢나라에서는 匈奴를 치기 위한 목적 때문에 烏孫國의 풍속을 따르게 했다고 한다. 그 후 개가하여 딸 하나를 낳고 돌림병으로 죽었다.

429. 가시

「歌詩」[30]

序 : 漢武元封中, 以江都王[31]女細君爲公主, 嫁與烏孫[32]昆彌.[33] 至國, 而自治室宮, 歲時一再會, 言語不通, 公主悲愁, 自作歌曰.

漢 武帝 元封 연간에 江都王의 딸 劉細君이 공주가 되어 烏孫의 昆彌에게 시집갔다. 그 나라에 이르러 스스로 궁실을 지어 살면서, 일 년

30) 雜歌謠辭에 속한다. 『樂府詩集』에는 제목이 「悲愁歌」로 되어 있다.

31) '江都王'(강도왕) : 漢 武帝의 형 劉建을 가리킨다. 劉細君은 그와 첩 사이에 난 딸이다.

32) '烏孫'(오손) : 漢나라 서북 지역인 지금의 新疆省 溫宿 이북, 伊寧 이남 지역에 있었던 유목민족의 나라. 당시 烏孫國은 月氏國에게 쫓겨 匈奴 지역으로 도망갔다가 나중에 匈奴의 도움을 받아 月氏國을 물리치고 옛 땅을 회복하였는데, 이때 漢나라가 烏孫國과 화친하여 匈奴의 남하를 막으려고 했으며, 그 화친책의 하나로 劉細君이 烏孫國의 왕에게 시집을 가게 되었던 것이다.

33) '昆彌'(곤미) : 烏孫國의 왕의 이름.

에 한두 번 昆彌와 만났으며, 언어도 소통되지 않아, 공주는 슬퍼하며 근심에 젖어 스스로 노래를 지어 다음과 같이 말했다.

吾家之嫁我兮天一方, 우리 집안에서 나를 하늘 한 쪽으로 시집보내어
遠託異國兮烏孫王. 멀리 이국땅 오손국 임금에게 맡겼지요
穹廬爲室兮氈爲牆,[34] 파오를 방으로 삼고 담요로 벽을 만들었으며
肉爲食兮酪爲漿.[35] 짐승 고기를 밥 삼아 먹고 양젖을 물처럼 마셨지요
常思漢土兮心內傷, 늘상 한나라 땅이 그리워 마음 아프며
願爲飛黃鵠兮還故鄕.[36] 황곡새처럼 날아 고향으로 돌아가고파요

해설 이 작품은 혈연관계를 맺어 화친하고자 했던 나라의 외교정책에 희생된 공주의 슬픈 신세를 토로한 노래다. 풍토도 다르고 의식주의 풍습도 다르고 심지어 언어도 통하지 않는 곳으로 덜렁 시집을 가게 된 공주의 심정은 어떠했겠는가. 시에 나타나 있지는 않지만 그녀는 昆彌가 늙자 그 후계자인 岑陬에게 개가하였으며, 나중에 돌림병으로 죽었다고 하니, 얼마나 비참한 일생이었던가.

「한나라 성제 때의 동요(漢成帝時童謠歌)」 2수

序 : 漢成帝趙皇后名飛燕, 寵幸冠於後宮, 常從帝出入. 時富平侯張放亦稱佞幸,[37] 爲期門[38]之遊, 故歌云'張公子時相見'也. 飛燕嬌妬,[39]

34) '穹廬'(궁려) : 파오. 유목민의 천막집. 몽골어로는 게르라고 한다. '氈'(전) : 毛氈. 양모 등을 가공해서 만든 것. 담요·자리 등으로 사용한다.
35) '酪'(락) : 양·말·소 등의 젖. '漿'(장) : 음료. 국.
36) '黃鵠'(황곡) : 전설상의 새. 한 번에 천 리를 난다고 한다.
37) '佞幸'(영행) : 아첨을 통해 임금의 총애를 받다.

成帝無子, 故云'啄王孫', '華而不實'. 王莽自云代漢者德土, 色尙黃, 故云'黃雀'. 飛燕竟以廢死, 故'爲人所憐'者也.

漢나라 成帝의 趙 황후는 이름이 飛燕으로, 후궁에서 가장 총애를 많이 받아 항상 임금님을 따라 궁궐을 드나들었다. 당시 富平侯 張放 역시 아첨을 통해 총애를 얻은 사람이라고 일컬어졌는데 궁전 문에서 약속하여 임금과 놀았기 때문에 노래에서 "張公子는 수시로 만난다네"라고 했다. 飛燕은 교만한데다 질투가 심했으며, 成帝는 아들이 없었기 때문에 "왕손을 쪼네", "꽃은 피었으나 열매를 맺지 못하네"라고 했다. 王莽은 스스로 漢나라를 대신하는 사람으로서 흙의 덕을 지니고 있으며, 황색을 숭상한다고 하였기 때문에 "노란 참새"라고 했다. 飛燕은 결국 폐위되어 죽었기 때문에 "남들이 불쌍히 여긴다네"라고 한 것이다.

430. 한나라 성제 때의 동요 1

「漢成帝時童謠歌」 其一

燕燕尾殿殿,[40]	제비야 제비야 네 꼬리 함초롬한데
張公子,	장공자는
時相見.	수시로 임금과 만나네
木門倉琅根,[41]	나무 대문에 청동 문고리

---

38) '期門'(기문): 漢나라 武帝 때 설치된 관직 이름. 황제의 호위를 맡았다. 武帝는 微行을 좋아했는데, 대부분 서북의 여섯 고을의 양반집 자제 중 말타기와 활쏘기에 능한 사람들과 궁전의 대문에서 만날 약속을 했기 때문에 이런 이름이 붙여졌다고 한다. 여기에서는 成帝가 微行할 때 자주 張放의 家人으로 변장하여 함께 다녔던 것을 말하고 있다.

39) '嬌妬'(교투): 여자의 교만하고 질투가 심한 성격.

40) '殿殿'(전전): 『考異』는 『漢書』에 수록된 작품에 따라 '涎涎'자로 고쳤는데, 여기에서도 이를 따랐다. 즉 광채가 흐르는 모양. 이 구에서 '燕'자를 거듭 쓴 것은 단순히 운을 살린 것일 수도 있고, 趙飛燕의 동생으로 함께 궁중에 들어와 총애를 받았던 趙合德을 함께 일컬은 것으로 볼 수도 있다.

燕飛來, 제비가 날아와
啄皇孫. 황손을 쪼다네

해설 이 작품은 漢나라 成帝 때의 민심을 반영한 노래다. 趙飛燕은 미모로서 임금의 총애를 받고, 張放은 아첨을 잘해 임금과 수시로 만난다. 趙飛燕의 집안은 본래 허름한 나무 대문의 가난한 집이었지만 총애를 받아 청동으로 만든 귀한 문고리를 달게 되었다. 趙飛燕은 질투가 심해 成帝가 다른 후궁들을 가까이 하지 못하도록 만드니 결국 아들이 없었다.

431. 한나라 성제 때의 동요 2

「漢成帝時童謠歌」 其二

桂樹華不實,[42] 계수나무는 꽃은 피었지만 열매를 맺지 못하는데
黃雀巢其顚.[43] 노란 참새가 그 위에서 둥지를 튼다네
昔爲人所羨, 옛날엔 남들의 부러움을 샀지만
今爲人所憐. 지금은 남들이 불쌍히 여긴다네

해설 이 작품은 漢나라 成帝 때의 민심을 반영한 노래다. 빨간 색을 숭상하던 漢나라의 임금에겐 아들이 없다. 노란 색을 숭상하던 외척 王莽이 漢나라를 차지하고자 한다. 趙飛燕은 한때 임금에게 총애

41) '木門'(목문) : 나무로 만든 대문. 가난한 집을 의미한다. '倉琅'(창랑) : 푸른 색을 뜻한다. '滄浪(푸른 물빛)'과 통한다. '根'(근) : 문고리를 뜻한다. '倉琅根'은 청동으로 된 대문 고리라는 뜻으로, 곧 부귀한 집을 상징한다. 이 구는 빈한한 집안 출신의 趙飛燕이 임금의 총애를 받아 귀한 신분이 되었음을 말하고 있다.
42) 계수나무가 빨간 색의 꽃은 피었지만 열매를 맺지 못했다는 것은 불을 덕으로 삼아 빨간 색을 숭상하던 漢나라 成帝에게 후사가 없음을 노래한 것이다.
43) '黃雀'(황작) : 노란 참새. 황색을 숭상했던 王莽을 의미한다.

를 받아 남들의 부러움의 대상이었지만 成帝가 죽자 민간에 내쫓겨 결국 자살하는 신세가 되었으니 오히려 동정의 대상이 된다. 『漢書』에 수록된 작품에는 앞에 "잘못된 길이 좋은 밭을 망치고, 참언이 선량한 사람을 모함에 빠트리네(邪徑敗良田, 讒口亂善人)"란 두 구가 더 있다.

「한나라 환제 때의 동요(漢桓帝時童謠歌)」 2수

432. 한나라 환제 때의 동요 1

「漢桓帝時童謠歌」 其一

大麥青青小麥枯,	보리 아직 푸르디푸르고 밀은 바짝 말랐는데
誰當穫者婦與姑,	베는 사람 그 누구던가 며느리와 시어머니
丈夫何在西擊胡.	장정들은 어디 있나 서쪽에서 오랑캐를 친다네
吏買馬,	이방은 말을 사들이고
君具車,[44]	태수는 수레를 마련하는데
請爲諸君鼓嚨胡.[45]	여러 나리들께 말을 하려다 입안에서만 우물거리고 마네

해설 이 작품은 後漢 桓帝 때의 민심을 반영한 노래다. 당시 漢나라는 내적으로 잦은 흉년과 정치의 혼란에 시달렸고, 외적으로 서북 지역 이민족들의 침입에 대항하여 전쟁이 십여 년이나 이어졌다.

---

44) 이상 두 구는 관리들이 전쟁터로 보낼 말과 수레를 마련한다는 뜻으로, 전쟁이 쉽게 끝나지 않을 것임을 암시하고 있다.

45) '鼓嚨胡'(고롱호) : 말을 입 밖으로 내지 못하고 우물거리는 모양을 나타낸다. '嚨胡'는 '喉嚨(목구멍)'과 같다. 이상 세 구는 관리들이 민간을 돌아다니며 전쟁물자 마련을 위해 수탈해가는 것에 대해 뭐라고 항의하고 싶지만 무서워서 입안에서만 우물거리고 마는 것을 노래하고 있다.

보릿고개에 양식은 떨어졌지만 보리는 아직 익을 생각도 안하고 있고, 밀은 가뭄으로 말라비틀어져 있다. 그래도 수확할 수밖에 없다면 그 일은 누가 하겠는가. 남자들은 다 전쟁터로 잡혀 가고 집안에 남은 여자들의 몫이다. 그 바쁜 와중에도 관리들이 빈번하게 마을로 쳐들어오듯 찾아와 군수물자를 마련한다는 구실로 돈이나 물건을 모조리 빼앗아 간다. 그것을 보고 항의라도 하고 싶지만 서슬 퍼런 관리들의 후환이 두려워 차마 말을 못 꺼낸다.

433. 한나라 환제 때의 동요 2

「漢桓帝時童謠歌」 其二

城上烏,	성위의 까마귀
尾畢逋.[46]	꼬리가 다 빠졌네
公爲吏,	아버지가 관리가 되니
兒爲徒.[47]	아들은 그를 따르는 무리가 되었네
一徒死,	한 무리가 죽자
百乘車.[48]	수레 백 대가 나타나네
車班班,[49]	수레는 덜커덩덜커덩
至河間.[50]	하간 땅으로 간다네

46) '逋'(포) : 빠지다. 이상 두 구는 백성들을 수탈하는 관리는 꽁지가 없는 까마귀처럼 좋은 결말이 없을 것이란 뜻이다. 일설에는 오랑캐를 치기 위해 아버지가 장수가 되고 그 아들이 뒤를 따르는 병졸이 된 것으로 보기도 한다.

47) 이상 두 구는 부자가 이어가며 벼슬한다는 뜻인데, 桓帝 때의 梁商과 그의 아들 梁冀를 가리킨다고 한다.

48) 이상 두 구는 환관들이 모의하여 梁冀를 죽이고 새로운 권력자로 부상한 것을 뜻한다. 일설에는 오랑캐를 토벌하던 한 무리가 죽자, 다시 백 대의 전차가 전쟁터로 간다는 뜻으로 보기도 한다.

49) '班班'(반반) : 수레가 굴러가는 소리를 나타내는 의성어.

50) '河間'(하간) : 漢나라 때의 제후국이 있던 곳. 지금의 河北省 河間縣 서남쪽에 있었

至河間,　　　　　하간 땅으로 가니
姹女能數錢.[51]　　미녀는 돈을 잘 세어
錢爲室,　　　　　돈으로 방을 만들고
金爲堂.　　　　　금으로 집을 짓네
戶上舂嘸粱,[52]　　대문가에서 메조를 찧는데
嘸粱之下有懸鼓,[53] 노란 대들보 아래에 북이 달려 있지만
我欲擊之丞相怒.　북을 치고 싶어도 승상이 화를 낼까 겁이 나네

해설 이 작품은 漢나라 桓帝와 靈帝 교체기의 민심을 반영한 노래다. 탐관오리들은 꽁지 빠진 까마귀처럼 결코 좋은 결말이 없을 것이다. 부자가 대를 이어가며 권세를 누리다가 새로운 환관 세력들에게 그 자리를 내준다. 桓帝가 죽자 지방의 제후였던 靈帝를 옹립하는데, 탐욕스런 태후는 집안을 온통 재물로 가득 채웠다. 민간에서는 살기 어려움과 억울함을 호소해보고자 하지만 관리들이 오히려 화를 내며 막는다.

다. 이상 두 구는 桓帝가 죽은 후 신하들이 河間王 劉宏을 임금[靈帝]으로 옹립한 것을 나타낸다.

51) '姹女'(차녀) : 아리따운 여자. 미인. 이하 세 구는 靈帝의 어머니 董太后의 재물에 대한 탐욕을 풍자한 것이다. 史書에 따르면 그녀는 정사에 간여하였으며, 매관매직으로 거둬들인 돈이 집에 가득하였다고 한다.

52) '嘸'(무) : 『考異』 등 다른 책에는 모두 '黃'자로 되어 있는데, 여기에서도 이를 따랐다. '黃粱'(황량) : 메조.

53) '嘸粱'(무량) : 『考異』는 '黃粱(노란 색 대들보)'으로 고쳤는데, 여기에서도 이를 따랐다. '懸鼓'(현고) : 억울함을 호소할 때 치는 신문고.

장형(張衡)

「네 가지 근심(四愁詩)」 4수

序[54]: 張衡不樂, 久處機密.[55] 陽嘉[56]中, 出爲河間相.[57] 時國王驕奢, 不遵法度, 又多豪右[58]幷兼[59]之家. 衡下車, 治威嚴, 能內察屬縣, 姦滑行巧劫, 皆密知名. 下吏收捕, 盡服擒, 諸豪俠遊客, 悉惶懼逃出境. 郡中大治, 爭訟息, 獄無繫囚. 時天下漸弊, 鬱鬱不得志, 爲四愁詩. 屈原以美人爲君子, 以珍寶爲仁義, 以水深雪雰爲小人. 思以道術[60]相報, 貽於時君,[61] 而懼讒邪不得以通. 其辭曰.

張衡이 즐겁지 않은 가운데 오랫동안 국가 기밀을 다루는 직책에 있었다. 陽嘉 연간에 외직으로 나가 河間王의 相國이 되었다. 당시 河間王은 교만하고 사치를 좋아했으며 법도를 준수하지 않았고, 또한 대부분 호족들이 백성들의 재산을 겸병하고 있었다. 나는 임지에 도착하여 정무를 엄격하게 처리하였으며, 군내에 소속된 현의 상황을 잘 살펴 간

54) 吳注에 의하면 본래는 서문이 병기되어 있지 않았는데, 『文選』에 수록된 서문을 보충했다고 했다.
55) '機密'(기밀): 기밀을 담당하는 기관. 여기에서는 조정을 가리킨다. 張衡은 東漢 安帝 때 太史令을 지냈으며, 順帝 때는 侍中에 올랐는데, 侍中의 관직은 비록 높진 않지만 궁정을 출입하며 늘 임금 주위에 있는 직책이다. 게다가 당시는 환관들이 전횡하던 시대로, 그들은 임금 곁을 떠나지 않고 호시탐탐 張衡을 주시하고 있었기 때문에, 임금에게 환관에 관하여 바른 말을 제대로 하지도 못했으며, 환관의 모함이 늘 걱정거리였다. 그래서 오랫동안 즐겁지 않았던 것이다.
56) '陽嘉'(양가): 順帝 劉保의 연호.
57) 이 구는 張衡이 河澗王 劉政의 相國이 되었던 일을 가리킨다.
58) '豪右'(호우): 호족. 秦漢 때 호족들은 궁성의 오른쪽에 살았고, 그 왼쪽에는 빈민들이 살았다고 한다.
59) '幷兼'(병겸): 겸병하다. 즉 부자들이 가난한 사람들의 재산을 겸병한 것을 가리킨다.
60) '道術'(도술): 나라를 다스리는 좋은 방법.
61) '時君'(시군): 당시의 군주. 즉 順帝를 가리킨다.

사하고 교활한 무리들이 백성들을 수탈하는 것은 모두 비밀리에 그 이름을 파악하였다. 관리들을 보내 체포하여 모두 구금시키도록 하니 많은 호족과 협객 및 유세객들이 모두 겁을 내면서 당황하여 외지로 도망쳤다. 군내 정치는 크게 안정이 되었으며 다툼과 소송도 그쳤으며, 감옥엔 갇혀 있는 죄수가 없게 되었다. 당시 세상이 점차 피폐해져 가니 답답한 마음에 뜻을 펼 수가 없어서 「四愁詩」를 지었다. 屈原은 미인을 군자에 비유하였고, 진귀한 보물을 仁義에 비유하였으며, 깊은 물과 흩날리는 눈은 소인에 비유하였다. 속으로 나라를 다스리는 좋은 방법을 생각하여 황은에 대한 보답으로 삼아 당시의 임금에게 드릴 생각이었으나, 참언과 사악한 소인배들 때문에 제대로 전달되지 못할까 걱정이 되었다. 가사는 다음과 같다.

434. 네 가지 근심 1

「四愁詩」 其一

一思曰,	첫째 그리움은 다음과 같다오
我所思兮在太山,[62]	내가 그리워하는 사람은 태산에 계시는데
欲往從之梁父艱,[63]	찾아가려해도 양보산이 험난하여
側身東望涕霑翰.[64]	비스듬히 동쪽을 바라보니 눈물이 옷깃을 적시누나
美人贈我金錯刀,[65]	미인이 나에게 황금칼을 주었는데

62) '太山'(태산) : 山東省 泰安縣 북쪽에 있는 泰山을 가리킨다. 여기에서는 임금을 의미한다.

63) '梁父'(량보) : 泰山 남쪽 아래의 작은 산. '梁甫'라고 하기도 한다. 여기에서는 소인배들을 의미한다. '艱'(간) : 험난하다. 어렵다.

64) '側身'(측신) : 몸을 옆으로 돌리다. '翰'(한) : 옷깃.

65) '金錯刀'(금착도) : 손잡이 부근에 황금으로 아로새기거나 도금한 칼.

何以報之英瓊瑤?[66] 나는 무엇으로 보답하나 아름다운 옥을 드리리라
路遠莫致倚逍遙,[67] 길이 멀어 보낼 수 없어 서성거리는데
何爲懷憂心煩勞?[68] 어이해 우울한 생각으로 마음은 번민에 빠지는지

해설 이 작품은 미인을 임금에게 비유하여 자신의 충정을 전하고 싶은 작가의 마음을 노래한 시다. 이 작품은 동쪽 멀리 泰山에 살고 계신 임금을 찾아가고 싶지만 그 주변에 간신배들이 득실대니 방법이 없다. 임금께서 귀한 선물을 보내주시어 그 보답으로 아름다운 옥을 드리고 싶지만 그 역시 전달할 방법이 없다. 그래서 배회하며 눈물을 흘리는데, 마음은 한없이 우울하고 번민에 젖게 된다. 이하 세 작품도 내용은 대동소이하다.

435. 네 가지 근심 2

「四愁詩」其二

二思曰, 둘째 그리움은 다음과 같다오
我所思兮在桂林,[69] 내가 그리워하는 사람은 계림에 계시는데
欲往從之湘水深,[70] 찾아가려해도 상강의 물이 너무 깊어
側身南望涕霑襟. 비스듬히 남쪽을 바라보니 눈물이 옷깃을 적시누나
美人贈我琴琅玕,[71] 미인이 나에게 금조각 박힌 옥돌을 주었는데

66) '英'(영): '瑛(옥돌)'자와 통한다. '瓊'·'瑤'와 함께 모두 아름다운 옥을 가리킨다.
67) '倚'(의): '猗'자와 통한다. 어조사. 현대한어의 '啊'와 비슷하게 쓰였다. 다음 세 작품의 용례도 마찬가지다.
68) '煩勞'(번로): 번민하다.
69) '桂林'(계림): 秦나라 때 설치된 郡 이름. 漢나라 때는 鬱林郡으로 고쳤는데, 지금의 廣西省 貴縣에 해당한다.
70) '湘水'(상수): 강 이름. 廣西省 興安縣 海陽山 서쪽 기슭에서 발원하여 동북으로 湖南으로 유입되어 瀟水와 합류하여 洞庭湖로 흘러들어간다.

何以報之雙玉盤? 나는 무엇으로 보답하나 한 쌍의 옥쟁반을 드리리라
路遠莫致倚惆悵, 길이 멀어 보낼 수 없어 슬픔에 젖는데
何爲懷憂心煩怏?[72] 어이해 우울한 생각으로 마음은 답답하고 괴로운지

해설 이 작품은 桂林에 있는 임을 그리워하는 마음을 노래한 시다. 찾아가려고 해도 강물이 너무 깊어 가기가 어렵다. 보내온 귀한 옥돌 선물에 한 쌍의 옥쟁반으로 답례하려고 해도 전할 방법이 없으니 마음은 괴롭고 답답하다.

436. 네 가지 근심 3

「四愁詩」其三

三思曰, 셋째 그리움은 다음과 같다오
我所思兮在漢陽,[73] 내가 그리워하는 사람은 한양에 계시는데
欲往從之隴阪長,[74] 찾아가려 해도 농산의 비탈길이 너무 길어
側身西望涕霑裳.[75] 비스듬히 서쪽을 바라보니 눈물이 바지를 적시누나

71) '琴'(금): 『考異』는 李善注 『文選』을 따라 '金'자로 고쳤는데, 여기에서도 이를 따랐다. '琅玕'(랑간): 옥과 비슷한 아름다운 돌로, 모양은 진주와 같다. '金琅玕'은 금조각을 상감해서 넣은 옥돌을 가리킨다.

72) '煩怏'(번앙): 걱정으로 즐겁지 않은 모양.

73) '漢陽'(한양): 郡 이름. 東漢 明帝 때 天水郡을 漢陽郡으로 고쳤는데, 지금의 甘肅省 甘谷縣 남쪽에 해당한다.

74) '隴'(롱): 陝西省 隴縣 서북쪽에 있는 산 이름. 陝西省과 甘肅省의 경계 지역까지 뻗어 있으며 산세가 매우 험준하다. '阪'(판): 산비탈.

75) '裳'(상): 치마나 바지 등 아랫도리옷.

美人贈我貂襜褕,[76] 미인이 나에게 긴 담비홑옷을 주었는데
何以報之明月珠? 나는 무엇으로 보답하나 명월주를 드리리라
路遠莫致倚踟躕,[77] 길이 멀어 보낼 수 없어 주저주저하는데
何爲懷憂心煩紆?[78] 어이해 우울한 생각으로 마음은 답답하고 혼란한지

해설 이 작품은 漢陽에 있는 임을 그리워하는 마음을 노래한 시다. 찾아가려고 해도 너무 높은 산이 가로막고 있어 어렵다. 보내온 담비홑옷에 명월주로 답례하려고 해도 전할 방법이 없으니 마음은 답답하고 혼란하다.

437. 네 가지 근심 4

「四愁詩」其四

四思曰, 넷째 그리움은 다음과 같다오
我所思兮在鴈門,[79] 내가 그리워하는 사람은 안문에 계시는데
欲往從之雪紛紛, 찾아가려 해도 눈이 펑펑 쏟아져
側身北望涕霑巾. 비스듬히 북쪽을 바라보니 눈물이 수건을 적시누나
美人贈我錦繡段,[80] 미인이 나에게 고운 비단을 주었는데
何以報之青玉案?[81] 나는 무엇으로 보답하나 청옥소반을 드리리라
路遠莫致倚增歎, 길이 멀어 보낼 수 없어 탄식만 더하는데

---

76) '貂'(초): 담비. 족제비과에 속한다. 모양은 족제비와 비슷하며, 털빛은 황갈색인데, 가죽이 귀하였다. '襜褕'(첨유): 옛날의 비교적 긴 홑옷으로 남녀가 같이 입었었다.
77) '踟躕'(지주): 망설이는 모양. 우물쭈물하는 모양.
78) '煩紆'(번우): 번민으로 마음이 혼란한 모양.
79) '鴈門'(안문): 郡 이름. 지금의 山西省 代縣 서북쪽에 해당한다.
80) '錦繡段'(금수단): 무늬가 아름답고 선명한 비단.
81) '青玉案'(청옥안): 청옥으로 만든 다리가 짧은 소반. 비싼 食器로 알려져 있다.

何爲懷憂心煩惋?[82] 어이해 우울한 생각으로 답답한 마음에 한숨만 나오는지

해설 이 작품은 雁門에 있는 임을 그리워하는 마음을 노래한 시다. 찾아가려고 해도 눈이 너무 많이 내려 어렵다. 고운 비단 선물에 청옥소반으로 답례하고자 하나 전할 길이 없어 한숨만 쉬고 있다.

진가(秦嘉)

「아내에게 주는 시(贈婦詩)」(四言)[83]

438. 아내에게 주는 시

「贈婦詩」

曖曖白日,[84] 어둑어둑 하얀 해는
引曜西傾. 빛을 서쪽으로 기울게 하고
啾啾鷄雀,[85] 구구 짹짹 닭과 참새는
群飛赴楹. 떼를 지어 기둥 주위로 난다
皎皎明月, 빛나는 밝은 달
煌煌列星.[86] 반짝이는 뭇별들

82) '煩惋'(번완): 답답하고 한탄스런 마음.
83) 秦嘉와 그의 아내 徐淑 사이에 주고받은 시는 제1권(31~34)에 수록되어 있는데 모두 오언시다.
84) '曖曖'(애애): 어둑어둑한 모양.
85) '啾啾'(추추): 새나 닭이 우는 소리.

嚴霜悽愴,	된서리는 쓸쓸하고
飛雪覆庭.	날리는 눈이 마당을 덮는다
寂寂獨居,[87]	적막하게 혼자 사는 집
寥寥空室.[88]	쓸쓸한 빈 방
飄飄帷帳,	하늘거리는 휘장
熒熒華燭.[89]	자그맣게 반짝이는 촛불
爾不是居,	당신이 여기에 살지도 않는데
帷帳焉施?	휘장은 왜 치며
爾不是照,	당신의 모습 비출 수도 없는데
華燭何爲?	촛불은 왜 밝히리

해설 이 작품은 아내와 떨어져 사는 남자의 쓸쓸한 심정을 노래한 시다. 벼슬로 인해 아내와 떨어진 채 임지에서 혼자 사는 사람에겐 보이는 모든 게 쓸쓸하리라. 적막한 풍경, 적막한 집, 쓸쓸한 방, 아내도 없는데 아름다운 휘장을 친들 무슨 소용이 있을 것이며, 아내의 모습을 볼 수도 없는데 촛불은 또 켜서 무엇하랴. 고대 시가 중에서 아내에 대한 진실한 사랑의 감정을 노래한 몇 수 안 되는 작품 중의 하나로 가치가 높다.

---

86) '煌煌'(황황) : 반짝이는 모양.
87) '寂寂'(적적) : 쓸쓸한 모양.
88) '寥寥'(료료) : 쓸쓸한 모양.
89) '熒熒'(형형) : 작은 불빛이 반짝이는 모양.

위(魏) 문제(文帝)

「악부 연가행(樂府燕歌行)」 2수[90]

439. 악부 '연가행' 1

「樂府燕歌行」 其一

秋風蕭瑟天氣涼, 가을바람은 소슬하고 날씨는 서늘하며
草木搖落露爲霜. 초목은 흔들리며 떨어지고 이슬은 서리로 변합니다
群燕辭歸雁南翔, 제비떼는 하직해 돌아가고 기러기는 남으로 빙빙 돌며 나는데
念吾客遊多思腸. 객지를 떠도는 당신 생각에 그리움이 사무칩니다
慊慊思歸戀故鄉,[91] 돌아오고 싶은 생각 간절하여 고향이 그리울 것 같은데도
君爲淹留寄他方.[92] 당신은 어찌 타향에 오래 머물고 계십니까
賤妾煢煢守空房,[93] 소첩은 외로이 텅 빈 방을 지키는데
憂來思君不可忘. 시름 속에 당신 생각 잠시도 지울 수 없습니다
不覺淚下霑衣裳, 눈물이 옷을 적시는 줄도 모른 채
援琴鳴弦發淸商,[94] 거문고를 끌어다 줄을 튕기며 청상악을 연주하는데

90) 이 작품은 樂府의 옛날 곡조를 따라 지은 것이 아니라 작가가 새로 지은 것이다. 이후 이 제목의 樂府는 모두 이 작품에서 나온 것이다. '燕'(연) : 지명. 이 작품은 燕 땅으로 종군한 임을 그리워하는 내용의 작품이라고 한다. 相和歌辭 平調曲에 속한다.
91) '慊慊'(겸겸) : 만족스럽지 못한 모양.
92) '淹留'(엄류) : 체류하다. 오래 머물다.
93) '煢煢'(경경) : 외로운 모양.
94) '淸商'(청상) : 옛날 악곡의 한 종류. 슬픈 곡조가 많다.

短歌微吟不能長. 짧은 노래 나직하게 불러보지만 길게 가지 못합니다
明月皎皎照我牀, 밝은 달은 휘영청 내 침대를 비추고
星漢西流夜未央.[95] 은하수가 서쪽으로 흐르는 시간 밤은 아직 끝나지 않았는데
牽牛織女遙相望, 견우직녀는 멀리서 서로를 바라보고 있으니
爾獨何幸限河梁?[96] 당신들은 유독 무슨 죄 때문에 은하수에 막혀 있나요

해설 이 작품은 멀리 떠난 남편을 그리워하는 여인의 심경을 노래한 시다. 만물이 쇠락하는 계절, 땅위의 짐승, 하늘의 새들도 제 보금자리를 찾아 떠나는데 어찌 당신만은 집으로 돌아올 생각도 없는지요. 쓸쓸한 방 안에서 이별의 노래 나직하게 불러보지만 북받친 슬픔 때문에 목이 메어 오래 부르지도 못합니다. 길어지는 밤은 아직 끝나지 않았는데 하늘 쳐다보니 은하수를 사이에 두고 견우성과 직녀성이 빛나고 있습니다. 저들은 또 무슨 이유로 나처럼 사랑하는 사람과 헤어져 사는지요.

440. 악부 '연가행' 2

「樂府燕歌行」其二

別日何易會日難, 이별의 시간은 어찌 이리 쉽게 오고 만날 날은 어려운지

---

95) '星漢'(성한) : 은하수.

96) '幸'(행) : 『考異』는 『文選』에 따라 '辜(허물. 죄)'자로 고쳤는데, 여기에서도 이를 따랐다. '河梁'(하량) : 은하수를 가리킨다.

山川悠遠路漫漫.[97] 산천은 아득히 멀고 길도 끝없이 긴데
鬱陶思君未敢言,[98] 당신을 향한 답답하고 근심스런 심정 감히 말하지 못하고
寄聲浮雲往不還. 뜬구름에 소리 실어 보냈지만 떠난 후 돌아오지 않습니다
涕零雨面毁容顔, 눈물은 비처럼 떨어지며 얼굴을 엉망으로 만드는데
誰能懷憂獨不歎. 뉘라서 근심스런 마음에도 혼자 탄식하지 않을 수 있을까요
展詩淸歌聊自寬, 시집 펼치고 맑은 노래 부르며 잠시나마 스스로 위안하려 하지만
樂往哀來摧肺肝. 즐거움은 가고 슬픔이 밀려와 내 속을 찢습니다
耿耿伏枕不能眠,[99] 불안한 마음으로 베개에 머리를 파묻지만 잠을 이루지 못하고
披衣出戶步東西,[100] 옷을 걸치고 문 밖으로 나가 이리저리 걸어다니며
仰看星月觀雲間. 별과 달을 쳐다보고 구름 사이를 바라봅니다
飛鶬晨鳴聲可憐,[101] 나는 꾀꼬리의 새벽 울음소리 사랑스럽지만
留連顧懷不能存.[102] 그리움을 못내 떨쳐버리지 못하니 삶의 의미가 없습니다

해설 이 작품은 먼 길 떠나 돌아오지 않는 임에 대한 그리움을 노래한 시다. 이별의 시간은 어이 그리도 빨리 닥치며 정작 만날 날

97) '漫漫'(만만) : 길이 먼 모양.
98) '鬱陶'(울도) : 답답하고 근심스런 모양.
99) '耿耿'(경경) : 마음이 편하지 않는 모양. 불안한 모양.
100) 左克明의 『古樂府』 권42에는 이 구 다음에 "슬픈 바람이 맑고 세차게 불어오니 가을 날씨가 춥고, 얇은 비단휘장 약하게 일렁이는데 서쪽 회랑을 지나며(悲風淸厲秋氣寒, 羅帷徐動經秦軒)"라는 두 구가 더 있다.
101) '鶬'(창) : 꾀꼬리. '鶬鶊'과 같다. '可憐'(가련) : 사랑스럽다.
102) '留連'(류련) : 미련을 버리지 못하는 모양. '顧懷'(고회) : 돌아보며 그리워하다.

은 왜 이리 더디게 오는지. 보고 싶은 마음 전할 길 없어 구름에 전해보지만 한 번 떠난 구름은 다시는 돌아오지 않는다. 북받친 슬픔에 눈물이 비오듯 하여 고운 얼굴을 엉망으로 만든다. 시집을 펼쳐 읽기도 하고 노래도 흥얼거려 보지만 도무지 슬픔은 내 곁을 떠날 줄을 모른다. 억지로라도 잠을 청해보지만 잠이 올 리도 만무하여 대문 밖으로 나가 몽유병 환자처럼 이리저리 쏘다니기도 한다. 아침이면 들리는 꾀꼬리 소리가 비록 사랑스럽지만 내 슬픈 신세와 비교되어 오히려 나를 더욱 슬프게 만든다.

조식(曹植)

「악부 '박명한 여인'(樂府妾薄命行)」 1수(六言)[103]

441. 악부 '박명한 여인'

「樂府妾薄命行」

日月旣是西藏,[104] 해가 흘러서 서산으로 숨어들자
更會蘭室洞房.[105] 다시금 규방으로 모인다네
花燈步障舒光,[106] 아름다운 등불이 장막을 밝게 비추니

103) 雜曲歌辭에 속한다. 『樂府詩集』에 두 수 수록되어 있는데, 이 작품은 그 중 두 번째 작품이다.

104) '月旣是'(월기시): 『考異』는 『藝文類聚』를 따라 '旣逝矣'로 고쳤는데, 여기에서도 이를 따랐다.

105) '蘭室'(란실): 난향 그윽한 방. 규방의 미칭. '洞房'(동방): 집안 깊숙한 곳에 위치한 방. 규방을 가리킨다.

皎若日出扶桑,[107]	해가 부상에 떠오를 때처럼 환한데
促樽合坐行觴.	모여 앉아 술병을 재촉하며 술잔을 주고받네
主人起舞娑盤,[108]	주인은 일어나 빙빙 돌며 춤을 추고
能者冗觸別端.[109]	재능있는 손님은 이별의 슬픔을 자주 건드리네
騰觚飛爵闌干,[110]	술잔을 들어 날리듯 어지럽게 주고받으며
同量等色齊顔.[111]	같은 양의 술을 마셔 똑같이 얼굴이 불그스레하네
任意交屬所歡,[112]	마음 내키는 대로 좋아하는 사람과 서로 어울리니
朱顔發外形蘭.	붉은 얼굴은 겉으로 난초꽃 같은 색을 띤다네
袖隨禮容極情,[113]	소매는 예의와 법도를 따라 마음 다 나타내고
妙舞仙仙體輕.[114]	절묘한 춤은 산들산들 몸놀림도 가볍네
裳解履遺絶纓,[115]	치마를 풀어 헤치고 신발은 벗어두고 갓끈도 끊어진 채
俛仰笑喧無呈.[116]	고개를 들었다 숙였다하며 웃고 떠드는 것이 제멋대로라네
覽持佳人玉顔,[117]	미인들의 옥 같은 얼굴을 응시하니

---

106) '步障'(보장) : 바람이나 먼지, 또는 시선을 가리기 위한 일종의 장막. '步鄣'과 같다. '舒光'(서광) : 빛이 밝게 비치는 것을 뜻한다.

107) '扶桑'(부상) : 고대 신화에 등장하는 신령스런 나무. 동해에 있으며 해가 떠오르는 곳이기도 하다.

108) '娑盤'(사반) : 빙빙 돌며 춤을 추는 모양.

109) '能者'(능자) : 손님 중에 재능이 있는 사람을 가리킨다. '冗'(용) : 자주. 많이. '別端'(별단) : 이별을 슬퍼하는 마음. 여기에서는 이별을 주제로 한 노래를 불러 슬픈 감정을 불러일으킨다는 뜻으로 쓰였다.

110) '騰觚'(등고) : 술잔을 들다. 술잔을 돌리다. '飛爵'(비작) : 술잔을 날리듯 주고받다. '闌干'(란간) : 종횡으로 어지러운 모양.

111) 이 구는 빈객들이 술을 마시는데, 마신 주량도 같고, 불그스레한 얼굴빛도 같다는 뜻이다.

112) '交屬'(교촉) : 서로 붙어 있는 것을 뜻한다. 또는 술을 권한다는 뜻으로 볼 수도 있다.

113) '禮容'(례용) : 예의와 법도.

114) '仙仙'(선선) : '躚躚'과 같다. 가볍게 춤추는 모양.

115) 이 구는 술에 취해 행동이 절제되지 않는 모습을 나타내고 있다.

116) '呈'(정) : 『考異』는 '程(규범)'자와 통한다고 보았다.

齊接金爵翠盤. 일제히 황금 술잔과 비취색 쟁반을 내어오는데
手形羅袖良難, 손은 비단 소매 속에 숨겨져 있어 잘 보기가 어렵고
腕弱不勝珠環, 팔은 약해서 진주팔찌조차 힘에 겨운 듯하니
坐者歎息舒顔. 앉은 손님들 탄식하며 얼굴을 펴네
御巾裛粉君傍,[118] 손수건을 찬 아가씨는 손님들 옆에서 향기를 전하는데
中有藿納都梁.[119] 그 중에는 곽납향과 도량향도 있으며
鷄舌五味雜香,[120] 계설향과 온갖 향기의 잡향이 섞여 있는데
進者何人齊姜,[121] 앞으로 나오는 사람이 누군가 하니 바로 제나라 강씨 여인이니
恩重愛深難忘. 은혜는 무겁고 사랑은 깊어 잊기가 어렵네
召延親好宴私,[122] 친한 친구 초대해 잔치를 여는데
但歌杯來何遲. 단지 노래하네 술잔 들게나 그리고 왜 이리 늦었느냐고
客賦旣醉言歸, 손님들이 이미 취했으니 돌아가겠다고 말하니
主人稱露未晞. 주인은 아직 밤이슬 마르지 않았다고 대답하네

해설 이 작품은 친한 친구들을 불러 기녀들과 함께 잔치를 여는 모습을 노래한 시다. 잔치자리의 흥겨운 분위기와 술이 취했을 때의 가눌 수 없는 즐거운 기분, 그리고 석별의 아쉬움 등이 잘 나타나 있다.

---

117) '覽持'(람지): 응시하다.
118) '御巾'(어건): 여인들의 수건. '裛粉'(읍분): 분 향기가 배다.
119) '藿納'(곽납)·'都梁'(도량): 모두 향의 종류.
120) '雞舌'(계설): 향 이름.
121) '齊姜'(제강): 미모와 미덕으로 유명한 齊나라 姜氏 여인. 여기에서는 미인이란 뜻으로 차용된 말이다.
122) '召延'(소연): 불러들이다. 초청하다. '親好'(친호): 친한 친구. '宴私'(사연): 주연을 베풀어 대접하다.

부현(傅玄)

「북조 악부를 모방하여(擬北樂府)」 3수[123)]

442. 가을을 지나며 '동도행'

「歷九秋篇 董逃行」(六言)[124)]

歷九秋兮三春,[125)]	삼추 가을 지나니 삼춘의 봄이 오고
遺貴客兮遠賓.[126)]	귀한 손님 맞았다가 다시 멀리 보낸다네
顧多君心所親,	생각해보니 당신은 마음 깊이 친한 사람 많은 것 같아
乃命妙妓才人,	이에 명령으로 재주 많은 기녀들을 부르니
炳若日月星晨.	밝기가 해와 달과 별과 같네

序金罍兮玉觴,[127)]	황금 항아리와 옥 술잔을 펼쳐 놓고
賓主遞起雁行.	손님과 주인 번갈아 일어나 차례대로 주고받네
杯若飛電絶光,	술잔은 전광석화처럼 빠르게 나는데

---

123) '北樂府'(북악부): 北朝의 樂府. 작가 傅玄이 西晉 때의 사람이기 때문에 北朝에 해당한다. 南朝 梁나라 사람 徐陵의 입장에서 붙인 명칭이다.

124) '九秋'(구추): 90일 간의 가을철. '歷九秋篇'(력구추편): 작가가 지은 제목. '董逃行'(동도행): 樂府의 옛날 제목. 崔豹의 『古今注』에 따라면 "後漢 때 놀던 아이들이 지은 것이다. 마침 董卓이 난을 일으켰다가 끝내는 도망가다 죽었다. 후인들이 이 곡을 익혀서 가사를 지었으며, 樂府에서 연주하여 경계로 삼았다(後漢游童所作也. 終有董卓作亂, 卒以逃亡. 後人習之爲歌章, 樂府奏之以爲儆誡焉)"라고 했다. 그러나 이 작품의 내용은 원래 작품과 관련이 없다. 相和歌辭 淸調曲에 속한다.

125) '三春'(삼춘): 봄 세 달.

126) '遺'(유): 『考異』는 뜻이 통하지 않는다고 하여 '邀(맞이하다)'자의 잘못이 아닌가 하였는데, 여기에서도 이를 따랐다.

127) '罍'(뢰): 술을 담는 용기의 하나. 항아리 모양이다. '觴'(상): 술잔.

交觴接卮結裳,[128] 주고받는 술잔들로 옷이 서로 붙어 있는 듯
慷慨歡笑萬方. 북받친 감정에 즐거운 웃음소리 사방으로 퍼지네

奏新詩兮夫君,[129] 새로운 시를 손님 앞에 읊으니
爛然虎變龍文. 호랑이 무늬가가 변하여 용 무늬 되듯 찬란하네
渾如天地未分, 천지가 혼연일체인 것처럼 구분도 안 되는데
齊謳楚舞紛紛, 제나라 민요와 초나라 춤이 자리에 어지러우며
歌聲上激青雲. 노랫소리는 위로 올라 푸른 하늘에 메아리치네

窮八音兮異倫,[130] 팔음이 지극하니 보통 음악과는 다르며
奇聲靡靡每新.[131] 신기한 소리 화려하게 매번 새롭다네
微笑素齒丹脣, 미소 지으니 하얀 치아와 붉은 입술 아름답고
逸響飛薄梁塵,[132] 울리는 노랫소리는 날아올라 먼지 낀 대들보에 이르니
精爽眇眇入神.[133] 정신은 아득하게 신의 경지에 들어가네

坐咸醉兮沾歡, 좌중의 손님들은 모두 취해 즐거움에 젖어
引樽促席臨軒. 술통 끌어다 들고 주인을 재촉하여 창가로 다가가네
進爵獻壽翻翻,[134] 술 따라 올리며 간절히 축수 드리며

---

128) '結裳'(결상) : 술을 주고받는 사람들의 옷이 서로 붙어 있는 듯 이어지는 것을 가리킨다.
129) '夫君'(부군) : 벗. 친구. 여기에서는 손님들을 가리킨다.
130) '八音'(팔음) : 여덟 가지 악기의 음. 즉 金[鐘]·石[磬]·絲[絃]·竹[管]·匏[笙]·土[壎]·革[鼓]·木[柷敔] 등의 악기의 소리. '異倫'(이륜) : 보통과 달리 특이하다.
131) '靡靡'(미미) : 화려한 모양. 아름다운 모양.
132) '逸響'(일향) : 약동하는 음악 소리. '薄'(박) : 이르다.
133) '精爽'(정상) : 정신. 영혼. '眇眇'(묘묘) : 아득한 모양.
134) '翻翻'(번번) : 본래 새가 날아오르는 모양인데, 여기에서는 술을 드리는 모양을 나타

千秋要君一言,	천추만세 변함없는 사랑의 말을 당신께 부탁하니
願愛不移若山.	사랑이 산처럼 꿈쩍하지 않았으면 하네
君恩愛兮不竭,	그대의 은혜와 사랑은 마르지 않는데
譬若朝日夕月.	비유하면 아침저녁으로 뜨는 해와 달
此景萬里不絶,	이러한 풍경은 수만 리 멀리서도 다름이 없는데
長保初醮結髮,[135]	신혼의 언약을 오래도록 지킨다면
何憂坐生胡越.[136]	어찌 무단히 남북의 사람처럼 멀어짐을 걱정하랴
攜弱手兮金環,	연약한 손 잡아주며 금팔찌 채워주고
上遊飛閣雲間.	구름 사이로 솟은 높은 누각에 올라 노니네
穆若鴛鳳雙鸞,	화목하기는 원앙과 봉황 그리고 한 쌍의 난새
還幸蘭房自安,[137]	돌아와 규방에서 사랑을 받으매 스스로 편안하게 생각되니
娛心極樂難原.[138]	기쁜 마음과 지극한 즐거움 끝이 없다네
樂旣極兮多懷,	기쁨이 다하고 나면 생각도 많아지고
盛時忽逝若頹.	한창 때가 어느덧 지나고 나면 쓰러지듯 늙는다네
寒暑革御景廻,[139]	추위와 더위는 교대로 햇빛을 몰고 돌아오며
春榮隨風飄摧,	봄날의 꽃은 바람에 날리어 꺾이니
感物動心增哀.	만물을 보고 느끼는 마음엔 슬픔만 더해지네

내는 말로 쓰였다.

135) '初醮'(초초) : 갓 결혼한 것을 뜻한다. '醮'는 본래 옛날 冠禮나 혼례 때 술로써 신에게 제사지내던 예를 말한다. '結髮'(결발) : 결혼을 뜻한다. 옛날에 결혼식 날 밤에 남자는 왼쪽, 여자는 오른쪽으로 각각 상투를 틀고 쪽을 찌던 것에서 유래한다.

136) '坐'(좌) : 까닭 없이. 무단히. '胡'(호) : 북방 이민족 (지역). '越'(월) : 남방 이민족 (지역).

137) '幸'(행) : 총애를 받다. 사랑을 받다. '自安'(자안) : 스스로 편안하게 여기다.

138) '難原'(난원) : 근원을 찾기 어렵다. 즉 끝이 없다는 뜻이다.

139) '革'(혁) : 바꾸다. '御'(어) : 부리다. 몰다. '景'(경) : 해 또는 달.

妾受命兮孤虛,	첩이란 박복한 운명을 받아 외롭고 공허하게 살며
男兒墮地稱姝.	남자는 땅에 떨어질 때부터 훌륭하다고 일컬어진다네
女弱難存若無,[140]	여자는 연약하여 있어도 없는 것 같으며
骨肉至親更疏,	골육을 나눈 가족과도 다시금 헤어져
奉事他人託軀.	다른 사람 받들어 섬기면서 제몸 의지한다네
君如影兮隨形,	당신은 그림자가 몸을 따르듯 하고
賤妾如水浮萍.	소첩은 물에 떠다니는 부평초 같다네
明月不能常盈,	밝은 달은 언제나 가득 찰 수 없으며
誰能無根保榮,	그 누가 뿌리 없이 오래 꽃을 피울 수 있을까
良時冉冉代征.[141]	좋은 시절 시나브로 흘러가고 있다네
顧繡領兮含輝,	돌아보니 수놓은 옷깃은 햇빛을 받아 빛나고
皎日廻光側微.[142]	밝은 해 석양빛은 희미하게 기운다네
朱華忽爾漸衰,	빨갛던 꽃도 어느새 점차 시들어버리고
影欲捨形高飛,	그림자도 몸을 버려두고 높이 날아가려고 하는데
誰言往恩可追.	그 누가 지난날의 은총을 추구할 수 있다고 하는지
薺與麥兮夏零,[143]	냉이와 보리는 여름이면 시들고
蘭桂踐霜逾馨.	난초와 계수나무는 서리가 내리면 향기 더욱 짙어지네
祿命懸天難明,[144]	운명은 하늘에 달려 있기에 분명치 않으며

140) '難'(난) : 『考異』는 『樂府詩集』에 따라 '雖(비록)'자로 고쳤다.
141) '冉冉'(염염) : 세월이 조금씩 흘러가는 모양.
142) '廻光'(회광) : 서쪽으로 기운 해가 반대편을 비추는 것을 가리킨다. '側微'(측미) : (지는 해의 빛이) 비스듬히 약하게 비치는 것을 뜻한다.
143) '薺'(제) : 냉이.

委心結意丹青,[145] 소첩의 마음은 붉고 푸른 단청처럼 결심이 굳으니
何憂君心中傾. 어찌 당신의 마음이 중도에 다른 데로 기우는 걸 걱정하랴

해설 이 작품은 여인의 박복한 운명을 노래한 시다. 작가 傅玄은 여성의 운명에 대해 비교적 관심이 많았으며 아울러 동정적이었던 시인이었다. 이 작품은 제2권의 「苦相篇 豫章行」(65)과 내용이 유사하다. 남편의 친구들을 초대하고 기녀들을 불러 잔치를 열어준다. 잔치의 성대하고 즐거운 모습을 마치 관찰하듯 묘사한 후, 후반부에서는 잔치에서 돌아온 남편을 대하면서 느끼는 술회를 노래하고 있다. 특히 태어나는 순간부터 남자와는 다른 박명한 여자의 운명을 비교적 자세하게 묘사하고 있다.

443. 수레는 흔들흔들

「車遙遙篇」[146]

車遙遙兮馬洋洋,[147] 수레는 흔들흔들 말들도 멀리 가는데
追思君兮不可忘. 당신에 대한 그리움을 잊을 수가 없어요
君安遊兮西入秦, 당신은 평안히 여행하며 서쪽 진나라에 들어가셨는데
願爲影兮隨君身. 저도 그림자 되어 당신 몸을 따라가고 싶어요
君在陰兮影不見, 당신이 그늘에 계시면 그림자는 보이지 않으니
君依光兮妾所願. 당신이 빛에 나타나는 것이 소첩의 소원이에요

144) '祿命'(록명): 운명.
145) '委'(위): 어떤 책에는 '妾'자로 되어 있는데, 여기에서도 이를 따랐다.
146) '遙遙'(요요): 수레가 흔들거리며 가는 모양. 雜曲歌辭에 속한다.
147) '洋洋'(양양): 멀리 가는 모양.

해설 이 작품은 멀리 떠나는 임에 대한 그리움을 노래한 시다. 말이 끄는 수레를 타고 떠나는 임의 뒷모습을 보며 따라가고 싶은 간절한 마음을 노래했다. 임의 그림자가 되어 빛이 있는 곳이면 언제나 붙어다니고 싶은데, 혹 그늘로 들어가면 자신의 모습이 사라지니까 싫다고 했다.

444. 연나라 아가씨 아름답고

「燕人美篇」

燕人美兮趙女佳, 연나라 아가씨는 아름답고 조나라 여인은 빼어난데
其室則邇兮限層崖.[148] 그녀의 집은 가깝지만 높은 절벽이 가로막고 있다네
雲爲車兮風爲馬, 구름을 수레 삼고 바람을 말로 삼는데
玉在山兮蘭在野.[149] 옥은 산에 있고 난초는 들판에 있으며
雲無期兮風有止, 구름은 온다는 기약도 없고 바람도 불지 않으니
思心多端兮誰能理? 그리운 이 마음 수만 갈래 그 누가 위로할 수 있을까

해설 이 작품은 사모하지만 만날 수 없는 미인을 그리워하는 남자의 심경을 노래한 시다. 미인향으로 유명한 燕나라와 趙나라의 여인처럼 아름다운 그녀는 멀지 않은 주위에 살고 있다. 그러나 신분이나 기타의 이유로 인해 만남이 어렵다. 바람이 모는 구름을 타면 만날 수 있을 것 같은데, 그런 역할을 해줄 사람이 없으니 마음엔 수만 갈래 근

148) '層崖'(층애) : 까마득히 높은 절벽.
149) 이상 두 구는 옥 같이 아름답고 난초처럼 향기로운 미인을 찾아가기 위해 바람이 모는 구름수레를 타고 찾아가려고 한다는 뜻이다.

심이 피어오른다. 누가 이 근심을 위로해 줄 수 있을까.

「'네 가지 근심'을 본뜬 시(擬四愁詩)」 4수

序 : 昔張平子作四愁詩,150) 體小而俗, 七言類也. 聊擬而作之, 名曰擬四愁詩. 其辭曰.

옛날 張衡이 「四愁詩」를 지었는데, 체제는 작고 세속적이며 칠언체에 속했다. 잠시 모방해서 지어 제목을 「擬四愁詩」라고 했으니 그 가사는 다음과 같다.

445. '네 가지 근심'을 본뜬 시 1

「擬四愁詩」 其一

我所思兮在瀛洲,151) 내 그리워하는 사람 영주에 계시는데
願爲雙鵠戲中流. 한 쌍의 고니가 되어 강 가운데서 놀고 싶다네
牽牛織女期在秋, 견우와 직녀는 가을에 만나기로 했는데
山高水深路無由, 산 높고 물 깊어 갈 길이 없으니
愍余不遘嬰殷憂.152) 불쌍한 이내 신세 만나지 못하고 큰 걱정만 쌓이네
佳人貽我明月珠, 미인은 내게 명월주를 주었는데

150) 제9권 張衡(平子는 그의 字)의 「四愁詩」 4수(434~437)를 가리킨다.
151) '瀛洲'(영주) : 신선이 사는 산. 전설에 의하면 秦始皇 때 이곳을 포함하여 蓬萊·方丈 등 三神山이 渤海 가운데 있었다고 한다.
152) '愍'(민) : 슬퍼하다. 근심하다. '遘'(구) : 만나다. '嬰'(영) : 걸리다. 빠지다. '殷憂'(은우) : 큰 걱정.

何以要之比目魚,[153] 무엇으로 보답하나 비목어가 있다네
海廣無舟悵勞劬,[154] 바다는 넓은데 배가 없어 괴로운 심정 슬퍼하며
寄言飛龍天馬駒.[155] 비룡과 천마에 이내 말씀 부친다네
風起雲披飛龍逝, 바람이 불어 구름이 흩어지고 비룡도 사라지며
驚波滔天馬不儷, 놀란 파도가 하늘에까지 출렁이니 천마는 짝을 잃었는데
何爲多念心憂世. 어찌해 많은 사념으로 마음은 세상을 걱정하는가

해설 이 작품은 사모하는 미인에게 갈 수 없는 슬프고 괴로운 심정을 노래한 시다. 그러나 실재로는 미인을 임금에 비유한 것으로, 임금을 그리워하는 신하의 충정을 노래하고 있다. 이하 네 수가 모두 내용이 대동소이하다. 사랑하는 사람이 바다 가운데 신령스런 섬에 살고 있는데 나도 날아가서 그녀와 함께 한 쌍의 백조처럼 사이좋게 놀고 싶다. 그러나 견우직녀가 은하수를 사이에 두고 마음대로 만날 수 없듯이 나와 그녀 사이에도 험한 산천이 가로막고 있다. 마음속의 그녀를 만나지 못하니 괴로움만 쌓이고 그런 내 신세가 불쌍하다. 마침 그녀가 내게 명월주를 선물했는데 나는 비목어로 보답하고자 한다. 그러나 바다가 넓어 부칠 방법이 없어 비룡과 천마에게 부탁하려고 하는데 마침 시샘하듯 바람이 불어 구름이 흩어지니 비룡도 천마도 모두 사라지고 만다. 왜 이렇게 생각도 많으며 세상이 걱정스러운지.

153) '要之'(요지) : 임과 사랑을 약속[맹세]하다.
154) '勞劬'(로구) : 노고. 고생.
155) '天馬駒'(천마구) : 하늘에서 내려온 명마.

446. '네 가지 근심'을 본뜬 시 2

「擬四愁詩」 其二

我所思兮在珠崖,[156] 내 그리워하는 사람 주애 땅에 계시는데
願爲比翼浮淸池. 한 쌍의 비익조가 되어 맑은 연못에서 헤엄치고 싶다네
剛柔合德配二儀, 강하고 부드러운 우리 두 성격 합하면 하늘과 땅 같은데
形影一絶長別離, 몸과 그림자가 한번 떨어지니 긴 이별이 되어
愍余不遘情如攜.[157] 불쌍한 이내 신세 만나지 못하여 마음도 떨어진 듯하네
佳人貽我蘭蕙草, 미인은 내게 난초와 혜초를 주었는데
何以要之同心鳥,[158] 무엇으로 보답하나 동심조가 있다네
火熱水深憂盈抱, 불은 뜨겁고 물은 깊어 걱정이 가슴에 가득하니
申以琬琰夜光寶.[159] 미옥과 밤 밝히는 보석으로 이내 마음 전한다네
卞和旣沒玉不察,[160] 초나라 변화가 이미 죽었으니 옥도 알아보지 못할 것이며
存若流光忽電滅, 흐르는 빛 같은 존재는 홀연히 번개처럼 사라질

---

156) '珠崖'(주애) : 지명. 지금의 海南省 瓊山縣 동남쪽에 해당한다. 漢 武帝 元鼎 6년에 越 지방을 평정하고 南海 · 蒼梧 · 鬱林 · 合浦 · 交趾 · 九眞 · 日南 · 儋耳 등과 함께 설치되었던 郡의 하나.

157) '攜'(휴) : 떨어지다. 분리되다.

158) '同心鳥'(동심조) : 전설상의 상스러운 새. 주로 比目魚와 함께 남녀 간의 굳건한 애정을 상징하는 말로 쓰인다.

159) '申'(신) : 전하다. 표하다. '琬'(완) · '琰'(염) : 모두 아름다운 옥의 일종.

160) '卞和'(변화) : 인명. 『韓非子』「和氏」에 의하면, 楚나라 厲王 때 卞和가 산에서 주운 璞玉을 임금에게 헌상했는데, 옥인이 감정하여 가치가 없는 것이라고 해서 발을 잘리는 형을 받았다. 그 후 다음 임금 武王이 즉위했을 때 다시 헌상하자 또 속인다고 해서 발을 잘리는 형을 받았으며, 文王 때 다시 헌상하여 비로소 뛰어난 보석으로 알려지게 되었다고 한다. '和氏之璧'이라고 하여 '隨侯之珠'와 함께 고대 중국의 주요 보물로 인식되었다.

것인데

何爲多念獨蘊結.[161] 어찌해 많은 사념으로 혼자 가슴 답답해하는가

해설 이 작품에서 미인은 남방 바닷가에 있다. 그곳에 가서 그녀와 함께 비익조처럼 사이좋게 지내고 싶은데 한번 이별에 영원한 이별이 되고 말았다. 그녀가 난초와 혜초를 보내왔는데 보답으로 나는 동심조를 보내고자 한다. 그러나 뜨거운 불과 깊은 물이 가로막고 있기 때문에 보낼 방법이 없다. 어떻게 내 마음을 전할까. 진귀한 옥과 보석으로 전하고자 하나 그것조차도 어느 순간 번개처럼 순식간에 사라지고 말 존재라고 생각하니 온갖 사념들로 가슴이 답답해진다.

447. '네 가지 근심'을 본뜬 시 3

「擬四愁詩」 其三

我所思兮在崑山,[162] 내 그리워하는 사람 곤륜산에 계시는데
願爲鹿麞窺虞淵.[163] 사슴 등의 이가 되어 오연을 엿보고 싶다네
日月迴曜照景天,[164] 해와 달의 지는 빛이 하늘을 밝게 비추는데
參辰曠隔會無緣,[165] 삼성과 신성은 멀리 떨어져 만날 길 없으니

---

161) '蘊結'(온결) : 걱정으로 인해 가슴이 답답함을 뜻한다.

162) '崑山'(곤산) : 西王母가 살았다고 하는 전설상의 산. 崑崙山.

163) '麞'(거) : 사슴에 기생하는 이. 뜻이 통하지 않는다. 아마도 글자가 잘못되었을 것으로 보인다. 생각건대 이 구의 내용을 암수 한 쌍의 사슴이 다정하게 해가 지는 곳을 구경한다고 할 때, 혹시 '麀麌(암사슴과 숫사슴)'의 잘못이 아닐까 한다. '虞淵'(우연) : 전설상의 서쪽에 해가 지는 곳을 가리킨다.

164) '照景'(조경) : 『考異』는 '景照'의 잘못이라고 했다.

165) '參辰'(삼진) : 모두 별자리 이름으로, 각각 參星과 辰星[商星]을 가리킨다. 이 두 별자리는 각각 시각을 달리해 서쪽과 동쪽에 출몰하여 서로 함께 하늘에 나타날 경우가 없다고 한다. 그래서 사랑하는 사람이 멀리 떨어져 있는 것에 비유된다. 제1권 徐幹의 「室思」 6수 중 제5수(41)에도 보인다.

愍余不遘罹百艱.[166] 불쌍한 이내 신세 만나지 못하여 온갖 고통당하네
佳人贈我蘇合香,[167] 미인은 내게 소합향을 주었는데
何以要之翠鴛鴦. 무엇으로 보답하나 비취색 원앙이 있다네
縣度弱水川無梁,[168] 현도산과 약수강엔 다리가 없으니
申以錦衣文繡裳. 비단옷에 수놓인 치마로써 이내 마음 전한다네
三光騁邁景不留,[169] 해와 달과 별들은 달리듯 흐르며 빛을 남기지 않으며
鮮矣民生忽如浮,[170] 짧은 인간의 삶은 덧없기가 뜬구름 같은데
何爲多念祇自愁.[171] 어찌해 많은 사념으로 단지 혼자서 근심하고 있는가

해설 이 작품에서 미인은 서방의 崑崙山에 있다. 한 쌍의 다정한 사슴이 되어 전설에서 말하는 해지는 연못을 엿보고 싶다. 咸池로 들기 전의 해와 달의 빛이 하늘을 비추는데 우리는 마치 삼성과 진성처럼 같은 하늘에 뜰 수 없는 신세처럼 멀리 떨어져 있다. 미인의 선물인 소합향에 비취색 원앙을 주고자 하지만 계곡과 강에는 다리가 없으니 전할 길이 없다. 세월은 달리는 말처럼 빠르게 지나가며 나를 위해 멈춰 주지 않으니 온갖 사념으로 혼자 근심에 빠져 든다.

---

166) '罹'(리) : (병 등에) 걸리다. '百艱'(백간) : 온갖 고통. 온갖 괴로움.
167) '蘇合香'(소합향) : 페르시아가 원산인 낙엽교목인 소합향나무에서 추출해낸 수지를 가지고 만든 향료.
168) '縣度'(현도) : 산 이름. 『漢書』「西域傳」에 의하면, 烏秅(타)國 서쪽에 縣度山이 있는데, 陽關과는 5,800리 떨어져 있고, 都護府로부터는 5,200리 떨어져 있다고 한다. 縣度山은 바위산으로 계곡에 의해 길이 끊어져 있는데 밧줄로 서로 끌어서 건넜다고 한다. '弱水'(약수) : 강 이름. 『山海經』에 의하면, 崑崙山 봉우리 아래 弱水라는 강이 산을 돌아 흐른다고 하는데, 郭璞이 그 물은 새털도 흐르게 할 수 없을 정도라고 설명했다.
169) '騁邁'(빙매) : 말이 달리듯 빨리 가다.
170) '鮮'(선) : 짧다.
171) '祇'(기) : 다만.

448. '네 가지 근심'을 본뜬 시 4

「擬四愁詩」 其四

我所思兮在朔方,[172] 내 그리운 사람 북방에 계시는데
願爲飛雁俱南翔. 나는 기러기 되어 함께 남으로 날고 싶다네
煥乎人道著三光,[173] 환하다네 사람 세상 해와 달과 별이 비추는데
胡越殊心生異鄕, 남북의 이민족은 마음도 다르고 날 때부터 다른 지역이니
愍余不遘罹百殃. 불쌍한 이내 신세 만나지 못하여 온갖 재앙을 당한다네
佳人貽我羽葆纓,[174] 미인은 내게 깃털술을 주었는데
何以要之影與形. 무엇으로 보답하나 그림자와 몸이 있다네
增冰憂結繁華零, 두꺼운 얼음 얼어 가슴에 걱정 맺히고 무성한 꽃도 떨어지니
申以日月指明星. 해와 달을 보고 밝은 별을 가리키며 이내 마음 펼친다네
星辰有翳日月移, 별들은 어두워지고 해와 달은 이동하니
駑馬哀鳴慚不馳, 놀란 말은 애달피 울며 슬퍼하며 나아가지 못하는데
何爲多念徒自虧?[175] 어찌해 많은 사념으로 부질없이 혼자 쇠약해져 가는가

해설 이 작품에서 미인은 북방에 있다. 한 쌍의 기러기가 되어 함께 남쪽으로 날아오고 싶은데 임과 나는 마치 다른 지역에서 태어

---

172) '朔方'(삭방) : 북방. 고유명사가 아니다.
173) '人道'(인도) : 사람의 도리. 또는 인간세상. '三光'(삼광) : 해 · 달 · 별을 가리킨다.
174) '羽葆'(우보) : 옛날의 의장의 하나로, 깃털을 모아 자루 끝에 덮개처럼 만든 것을 가리킨다. '纓'(영) : 술. 깃털이나 실 등으로 만든 곡식 이삭 모양의 장식.
175) '虧'(휴) : 이지러지다. 손상되다. 쇠약해지다.

나 생각조차 다른 각각 남북의 이민족 같으니 만날 수가 없다. 미인은 깃털로 장식된 꽃술을 주니 나는 임의 그림자처럼 붙어다니는 사랑으로 보답하려고 한다. 그러나 그럭저럭 벌써 얼음이 두껍게 어는 겨울이 오고 무성한 꽃도 다 떨어져 없어지니 내 마음엔 걱정이 가득 응어리진다. 해와 달과 별을 가리키며 사랑을 맹세하였건만 별들도 빛을 잃고 해와 달도 자리를 바꾸니 맹세가 실없게 되며, 놀란 말도 구슬피 울며 나아가지 않으니 온갖 사념으로 부질없이 혼자만 몸이 늙어간다.

소백옥(蘇伯玉) 처(妻)

◇蘇伯玉妻 : 西晉 때 사람으로, 이름과 생평 등이 밝혀져 있지 않다. 남편 蘇伯玉이 사신으로 蜀 땅에 갔다가 오래도록 돌아오지 않아 이 시를 썼다고 한다.

「쟁반 안에 쓴 시(盤中詩)」 1수[176]

449. 쟁반 안에 쓴 시

「盤中詩」

山樹高,　　　산에 나무는 높은데

176) 『考異』에서는 이 작품에 대해 다음과 같이 밝히고 있다. 『滄浪詩話』에는 「盤中詩」를 하나의 시체로 열거하고, 『玉臺新詠』에 수록되어 있는데 蘇伯玉의 처가 지은 것으로 쟁반 안의 굴곡을 따라 써서 시를 이룬 것이라고 주석을 달았다. 宋刻本에 작가의

鳥鳴悲.　　새는 슬피 울며
泉水深,　　샘은 물이 깊은데
鯉魚肥.　　잉어는 살쪄 있으며
空倉雀,　　푸른 하늘의 참새
常苦飢.　　배고파서 늘 괴롭다네
吏人婦,　　벼슬하는 사람의 부인
會夫稀.　　남편 보기 어려워
出門望,　　밖으로 나가 기다릴 제
見白衣.　　하얀 옷이 보이길래
謂當是,　　당연히 그인 줄 알았다가
而更非.　　다시 보니 아니라네
還入門,　　대문 안으로 들어서니
中心悲.　　가슴속이 슬퍼
北上堂,　　북쪽 대청에 올랐다가
西入階.　　서쪽 계단으로 들어선다네
急機絞,[177]　　급히 도는 베틀에
杼聲催.　　북의 소리 빠른데
長歎息,　　길게 한숨 내뿜지만
當語誰?　　누구에게 하소연해야 할지
君有行,　　당신은 길 떠나시고
妾念之.　　소첩은 당신을 그린다네
出有日,　　나가신 날은 있지만
還無期.　　돌아올 날 기약이 없어
結中帶,[178]　　속옷끈 질끈 매고

이름이 빠져 있는 것이나, 馮氏의 교정본에 傅玄의 작품이라고 한 것은 잘못된 것이라고 했다. 우리 말 번역은 3자구의 운을 3음보로 살려보려고 노력했다.

177) '絞'(교) : 실이 꼬이다. 이 구는 베틀 돌아가는 소리가 빠름을 나타낸다.

長相思.	오래도록 당신을 생각하네
君忘妾,	당신이 소첩을 잊는다면
天知之.	하늘이 사실을 알고
妾忘君,	소첩이 당신을 잊는다면
罪當治.	벌받아야 마땅한 죄
妾有行,179)	소첩의 올바른 품행은
宜知之.	당신께서 아셔야 한다네
黃者金,	노란 것은 금이고
白者玉.	하얀 것은 옥이며
高者山,	높은 것은 산이고
下者谷.180)	아래 있는 것은 계곡
姓爲蘇,	당신 성은 소씨요
字伯玉.	자는 백옥이라 하는데
作人才多智謀足,181)	사람됨이 지혜롭고 슬기가 넘쳐
家居長安身在蜀,	집은 장안인데 몸은 촉에 있으면서
何惜馬蹄歸不數.	어찌 말발굽 아까워하면서 자주 집에 오시지 않는지
羊肉千斤酒百斛,182)	양고기 천 근에 천 말의 술 마시면서
令君馬肥麥與粟.	말은 밀과 좁쌀 먹여서 피둥피둥 살쪄 있는데도
今時人,	지금 시대 사람들은
智不足.	지혜가 많지 않아

178) '中帶'(중대): 고대 여성들의 속옷끈을 말한다. 枚乘의 「雜詩」 9수 중 제2수 「東城高且長」(16)에도 나온다.

179) '行'(행): 덕행. 올바른 품행.

180) 이상 네 구는 사물의 시비가 명명백백하듯 자신의 올바른 품행도 너무나 명백하다는 뜻이다.

181) '作人'(작인): 사람됨을 뜻한다.

182) '斛'(곡): 열 말의 용량. 이하 두 구의 의미에 대해 아내의 시점에서 남편이 돌아오면 그렇게 해드리겠다는 뜻으로 보는 사람도 있다.

與其書, 이 편지를 주어도
不能讀. 읽을 수가 없다네
當從中央周四角.[183] 중앙에서부터 네 모퉁이로 돌아가며 읽어야 한다네

해설 이 작품은 사신으로 蜀 땅으로 간 후 돌아오지 않는 남편에 대한 그리움을 노래한 시다. 長安에서는 당신이 그리워 애가 타는데도 당신은 분명 쾌락 속에 지내면서 소첩을 잊고 집을 잊고 잘 지낼 것이다. 제발 이 편지 읽고 어서 빨리 집으로 돌아오시길.

장재(張載)

◇張載(대략 289년 전후 재세) : 자가 孟陽이며, 安平(지금의 河北省 安平縣) 사람이다. 동생 張協·張亢과 함께 문명이 높았으며 '三張'으로 일컬어졌다. 성격은 조용하고 아취가 있었으며, 박학한데다 문장 또한 뛰어났다. 傅玄은 그의 「濛汜賦」를 보고 수레를 보내 맞아 종일 이야기하며 칭찬을 아끼지 않았다. 아버지 張收가 蜀郡太守로 있던 太康 초에 蜀 땅으로 아버지를 뵈러 가는 길에 劍閣을 지나다가 글을 새겼는데, 益州刺史 張敏이 그의 글을 임금에게 올리니, 武帝가 관리를 보내 劍閣山에 새기도록 했다. 관직은 著作郎으로부터 太子中舍人·弘農太守·長沙王記室·中書侍郎 등을 역임했다. 세상이 혼란해지자 병을 핑계로 관직에서 물러나 살았다. 저서로는 문집 7권이 있었다고 하는데, 지금은 明人의 輯本인 『張孟陽集』이 남아 있다.

183) 이 작품은 일종의 回文詩라고 한다. 그래서 쟁반 가운데서 시작해 나선형으로 돌면서 바깥으로 읽어나가야 한다는 뜻이다.

「'네 가지 근심'을 본뜬 시(擬四愁詩)」 4수

450. '네 가지 근심'을 본뜬 시 1

「擬四愁詩」 其一

我所思兮在南巢,[184] 내 그리워하는 사람 남소에 계시는데
欲往從之巫山高.[185] 찾아가고 싶어도 무산이 너무 높네
登崖遠望涕泗交, 절벽에 올라 멀리 바라보니 눈물 콧물이 마구 흐르며
我之懷矣心傷勞. 내 가슴엔 슬픔과 괴로움이 가득하네
佳人遺我筒中布,[186] 미인은 나에게 통 안의 고운 삼베를 주었는데
何以贈之流黃素.[187] 나는 무엇을 드릴까 갈색 비단과 흰 비단을 드리리라
願因飄風超遠路,[188] 회오리바람 타고 먼 길 넘어가고 싶지만
終然莫致增想慕. 끝내 이루지 못하니 그리움만 커져가네

해설 이 작품은 원작과 마찬가지로 보고 싶은 미인을 만날 수 없는 슬픔을 노래한 시다. 역시 실재 주제는 임금에 대한 신하의 충정이라고 볼 수 있다. 이하 세 작품의 내용 또한 모두 대동소이하다. 이

184) '南巢'(남소) : 지명. 지금의 安徽省 巢縣 서남쪽에 해당한다. 또는 남방의 옛 나라 이름. 楚辭 「遠遊」 중에 "남풍을 따라 멀리 나가서, 南巢에 이르러 잠시 쉰다네(順凱風以從遊兮, 至南巢而壹息)"라고 했다.

185) '巫山'(무산) : 四川省과 湖北省의 변경에 위치한 산 이름으로, 산세가 높고 험준한데 長江이 그 가운데를 뚫고 지나면서 유명한 巫峽을 형성하였다.

186) '筒中布'(통중포) : 올이 가는 매우 귀한 삼베의 일종. '黃潤'이라고도 한다. 左思의 「蜀都賦」에 "통 안에 노랗게 윤이 나는 삼베는 한 단에 몇 금이 나간다(筒中黃潤, 一端數金)"라고 했다.

187) '流黃'(류황) : 황갈색 생견. '素'(소) : 흰 비단.

188) '飄風'(표풍) : 회오리바람. '超'(초) : 넘어가다.

작품에서 미인은 남쪽 나라에 있다. 가려고 해도 험한 巫山이 가로막고 있어 높은 절벽에 올라 임 계신 곳을 바라보며 눈물만 흘린다. 임이 고운 삼베를 통 안에 담아 보내주었기에 나도 여러 종류의 비단을 드리고자 한다. 회오리바람을 타고 협곡을 훌쩍 넘어가고 싶지만 끝내 이루지 못하니 그리움만 쌓여간다.

451. '네 가지 근심'을 본뜬 시 2

「擬四愁詩」, 其二

我所思兮在朔湄,[189] 내 그리워하는 사람 북쪽 강가에 계시는데
欲往從之白雪霏. 찾아가고 싶어도 하얀 눈이 펄펄 내리네
登崖永眺涕泗頹, 절벽에 올라 멀리 바라보니 눈물 콧물이 마구 떨어지며
我之懷矣心傷悲. 내 가슴엔 슬픔과 비통함이 가득하네
佳人遺我雲中翮,[190] 미인은 나에게 구름 속을 나는 새의 깃털을 주었는데
何以贈之連城璧.[191] 나는 무엇을 드릴까 화씨의 구슬을 드리리라
願因歸鴻起遐隔,[192] 북으로 날아가는 큰기러기 타고 먼 거리를 넘어보려 하지만
終然莫致增永積. 끝내 이루지 못하니 쌓인 근심만 더 깊어지네

---

189) '朔湄'(삭미) : 북방의 강변.
190) '翮'(핵) : 새의 깃촉. 새의 날개 중심의 딱딱한 심지 부분. 여기에서는 아름다운 깃털을 가리킨다.
191) '連城璧'(련성벽) : 성 몇 개의 가치를 지닌 옥. 주로 '和氏之璧'을 가리키는 말로 사용된다.
192) '遐隔'(하격) : 서로 멀리 떨어진 거리.

해설 이 작품에서 미인은 북쪽의 어느 강가에 있다. 임에게 가고 싶지만 눈이 너무 많이 와 가지도 못하고 높은 절벽에 올라 바라보며 눈물만 흘린다. 임이 나에게 아름다운 새의 깃털을 선물로 보내왔기에 나는 귀한 옥을 드리고자 한다. 북쪽으로 돌아가는 큰기러기를 타고 단숨에 날아가고 싶지만 결국 이룰 수 없으니 근심만 자꾸 깊어진다.

452. '네 가지 근심'을 본뜬 시 3

「擬四愁詩」其三

我所思兮在隴原,[193]	내 그리워하는 사람 농산 고원에 계시는데
欲往從之隔太山.[194]	찾아가고 싶어도 진나라 산들이 가로막고 있네
登崖遠望涕泗連,	절벽에 올라 멀리 바라보니 눈물과 콧물이 그치지 않으며
我之懷矣心傷煩.	내 가슴엔 슬픔과 번민이 가득하네
佳人遺我雙角端,[195]	미인은 나에게 한 쌍의 각단궁을 주었는데
何以贈之雕玉環.	나는 무엇을 드릴까 아로새긴 옥팔찌를 드리리라
願因行雲超重巒,[196]	떠가는 구름 타고 첩첩 산봉우리를 넘어가고 싶지만
終然莫致增永歎.	끝내 이루지 못하니 긴 탄식만 늘어나네

193) '隴原'(롱원): 서쪽 隴山의 고원.
194) '太'(태): 『考異』는 『藝文類聚』에 따라 '秦'으로 고쳤는데, 여기에서도 이를 따랐다.
195) '角端'(각단): 기이한 짐승 이름. 돼지처럼 생겼으며 코에 뿔이 있는데, 사람의 말을 알아들을 수 있고 하루에 만 리를 갈 수 있으며, 그 뿔로는 활을 만들 수 있다고 전한다. 여기에서는 그 활을 가리킨다고 보았다.
196) '重巒'(중만): 첩첩 이어진 산봉우리.

해설 이 작품에서 미인은 서쪽 끝 隴山에 살고 있다. 찾아가고 싶지만 끊임없이 이어진 산들 때문에 갈 수가 없어 높은 절벽에 올라 바라보면서 눈물만 흘리고 있다. 임이 내게 짐승의 뿔로 만든 귀한 활을 보내와 나는 답례로 옥팔찌를 드리려고 하는데, 구름이라도 타고 높은 산봉우리들을 넘어가고 싶지만 끝내 이루지 못해 한숨만 쉬고 있다.

453. '네 가지 근심'을 본뜬 시 4

「擬四愁詩」 其四

我所思兮在營州,197) 내 그리워하는 사람 영주에 계시는데
欲往從之路阻脩. 찾아가고 싶어도 길이 험하고도 머네
登崖遠望涕泗流,198) 절벽에 올라 멀리 바라보니 눈물 콧물이 흐르며
我之懷矣心傷憂. 내 가슴엔 슬픔과 걱정이 가득하네
佳人遺我綠綺琴,199) 미인은 나에게 녹기금을 주었는데
何以贈之雙南金.200) 나는 무엇을 드릴까 한 쌍의 남금을 드리리라
願因流波超重深,201) 흐르는 물결 타고 첩첩 산과 깊은 물을 지나가려 하지만
終然莫致增永吟. 끝내 이루지 못하니 긴 신음만 늘어나네

---

197) '營州'(영주): 옛날 지명. 舜임금이 靑州의 동북을 나누어 遼東 땅을 營州라고 하였는데, 과거의 齊나라 땅이자 지금의 山東省 동부에 해당한다.

198) '泗'(사): 콧물.

199) '綠綺琴'(록기금): 옛날 거문고의 이름. 전하는 바에 따르면 漢나라 때 梁王이 司馬相如의 「玉如意賦」를 좋아해 하사했던 거문고라고 한다.

200) '南金'(남금): 남방, 즉 荊州와 揚州 땅에서 나는 귀한 금속인 구리[銅].

201) '重深'(중심): 첩첩의 험한 산과 깊은 강물을 가리킨다.

해설 이 작품에서 임은 멀리 동해 바닷가 營州에 있다. 찾아가고 싶지만 험하고 먼 길 때문에 쉽지 않아 높은 산에 올라 바라보며 그리움에 눈물과 콧물이 범벅이 된다. 미인이 내게 귀한 거문고를 보내왔기에 나는 한 쌍의 구리 반지를 드리고자 한다. 그러나 첩첩이 가로 놓인 험한 산과 깊은 강물 때문에 보낼 수 없어 끝내 긴 한숨만 늘어난다.

「진나라 혜제 때의 동요(晉惠帝時童謠歌)」 1수[202)]

454. 진나라 혜제 때의 동요

「晉惠帝時童謠歌」

鄴中女子莫千妖,[203)] 업성의 여인 막천요는
前至三月抱胡腰. 앞으로 세 달 뒤면 오랑캐의 허리를 껴안으리

해설 이 작품은 반란에 대한 예견을 노래한 동요다. 술집 기녀 莫千妖는 앞으로 세 달 후에는 반란한 오랑캐에게 술을 따라야 할 것이다.

202) 『晉書』에 따르면 이 작품은 晉나라 惠帝 때 洛陽에서 불리던 동요로, 다음 해에 과연 북쪽 이민족인 石勒과 劉羽가 반란을 일으켰다라고 했다.

203) '鄴中'(업중): 曹魏의 수도였던 鄴을 가리킨다. 지금의 河北省 臨漳縣 서남쪽 鄴鎮의 동쪽에 해당한다.

육기(陸機)

「악부 연가행(樂府燕歌行)」 1수[204]

455. 악부 연가행

「樂府燕歌行」

四時代序逝不追, 차례대로 지나가는 사계절 좇아갈 수 없으니
寒風習習落葉飛.[205] 솨아솨아 부는 바람에 낙엽이 날리며
蟋蟀在堂露盈階, 귀뚜라미는 안채에서 울고 이슬은 계단에 흥건한데
念君遠遊常苦悲. 멀리 떠난 당신 생각에 언제나 괴롭고 슬프지요
君何緬然久不歸?[206] 당신은 어이해 아득히 먼 곳에서 돌아오지 않나요
賤妾悠悠心無違. 소첩은 하염없이 당신 그리며 배반하지 않지요
白日旣沒明燈輝, 하얀 해가 지고 나자 밝은 등불 환한데
寒禽赴林匹鳥棲. 겨울새들은 숲으로 날아가 짝을 지어 둥지를 틀며
雙鳩關關宿河湄,[207] 한 쌍의 물수리 꾸욱꾸욱 강가에 깃드는데
憂來感物涕不晞. 근심이 닥치니 사물에도 감상에 젖어 눈물이 마르지 않지요
非君之念思爲誰? 당신 생각 아니라면 그 누구를 그리워하리요
別日何早會何遲! 이별은 어찌 이리 빠르며 만남은 어찌 이리 더딘

---

204) 相和歌辭 平調曲에 속한다.
205) '習習'(습습) : 본래는 온화한 바람을 형용하는 말이나, 여기에서는 차가운 바람이 부는 모양을 나타내는 말로 쓰였다.
206) '緬然'(면연) : 아득히 먼 모양.
207) '鳩'(구) : '雎鳩'와 같다. 물수리. 징경이. 물가에 살면서 주로 물고기를 잡아먹고 산다. '關關'(관관) : 암수의 새가 서로 응하며 우는 소리.

지요

해설 이 작품은 멀리 떠난 임을 그리워하는 여인의 심경을 노래한 시다. 가을이 되자 날씨도 추워지기 시작한다. 북쪽으로 떠난 그 사람은 또한 얼마나 추위에 떨까. 새들도 모두 짝을 찾아 둥지에 깃드는데 유독 당신만은 무엇 때문에 돌아오지 않는지요.

포조(鮑照)

「'회남왕'을 계승하여(代淮南王)」 2수[208]

456. '회남왕'을 계승하여 1

「代淮南王」 其一

淮南王, 회남왕은
好長生, 불로장생을 좋아해
服食鍊氣讀仙經. 좋은 음식 먹고 호흡을 단련하며 신선서를 읽는데
琉璃藥盌牙作盤,[209] 유리 약사발에 상아로 만든 쟁반

208) '淮南王'(회남왕): 漢나라 景帝·武帝 때 淮南王에 봉해졌던 劉安을 가리킨다. 여기에서는 樂府의 제목으로 쓰였다. 崔豹의 『古今注』에 의하면, "「淮南王」은 淮南小山[淮南王 劉安 막부의 문인 집단을 가리킴]이 지은 것이다. 淮南王은 음식을 통해 신선이 되고자 했고, 방술사들을 두루 찾아다녔으며, 마침내 여덟 신선과 함께 떠났으니 간 곳을 아는 사람이 없었다. 小山 사람들이 그리워했지만 어쩔 수 없어서 이에 이 곡을 지었다(「淮南王」, 淮南小山之所作也. 淮南王服食求仙, 遍禮方士, 遂與八公相攜俱去, 莫知所往. 小山之徒, 思戀不已, 乃作「淮南王」焉)"라고 했다. 班固의 『漢武故事』에도 이와 비슷한 이야기가 실려 있다. 晋 拂舞歌로서 舞曲歌辭에 속한다.

金鼎玉匕合神丹.210) 황금솥과 옥숟가락으로 신단을 혼합하네
合神丹, 신단을 혼합하고
戱紫房,211) 보랏빛 자욱한 방에서 논다네
紫房綵女弄明璫,212) 보랏빛 자욱한 방 궁녀는 명월주 귀고리를 달았는데
鸞歌鳳舞斷君腸.213) 난새 노래 봉황의 춤은 왕의 애간장을 끊네

해설 이 작품은 신선술을 좋아했던 漢나라 淮南王에 대해 노래한 시다. 식이요법과 정기의 수련, 그리고 丹藥을 제조해 먹고 신선이 되었다는 그는 보랏빛 공기 감도는 방에서 미인들의 노래와 춤을 감상한다. 다만 걱정되는 것은 신선들의 세상엔 권태란 말이 없을지.

457. '회남왕'을 계승하여 2

「代淮南王」 其二

朱城九門門九開, 붉은 성의 아홉 성문 모두 활짝 열리는데
願逐明月入君懷. 밝은 달빛 따라 당신 품에 들고파라
入君懷, 당신 품에 안기면
結君珮, 당신의 패옥을 내 허리춤에 묶어주시니
怨君恨君恃君愛. 당신을 원망하고 한하면서도 당신의 사랑 믿는다네
築城思堅劍思利, 성 쌓을 땐 견고하길 바라고 칼은 예리하길 바라는데

---

209) '盌'(완): 주발. 사발.
210) '玉匕'(옥시): 옥으로 된 숟가락. '神丹'(신단): 신령스런 단약.
211) '紫房'(자방): 보랏빛 안개가 자욱한 방. 신선들의 사는 곳을 가리킨다.
212) '綵女'(채녀): 궁녀. '明璫'(명당): 명월주 귀고리.
213) '鸞'(란): 봉황과 비슷한 전설상의 신령스런 새.

同盛同衰莫相棄. 함께 흥하고 함께 쇠락하며 서로 저버리지 않았으면

해설 이 작품은 임에 대해 영원한 사랑을 바라는 여인의 심경을 노래한 시다. 달빛을 타고 구중궁궐 안에 계신 임을 찾아가 그 품에 안기고 싶다. 당신 품에 안기면 당신은 귀한 패옥을 풀어서 내게 묶어 주시겠지. 당신에 대해 때로는 원망도 하고 또 때로는 미워도 하지만 결국은 당신의 사랑을 굳게 믿고 싶다. 성벽이 견고한 것처럼, 칼날이 예리한 것처럼, 우리의 사랑도 굳건하게 변함이 없으며, 기쁠 때나 슬플 때나, 한창 때나 늙었을 때나 언제나 함께 동고동락하기를 바란다.

「'백저가'를 계승하여(代白紵歌辭)」 2수[214)]

458. '백저가'를 계승하여 1

「代白紵歌辭」 其一

朱脣動, 붉은 입술 움직이고
素腕擧, 하얀 손목 올라가는

---

214) '白紵'(백저) : 희고 고운 여름 삼베. '白紵舞'는 당시 궁중에서 유행하던 춤으로, 춤출 때 사용하던 수건을 '白紵'로 만들었기 때문에 붙여진 이름이다. 鮑照에겐 모두 6수가 있는데 모두 명을 받들어 지은 것으로, 여기에는 수록된 것은 제5~6수이다. 『晉書』「樂志」에 의하면, 이 삼베가 吳나라 지방에서 나기 때문에 이 춤 역시 吳나라 춤이라고 하였다. 또 『樂府解題』에 의하면, 옛날 가사는 무희의 아름다움 및 及時行樂을 노래한 것으로, '白紵'를 칭송하기를, "바탕은 가벼운 구름 같고 색은 은빛으로, 잘라서 두루마기를 짓고 남은 천으로 수건을 만드니, 두루마기는 빛을 쫓고 수건은 먼지를 턴다네(質如輕雲色如銀, 製以爲袍餘作巾, 袍以光驅巾拂塵)"라고 했다. 또 『唐書』「樂志」에 의하면, 梁 武帝가 沈約으로 하여금 그 가사를 고쳐 「四時白紵歌」를 짓게 했다고 했다. 舞曲歌辭에 속한다.

洛陽少童邯鄲女.[215] 낙양 소년과 한단 아가씨
古稱綠水今白紵,[216] 옛날엔 녹수곡이 유명했고 지금은 백저곡이 유명한데
催弦急管爲君舞. 빠른 관현악기 소리와 함께 당신 위해 춤을 추네
窮秋九月荷葉黃, 늦가을 구월 연잎은 누렇게 변하고
北風驅雁天雨霜, 북풍은 기러기를 쫓아내고 하늘엔 서리가 내리는데
夜長酒多樂未央. 밤은 길고 술은 많으며 즐거움도 아직 끝나지 않았네

해설 이 작품은 늦가을 잔치자리의 모습을 노래한 시다. 자리에는 당시 유행하는 춤곡이 춤과 함께 울리고 긴 밤에 넉넉한 술로 즐거움은 끝없이 이어진다.

459. '백저가'를 계승하여 2

「代白紵歌辭」其二

春風澹蕩使思多,[217] 봄바람 화창하니 그리움 많아지고
天色淨綠氣妍和.[218] 하늘빛은 맑고 푸르며 공기도 훈훈하네
桃含紅萼蘭紫芽, 복숭아는 붉은 꽃받침을 머금었고 난초도 보랏빛 싹이 돋는데
朝日灼爍發園花.[219] 아침 해는 눈부시게 정원의 꽃을 비추네
卷幌結幃羅玉筵,[220] 방장도 말고 휘장도 묶은 후 옥 자리 펼치고

215) '邯鄲'(한단) : 옛날 趙나라 서울. 趙나라 여인들은 춤을 잘 추었다고 한다.
216) '綠水'(록수) : 옛날의 舞曲 이름. '渌水'라고도 한다.
217) '澹蕩'(담탕) : 화창한 모양.
218) '妍和'(연화) : 공기가 훈훈한 모양.
219) '灼爍'(작삭) : 환하게 빛나는 모양.

齊謳秦吹盧女弦,[221] 제나라 노래 진나라 퉁소에 노녀의 거문고 소리 울리는데
千金顧笑買芳年.[222] 돌아보며 웃는 천금의 미소 위해 꽃다운 나이를 사려고 하네

해설 이 작품은 봄날의 잔치 모습을 노래한 시다. 작품에서처럼 천금짜리 미소를 위해 젊음을 살 수만 있다면 얼마나 좋을까.

「인생살이 어렵고(行路難)」 4수[223]

460. 인생살이 어렵고 1

「行路難」 其一

中庭五株桃, 뜰 안의 다섯 그루 복숭아나무
一株先作花. 한 그루가 먼저 꽃을 피웠다
陽春妖冶二三月,[224] 따뜻한 봄 아름다운 이삼월에
從風簸蕩落西家.[225] 바람 따라 하늘하늘 서쪽 집에 떨어진다

---

220) '櫎'(황): 방장. 휘장.
221) '齊謳'(제구): 齊나라 甯戚이 소를 먹이면서 지은 노래로, 그는 그 노래로 인해 재상이 되었다고 한다. '秦吹'(진취): 秦나라 穆公의 딸 弄玉이 불었던 퉁소를 가리킨다. '盧女弦'(로녀현): 漢나라 궁녀인 盧女는 거문고를 잘 탔다고 한다.
222) '顧笑'(고소): 돌아보며 웃다. 미인의 미소를 가리킨다.
223) '行路難'(행로난): 삶이 힘들고 어렵다. 여기에서는 樂府의 제목으로 쓰였다. 『樂府解題』에 의하면, 세상살이가 힘들고 어려운 것 및 이별의 슬픔을 노래한 것으로, 대부분 '君不見'으로 시작된다고 했다. 鮑照에게 모두 19수가 있다. 雜曲歌辭에 속한다.
224) '妖冶'(요야): 곱다.
225) '簸蕩'(파탕): 키로 곡식을 까불듯이 물결이 흔들리는 모양. 여기에서는 꽃잎이 바람에 하늘거리며 떨어지는 모습을 나타낸다.

西家思婦見悲惋,[226] 서쪽 집의 시름겨운 여인 이를 보고 슬피 탄식하는데
零淚霑衣撫心歎. 흐르는 눈물은 옷깃을 적시고 가슴 치면서 한탄한다
初送我君出戶時, 애초에 우리 님 전송하며 대문 나설 때
何言淹留節迴換?[227] 계절이 바뀌도록 오래 객지에 머문다고 언제 말했던가
牀席生塵明鏡垢, 침대와 자리에는 먼지가 쌓이고 밝은 거울엔 때가 가득하며
纖腰瘦削髮蓬亂.[228] 가는 허리 앙상하고 머리는 봉두난발
人生不得恒稱意,[229] 인생은 항상 만족할 수는 없는 것
惆悵徙倚至夜半.[230] 가득한 슬픔으로 한밤중까지 서성인다

해설 이 작품은 남편을 멀리 떠나보내고 시름에 잠긴 여인이 떨어지는 복사꽃을 보고 그리움에 상심하는 것을 노래한 시다. 애초에 전송할 때 당신은 결코 계절이 바뀔 정도로 오랜 뒤에 온다는 말은 없었는데 어찌 이렇게 오래도록 집에 돌아오지 않는지. 당신의 침대, 함께 하던 자리엔 먼지가 쌓이고, 당신을 위해 화장할 때 보던 거울도 이제는 밀쳐둔 지 오래 되었다. 당신에 대한 그리움 때문에 입맛을 잃어 몸은 자꾸 야위어가고 꾸미지 않은 머리는 엉망으로 엉클어져 있다. 인생이 꼭 뜻대로 된다면 얼마나 좋을까. 이런저런 생각에 잠도 못 이루고 밤새도록 서성대기만 한다.

226) '悲惋'(비완) : 슬퍼하며 탄식하는 모양.
227) '淹留'(엄류) : 객지에서 오래 머물다. '節迴換'(절회환) : 계절이 순환하여 바뀌다.
228) '瘦削'(수삭) : 깎은 듯이 앙상하게 여윈 모양. '蓬亂'(봉란) : 쑥대처럼 헝클어진 머리 모양.
229) '稱意'(칭의) : 마음에 맞다. 만족하다.
230) '惆悵'(추창) : 실망하여 슬퍼하는 모양. '徙倚'(사의) : 배회하다.

461. 인생살이 어렵고 2

「行路難」 其二

剉蘗染黃絲,[231]	꺾인 황벽나무는 누런 실을 염색할 수 있는데
黃絲歷亂不可治.[232]	엉킨 누런 실은 정리할 수가 없네
昔我與君始相値,	옛날 내가 당신을 처음 만났을 때
爾時自謂可君意.[233]	그때 난 당신의 마음에 들었다고 생각했고
結帶與我言,	당신도 내 허리띠를 묶어주며 말하길
死生好惡不相置,	죽으나 사나 미우나 고우나 버리지 않겠다고 하셨다네
今日見我顔色衰,	오늘날 나의 얼굴 늙은 것을 보노라니
意中錯漠與先異.[234]	마음속이 쓸쓸하여 예전과는 다르다네
還君金釵瑇瑁簪,	당신에게 금비녀와 대모비녀를 돌려 드리는데
不忍見之益愁思.	늘어나는 근심과 그리움을 차마 볼 수 없다네

해설 이 작품은 사랑하는 사람으로부터 버림받은 여인의 원망을 노래한 시다. 처음 만났을 때는 죽을 때까지 영원히 변하지 않겠다던 그 사람이 나이가 들자 시든 내 얼굴이 보기 싫은지 차츰 멀리하다가 이제 더 이상 찾지를 않는다. 나를 사랑한다는 정표로 준 귀한 비녀들도 사랑이 떠나면 무슨 의미가 있으랴. 돌려드리고 당신을 깨끗이 잊으려 마음을 먹지만 자꾸만 커져 가는 근심과 그리움은 차마 가눌 수가 없다.

---

231) '剉'(좌) : 잘리다. 꺾이다. '蘗'(벽) : 황경나무. '黃蘗' · '黃檗' · '黃柏' 등으로 불리는 낙엽교목. 나무껍질은 연회색이며, 녹황색의 작은 꽃이 핀다. 줄기로는 황색 염료를 만들 수 있다.

232) '歷亂'(력란) : 뒤섞이다. 엉기다.

233) '可'(가) : 적합하다. 맞다. 어울리다.

234) '錯漠'(착막) : 쓸쓸하고 적막한 모양. '錯莫'과 같다. 어떤 책에는 '索寞'이라고 되어 있는데 뜻은 같다.

462. 인생살이 어렵고 3

「行路難」其三

奉君金卮之酒盌,[235] 당신께 맛있는 술을 황금 술잔에 올리는데
瑇瑁玉匣之雕琴. 대모로 꾸민 옥상자와 아로새긴 거문고
七彩芙蓉之羽帳,[236] 일곱색 연꽃 수놓인 깃털로 장식된 휘장
九華蒲萄之錦衾.[237] 무성한 꽃잎의 포도무늬 수놓인 비단 이부자리
紅顔零落歲將暮, 붉은 얼굴은 시들고 한 해도 저물어 가니
寒花宛轉時欲沈.[238] 차가운 햇빛은 굽이돌고 계절도 끝나가려 하는데
願君裁悲且減思, 바라건대 당신께선 슬픔도 줄이고 그리움도 없앤 후
聽我抵節行路吟.[239] 제가 박자 치면서 행로난 노래 흥얼거리는 걸 들어보시길
不見柏梁銅雀上,[240] 백량대와 동작대 위를 보지 못했나요
寧聞古時淸吹音. 차라리 옛날의 맑은 퉁소 소리 들어보는 게 어떨지요

해설 이 작품은 즐겁고 화려한 잔치자리에서 느끼는 세월무상에 대해 노래한 시다. 지금은 비록 온갖 맛있는 음식과 듣기 좋은 음악, 화려한 거처, 아름다운 용모가 있다고 해도 세월이 흐르면 모두 슬픔으로 변할 것. 당신도 이런 이치를 알고 저의 용모 시들었다고 미워

235) '卮'(치): 술잔의 일종. 높이가 낮고 둥근 형태를 띠고 있다. '酒盌'(주완): 『考異』는 『樂府詩集』을 따라 '美酒'로 고쳤는데, 여기에서도 이를 따랐다.
236) '芙蓉'(부용): 연꽃. '羽帳'(우장): 비취새의 깃털로 꾸민 휘장.
237) '九華'(구화): 무성한 꽃.
238) '花'(화): 『樂府詩集』에는 '光'자로 되어 있는데, 여기에서도 이를 따랐다. '沈'(침): 떨어지다. 사라지다.
239) '抵'(저): 치다. 두드리다. '節'(절): 옛날 악기의 일종. 두 개의 둥근 대나무를 짜서 만든 것으로, 위는 모우고 아래는 벌려 마치 키 모양으로 만든 악기다.
240) '柏梁'(백량): 漢 武帝 때 세워진 누대. '銅雀'(동작): 魏나라 曹操가 鄴城 서북쪽에 세운 누대.

하지 마시길.

463. 인생살이 어렵고 4

「行路難」其四

璿閨玉墀上椒閣,[241] 옥 같은 규방 옥돌계단은 높이 산초벽누각으로 이어지고
文窓繡戶垂綺幕. 무늬창문과 수놓인 문짝에 비단장막 드리워져 있네
中有一人字金蘭, 그 안의 한 사람 자가 금란인데
被服纖羅蘊芳藿.[242] 입고 있는 고운 비단옷엔 그윽한 배초향이 배어 있네
春燕差池風散梅.[243] 봄제비 어지러이 날고 매화꽃잎 바람에 흩날리는데
開帷對影弄禽爵.[244] 휘장 열고 경치를 보니 참새가 놀고 있네
含歌攬淚不能言,[245] 노래소리 우물거리면서 눈물 닦으며 말을 못하는데
人生幾時得爲樂? 인생은 얼마나 오래 즐거울 수 있는가
寧作野中雙飛鳧, 차라리 들판에 날아다니는 한 쌍의 물오리가 될지언정

241) '璿閨'(선규): 아름다운 옥으로 꾸민 규방. 규방의 미칭. '玉墀'(옥지): 옥돌을 깔아 만든 계단. '椒閣'(초각): 산초나무 열매를 섞어 벽을 바른 누각. 규방에 대한 미칭.

242) '蘊'(온): 쌓이다. 품다. 배다. '藿'(곽): 향초의 일종. 곽향. 排草香. 꿀풀과의 다년초. 줄기의 높이는 0.4~1m이며, 7~9월 경에 입술 모양의 자주색 꽃이 피며 향기가 독특하다.

243) '差池'(치지): 서로 어긋난 모양. 어지러운 모양. '參差'와 같다.

244) '影'(영): '景'자와 통한다. 여기에서는 봄날의 경치. '爵'(작): '雀'과 같다. 참새. 『考異』는 '禽爵'을 '金爵(비녀의 일종)'의 잘못이 아닌가 하였다.

245) '含歌'(함가): 노래를 하려고 하나 입 밖으로 소리를 내지 못하는 것을 가리킨다. '攬淚'(람루): 눈물을 닦다.

不願雲間別翅鶴.246) 짝과 헤어진 구름 사이의 학이 되기는 싫다네

해설 이 작품은 임에게 버림받은 미인의 슬픔을 노래한 시다. 화려한 저택에 살고 있지만 나이가 들어 용모가 시들자 임의 발걸음은 뚝 끊어진다. 만물이 약동하는 봄날이 되니 더욱 자신의 신세가 처량하다. 인생의 즐거운 시기가 과연 얼마가 되겠는가. 기쁨은 한순간, 이내 슬픔이 찾아든다. 차라리 신분이 높진 않더라도 남편과 함께 자식들 돌보며 평생 함께 사는 게 낫지, 이렇게 첩의 신분으로 독수공방하는 것은 정말 못할 일이다.

석보월(釋寶月)

◇釋寶月 : 齊 武帝 때의 중이다. 본래 성은 康氏 또는 庾氏로 음률에 밝았으며, 생애에 관한 자세한 기록이 전하지 않는다.

464. 인생살이 어렵고

「行路難」

君不見孤雁關外發,247) 당신은 보지 못했나요 외로운 기러기 관문 밖에서 날아와

246) '別翅'(별시) : 『考異』는 『樂府詩集』을 따라 '之別'로 고쳤는데, 여기에서도 이를 따랐다.

247) '關'(관) : 函谷關을 가리킨다.

酸嘶度揚越.[248) 오열하며 양주와 월나라를 지나가는 것을
空城客子心腸斷, 텅 빈 성의 나그네는 애간장이 끊어지고
幽閨思婦氣欲絶. 깊은 규방 시름겨운 여인은 숨이 끊어질 듯하네
凝霜夜下拂羅衣,[249) 짙은 서리 밤중에 내리니 비단옷을 털고
浮雲中斷開明月. 뜬구름 중간에 갈라지니 밝은 달이 나타나네
夜夜遙遙徒相思,[250) 밤마다 하염없이 이는 당신에 대한 부질없는 그리움
年年望望情不歇.[251) 해마다 기다리고 또 기다리는 사랑은 식지 않았다네
寄我匣中青銅鏡, 임께선 나에게 상자에 담은 청동거울 보내주셨으니
倩人爲君除白髮.[252) 미인은 임을 위해 흰 머리카락을 뽑는다네
行路難, 인생길 험난하네
行路難, 인생길 험난하네
夜聞南城漢使度, 밤중에 들리는 한나라 사신이 남쪽 성을 지나가는 소리
使我流淚憶長安.[253) 나로 하여금 눈물 흘리며 장안을 그립게 하네

---

248) '酸嘶'(산시): 괴롭게[슬프게] 울다. '揚'(양): 지금의 江蘇省 일대인 揚州를 가리킨다. '越'(월): 지금의 浙江省 일대를 가리킨다. 어떤 주석에는 '揚越'을 '揚粵'과 같다고 하면서 百越의 한 갈래로 戰國시대부터 魏晉 때까지 越 지역 사람들을 가리키는 말로 쓰였다고 한다. 주석의 차이와 상관없이 여기에서는 남방을 가리키는 말로 쓰였다.
249) '凝霜'(응상): 짙은 서리.
250) '遙遙'(요요): 시간이 긴 모양.
251) '望望'(망망): 간절하게 바라는 모양.
252) '倩人'(천인): 미인. 대부분 주석에서는 '倩'자를 '청하다' · '시키다' 등의 뜻으로 보고 '남에게 부탁하다'란 뜻으로 풀이하고 있다. 뜻은 통하지만 앞 구의 보내준 거울과 관련시켜 볼 때 이 구는 자기 혼자 거울을 보면서 흰 머리카락을 뽑는다는 뜻으로 보는 게 더 나을 것 같다.
253) '長安'(장안): 여기에서는 북방 지역을 가리키는 말로 차용되었다.

해설 이 작품은 남방에 사는 여인이 북방 지역으로 벼슬을 떠난 채 돌아오지 않는 임을 그리워하는 심경을 노래한 시다. 북쪽에서 날아온 기러기의 울음소리는 마치 내 신세를 슬퍼해 주듯 오열하는 것 같다. 임은 북쪽 성 안에서 고향을 그리워하고 나는 남쪽 규방에서 임 생각에 숨이 끊어질 듯하다. 밤마다 하염없이 임을 그리는 게 다 부질없는 짓이련만, 해가 가도 언제나 당신을 기다리는 나의 사랑은 결코 식지 않았다. 당신이 나를 잊지 않았다는 정표로 거울을 보내주셨으니 나도 언젠가 돌아올 당신을 위해 그 거울을 보면서 흰 머리카락을 뽑으리라. 밤중에 집 밖에는 漢나라 사신 행차가 지나가는데, 그 소리를 들으니 더욱 당신 생각이 간절해져 눈물이 흐른다.

육궐(陸厥)

◇陸厥(472~499) : 자가 韓卿이며 吳郡 吳(지금의 江蘇省 蘇州) 사람이다. 어려서부터 절개가 있었으며 글을 잘 지었다. 특히 그의 오언시는 매우 新奇하였으며, 일찍이 沈約과 四聲을 논하기도 하였다(「與沈約書」). 齊 永明 9년(491)에 州의 秀才로 천거되었으며, 후에 王晏의 少傅主簿가 되었다가 다시 行軍參軍이 되었다. 永元 초에 아버지 陸閑이 죄에 연루되어 동생 陸絳과 함께 피살되자 그도 연루되어 갇혔다가, 사면된 지 얼마 후에 애통함 때문에 죽었다. 저작으로 문집 10권이 있었다고 하며, 현존하는 시는 11수이다.

「이부인과 귀인(李夫人及貴人歌)」 1수[254)]

465. 이부인과 귀인

「李夫人及貴人歌」

屬車挂席塵,[255)]	임금 행차를 따르던 가마는 차고에 걸린 채 먼지 자욱하고
豹尾香煙滅.[256)]	표범 꼬리 달린 가마에도 향기가 사라졌네
彤殿向蘼蕪,[257)]	붉은 색 궁전에는 궁궁이 풀이 자라나고
青蒲復萎絶.[258)]	푸른 부들도 다시금 시들어버렸네
坐萎絶,	까닭 없이 시들어서 없어지고
對蘼蕪.	궁궁이 풀만 보이네
臨丹階,	붉은 섬돌에 올라
泣椒塗.[259)]	후궁 안에서 흐느끼네
寡鶴羈雌飛且上,[260)]	짝 잃은 학 묶인 암놈은 날다가 다시 주저앉고
雕梁翠壁網蜘蛛.	아로새긴 대들보와 비취색 벽엔 거미줄이 가득하네
洞房明月夜,	깊은 규방에 밝은 달 비치는 밤

---

254) '李夫人'(리부인): 李延年의 누이동생이자 漢 武帝의 后妃. 병으로 일찍 죽었는데, 武帝는 그녀를 너무 그리워한 나머지 방술사를 시켜 혼을 불러 보았다고 한다. '貴人'(귀인): 后妃의 관명. 後漢 光武帝 때 설치되었으며 지위는 皇后 다음이었다. 여기서는 단순히 后妃를 일컫는다. 雜歌謠辭에 속한다.

255) '屬車'(속거): 임금이 행차할 때 따르는 수레[가마]. '挂席塵'(궤석진): 걸어둔 자리에 먼지가 앉았다. 오래도록 사용하지 않았다는 뜻이다.

256) '豹尾'(표미): 임금이 행차할 때 가장 뒤에 따르는 수레[가마]. 표범의 꼬리를 달았기 때문에 붙여진 이름이다.

257) '彤殿'(동전): 붉은 전각. 여기에서는 후비의 거처를 가리킨다. '蘼蕪'(미무): 궁궁이. 일종의 향초. 여기에서는 일반적인 풀이라는 뜻으로 쓰였다.

258) '青蒲'(청포): 부들. 자리를 짜는 데 사용된다. 여기에서는 임금과 함께 지낼 때 깔던 자리를 가리킨다. '萎絶'(위절): 시들어 떨어지다.

259) '椒塗'(초도): 산초나무 열매와 진흙을 섞어 벽을 바른 궁전. 后妃의 거처를 가리킨다.

260) '上'(상): 『考異』에는 '止(머물다)'자로 되어 있는데, 이를 따랐다.

對此淚如珠. 이를 보는 여인 눈물이 구슬처럼 흐르네

해설 이 작품은 임금의 총애를 잃은 후비의 슬픔을 노래한 시다. 임금이 행차할 때마다 타고 서 따라다니던 수레는 벌써 타지 않은 지가 오래 되었다. 후궁에는 임금의 발길이 끊기자 다니던 길에 풀이 자라고 임금과 함께 깔기 위한 돗자리를 만들 부들도 다 시들어 버렸다. 후궁에 유폐되다시피 살고 있는 내 신세가 마치 짝 잃고 새장에 갇힌 새처럼 느껴져 눈물을 금할 수 없다.

심약(沈約)

「여덟 개의 노래(八詠)」 2수[261)]

466. 누각에 올라 가을달을 바라보며

「登臺望秋月」

望秋月, 가을달을 바라보니
秋月光如練.[262)] 가을달은 빛이 하얀 비단 같은데
照輝三爵臺,[263)] 환히 삼작대를 비추고

---

261) 나머지 6수는 후인들에 의해 제9권 끝에 추가로 수록되어 있다. 『金華志』에 의하면, 이 작품은 南齊 隆昌 원년(494) 沈約이 東陽太守로 있을 때 지은 것이라고 했다. 아울러 이 시가 처음에 玄暢樓에 걸려 있었는데 당시 절창으로 알려졌다. 나중에 이 시 때문에 그 누각 이름을 八詠樓라고 고쳤다고 한다.

262) '練'(련) : 표백한 명주.

263) '三爵臺'(삼작대) : 魏나라의 銅雀臺를 가리킨다.

徘徊九華殿.[264] 구화전 주위를 서성이는 듯
九華瑇瑁梁, 구화전의 대모로 아로새긴 대들보와
華榱與璧璫.[265] 화려한 서까래와 옥으로 장식된 서까래 머리
以玆雕麗色, 이렇게 아름다운 색채는
持照明月光. 밝은 달이 비치니 더욱 빛난다
凝華入黼帳,[266] 맺힌 꽃봉오리 같은 달이 보불 무늬 장막으로 들고
淸輝懸洞房. 맑은 빛은 깊은 규방에 걸려 있다
先過飛燕戶, 먼저 조비연의 방문을 지나가고
卻照班姬牀. 다시 반첩여의 침상을 비춘다
桂宮裊裊落桂枝,[267] 달나라 궁전에 하늘하늘 계수나무 가지 떨어지고
露寒淒淒凝白露.[268] 노한전엔 쓸쓸하게 흰 이슬이 맺히며
上林晚葉颯颯鳴,[269] 상림원의 낙엽은 쏴쏴거리며 울고
雁門早鴻離離度.[270] 안문관의 때 이른 기러기는 줄을 지어 날아간다
湛秀質兮似規,[271] 빼어난 바탕 맑고 투명한데 흡사 컴퍼스로 그린 듯 둥글고
委淸光兮如素.[272] 맑은 빛 비추니 마치 흰 비단 같은데
照愁軒之蓬影, 수심 많은 집 헝클어진 여인의 그림자를 비추고
映金堦之輕步. 금계단 오르는 가벼운 발걸음을 비춘다
居人臨此笑以歌, 주인은 이를 보고 미소 지으며 노래하고

264) '九華殿'(구화전) : 魏나라 때 洛陽에 세웠던 궁전 이름.
265) '華榱'(화최) : 화려한 서까래. '璧璫'(벽당) : '璧瑺'의 잘못이다. 즉 황금을 둥근 고리 옥[璧]처럼 만들어 서까래 끝에 장식으로 단 것을 가리킨다. 司馬相如의 「上林賦」에 '華榱璧璫'이란 말이 나온다.
266) '凝華'(응화) : 맺힌 꽃봉오리. 달을 가리킨다. '黼帳'(보장) : 黼黻 무늬의 장막.
267) '裊裊'(뇨뇨) : '嫋嫋'와 같다. 하늘하늘거리는 모양. 부드럽고 고운 모양.
268) '露寒'(로한) : 漢나라 궁전 이름. '淒淒'(처처) : 쓸쓸한 모양. 서늘한 모양.
269) '颯颯'(삽삽) : 바람이 부는 소리.
270) '雁門'(안문) : 山西省 代州에 있는 관문 이름. '離離'(리리) : 질서정연한 모양.
271) '湛'(잠) : 맑고 투명하다. '規'(규) : 그림쇠. 컴퍼스. 또는 그림쇠로 그린 원형.
272) '委'(위) : 빛을 내다.

別客對之傷且慕.	집 떠난 손님은 이를 보며 슬퍼하고 그리워한다
經衰圃,[273]	시든 꽃밭을 지나고
映寒叢.	차가운 수풀을 비추며
凝清夜,	맑은 밤을 차갑게 하고
帶秋風.	가을바람을 몰고 온다
隨庭雪以偕素,	뜰의 눈을 따르면 함께 하얗고
與池荷而共紅.	연못의 연꽃과 함께 하면 같이 붉으며
臨玉墀之皎皎,	옥계단을 비추니 하얗게 빛이 부서지고
含霜靄之濛濛.[274]	서리 품은 안개처럼 몽롱한 빛이 자욱하다
轔天衢而徒步,[275]	하늘길을 따라 구르며 자리를 옮겨가고
轢長漢而飛空.	은하수 밟으며 허공을 나는 듯 지나간다
隱巖崖而半出,[276]	깎아지른 듯한 절벽에 몸을 숨긴 채 반쯤 보이기도 하고
隔帷幌而纔通.	휘장에 가려 틈새로 겨우 보이기도 한다
散朱庭之奕奕,[277]	황궁에 흩어지니 아름답기 그지없고
入青瑣而玲瓏.[278]	푸른 대궐문으로 드니 영롱하기 그지없다
閑堦悲寡鵠,	인적 드문 계단에서는 짝 잃은 고니를 슬퍼하고
沙洲怨別鴻.	강 모래섬에서는 짝을 버린 외기러기를 원망한다
昭姬泣胡殿,[279]	채문희는 오랑캐 궁전에서 흐느끼고

273) '圃'(포) : 꽃이나 채소를 심은 밭.

274) '霜靄'(상애) : 서리를 머금은 듯한 안개. 달빛을 가리키는 말. '濛濛'(몽몽) : 안개가 자욱한 모양.

275) '轔'(린) : 수레바퀴가 지나가다. 다음 구의 '轢'도 같은 뜻이다. '天衢'(천구) : 하늘의 길. '徒步'(도보) : 『考異』는 뜻이 미상이라고 하면서 『文苑英華』에서 '從度(따라 지나가다)'라고 한 것 역시 정확하지 않다고 하고, '徙度(하늘을 따라 옮겨가다)'의 잘못이 아닐까 하였는데, 여기에서도 이를 따랐다.

276) '巖崖'(엄애) : 깎아지른 듯한 높은 절벽.

277) '朱庭'(주정) : 붉은 뜰. 황궁을 가리킨다. '奕奕'(혁혁) : 무성하고 아름다운 모양.

278) '青瑣'(청쇄) : 옛날 궁궐 대문에 새긴 청색 무늬. 궁궐 문을 가리키는 말로 쓰였다.

279) '昭姬'(소희) : 『考異』는 '文姬'로 고쳤는데, 여기에서도 이를 따랐다. 즉 後漢 蔡邕

明君思漢宮.[280]　　왕소군은 한나라 궁전을 그리워하는데
余亦何爲者,　　나는 또한 무엇하는 사람이길래
淹留此山東.[281]　　오래도록 여기 동양 땅에 머물고 있는가

해설 이 작품은 가을밤에 누대에 올라 달을 보면서 느끼는 회포를 서술한 시다. 달이 비치는 경물을 있는 대로 묘사하였고 아울러 고향을 떠나 객지에서 오래도록 벼슬하는 자신의 신세에 대한 느낌을 노래하였다.

467. 꽃밭에서 만나 봄바람을 맞으며

「會圃臨春風」

臨春風,　　봄바람을 맞는데
春風起春樹.　　봄바람은 봄나무에서 분다
遊絲曖如網,[282]　　아지랑이는 그물처럼 경치를 가리고
落花雰似霧.　　떨어지는 꽃잎은 무성하여 안개 같다
先泛天淵池,[283]　　먼저 연못 위로 불다가
還過細柳枝.　　다시 연못가의 가는 버들가지를 스쳐간다
蝶逢飛搖颺,[284]　　나비가 만나면 나풀나풀 날고
燕值羽差池.　　제비가 만나면 이리저리 난다
揚桂旆,[285]　　계수나무 깃발을 흩날리고

의 딸 蔡文姬를 가리킨다. 그녀의 이름은 琰이며, 洛陽에서 전란을 만나 흉노에게 포로로 잡혀갔다가 후에 曹操가 중원을 통일한 후 귀환하였다.

280) '明君'(명군): 漢나라 元帝 때의 후비 王昭君을 가리킨다.

281) '山東'(산동): 東陽. 즉 浙江省 金華를 가리킨다.

282) '遊絲'(유사): 아지랑이. '曖'(애): 어둡다. 가리다.

283) '天淵'(천연): 일반적인 연못을 가리킨다.

284) '搖颺'(요양): 나풀나풀 나는 모양.

動芝蓋.[286]　지초 수레 지붕을 흔든다
開燕裾,　연나라 여인의 옷자락을 열기도 하고
吹趙帶.[287]　조나라 여인의 허리띠에도 불어온다
趙帶飛參差,　조나라 여인의 허리띠는 날리어 흐트러지고
燕裾合且離.　연나라 여인의 옷자락은 모였다가 다시 벌어진다
迴簪復轉黛,[288]　비녀 주위를 돌아 지나서 다시 그린 눈썹을 스쳐 가는데
顧步惜容儀.　돌아보며 걸으면서 제 모습을 사랑한다
容儀已炤灼,[289]　모습은 이미 찬란하게 빛나는데
春風復迴薄.[290]　봄바람이 다시금 그 주위를 맴돈다
氛氳桃李花,[291]　무성한 기운의 복사꽃 자두꽃
青柎含素蕚.[292]　파란 꽃받침이 하얀 꽃잎을 품고 있는데
旣爲風所開,　바람으로 활짝 피었다가
復爲風所落.　다시 바람 때문에 떨어진다
搖綠蔕,[293]　녹색 꼭지를 흔들고
抗紫莖.[294]　보라색 줄기를 흔들며

285) '旆'(패) : 깃발.
286) '芝蓋'(지개) : 지초로 엮은 수레 지붕. 본래 신선이 타는 수레를 뜻하였으나 나중에 임금의 수레를 가리키는 말로도 쓰였다.
287) 이상 두 구에 대해 吳注는 '燕'을 趙飛燕으로 보았고, '趙'는 '娟'자의 잘못으로 추측하면서 『拾遺錄』을 인용하여 漢 武帝 때 총애를 받던 궁녀 麗娟이 몸이 너무 가벼워 바람에 날아갈까 봐 허리띠로 장막 안에 묶어두었다는 고사를 이야기하고 있는데, 잘못된 것이다.
288) '迴'(회) · '轉'(전) : 모두 돌아[스쳐] 지나가는 것을 뜻한다.
289) '炤灼'(소작) : 환하게 빛나는 모양.
290) '迴薄'(회박) : 맴돌다. 에워싸다.
291) '氛氳'(분온) : 기운이 왕성하게 피어오르는 모양.
292) '柎'(부) : 꽃받침. '蕚'(악) : 꽃받침. 여기에서는 꽃을 가리킨다.
293) '蔕'(대) : 『考異』에는 '蔕(꼭지)'자로 되어 있는데, 여기에서도 이를 따랐다.
294) '抗'(항) : 책에 따라 '杭' · '枕' 등으로 되어 있다. 『考異』는 左思의 「吳都賦」를 인용하면서 '抏(흔들다)'자의 잘못이 아닌가 하였는데, 여기에서도 이를 따랐다.

舞春雪, 봄눈을 춤추게 하고
雜流鶯.[295] 꾀꼬리를 흩어지게 한다
曲房開兮金鋪響,[296] 규방이 열리니 쇠 문고리 소리 나고
金鋪響兮妾思驚. 쇠 문고리 울리니 그리움에 젖은 여인이 놀라는데
梧桐未陰, 오동나무는 아직 어두워지지 않았고
淇川如碧. 기수의 물은 벽옥처럼 파랗다
迎行雨於高唐,[297] 고당에선 내리는 비를 맞이하고
送歸鴻於碣石.[298] 갈석산에선 돌아가는 기러기를 전송한다
經洞房, 깊은 규방을 지날 땐
響紈素.[299] 비단옷 바스락거리게 하면서
感幽閨, 깊은 규방의 여인을 건드리니
思幃幨.[300] 휘장을 걷고 싶게 한다
想芳園兮可以遊, 생각은 향기로운 동산에서 놀 수 있는 것
念蘭翹兮漸堪摘.[301] 걱정은 난초 줄기가 차츰 자라 꺾이게 되는 것
拂明鏡之冬塵, 거울에 쌓인 겨울 먼지를 털어내고
解羅衣之秋襞.[302] 얇은 비단옷의 가을 주름을 펴며
旣鏗鏘以動珮,[303] 댕그랑거리며 패옥을 울리기도 하고

295) '流鶯'(류앵) : 꾀꼬리를 가리킨다. '流'자는 그 울음소리가 굽이 흐른다는 뜻에서 온 글자다.

296) '曲房'(곡방) : 집안 깊은 곳의 규방. '鋪'(포) : 문고리.

297) '行雨'(행우) : 宋玉의 「高唐賦」에 나오는 巫山 神女가 楚나라 왕과 작별하면서 "아침에는 구름이 되었다가 저녁이면 내리는 비가 되어(旦爲朝雲, 暮爲行雨)"라고 한 것을 가리킨다.

298) '碣石'(갈석) : 바닷가의 산 이름. 지금의 渤海灣의 秦皇島를 가리킨다고도 한다.

299) '紈素'(환소) : 『考異』에는 '素紈'으로 되어 있는데, 압운상으로 볼 때 맞다.

300) '幃幨'(위란) : 휘장과 장막. '幨'은 위에 치는 포장 같은 것이다.

301) '蘭翹'(란교) : 난초의 줄기. 이상 두 구는 봄바람으로 인해 상상되는 경치를 노래한 것이다.

302) '襞'(벽) : 옷에 잡힌 주름.

303) '鏗鏘'(갱장) : 금속의 맑은 소리.

又氤氳而流麝.304) 또 자욱하게 사향을 풍기기도 한다
始搖蕩以入閨, 처음에는 살랑거리며 규방으로 들어가다가
終徘徊而緣隙. 나중에는 문틈을 따라 서성이면서
鳴珠簾於繡戶, 비단 방문에선 주렴을 울리고
散芳塵於綺席. 비단 자리에 쌓인 향기로운 먼지를 흐트린다
是時悵思婦, 이때 그리움에 젖은 여인 슬프게 하니
安能久行役? 객지로 떠난 그 사람 얼마나 오래 걸릴까
佳人不在玆, 미인도 여기엔 없는데
春風爲誰惜? 봄바람은 누구를 안타까워하는가

해설 이 작품은 봄바람을 맞으며 일어나는 여러 가지 상념들을 노래한 시다. 봄바람과 관련된 봄의 경물을 있는 대로 묘사하였고, 아울러 집을 떠나 돌아오지 않는 임을 그리워하는 여인의 심경 및 작가 자신의 고향에 대한 그리움을 노래하였다.

「봄날의 백저곡(春日白紵曲)」 1수305)

468. 봄날의 백저곡

「春日白紵曲」

蘭葉參差桃半紅, 난초잎은 들쭉날쭉 복숭아는 반쯤 붉은데
飛芳舞縠戲春風.306) 비단치마 향기 날리며 추는 춤은 봄바람을 희롱

304) '氤氳'(인온) : 향기가 짙은 모양.

305) 『古今樂錄』에 따르면 沈約 스스로 다음과 같이 말했다고 한다. 즉 「白紵」 5수는 명을 받아 자신이 직접 지은 것이며, 武帝가 후반부 두 구[압운한 구가 두 구란 말로, 실재로는 네 구임]를 지었다고 했다. 舞曲歌辭에 속한다.

하네

翡翠群飛飛不息, 물총새는 쉬지 않고 떼 지어 나는데

願在雲間長比翼.[307] 우리도 비익조처럼 구름 사이로 오래도록 날았으면

해설 이 작품은 봄날에 춤을 추는 모습을 노래한 시다. 춤을 추는 기녀의 바람은 언제나 좋은 사람 만나서 비익조처럼 평생을 함께 사랑하며 살고 싶은 것이다.

「가을날의 백저곡(秋日白紵曲)」 1수

469. 가을날의 백저곡

「秋日白紵曲」

白露欲凝草已黃, 흰 이슬이 맺힐 무렵 풀은 벌써 누러지고

金琯玉柱響洞房.[308] 관악기 현악기 소리가 규방에 울리네

雙心一影俱迴翔,[309] 한 쌍의 마음 하나의 그림자 되어 함께 빙 돌며 나는데

吐情寄君君莫忘.[310] 진정을 토해 내 당신에게 보내오니 결코 잊지

---

306) '縠'(곡): 결이 고운 細絹의 일종. 어떤 책에는 이 뒤에 "아양을 부리는 듯 원망하는 듯 모양은 다르고, 미소 머금고 흘겨보는 눈길이 대청 안에 가득하다(如嬌如怨狀不同, 含笑流眄滿堂中)"라는 두 구가 더 있다.

307) 어떤 책에는 이 뒤에 "향초를 옷에 꽂고 아름다운 얼굴 유지하니, 堯舜의 태평시대 즐거움이 끝이 없다(佩服瑤草駐容色, 舜日堯年歡無極)"라는 구가 더 있다.

308) '金琯'(금관): 금속으로 만든 관악기. '金管'이라고도 한다. '玉柱'(옥주): 옥으로 만든 (현악기의) 기러기발.

309) '迴翔'(회상): 빙 돌며 날다. 이 구는 比翼鳥가 나는 모습을 나타내고 있다.

310) 어떤 책에는 뒤에 '翡翠群飛飛不息, 願在雲間長比翼. 佩服瑤草駐容色, 舜日堯年

마세요

해설 이 작품은 가을날에 춤을 추는 모습을 노래한 시다. 춤을 추는 기녀의 比翼鳥가 되길 바라는 마음을 임이 알아주었으면.

오균(吳均)

「인생살이 어렵고(行路難)」 2수[311]

470. 인생살이 어렵고 1

「行路難」 其一

君不見上林苑中客,[312] 그대 보지 못했는가 상림원 안의 손님들을
冰羅霧縠象牙席.[313] 얼음 같고 안개 같은 비단과 상아 돗자리
盡是得意忘言者,[314] 모두가 서로 불만 없고 말이 필요 없는 친구들로
探腸見膽無所惜.[315] 간을 꺼내 보여줄 정도로 아끼는 것도 없다
白酒甛鹽甘如乳,[316] 하얀 술은 달고 진하여 젖같이 달콤하며

歡無極'이라는 네 구가 더 있다.

311) 『樂府詩集』에는 모두 4수가 수록되어 있다.

312) '上林苑'(상림원) : 漢나라 때 황실의 정원. 여기에서 손님[客]은 벼슬아치를 말한다.

313) '冰羅'(빙라) : 얼음처럼 속이 비치는 얇은 비단. '霧縠'(무곡) : 얇은 안개처럼 부드럽고 가벼운 비단. '象牙席'(상아석) : 상아로 꾸민 자리.

314) '盡是'(진시) : 모두. 다. '得意'(득의) : 만족하다. 뜻을 이해하다. '忘言'(망언) : 말을 하지 않아도 서로 통하는 친구를 가리킨다.

315) '探腸見膽'(탐장견담) : 속을 헤집고 쓸개를 꺼내어 보여주다. 매우 친한 친구 사이를 일컫는다. '肝膽相照'와 통한다.

綠觴皎鏡華如碧. 녹색 술잔 속 밝은 거울 같은 술은 벽옥처럼 아름답다

少年持名不肯嘗,[317] 젊은이가 술잔을 들고도 입에 대지 않으려는데

安知白駒應過隙.[318] 흰 말이 틈을 지나가듯 빠른 세월을 어찌 알겠는가

博山鑪中百和香,[319] 박산향로 안에 백화향

鬱金蘇合及都梁.[320] 울금향 소합향 그리고 도량향은

逶迤好氣佳容貌,[321] 모락모락 좋은 향은 아름다운 얼굴 위로 피어오르며

經過青瑣歷紫房.[322] 푸른 무늬 대궐문을 통과해 왕궁을 지나

已入中山陰后帳,[323] 중산왕 음후의 방 휘장으로 들기도 하고

---

316) '鹽'(염) : 『考異』는 뜻이 통하지 않는다고 하여 '釅'자의 잘못이 아닌가 하였는데, 여기에서도 이를 따랐다. 즉 술맛이 진하거나 시다는 뜻이다.

317) '持名'(지명) : 명예를 유지하다. 『考異』는 '持盃'의 잘못이 아닌가 하였는데, 여기에서도 이를 따랐다. 즉 이 구는 소년이 술잔을 잡고도 마시려고 하지 않는다란 뜻이다.

318) '白駒'(백구) : 흰색의 준마. 이 구는 세월이 빠름을 이야기한 것이다. 『莊子』「知北遊」에 "인생은 하늘과 땅 사이에서 마치 흰색 준마가 틈을 지나가는 것처럼 덧없이 빠를 따름이다(人生天地之間, 若白駒之過隙, 忽然而已)"라고 한 데서 왔다.

319) '博山鑪'(박산로) : '博山爐'와 같다. 옛날의 향로 이름. 향로 뚜껑이 바다 가운데 있는 전설상의 산인 博山 모양으로 조각되어 있기 때문에 생긴 이름이다. '百和香'(백화향) : 각종 향료를 혼합하여 만든 향.

320) '鬱金'(울금) : 생강과의 다년생 초본식물. 잎은 길다란 원형이며, 여름에 꽃이 피는데 흰색이다. 덩이처럼 생긴 줄기와 뿌리는 황색이며 향이 있어 향료로 이용된다. 여기에서는 그것을 원료로 해서 만든 향을 말한다. '蘇合'(소합) : 페르시아 원산인 낙엽교목. 여기에서는 이 나무의 樹脂를 원료로 해서 만든 향을 말한다. '都梁'(도량) : 澤蘭. 광대나물과의 여러해살이풀. 여기에서는 이것을 원료로 해서 만든 향을 말한다.

321) '逶迤'(위이) : 구불구불 길게 이어지는 모양.

322) '青瑣'(청쇄) : 궁궐의 문이나 창문에 새긴 연속된 푸른 색의 무늬. 왕궁을 가리키는 말로 쓰이기도 한다. '紫房'(자방) : 여기에서는 '紫宮'과 같은 의미로 쓰였다. 즉 왕궁을 가리킨다.

323) '中山陰后'(중산음후) : 中山王의 후비인 陰后. 『戰國策』「中山策」에 의하면, 中山의 陰姬와 江姬는 서로 왕후가 되려고 다투었는데, 司馬憙가 趙나라 왕을 알현하고 말하기를 "中山의 陰姬는 용모가 세상에 둘도 없을 정도로 뛰어납니다. 그녀의 눈썹과 눈, 아름다운 이마를 평가한다면 마치 무소뿔 같이 볼록한 이마에 초승달 같은 눈썹으

復上皇帝班姬牀.[324] 또 황제를 모신 반첩여의 침대에 오르기도 한다
班姬失寵顔不開, 반첩여는 총애 잃자 찌푸린 얼굴로
奉帚供養長信臺. 빗자루 들고 장신궁에서 태후를 모시는데
日暮耿耿不能寐, 날은 저물었지만 근심으로 잠을 이루지 못하며
秋風切切四面來.[325] 가을바람은 쓸쓸하게 사방에서 불어오고
玉階行路生細草, 옥계단과 다니던 길에는 작은 풀이 자라나며
金爐香炭變成灰.[326] 황금향로의 타고 남은 향은 어느새 재로 변한다
得意失意須臾頃, 뜻을 이루고 못 이루고는 한순간에 달려 있으니
非君方寸逆所裁.[327] 그대 작은 마음으로 미리 판단할 바가 결코 아니다

해설 이 작품은 인생에 있어서 예측할 수 없는 행복과 불행, 득의와 실의에 대해 노래한 시다. 한때 화려한 궁궐에서 임금에게 총애를 받으며 행복하게 살던 후비들도 어느 순간 총애가 식으면 아무도 찾아오지 않는 깊은 궁궐에 유폐된 채 쓸쓸한 운명을 맞게 된다. 이처럼 인간만사의 행불행은 결코 우리처럼 미미한 존재들로는 예측하기 어려운 것이다.

로, 제왕의 배필감이지 제후의 짝은 아닙니다"라고 했다. 그러자 趙나라 왕은 솔깃해서 크게 기뻐하며, "내 그녀를 원하는데 어찌 하면 되겠는가?"라고 했다. 이에 司馬憙가 돌아가 中山王에게 알리기를, "왕께서 왕후로 세우면 趙나라 왕과는 절교한다는 뜻이 되니, 대대로 왕후를 청하는 사람이 없을 것입니다"라고 하여, 마침내 中山王은 그녀를 왕후로 맞았으며, 趙나라 왕 또한 다시는 청탁을 하지 않게 되었다라고 했다.

324) 이하 일곱 구는 漢나라 成帝 때의 후비인 班婕妤에 대한 이야기다. 제1권의 그녀의 작품 「怨詩」(27)를 참조할 것.

325) '切切'(절절) : 바람이 쓸쓸하게 부는 모양.

326) '香炭'(향탄) : 타고 나서 숯처럼 변한 향료.

327) '逆'(역) : 미리. '裁'(재) : 판단하다.

471. 인생살이 어렵고 2

「行路難」 其二

洞庭水上一株桐, 동정호 가에 한 그루 오동나무
經霜觸浪困嚴風. 서리 맞고 파도를 만나고 센 바람에 시달린다
昔時搊心輝白日,[328] 옛날에는 그 속까지 흰 햇살을 받으며 반짝였는데
今旦臥死黃沙中. 오늘 아침 누런 모래 위로 쓰러져 죽었다
洛陽名工見咨嗟,[329] 낙양의 이름난 목공이 그것을 보고 찬탄하며
一剪一刻作琵琶. 자르고 조각하여 비파를 만드는데
白璧規心學明月,[330] 흰 고리옥처럼 중심을 둥글게 만들 땐 밝은 달을 흉내내고
珊瑚映面作風花.[331] 산호가 비치듯한 표면에는 바람에 날리는 꽃잎을 수식했다
帝王見賞不見忘, 황제가 보고 완상하며 잊지를 못하고
提攜把握登建章.[332] 궁녀들은 서로 손잡은 채 이 악기 안고 건장궁에 오른다
掩抑摧藏張女彈,[333] 나지막히 울리는 장씨 딸의 연주가 슬프고
殷勤促柱楚明光.[334] 절박하게 울리는 초명광 곡조는 빠르다

---

328) '搊'(추) : 이끌다. 빼다. '心'(심) : 여기에서는 나무의 중심을 가리킨다.

329) '咨嗟'(자차) : 찬탄하다.

330) '白璧'(백벽) : 흰색의 環狀의 옥. 옥의 고리 모양이 비파의 몸통의 모양을 뜻한다. '規心'(규심) : 비파의 몸통의 중심을 컴퍼스로 그린 것을 나타낸다.

331) '映面'(영면) : 비파 몸통의 표면에 비치다. '風花'(풍화) : 바람에 흩어지는 꽃잎.

332) '建章'(건장) : 漢나라 때의 궁전 이름.

333) '掩抑'(엄억) : 낮게 울리는 비파의 소리. '摧藏'(최장) : 매우 상심하는 모양. 애조를 띤 비파의 소리. '張女'(장녀) : 옛날 기녀의 이름. 潘岳의 「笙賦」에 "張氏 딸의 슬픈 연주를 그만두게 했다(輟張女之哀彈)"라는 구절이 있다.

334) '殷勤'(은근) : 절박한 모양. '促柱'(촉주) : 현악기의 빠른 박자의 연주. '楚明光'(초명광) : 곡조 이름. 蔡邕의 「琴操」에 의하면, 楚나라 明光은 楚나라의 大夫로서, 昭王이 和氏之璧을 얻어 趙나라 왕에게 바치려고 할 때 그것을 가지고 趙나라로 갔었다. 이 때 어떤 사람이 그를 참소하면서 항상 楚나라를 배반하고 趙나라를 위해 일했다고 昭

年年月月對君子, 해마다 달마다 군자들과 함께 하며
遙遙夜夜宿未央.[335] 길고 긴 밤마다 미앙궁에서 잠이 든다
未央綵女棄鳴篪,[336] 미앙궁의 궁녀들은 저 불기를 그만두고
爭見拂拭生光儀.[337] 다투듯 먼지 닦으니 빛나는 모습 나타난다
茱萸錦衣玉作匣, 수유꽃 무늬의 비단보자기에 싸여 옥으로 만든 상자에 들었으니
安念昔日枯樹枝. 어찌 옛날 마른 오동나무의 가지를 그리워하겠는가
不學衡山南嶺桂,[338] 형산 남쪽 고개의 계수나무를 본받으려하지 마라
至今千載猶未知.[339] 오늘날까지 천 년 동안 아직도 알려지지 않고 있다

해설 이 작품은 호숫가에 자라다 쓰러진 오동나무가 비파로 만들어진 과정을 통해 인생의 운명을 예측할 수 없음을 노래한 시다. 쓰러져 죽은 오동나무가 유명한 목공에 의해 아름다운 비파로 탄생하여 귀인들에게 애호를 받는 반면 높은 산에 자라고 있는 오래된 훌륭한 재목감의 나무일지라도 사람들에게 알려지지 않는 경우가 있게 마련이다. 인생도 그와 같은 일이 비일비재할진대 그것이 바로 운명이라고 하는 것인지.

王에게 말했다. 이에 光明이 돌아와 화를 내며 노래를 지은 것이 바로 이 노래였다고 한다.

335) '未央'(미앙) : 漢나라의 궁전 이름.

336) '綵女'(채녀) : 궁녀. '篪'(지) : 저. 가로로 부는 관악기의 일종. 구멍이 여덟 개 있는데, 그 중 하나는 위에 있으며 그곳으로 분다.

337) '見'(견) : 『考異』에는 '先'자로 되어 있는데, 여기에서도 이를 따랐다. '光儀'(광의) : 비파의 빛나는 모습을 가리킨다.

338) '衡山'(형산) : 湖南省에 있는 산으로, 五岳 중의 南岳에 해당한다.

339) 이상 두 구는 衡山 남쪽의 계수나무는 천 년이나 된 좋은 나무이지만 아무에게도 알려져 있지 않다는 뜻이다. 작품 전체적으로 쓰러져 죽은 보잘것없는 오동나무가 귀한 악기로 변한 상황과의 비교를 통해 인생살이에 비유한 것이다.

장솔(張率)

「악부 '오랜 그리움'을 본뜬 시(擬樂府長相思)」 2수[340]

472. 악부 '오랜 그리움'을 본뜬 시 1
「擬樂府長相思」 其一

長相思,	오래도록 그리운 사람
久離別.	오랫동안 떨어져 있다
美人之遠如雨絶.[341]	미인이 멀리 있으니 구름에서 떨어진 비와 같다
獨延佇,[342]	홀로 우두커니 서 있는데
心中結.	가슴엔 수심이 맺힌다
望雲去去遠,	구름을 바라보니 가고 가서 멀어지고
望鳥飛飛滅.	새들을 바라보니 날고 날아서 사라진다
空望終若斯,	부질없이 기다려도 끝내 이런 모습뿐
珠淚不能雪.[343]	구슬 같은 눈물은 씻을 수가 없다

해설 이 작품은 임을 기다리는 여인의 그리움을 노래한 시다. 그리운 사람은 오래도록 멀리 떨어져 있다. 마치 구름에서 떨어진 비와 같이 한 번 헤어진 후 다시는 오지 않는다. 그래도 행여나 하면서

340) 唐 이전의 이 제목의 시형은 두 종류가 있는데, 즉 제1수처럼 '337335555'인 句式과 제2수처럼 '33775(7)555'의 句式이 있었다. 제4권 吳邁遠의 擬樂府 4수 중의 「長相思」(140)의 주석을 참조할 것. 雜曲歌辭에 속한다.

341) '雨絶'(우절) : 비가 땅에 떨어지면 다시 구름에게로 돌아갈 수 없는 것 같이 만회할 수 없음을 나타낸다.

342) '延佇'(연저) : 우두커니 서 있는 모양.

343) '雪'(설) : 씻다.

우두커니 선 채 임을 기다려 본다. 눈에는 멀리로 흘러가는 구름과 사라져가는 새들만 눈에 들어오고 정작 임은 그림자도 보이지 않는다. 그래서 눈물은 걷잡을 수 없이 흐른다.

473. 악부 '오랜 그리움'을 본뜬 시 2
「擬樂府長相思」 其二

長相思,	오래도록 그리운 사람
久別離.	오랫동안 떨어져 있다
所思何在若天垂,[344]	그리운 사람은 어디에 있는가 하늘가에 있는 듯
鬱陶相望不得知.[345]	답답한 마음으로 기다리지만 어디에 있는지 알 수가 없다
玉階月夕映羅帷,[346]	옥계단에 저녁달이 비치고
羅帷風夜吹.	비단휘장에 밤바람이 분다
長思不能寢,	오랜 그리움에 잠 못 이루고
坐望天河移.	앉은 채로 은하수 이동하는 것을 바라본다

해설 이 작품은 임을 기다리는 여인의 그리움을 노래한 시다. 그 사람은 지금 어디에 있는지조차 알 수가 없으니 가슴에 우울만 쌓여간다. 달밤에 바람이 휘장으로 불어오는데 임 생각에 잠은 오지 않고 앉은 채로 하늘의 은하수만 쳐다본다. 은하수 건너 직녀는 그래도 1년에 한 번 만날 희망이라도 있는데…….

---

344) '天垂'(천수) : 하늘가.

345) '鬱陶'(울도) : 마음이 답답한 모양.

346) '羅帷'(라유) : 얇은 비단으로 된 휘장. 『考異』는 『藝文類聚』에 따라 이 두 글자를 잘못 들어간 글자로 보았는데, 여기에서도 이를 따랐다.

「백저가(白紵歌辭)」 2수[347]

474. 백저가 1

「白紵歌辭」 其一

歌兒流唱聲欲淸,[348] 가기의 흐르는 노랫소리 맑아져 가고
舞女趁節體自輕,[349] 무희는 박자에 맞춰 몸이 절로 가볍네
歌舞並妙會人情, 노래와 춤 모두 절묘하니 사람들 마음을 모우고
依弦度曲婉盈盈.[350] 음악에 따라 노래하고 춤추는 모습 아름답기 그지없는데
揚蛾爲態誰目成?[351] 아미눈썹 올리며 짓는 교태는 누구에게 보내는 눈길인가

해설 이 작품은 기녀들의 노래하고 춤추는 모습을 노래한 시다. 음악에 맞춰 노래하고 춤추는 기녀가 어느 순간 살짝 눈웃음을 짓는데 과연 어떤 손님에게 보내는 눈길이던가.

475. 백저가 2

「白紵歌辭」 其二

妙聲屢唱輕體飛,[352] 절묘한 목소리의 빠른 노래에 가벼운 몸짓은 날

347) 『樂府詩集』에 張率의 이 제목의 작품이 모두 9수 수록되어 있다. 舞曲歌辭에 속한다.
348) '歌兒'(가아): 歌妓.
349) '趁節'(진절): 박자에 맞추다.
350) '依弦度曲'(의현도곡): 노래하고 춤을 출 때 거문고의 연주와 곡보에 따르는 것을 말한다. '婉'(완): 예쁘다. 사랑스럽다. '盈盈'(영영): 아리따운 모양.
351) '目成'(목성): 눈길을 보내다.

아갈 듯하고

流津染面散芳菲.[353] 흐르는 땀은 얼굴에 젖어 향기를 내뿜네

俱動齊息不相違, 같이 움직이다 같이 멈추는 동작은 틀림 없고

令彼嘉客憺忘歸.[354] 훌륭한 손님들 편안한 마음으로 집에 가는 것도 잊는데

時久翫夜明星稀. 늦은 시간 노는 밤에 밝은 별도 드물다네

해설 이 작품은 기녀들의 노래하고 춤추는 모습을 노래한 시다. 일사불란하게 춤을 추는 무희들의 고운 뺨에는 땀이 흘러 향기가 사방으로 흐른다. 이것을 감상하는 귀한 손님들은 정신이 매료되어 늦은 밤인데도 귀가할 줄을 모른다.

비창(費昶)

「인생살이 어렵고(行路難)」 2수

476. 인생살이 어렵고 1

「行路難」 其一[355]

君不見, 그대는 보지 못했는가

352) '屢'(루): 빠르다.
353) '流津'(류진): 땀을 흘리다. '津'은 땀을 가리키기도 한다.
354) '憺'(담): 편안하다.
355) 『藝文類聚』에는 吳均의 시라고 되어 있다.

長安客舍門,　　　장안 여관의 대문 안
倡家少女名桃根.　기녀의 어린 딸 도근이란 소녀를
貧窮夜紡無燈燭,　가난하여 등불도 없이 밤에 실을 잣는데
何言一朝奉至尊.[356] 어찌 알았으랴 하루아침에 황제를 모시게 될 줄을
至尊離宮百餘處,[357] 황제의 이궁은 백여 곳이나 되지만
千門萬戶不知曙.[358] 수많은 집에서는 밤을 밝힐 줄도 모른다
唯聞啞啞城上烏,[359] 오직 들리는 건 까악까악 성벽 위의 까마귀 소리
玉欄金井牽轆轤.[360] 아름다운 옥돌 난간의 우물에서 도르래로 두레박을 당긴다
丹梁翠柱飛屠蘇,[361] 붉은 대들보와 비취색 기둥에 문 밖의 나는 듯 높은 병풍
香薪桂火炊彫胡.[362] 향나무와 계수나무로 불을 때어 줄밥을 짓는다
當年翻覆無常定,[363] 매년 운명이란 수없이 뒤집히어 무상하기 그지없고

356) '言'(언) : 예상하다. 알다.

357) '離宮'(리궁) : 임금이 지방에 행차할 때 머물기 위해 만든 궁전.

358) '千門萬戶'(천문만호) : 수많은 집들. '曙'(서) : 밝다. 여기에서는 등잔이나 촛불로 밤을 밝히는 것을 가리킨다. 이상 두 구는 임금의 궁전은 수없이 많고 호화롭기 그지없지만 백성들은 불을 켜지 못할 정도로 가난하다는 뜻이다.

359) '啞啞'(아아) : 까마귀 우는 소리.

360) '玉欄金井'(옥란금정) : 옥돌로 만들고 아름답게 수식한 우물의 난간. '轆轤'(록로) : 우물에 물을 긷기 위해 도르래를 이용해 설치한 기구.

361) '屠蘇'(도소) : 옛날 문 밖에 설치하던 透刻된 병풍. 『三國志』「魏志」「曹爽傳」의 裴松之 注에 인용된 魏나라 魚豢의 『魏略』에 "勝은 전후로 방비를 주관함에 일찍이 직책에 맞지 않은 적이 없었는데, 令尹의 겨우살이를 준비할 때 청사 앞에 병풍이 무너진 곳은 사람을 시켜 다시 고치게 했다(勝前後所宰守, 未嘗不稱職, 爲尹歲餘, 廳事前屠蘇壞, 令人更治之)"라고 했다. 또는 풀 이름으로 보기도 한다. 北周 王褒의 「日出東南隅行」 중에 "나는 듯 높은 용마루엔 비취새 아로새겼고, 수놓인 서까래엔 도소풀이 그려져 있네(飛甍雕翡翠, 繡桷畫屠蘇)"라고 했다.

362) '香薪'(향신) : 향나무 땔감. '桂火'(계화) : 계수나무 땔감. '炊'(취) : 불을 때어 밥을 짓다. '彫胡'(조호) : 줄(풀). 벼과의 여러해살이풀. 높이 1~2m. 열매는 이삭 형태이며 9월에 익는데, '菰米'라고 하여 구황식물로 이용한다. 여기에서는 귀한 밥이란 뜻으로 쓰였다.

363) '翻覆'(번복) : 뒤집히다.

薄命爲女何必麤.[364] 기구한 운명이 꼭 미천한 집안 여자이기 때문이겠는가

해설 이 작품은 가난한 기녀의 딸이 어느 날 궁녀가 되어 임금의 은총을 입는 것을 통해 인생의 귀천과 행불행은 예측할 수 없음을 노래한 시다. 여인의 박명은 꼭히 신분이 미천하기 때문만은 아니라고 하였으니, 그것은 결국 외모 때문이라는 말이 된다. 결국 고대 여성의 운명은 독립적 운명이 아니라 남성에 의해 좌우되던 의존적 운명이었던 것이다.

477. 인생살이 어렵고 2

「行路難」 其二

君不見, 그대는 보지 못했나요
人生百年如流電, 인생 백 년이 번개처럼 지나간다는 것을
心中坎壈君不見.[365] 마음속의 힘들고 어려움을 그대는 보지 못했나요
我昔初入椒房時,[366] 제가 처음으로 후궁에 들어갔을 때는
詎減班姬與飛燕.[367] 어찌 반첩여와 조비연보다 못했겠어요
朝踰金梯上鳳樓,[368] 아침에는 황금사다리를 밟고 봉황루에 올랐었고
暮下瓊鉤息鸞殿.[369] 저녁이면 옥갈고리를 내리고 명난전에서 쉬었지요

---

364) '麤'(추) : 미천하다.
365) '坎壈'(감람) : 살아가는 것이 힘든 모양.
366) '椒房'(초방) : 산초나무 열매를 진흙과 섞어 벽을 바른 방 또는 궁전. 후비의 처소를 가리킨다.
367) '班姬'(반희) : 漢나라 成帝 때의 후비 班婕妤. 趙飛燕으로 인해 총애를 잃고 長信宮에 물러나 살았다. '飛燕'(비연) : 漢나라 成帝 때의 후비 趙飛燕.
368) '踰'(유) : 『考異』는 『文苑英華』를 따라 '踏(밟다)'자로 고쳤는데, 여기에서도 이를 따랐다. '金梯'(금제) : 황금 사다리. '鳳樓'(봉루) : 왕실의 누각.

柏臺晝夜香,[370] 백량대엔 주야로 향기가 가득했고
錦帳自飄颺. 비단휘장은 저절로 바람에 휘날렸지요
笙歌膝上吹,[371] 생황으로 조하곡을 불었고
琵琶陌上桑.[372] 비파로는 맥상상을 탔었지요
過蒙恩所賜, 성은을 지나칠 정도로 입었고
餘光曲霑被.[373] 넉넉한 은혜를 불합리하다 할 정도로 받았지요
旣逢陰后不自專,[374] 은총을 만났던 음 왕후도 마음대로 하지 못했고
復値程姬有所避.[375] 부름을 받았던 정희도 꺼리던 게 있었지요
黃河千年始一淸, 황하는 천 년에 한 번 맑아진다는데
微軀再逢永無議. 미천한 이 몸 다시 은총 입기는 영원히 알 수 없는 일
娥眉偃月徒自妍, 아미눈썹은 초승달처럼 부질없이 절로 아름다운데
傅粉施朱欲誰爲. 분 바르고 연지 칠하는 것은 누구를 위해선지
不如天淵水中鳥,[376] 깊은 연못물 위의 새들보다 못한 신세

---

369) '瓊鉤'(경구) : 발을 말아올려 걸던 옥으로 된 갈고리. '鸞殿'(란전) : 漢나라 후궁 鳴鸞殿을 가리킨다. 『西京雜記』에 "漢나라 후궁 중에 鳴鸞殿이 있는데, 장부에는 올려져 있지 않았다(漢掖庭有鳴鸞殿, 不在薄籍)"라고 했다.

370) '柏臺'(백대) : 漢나라 때의 누대인 柏梁臺를 가리킨다.

371) '膝上吹'(슬상취) : 『考異』 등에는 '棗下曲'(곡조 이름)으로 되어 있는데, 여기에서도 이를 따랐다. 潘岳의 「笙賦」에 "대추나무 아래 사람들 빽빽하고, 붉은 대추 치렁치렁하네. 잠시 후 시들어 떨어지고, 마른 가지가 되네. 인생에 있어 즐기지 못하면, 죽어서 그 무엇을 헛된 시호로 삼으리(棗下纂纂, 朱實離離. 宛其落矣, 化爲枯枝. 人生不能行樂, 死何以虛謚爲)"라고 했다.

372) '陌上桑'(맥상상) : 제1권의 古樂府 「日出東南隅行」(9)을 가리킨다.

373) '餘光'(여광) : 聖恩을 뜻한다. '曲'(곡) : 불합리하게. '霑被'(점피) : 젖고 입다. (은혜를) 받다.

374) '陰后'(음후) : 後漢 光武帝의 왕후 光烈 陰 왕후를 가리킨다. 『後漢書』에 따르면 다음과 같다. 그녀는 본명이 麗華이며 南陽 新野 사람이다. 임금이 그녀를 후비로 책봉하고자 했는데도 후비 郭氏와의 사이에 아들이 있다는 이유로 한사코 사양하였다. 마침내 郭氏를 왕후로 책봉했는데, 나중에 郭 왕후가 폐위된 후에 왕후가 되었다.

375) '程姬'(정희) : 漢나라 景帝 때의 후비. 『漢書』 「景十三王傳」에 다음과 같은 기록이 있다. 長沙定王의 생모인 唐姬는 본래 옛날 程姬 시녀로 있다가 우연하게 임금의 은총을 받은 사람이다. 景帝가 程姬를 불렀을 때 程姬에겐 피해야 될 사정[월경]이 있어서 침소에 들고자 하지 않았기 때문이었다.

雙去雙歸長比翅. 짝 지어 날며 오래 붙어사는 저 물새들보다 못하지요

해설 이 작품은 임금의 총애에 따라 인생의 행불행이 좌우되는 후비의 운명을 노래한 시다. 후비가 되는 것도 자신의 노력과 의지와는 상관이 없지만, 임금의 총애를 입는 것도 정말 우연이었던 모양이다. 어떤 후비는 덕성이 높은 후비 때문에 왕후에까지 오를 수도 있었고, 또 어떤 여인은 월경 때문에 침소에 들지 못한 주인 아가씨 덕분에 왕자를 낳을 수도 있었다. 그러나 은총은 순간이며, 임금의 총애가 다른 여인에게로 일단 옮겨가면 다시는 은총을 입기가 불가능한 일. 짝을 지어 날며 죽을 때까지 함께 사는 물새보다 못한 신세가 되고 만다.

황태자(皇太子)[377] 성제(聖製)

「까마귀 깃들고(烏棲曲)」 4수[378]

478. 까마귀 깃들고 1

「烏棲曲」其一

芙蓉作船絲作絆,379) 연꽃으로 배를 만들고 명주실로 동아줄 만들었

376) '天淵'(천연) : 깊은 연못. '鳥'(조) : 『文苑英華』에는 '鳧(물오리)'자로 되어 있는데 둘 다 의미는 통한다.

377) 蕭鋼을 가리킨다.

378) 『樂錄』에 의하면 이 곡은 「鳥獸」 21곡 중의 하나라고 했다. 원작인 蕭綱의 작품은 모두 네 수이며, 매 구 押韻(두 구마다 換韻)으로 칠언절구의 先聲이다. 淸商曲辭 西曲歌에 속한다.

　　　　　　　　는데

北斗橫天月將落.　북두칠성은 하늘에 비스듬하고 달은 막 지려하네

採蓮渡頭礙黃河,[380]　연밥 따는 나루터는 황하와 비슷하니

郎今欲渡畏風波.　임께선 오늘 건너려다 풍파를 겁내시네

해설 이 작품은 밤의 나루터 풍경을 통해 임을 기다리는 여인의 심경을 노래한 시다. 임과 달밤에 만나기로 하고 나루터에서 기다리는데, 임은 오지 않고 달마저 지려한다. 설마 나 보기가 싫어서 오지 않는 건 아니리라. 黃河처럼 넓은 이 강의 파도 때문에 못 오시겠지.

479. 까마귀 깃들고 2

「烏棲曲」 其二

浮雲似帳月成鉤,　뜬구름은 장막 같고 달은 갈고리가 되었는데

那能夜夜南陌頭.　어찌 밤마다 남쪽 길 끝에서 기다릴 수 있겠는가

宜城醞酒今行熟,[381]　의성 땅의 담근 술 이제 막 익어가니

停鞍繫馬暫棲宿.[382]　말을 세워 묶어두고 잠시 묵는다네

---

379) '芙蓉'(부용) : 연꽃. 또는 木芙蓉. 아욱과의 낙엽 관목. 중국 원산의 관상식물로 높이는 1~3m. 가지에 짧은 털이 있으며, 8~10월에 담홍색 꽃이 핀다. '夫容'(남편)의 雙關語. '絲'(사) : 명주실. '思(그리워하다)'의 雙關語. '筰'(작) : 굵은 밧줄. 동아줄. 배를 끌 때 사용한다.

380) '渡頭'(도두) : 나루터. '礙'(애) : 막히다. 鈴木虎雄은 '擬(비슷하다)'자로 보았는데, 여기에서도 이를 따랐다.

381) '宜城'(의성) : 襄州에 속한 지명. 지금의 湖北省 宜城縣에 해당한다. 옛날에 술로서 유명하였다.

382) 이 구에 대해 『考異』는 『文苑英華』를 따라 "말 세워두고 잠시 묵었다 가는 것을 아깝게 생각하지 말게나(莫惜停鞍暫棲宿)"라고 보았다.

해설 이 작품은 임을 기다리는 여인의 그리움과 귀향하는 나그네가 주막에서 묵었다 가는 모습을 노래한 시다. 오시는 임을 기다리기 위해 매일 밤 동구 밖까지 나가 기다린다. 그러나 그것도 모르는지 고향으로 오던 길손은 막 새로 익은 술을 먹기 위해 주막에서 황금 같은 시간을 지체한다.

480. 까마귀 깃들고 3

「烏棲曲」 其三

青牛丹轂七香車,[383]	검은 소가 끄는 붉은 바퀴의 칠향 수레는
可憐今夜宿倡家.	반갑게도 오늘 밤 기루에서 묵는데
倡家高樹烏欲棲,	기루의 높은 나무엔 까마귀 깃들려 하고
羅幃翠帳向君低.	비단휘장 비취장막은 임을 위해 고개를 숙이네

해설 이 작품은 귀한 신분의 남자가 기녀의 집에 하룻밤 묵는 것을 노래한 시다. 화려한 수레를 탄 귀한 신분의 남자가 기루를 찾아와 하룻밤 묵는다. 기루의 마당에 있는 높은 나무에는 밤이 되자 까마귀가 날아와 보금자리를 꾸미려고 하고 비단휘장 안의 기녀는 임에게 다소곳이 고개 숙여 절을 한다.

---

383) '青牛'(청우) : 검은 색의 소. '丹轂'(단곡) : 붉은 색의 수레바퀴. '轂'은 본래 바퀴의 축이다. '七香車'(칠향거) : 일곱 가지의 향나무로 만든 수레. 『拾遺記』에 의하면, 魏文帝가 총애하던 미인 薛靈芸은 아름다운 수레 열 대로 맞아들였는데, 수레마다 모두 황금을 아로새겨 바퀴테를 만들었고, 바퀴축에는 붉은 색을 칠했으며, 검은 색 소에 매어 하루에 삼백 리를 갔다고 했다.

481. 까마귀 깃들고 4

「烏棲曲」 其四

織成屛風銀屈膝,[384] 직성비단 병풍에 은고리 달려 있고
朱脣玉面鐙前出. 붉은 입술 옥 같은 얼굴은 등잔 앞으로 나서네
相看氣息望君憐,[385] 임을 보곤 숨이 빨라지며 임의 사랑 바라는데
誰能含羞不自前. 그 누가 부끄러워하며 스스로 나서지 않으리

해설 이 작품은 임을 맞아 밤을 보내는 여인의 설레는 심정을 노래한 시다. 아름다운 얼굴의 미인이 등잔 앞으로 나서며 임을 가까이에서 보게 되자 호흡이 가빠지며 빨리 임이 자신을 안아주길 기다린다. 이런 경우 어떤 사내가 부끄럼 타면서 여인이 다가오기만을 기다릴 수 있겠는가. 이상 네 작품은 내용상 연작시로 보인다. 첫 작품은 기녀가 귀공자를 기다리는 내용이며, 나머지 작품은 귀공자가 기녀를 찾아가 회포를 푸는 내용을 순서대로 노래하고 있다.

「잡구 '종군하여'(雜句從軍行)」 1수[386]

482. 잡구 '종군하여'

「雜句從軍行」

雲中亭障羽檄驚,[387] 운중군 보루는 날개 달린 격문에 놀라고

384) '織成'(직성): 옛날 유명하고 귀했던 비단의 하나. 색 명주실과 금실로 짰다. '屈膝'(굴슬): 고리. 문·창문·궤짝·병풍 등에 달려 있는 손잡이.
385) '氣息'(기식): 호흡.
386) '雜句'(잡구): 오언구와 칠언구가 섞여 있다는 뜻이다. '從軍行'(종군행): 樂府의 제

甘泉烽火通夜明.[388] 감천산 봉화불은 밤새도록 환하다
貳師將軍新築營,[389] 이사장군 이광리는 새로 병영 축조하고
嫖姚校尉初出征.[390] 표요교위 곽거병은 처음으로 출정한다
復有山西將,[391] 또한 산서 출신 장군도 있는데
絶世受雄名.[392] 세상에 둘도 없는 영웅이란 이름 좋아한다
三門應遁甲,[393] 삼문에서는 둔갑술로 응대하고

목. 『樂府解題』에 따르면, 이 노래는 모두 군대생활의 고통을 노래한 것이라고 했다. 『廣題』에 인용된 左延年의 가사는 다음과 같다. "괴롭도다 변경 사람, 한 해에 세 번이나 출정하였다네. 셋째 아들은 敦煌으로 갔고, 둘째 아들은 隴西로 갔으며, 다섯째 아들은 멀리 싸우러 갔고, 다섯 며느리는 모두 임신했다네(苦哉邊地人, 一歲三從軍. 三子到燉煌, 二子詣隴西. 五子遠鬪去, 五婦皆懷身)"라고 했다. 相和歌辭 平調曲에 속한다. 蕭綱에게 두 수가 있는데, 이것은 제2수이다.

387) '雲中'(운중): 옛날의 郡 이름. 秦나라 때 설치되었으며, 지금의 內蒙古 托克托 동북쪽에 해당한다. '亭障'(정장): 옛날 변경의 요충지에 설치했던 보루. 『史記』「秦始皇本紀」에 "보루를 쌓아 오랑캐를 물리쳤다(筑亭障以逐戎人)"라고 했다. '羽檄'(우격): 긴급한 군사문서. 새의 깃을 꽂아 긴급함을 나타냈다.

388) '甘泉'(감천): 산 이름. 또는 그 산에 지어졌던 궁전 이름. 지금의 陝西省 淳化縣 서북쪽에 甘泉山이 있으며, 秦나라 때 그 산위에 궁궐을 지었는데, 漢나라 武帝는 증축하여 그곳에서 제후들을 접견하기도 하고 여름에는 피서지로 삼았었다.

389) '貳師將軍'(이사장군): 漢 武帝 때의 장군 李廣利를 가리킨다. 西域 大宛國의 한 지명으로 貳師城이 있었는데, 駿馬의 산지로 유명하다. 李廣利가 그 성을 함락하고 駿馬를 가져왔기 때문에 붙은 이름이다. 『漢書』「武帝紀」에 "貳師將軍 李廣利는 大宛國 왕의 목을 베고 汗血馬를 노획해왔다(貳師將軍廣利斬大宛王首, 獲汗血馬)"라고 했다.

390) '嫖姚校尉'(표요교위): 漢나라 때의 무관 이름의 하나. 품계는 대략 將軍 다음에 해당했는데, 이후 조금씩 낮아져 明淸 때는 衛兵을 가리키는 말로 쓰였다. 여기에서는 漢 武帝 때 이 직책에 있었던 霍去病을 가리킨다.

391) 『漢書』「趙充國傳贊」에 "秦漢 이래로 산의 동쪽에서는 재상이 나왔고, 산의 서쪽에서는 장군이 나왔다(秦漢以來, 山東出相, 山西出將)"라고 했다. 여기에서 말하는 산은 太行山을 가리킨다.

392) '受'(수): 『考異』는 『藝文類聚』에 따라 '愛(사랑하다)'자로 고쳤는데, 여기에서도 이를 따랐다.

393) 이 구는 방술가의 둔갑술을 말한 것이다. '三門'(삼문): 『太乙式』에 "무릇 모든 일이 다 세 개의 문에서 일어나려고 하니, 다섯 장수를 조심해야 한다. 세 개의 문에서 일어난다는 것은 곧 開門·休門·生門을 가리키며, 다섯 장군이란 곧 天目·文昌 등이다(凡擧事皆欲發三門, 愼五將. 發三門者, 開門休門生門. 五將者, 天目文昌等)"라고 했다. '遁甲'(둔갑): 둔갑술.

五壘學神兵.394)	오루성에선 신출기몰한 병법을 따라한다
白雲隨陣色,	흰 구름은 진지의 색을 따라 하얗고
蒼山答鼓聲.	푸른 산은 북 소리에 메아리친다
邐迤觀鵝翼,395)	굽이굽이 거위 날개 같은 진지도 구경하고
參差覩雁行.396)	들쑥날쑥 기러기 행렬 같은 진지도 본다
先平小月陣,397)	먼저 소월지의 진지를 평정하고
卻滅大宛城.	다시 대완국 성을 격멸한 후
善馬還長樂,398)	준마를 노획해 장락궁으로 개선하니
黃金付水衡.399)	황금을 수형교위에게 드린다
小婦趙人能鼓瑟,	조나라 젊은 여인은 비파를 탈 수 있고
侍婢初笄解鄭聲.400)	막 머리 올린 시녀는 정나라 노래를 부를 줄 안다
庭前桃花飛已合,401)	마당 앞의 버들개지는 날리었다가 다시 뭉치는데
必應紅妝起見迎.	붉은 화장을 하고 일어나 영접해야 하리라

해설 이 작품은 변경 지역에 종군하여 공을 세우고 개선하는 장군에 대해 노래한 시다. 개선장군은 그 공에 따라 당연히 포상을 받게 되며, 뿐만 아니라 미인들의 가무가 곁들여진 환영연도 있게 마련이다.

---

394) '五壘'(오루) : 城 이름. 河北省 滄縣 남쪽에 있었다.

395) '邐迤'(리이) : 구비구비 길게 이어진 모양.

396) '參差'(참치) : 가지런하지 않은 모양. 이상 두 구는 진을 친 모양을 나타낸 것이다.

397) '小月'(소월) : 小月氏族(의 나라). 漢나라 때 甘肅省 서북에 살던 종족으로, 匈奴와 烏孫 등에게 패하여 일부는 嬀水 북쪽으로 도망가 중앙아시아에 터를 잡았는데, 이를 大月氏라고 하고 본래 땅에 남아 있던 민족을 小月氏라고 한다.

398) '長樂'(장락) : 漢나라 때의 궁전 이름.

399) '水衡'(수형) : 관직 이름. 水衡都尉. 『漢書』「百官公卿表」에 의하면, 武帝 元鼎 2년 초에 설치되었으며, 上林苑 업무를 관장하였고 다섯 명의 아전을 두었으며 아홉 명의 속관을 두었다고 한다.

400) '初笄'(초계) : 막 笄禮를 치루고 성인이 된 여인이란 뜻이다.

401) '桃花'(도화) : 『考異』는 『藝文類聚』에 따라 '柳絮(버들개지)'자로 고쳤는데, 여기에서도 이를 따랐다.

483. 시중 소자현의 '봄날의 이별'에 화운하여 1
「和蕭侍中子顯春別」 其一

別觀葡萄帶實垂,[403] 별궁의 포도나무는 열매를 드리우고 있고
江南荳蔻生連枝.[404] 강남의 육두구는 줄기가 붙어 자란다
無情無意猶如此, 감정 없고 생각 없는 식물도 이와 같건만
有心有恨徒別離. 사랑하고 원망하는 사람이 부질없이 헤어져 살다니

해설 이 작품은 이별의 한을 노래한 시다. 포도나무에 달려 있는 포도와 가지가 붙어 자라는 육두구나무를 보니 마치 서로 사랑하는 사이인 것 같다. 생각도 감정도 없는 식물도 저러한데 사람이 어찌 그보다도 못한가.

484. 시중 소자현의 '봄날의 이별'에 화운하여 2
「和蕭侍中子顯春別」 其二[405]

蜘蛛作絲滿帳中, 거미가 실을 지어 장막 안에 가득하고

---

402) '侍中'(시중) : 관직 이름. 晉나라 때 설치되었으며, 漢代에는 임금을 모시면서 궁정을 드나들며 함께 정사를 들었는데, 나중에는 점차 임금의 최측근의 위치로 변해 晉 이후에는 宰相에 상당하였다. '蕭子顯'(소자현) : 제8권 서두에 그의 작품 두 수(368~369)가 수록되어 있으며, 제9권 후반에 「春別」 4수(494~497)가 수록되어 있다.

403) '別觀'(별관) : 별궁.

404) '荳蔻'(두구) : 육두구과의 상록활엽교목. 열대식물로서 높이는 20m 가량 자라며, 잎은 길고 둥글며 가장자리가 밋밋하고 두껍다. 살구씨처럼 생긴 열매가 익으면 적황색 껍질이 갈라지는데 약용으로 쓰인다.

405) 『藝文類聚』에는 이 작품이 江總의 「閨怨詩」라고 되어 있다.

芳草結葉當行路. 향기로운 풀은 잎이 엉긴 채 다니는 길에 자라는데
紅臉脉脉一生啼,406) 붉은 뺨엔 끊임없는 평생의 눈물
黃鳥飛飛有時度. 꾀꼬리 날고 날며 때때로 지나간다
故人雖故昔經新, 옛사람 오래되었지만 예전에 새사람일 때가 있었고
新人雖新復應故. 새사람 새롭지만 또한 당연히 옛사람 되리라

해설 이 작품은 총애를 잃은 후비의 슬픔을 노래한 시다. 임금이 찾아오지 않는 적막한 침소엔 거미줄이 여기저기 가득하고 다니던 길에는 풀이 무성히 자란다. 눈물로 지새는 날, 가끔씩 날아다니던 꾀꼬리만 들렀다 지나간다. 내 비록 옛사람이라고 하지만 처음엔 새사람이었고, 지금 총애를 받고 있는 후비가 새사람이라고 하지만 훗날 반드시 나처럼 옛사람이 되리라.

485. 시중 소자현의 '봄날의 이별'에 화운하여 3
「和蕭侍中子顯春別」其三

可憐淮水去來潮, 사랑스런 회수 강물 밀려왔다 밀려가며 파도를 일으키고
春堤楊柳覆河橋. 봄 제방의 버드나무는 강의 다리를 뒤덮고 있네
淚迹未燥詎終朝,407) 눈물 자국이 아직 마르지도 않았는데 어찌해 벌써 아침인지
行聞玉珮已相要.408) 패옥 소리 쩔렁이며 나를 부르는 소리 들리는 듯

406) '脉脉'(맥맥) : 끊임없는 모양.
407) '燥'(소) : 『考異』에는 '燥(마르다)'자로 되어 있는데, 같은 뜻이다. '終朝'(종조) : 아침이 되다.
408) '相要'(상요) : 부르다. 초대하다. 鈴木虎雄은 이 구에 대해 주인공 여인이 억지로 스스로를 위로하는 것이라고 보았다.

해설 이 작품은 총애를 잃은 후비의 임에 대한 그리움과 원망을 노래한 시다. 세월은 어김없이 흘러 다시 봄이 찾아왔다. 그러나 한 번 나를 떠난 임은 다시 나를 찾을 줄을 모른다. 밤새 그리움과 원망에 눈물을 흘리다가 어느새 아침을 맞는데, 나를 찾아오는 임의 패옥 소리가 잠을 못잔 탓인지 환청처럼 들린다.

486. 시중 소자현의 '봄날의 이별'에 화운하여 4
「和蕭侍中子顯春別」 其四

桃紅李白若朝妝, 붉은 복사꽃 하얀 자두꽃은 아침 화장 같고
羞持顦顇比新楊.409) 초췌한 얼굴에 부끄러움 번지니 새로 핀 꽃인가 하네
不惜暫住君前死, 그대와 함께 잠시 살다가 그대 앞에 죽는 것도 미련 없지만
愁無西國更生香.410) 서방정토에는 영혼을 부르는 향이 없을까 걱정되네

해설 이 작품은 사랑하는 임과 함께 살고 싶은 여인의 간절한 소망을 노래한 시다. 복사꽃과 자두꽃이 피는 봄날, 사랑하는 임이 나타나자 임 그리며 초췌해진 여인의 얼굴에도 복사꽃 같은 부끄러움이 번진다. 잠시라도 좋으니 사랑하는 사람과 함께 살다가 죽고 싶다. 다만 걱정되는 것은 죽어 서방정토에 가면 영혼이라도 돌아와 임을 볼 수 있는 기회가 다시는 없다는 것이다. 그러면 어떠하랴. 임도 곧 그곳

---

409) '顦顇'(초췌) : 파리한 모양. '楊'(양) : 『考異』는 『藝文類聚』에 따라 '芳(향기로운 꽃)' 자로 고쳤는데, 여기에서도 이를 따랐다.
410) '西國'(서국) : 서방의 극락정토. '更生香'(갱생향) : 영혼을 불러오기 위해 피우는 향.

으로 갈 텐데.

「잡구 '봄날의 서정'(雜句春情)」 1수[411)]

487. 잡구 '봄날의 서정'

「雜句春情」

蝶黃花紫燕相追, 노란 나비와 보라색 꽃 위로 제비들이 서로 좇아 날고

楊低柳合路塵飛.[412)] 처졌다 모였다 하는 버들가지 아래 길에는 먼지가 날린다

已見垂鉤挂綠樹,[413)] 긴 갈고리가 푸른 뽕나무에 걸리는 것이 보이니

誠知淇水霑羅衣.[414)] 확실히 알겠다 기수 강물이 여인의 비단옷 적실 때인 줄

兩童夾車問不已,[415)] 두 소년은 수레 사이에 두고 질문이 끝없고

五馬城南猶未歸.[416)] 성 남쪽 다섯 마리 말은 아직 집으로 돌아가지 않는다

---

411) 『樂府詩集』에는 「春情曲」이라고 되어 있다. 雜曲歌辭에 속한다.

412) '楊'(양)·'柳'(류) : 모두 버드나무를 가리킨다.

413) '鉤'(구) : 높은 가지에 있는 뽕을 딸 때 사용하는 갈고리. 이 구는 뽕밭에서 뽕을 따는 여인이 보인다는 뜻이다.

414) '淇水'(기수) : 河南省 林縣에서 발원하는 黃河의 지류. 이 구는 『詩經』「衛風」「氓」의 "淇水 강물 넘실넘실, 내 가마의 휘장을 적시네(淇水湯湯, 漸車帷裳)"라는 구절에서 왔다. 즉 가마를 타고 시집가는 여인처럼 봄은 결혼의 계절이라는 암시를 하고 있다.

415) 이 구는 제1권 古樂府 중의 「相逢狹路間」(10) 중에 두 소년이 수레를 사이에 두고 서로의 주인집에 대해서 이야기하는 내용을 가리킨다.

416) 이 구는 제1권 古樂府 중의 「日出東南隅行」(9) 중에 太守가 羅敷에 반해서 유혹하는 장면을 가리킨다.

鶯啼春欲駛,　　꾀꼬리는 울고 봄은 빠르게 지나가려 하는데
無爲空掩扉.　　부질없이 사립문 닫아 두지는 마시길

해설 이 작품은 봄날의 경물을 보고 일어나는 여러 가지 생각들을 노래한 것이다. 만물이 약동하는 봄은 사람에게도 다름이 없다. 사랑의 계절인 것이다. 그러나 봄날은 망설이고 있을 만큼 길지 않으며 아지랑이 사라지듯 덧없이 빨리 지나가니 괜히 지조 지킨다며 집안에 틀어박혀 지내서는 안 되리라.

「고시를 본뜬 시(擬古)」 1수[417)]

488. 고시를 본뜬 시

「擬古」

窺紅對鏡斂雙眉,　　거울 앞에서 붉은 얼굴 비춰보며 양 눈썹 찡그리고
含愁拭淚坐相思.[418)]　　근심스런 마음에 눈물 닦으며 까닭 없이 시름에 젖는다
念人一去許多時,　　그리운 그 사람 떠난 후 세월은 또 얼마나 흘렀던가
眼語笑靨迎來情,　　눈짓과 보조개 웃음으로 오시는 임 맞겠다는
心懷心想甚分明.　　마음에 품은 생각 뚜렷하기 그지없다
憶人不忍語,　　그 사람 생각하며 차마 말을 못하고
銜恨獨吞聲.　　한스러운 마음 품은 채 홀로 울음 삼킨다

---

417) 蕭統의 문집에도 실려 있다.
418) '坐'(좌) : 까닭 없이. 공연히.

해설 이 작품은 자기를 버리고 떠난 임을 그리워하는 여인의 심경을 노래한 시다. 거울을 보다가 문득 그 사람 생각으로 수심에 젖어 눈물 흘린다. 그 사람 떠난 지 벌써 얼마나 되었던가. 지금이라도 돌아온다면 정감어린 눈길과 미소로 맞을 텐데. 마음속 사람은 오직 한 사람, 그 사람밖에 없다. 그러나 차마 말을 못하고 한스러운 마음에 울음을 삼킨다.

「기루의 원망(倡樓怨節)」 1수[419)]

489. 기루의 원망

「倡樓怨節」

朝日斜來照戶,	아침 해는 비스듬히 방문을 비추고
春鳥爭飛出林.	봄새는 다투어 날며 숲에서 나온다
片光片影皆麗,	한 조각 빛 한 조각 그림자 모두가 아름답고
一聲一囀煎心.[420)]	한 마디 소리 한 마디 지저귐도 속을 태운다
上林紛紛花落,[421)]	상림원엔 꽃잎이 어지럽게 떨어지고
淇水漠漠苔浮.[422)]	기수 강물 위로 이끼가 자욱히 떠다닌다
年馳節流易盡,	일 년은 달리듯 절기는 흐르듯 쉽게 다해버리는데

---

419) '倡樓'(창루): 기루. 기원. 기녀들이 거처하는 곳. 여기에서는 기녀를 가리킨다. '節'(절): 鈴木虎雄의 설명에 따르면, 節略하다란 뜻이 아닌가 하였다. 즉 宋刻本의 전체 목록에는 '皇太子聖製一十六首'라고 되어 있는데 실재로는 11수밖에 수록되어 있지 않는 것으로 보아, 혹시 「倡樓怨」이란 작품이 본래 6수 수록되어 있었는데, 후인들이 그 중 5수를 생략한 것이 아닌가 하였다. 의문으로 남겨둔다. 雜曲歌辭에 속한다.

420) '囀'(전): 지저귀다.

421) '上林'(상림): 上林苑. 漢나라 때의 황실 정원. '紛紛'(분분): 어지럽게 날리는 모양.

422) '淇水'(기수): 河南省 林縣에서 발원하는 黃河의 지류. '漠漠'(막막): 넓게 퍼져 있는 모양.

何爲忍憶含羞.　　어찌해 부끄러움 머금은 채 못내 그 사람 생각하는가

해설 이 작품은 사랑하는 임을 기다리는 기녀의 안타까운 심정을 노래한 시다. 봄이 되어 만물이 약동하니 여인의 가슴은 한껏 부풀어오른다. 어느 날 나에게 왕자처럼 나타나 사랑을 약속하고 정을 주고 간 그 사람, 이 봄에 유난히 더 그립다. 유수 같은 세월이 그토록 많이 흘렀건만 아직도 그 사람 생각만 하면 얼굴이 붉어진다.

상동왕(湘東王)[423)]

「명령에 따라 지은 '봄날의 이별'(春別應令)」 4수[424)]

490. 명령에 따라 지은 '봄날의 이별' 1

「春別應令」 其一

昆明夜月光如練,[425)] 곤명호의 밤 달은 표백한 비단같이 빛나고
上林朝花色如霰.[426)] 상림원의 아침 꽃은 싸락눈처럼 하얗다
花朝月夜動春心,　아침 꽃과 밤 달이 춘정을 움직이니
誰忍相思不相見.　누라서 차마 그리운 사람 만나고 싶지 않겠는가

---

423) 蕭繹을 가리킨다.
424) 蕭子顯의 「春別」(494~497) 시에 和韻한 蕭綱의 명에 따라 지은 것이다.
425) '昆明'(곤명) : 옛날 호수 이름. 漢 武帝 元狩 3년(119) 水戰을 연습하기 위해 長安 근교에 팠던 것이다. '練'(련) : 표백한 명주·무명·모시 등을 가리킨다.
426) '上林'(상림) : 上林苑. 漢나라 때의 황실 정원.

해설 이 작품은 봄날 여인의 임에 대한 그리움을 노래한 시다. 교교한 달빛과 정원 가득한 꽃들이 여인의 마음을 자극하니 잠시 가슴에 묻어두었던 옛날 애인 생각이 울컥 난다.

491. 명령에 따라 지은 '봄날의 이별' 2

「春別應令」 其二

試看機上交龍錦,427)	베틀 위의 교룡금 비단을 살펴보다가
還瞻庭裏合歡枝.428)	다시금 마당 안의 자귀나무 가지를 바라보는데
映日通風影朱幔,	햇빛 비치는 붉은 장막으로 바람 지나고 그림자 어리며
飄花拂葉度金池.	나부끼는 꽃잎 휘날리는 잎은 금빛 연못을 지나간다
不聞離人當重合,	이별한 사람 응당 다시 만났다는 소식 들리지 않으며
惟悲合罷會成離.	오직 슬픈 건 만남이 끝나고 모인 사람들 이별하는 것

해설 이 작품은 이별에 대한 슬픔을 노래한 시다. 부부의 사랑을 상징하는 교룡금 비단과 합환목을 보니 사랑하는 사람들의 이별이 슬프게 와 닿는다. 그러나 도처엔 재회로 기뻐하는 사람들은 보이지 않고 이별하는 사람들만 눈에 보이니 슬프다. 어찌 세상엔 '會者定離'

427) '交龍錦'(교룡금): 두 마리 용이 서로 교차하는 무늬를 넣어 짠 비단. 陸翽의 『鄴中記』에 의하면, 비단의 종류로 大交龍·小交龍·斑文錦·鳳凰朱雀錦 등이 있다고 했다.
428) '合歡'(합환): 식물 이름. 자귀나무. 일명 '馬纓花'·'合歡木'이라고도 한다. 콩과의 낙엽 활엽소교목. 높이는 3~5m. 잎은 깃 모양의 겹잎인데 밤이 되면 오므라든다. 6~7월에 실처럼 길고 붉은 꽃이 피며 정원수로 많이 이용된다.

의 이치만이 어김없이 지켜지며, '去者必返'의 이치는 쉽게 무시되고 마는가.

492. 명령에 따라 지은 '봄날의 이별' 3

「春別應令」 其三

門前楊柳亂如絲, 대문 앞의 버드나무 실처럼 헝클어져 있는 봄에
直置佳人不自持.[429] 단지 이 미인만은 슬픈 마음 억제할 수 없다
適言新作裂紈詩,[430] 막 새로이 원망의 시를 짓는다고 말했는데
誰悟今成織素辭.[431] 이제 와서 쫓겨난 여인의 노래가 될 줄 누가 알았으랴

해설 이 작품은 버림받은 여인의 원망을 노래한 시다. 얼마 전까지도 혹시나 버림받을까 걱정하였었는데 졸지에 버림받은 신세가 되니 슬픔을 어떻게 억제할 수 있으랴.

493. 명령에 따라 지은 '봄날의 이별' 4

「春別應令」 其四

日暮徙倚渭橋西,[432] 날이 저물어 위수 다리 서쪽에서 서성거리는데

429) '直置'(직치) : 단지. 오직. 단지 이와 같다. '自持'(자지) : 스스로의 감정을 억제하다.
430) '裂紈詩'(렬환시) : 제1권 班婕妤의 「怨詩」(27)를 가리킨다. 버림받을까 두려워하는 여인의 심정을 노래한 시다.
431) '織素辭'(직소사) : 제1권의 古詩 「上山采蘼蕪」(1)를 가리킨다. 즉 버림받은 여인의 원망을 노래한 시다.
432) '徙倚'(사의) : 배회하는 모양. '渭'(위) : 강 이름. 甘肅省 渭源縣에서 발원하여 陝西省을 거쳐 황해로 들어가는 강. 長安 부근을 흐른다.

正見凉月與雲齊.[433] 마침 흐르는 달이 구름과 나란한 것이 보인다
若使月光無近遠,[434] 만약 달빛이 멀고 가까움을 가리지 않는다면
應照離人今夜啼. 떨어져 있는 그 사람 오늘 밤에 우는 것을 당연히 비추겠지

해설 이 작품은 서울에서 벼슬하기 위해 고향을 떠나 있는 사람의 고향 아내에 대한 그리움을 노래한 시다. 업무를 끝내고 渭水 강가로 나와 산책하고 있다. 마침 구름 사이로 지나가는 달이 눈에 들어오니 문득 아내 생각이 난다. 달은 아마 아무리 멀리 있어도 다 비추리라. 그렇다면 내가 보고 있는 저 달은 고향에서 나를 그리워하며 눈물 흘리고 있을 아내도 당연히 비추겠지. 달빛에 눈물이 마를 수 있다면 아내의 슬픔도 따라 줄어들어 좋으련만.

소자현(蕭子顯)

「봄날의 이별(春別)」 4수[435]

494. 봄날의 이별 1

「春別」其一

翻鶯度燕雙比翼,[436] 날아가는 꾀꼬리 지나가는 제비들은 쌍쌍이 붙

433) '凉'(량) : 『藝文類聚』에는 '流(흐르다)'자로 되어 있는데, 여기에서도 이를 따랐다.
434) '若使'(약사) : 만약.
435) 이 작품에 대한 和作으로 앞에 蕭綱(483~486)과 蕭繹(490~493)의 작품이 있다.

	어 날고
楊柳千條共一色.	수양버들 천 개의 가지 모두 한 가지 색이며
但看陌上攜手歸,	단지 보이는 건 손잡고 돌아오는 사람들뿐
誰能對此空中憶.[437]	뉘라서 이런 풍경 보며 부질없이 옛사람 생각할 수 있겠는가

해설 이 작품은 봄날 풍경을 보면서 옛날 사랑했던 사람에 대한 그리움을 노래한 시다. 수양버들은 봄바람으로 재단한 녹색 띠를 가득 드리우고, 그 주위로는 쌍쌍이 나르는 꾀꼬리와 제비들. 멀리 산으로 강으로 놀러나갔다가 쌍쌍이 손을 잡고 귀가하는 사람들. 이런 모습을 보면서 그 누가 눈물 없이 옛 애인을 생각할 수 있겠는가.

495. 봄날의 이별 2

「春别」 其二

幽宮積草自芳菲,	깊은 궁궐 안 우거진 풀에는 저절로 향기로운 꽃이 피고
黃鳥芳樹情相依.	꾀꼬리는 꽃나무 위에서 서로 붙어서 사랑하는데
爭風競日常聞響,	바람과 경쟁하듯 해와 다투듯 지저귀는 소리 자주 들리며
重花疊葉不通飛.	겹겹 쌓인 꽃잎 풀잎에 새들도 그 사이로는 날지 못한다
當知此時動妾思,	당연히 알리라 이런 날이 소첩의 그리움을 건드리는 줄

436) '翻'(번) : 날아가다.
437) '中'(중) : 『考異』를 따라 '相'자로 해석하였다.

慚使羅袂拂君衣. 부끄러워하며 비단소매로 임의 옷자락을 스친다

해설 이 작품은 춘정에 겨워 임에게 사랑의 마음을 전하는 여인을 노래한 시다. 푸른 풀, 푸른 나무, 그리고 사방에 향연을 버리는 꽃들, 지저귀는 꾀꼬리, 꽃을 찾는 벌과 나비, 이런 풍경이 여인의 춘심을 자극할 것은 당연지사. 예의 없다는 소릴 좀 듣는다손 치더라도 어쩌랴. 터질 듯한 마음을 소매 끝에 묻혀 살짝 임의 옷자락으로 전해본다.

496. 봄날의 이별 3

「春別」 其三

江東大道日華春,[438] 강남의 큰길에 햇살 가득한 봄이 와
垂楊挂柳掃輕塵.[439] 드리워진 수양버들은 가벼운 먼지를 쓰는데
淇水昨送淚沾巾,[440] 어제 기수에서 전송하며 눈물로 수건을 적셨지만
紅妝宿昔已應新.[441] 간밤에 붉은 화장한 여인 이미 새사람 되었겠지

해설 이 작품은 임과 작별한 여인의 슬픔을 노래한 시다. 만물이 약동하는 봄이건만 임은 하필이면 이때 내 곁을 떠나는지. 나루터에서 배를 타고 떠나는 임을 바라보며 어제는 눈물도 참 많이 흘렸다. 당신 같이 훌륭한 분은 어디에 가든 미인들이 끊이지 않을 텐데, 그렇다면 어젯밤에 벌써 붉게 화장한 새 여인을 품에 안았을 게 분명하다.

---

438) '東'(동) : 『考異』를 따라 '南'자로 해석하였다. '日華'(일화) : 햇빛을 가리킨다.
439) '挂'(괘) : 아래로 드리워지다. '垂'자와 같다.
440) '淇水'(기수) : 河南省 林縣에서 발원하는 黃河의 지류.
441) '宿昔'(숙석) : 간밤. 지난 밤.

497. 봄날의 이별 4

「春別」 其四

衘悲攬涕別心知, 가슴 가득 슬픔으로 눈물 닦는 심정 이별한 사람은 알리라
桃花李色任風吹.442) 복사꽃 자두꽃은 바람 따라 날리는데
本知人心不似樹, 본래 사람 마음은 나무와 같지 않다고 알았건만
何意人別似花離. 어찌 생각했으랴 사람의 이별이 꽃 떨어지는 것과 같을 줄을

해설 이 작품은 이별의 슬픔을 노래한 시다. 꽃잎이 바람에 날려 나무에서 떨어지는 것을 보니 흡사 내가 임과 떨어져 이별한 것 같아 오히려 봄날이 싫어진다. 찌푸린 얼굴로 눈물 닦는 심정을 예전에는 몰랐었는데 오늘 내가 그런 신세 될 줄이야.

「명령에 따라 지은 악부 '까마귀 깃들고'(樂府烏棲曲應令)」 2수443)

498. 명령에 따라 지은 악부 '까마귀 깃들고' 1

「樂府烏棲曲應令」 其一

握中酒杯瑪瑙鍾,444) 손에 잡은 술잔은 마노로 만든 잔
裾邊雜珮琥珀龍.445) 옷자락에 달린 갖가지 패옥은 호박으로 만든 용

442) '色'(색) : 『考異』를 따라 '花'자로 해석하였다.
443) 『樂府詩集』에는 蕭繹의 작품이라고 되어 있다. 淸商曲辭 西曲歌에 속한다.
444) '瑪瑙'(마노) : 석영의 일종. 희거나 붉은 색을 띠며 색이 고와 장식품을 만드는 데 이용된다. '鍾'(종) : 술병. 술잔.

欲持寄君心不惜, 임에게 드리려니 아까울 것 하나 없고
共指三星今何夕.[446] 함께 세 별 가리키니 오늘밤은 임 만나는 밤

해설 이 작품은 임과 함께 하는 밤의 즐거움을 노래한 시다. 얼마나 설레겠는가. 합환주를 나눠 마시며 귀한 선물을 주고받는다. 임에게 드리는 것 세상 그 무엇이 아까우랴.

499. 명령에 따라 지은 악부 '까마귀 깃들고' 2

「樂府烏棲曲應令」 其二

淚黛紅輕點花色,	눈물 젖은 눈썹먹에 옅은 연지로 볼에 꽃잎을 만드니
還欲令人不相識.	다시금 그 사람은 나를 알아보지 못할 것 같네
金壺夜水誰能多,[447]	물시계의 밤에 떨어지는 물 어찌 많을 수 있으랴
莫持賒用比懸河.[448]	아득히 멀리 저 은하수와는 비교하지 마시길

해설 이 작품은 임을 기다리는 여인의 그리움과 슬픔을 노래한 시다. 눈물이 흘러 눈썹화장은 번지는데 그래도 분홍색 연지로 볼에다 꽃잎을 그린다. 설령 이 밤에 그 사람이 돌아온다 해도 자신의 아내인 줄을 알아보지 못하리라. 여인의 흘리는 눈물에 비하면 물시계에서

---

445) '琥珀'(호박) : 지질시대의 樹脂 따위가 땅속에 묻혀서 수소·산소·탄소 등과 화합하여 돌처럼 굳어진 광물로, 황색으로 투명하며 장식용으로 이용된다.

446) '三星'(삼성) : 오리온자리의 가운데 세 별. 『詩經』「唐風」「綢繆」의 "땔나무를 꽁꽁 동여매는데, 세 별이 동쪽 하늘에 있네. 오늘 밤은 어떤 밤인가? 내 낭군님 만나는 날(綢繆束薪, 三星在天. 今夕何夕, 見此良人)"에서 온 것으로, 여기에서는 임과 함께 하는 밤이란 뜻으로 쓰였다.

447) '金壺'(금호) : 물시계. '誰'(수) : 『考異』를 따라 '詎(어찌)'자로 해석하였다.

448) '賒'(사) : 아득하다. '懸河'(현하) : 은하수.

떨어지는 물방울이 어찌 많다고 하겠는가. 그러나 그 눈물을 저 멀리 은하수와는 비교하지 마시길.

500. 연가행

「燕歌行」[449)]

風光遲舞出青蘋,[450)] 일렁이는 햇빛은 느리게 춤을 추며 파란 부평초 싹을 틔우고
蘭條翠鳥鳴發春.[451)] 난초 줄기에 앉은 비취새 약동하는 봄을 노래하네
洛陽梨花落如雪, 낙양의 배꽃 눈처럼 떨어지고
河邊細草細如茵.[452)] 황하 강변 파란 풀은 펼친 돗자리 같네
桐生井底葉交枝,[453)] 우물 옆의 오동나무는 잎과 가지가 섞여 있는데
今看無端雙燕離. 바야흐로 까닭 없이 한 쌍의 제비 떨어져 나는 것 보이네
五重飛樓入河漢, 나는 듯 높은 오층 누각 은하수 속으로 들어가고
九華閣道暗清池.[454)] 화려한 무늬의 높은 복도 맑은 연못을 어둡게 하네
遙看白馬津上吏,[455)] 저 멀리 백마진 나룻가에 관리가 보이는데

---

449) 제9권 曹丕의 「樂府燕歌行」 2수(439~440)가 있으니 참고할 것.
450) '風光'(풍광) : 바람에 의해 초목에 반사되어 나오는 햇빛. '蘋'(빈) : 개구리밥. 여러해살이풀. 수면에 뜨는 작은 풀로서 浮萍草라고도 한다. 늦은 가을에 타원형의 겨울눈이 모체에서 떨어져 물 밑에 가라앉아서 겨울을 나고 다음해 봄에 물 위에 떠서 번식한다. 宋玉의 「風賦」에 "무릇 바람은 땅에서 생겨, 파란 부평초 끝에서 인다(夫風生于地, 起于青蘋之末)"라고 했다.
451) 郭璞의 「遊仙詩」에 "비취새는 난초 줄기와 장난하네(翡翠戲蘭苕)"라는 구절이 있다.
452) '細'(세) : 『文苑英華』를 따라 '青'자로 해석하였다. '茵'(인) : 돗자리.
453) '井底'(정저) : 우물 곁을 가리킨다.
454) '九華'(구화) : 화려함을 나타내는 말이다. '閣道'(각도) : 복도.
455) '白馬津'(백마진) : 옛날 나루터 이름 또는 지명. 지금의 河南省 滑縣 북쪽에 있었다.

傳道黃龍征戍兒.[456] 황룡의 변경 수비병이 되었단 말 전해주네
明月金光徒照妾, 밝은 달 금빛은 한갓되이 여인을 비추는데
浮雲玉葉君不知.[457] 뜬 구름 옥 같이 아름다운 걸 당신은 모르리라
思君昔去柳依依, 전에 당신 떠나실 때를 생각하면 버들이 하늘거렸는데
至今八月避暑歸. 지금은 팔월이라 피서철이 돌아왔네
明珠蠶繭勉登機, 명월주 같은 누에고치로 실을 자아 부지런히 베틀에 오르고
鬱金香蘤特香衣.[458] 울금향 향기로운 꽃으로 옷에 향기를 넣네
洛陽城頭雞欲曙, 낙양성 꼭대기에는 닭이 새벽을 알리려 하는데
丞相府中烏未飛.[459] 승상부 청사 안에 깃든 까마귀는 아직 날지 않네
夜夢征人縫狐貉,[460] 간밤의 꿈에 출정한 그 사람이 가죽옷 꿰매었는데
私憐織婦裁錦緋.[461] 붉은 비단 마름질하는 여인의 모습을 몰래 가엽게 여기네
吳刀鄭綿絡,[462] 오나라 가위로 자르고 정나라 솜을 넣는데

『漢書』「項籍傳」에 "漢나라의 사신 盧綰과 劉賈는 白馬津을 건너 楚나라로 들어갔다(漢使盧綰劉賈渡白馬津, 入楚地)"라고 했으며, 또 『魏志』에 "袁紹는 顔良을 파견해 東郡太守 劉延을 白馬에서 치도록 했다(袁紹遣顔良攻東郡太守劉延于白馬)"라고 했다.

456) '黃龍'(황룡) : 옛날 요새의 이름. 지금의 吉林省 農安縣에 있었다. '征戍兒'(정수아) : 종군하여 변경을 지키는 병사.

457) '玉葉'(옥엽) : 구름의 색을 나타내는 말이다.

458) '鬱金'(울금) : 생강과의 다년생 초본식물. 잎은 긴 원형이며, 여름에 꽃이 피는데 흰색이다. 덩이처럼 생긴 줄기와 뿌리는 황색이며 향료로 이용된다. 여기에서는 그것을 원료로 해서 만든 향을 말한다.'香蘤'(향위) : 향기로운 꽃. '特'(특) : 『考異』에 따라 '持(가지고)'자로 해석하였다.

459) 『漢書』「朱博傳」에 "또 그 청사 안에는 잣나무가 늘어서 있는데, 항상 까마귀 수천 마리가 그 나무 위에 깃들면서, 새벽이 되면 떠났다가 날이 저물면 돌아왔기에, 이름하여 '조석을 알리는 까마귀'라고 했다(又其府中列柏樹, 常有野烏數千棲宿其上, 晨去暮來, 號曰'朝夕烏')" 하였다.

460) '狐貉'(호학) : 여우와 오소리의 가죽으로 만든 옷.

461) '織婦'(직부) : 자기 자신을 가리킨다. '緋'(비) : 붉은 비단.

寒閨夜被薄.　　겨울 규방의 밤 이불이 얇네
芳年海上水中鳧,[463] 꽃 같은 나이 땐 바닷가 물속에서 함께 놀던 물오리
日暮寒夜空城雀.　지금은 해 저문 추운 밤 텅 빈 성안의 참새 같은 신세

해설 이 작품은 북쪽 변경으로 종군한 임에 대한 그리움을 노래한 시다. 작품의 특징은 봄날 풍경을 통해 그리움의 실마리를 촉발시켜 독수공방하는 겨울밤으로 마무리를 짓는 서술 방식이라고 할 수 있다.

왕균(王筠)

501. 인생살이 어렵고

「行路難」

千門皆閉夜何央,[464] 천 개의 대문 모두 닫힌 밤은 아직 끝나지 않았고
百憂俱集斷人腸.　백 가지 근심 모두 모여 내 속을 끊는다
探揣箱中取刀尺,　상자 안을 더듬어 가위와 자를 꺼내어
拂拭機上斷流黃.[465] 베틀의 먼지 털면서 노란 비단을 잘라 낸다
情人逐情雖可恨,　사랑하는 그 사람 사랑 따라 떠난 것 비록 원망

462) '緜緜'(면락) : 솜.
463) '海上'(해상) : 강가. 또는 바닷가.
464) '何央'(하앙) : '未央(아직 다하지 않았다)'의 뜻이다.
465) '流黃'(류황) : 황갈색의 견직물.

	스럽지만
復畏邊遠乏衣裳.	또한 멀리 변방에 옷가지 부족할까 걱정된다
已繰一繭催衣縷,	한 개 고치를 켜서 자은 실로 옷을 급히 만든 후
復擣百和裛衣香.[466]	다시 다듬이질하고 백화향을 넣는다
猶憶去時腰大小,	떠나실 때 허리 사이즈 아직도 기억나지만
不知今日身短長.	지금쯤 키는 얼마인지 알 수가 없다
裲襠雙心共一抹,[467]	배자는 앞뒤 쪽에 모두 한 조각씩 천을 대고
衵複兩邊作八襵.[468]	배두렁이 양편엔 여덟 개의 주름을 잡는다
襻帶雖安不忍縫,[469]	옷고름을 대었으나 차마 꿰매지 못하는데
開孔裁穿猶未達.	바늘구멍에 실을 꿰려 해도 들어가지 않는다
胸前卻月兩相連,[470]	가슴 앞에 수놓은 반달은 좌우에 이어져 있는데
本照君心不照天.	본래 당신 마음을 비추라는 것이지 하늘 비추는 게 아니다
願君分明得此意,	바라건대 당신은 제 이 마음을 분명히 아시고
勿復流蕩不如先.[471]	다시는 이전 사람보다 못한 사람 찾아 떠돌지 마세요
含悲含怨判不死,[472]	슬픔과 원망을 품은 채 죽지 않겠다고 다짐하며
封情忍思待明年.	사랑도 봉해두고 그리움도 참으며 내년을 기다린다

466) '百和'(백화): '百和香'. 온갖 향료를 혼합한 향. 제9권 吳均의 「行路難」 其一(470)에도 나온다. '裛'(읍): 향기를 넣다. 향기를 옷에 스며들게 하다.

467) '裲襠'(량당): 배자. 저고리 위에 덧입는 조끼 모양의 소매 없는 옷으로 흔히 양단으로 되어 있다. '雙心'(쌍심): 등과 배를 가리킨다. '抹'(말): 조각.

468) '衵'(일): 『考異』에는 '袙'자로 되어 있는데, 여기에서도 이를 따랐다. '袙複'(파복): 허리와 배 부분에 묶어서 입던 작은 저고리. 배두렁이 같은 옷. '袙腹'이라고도 한다. '襵'(첩): 옷의 주름.

469) '襻帶'(반대): 옷고름.

470) '卻月'(각월): 반원형의 달.

471) '流蕩'(류탕): 떠돌다. 방랑하다.

472) '判'(판): 판단하다. 마음먹다.

해설 이 작품은 임을 기다리는 여인의 그리움을 노래한 시다. 이 제목의 다른 작품들과는 내용이 약간 차이가 있다. 즉 대부분이 인생의 행불행의 운명을 노래한 것에 반해 이 작품은 일반적인 閨怨詩와 별 차이가 없다. 멀리 떠난 남편을 걱정하며 겨울옷을 준비하는 과정을 상세하게 묘사하였고, 나아가 자기 곁으로 돌아오기를 간절히 바라는 염원을 작품 말미에 담았다.

유효작(劉孝綽)

「광주자사 원경중과의 자리에서 알던 기녀를 만나다(元廣州景仲座見故姬)」 1수[473]

502. 광주자사 원경중과의 자리에서 알던 기녀를 만나다 「元廣州景仲座見故姬」

留故夫,	전 남편은 내가 붙잡았을 때
不峙嶍.[474]	조금도 망설이지 않고 떠났었지
別待春山上,	이별한 뒤에 봄 산 위에서 기다리며
相看采䕷蕪.[475]	궁궁이를 캐다가 다시 만났지

---

473) '元景仲'(원경중) : 인명. 『梁書』에 의하면, 그는 元法僧의 차남으로, 枝江縣公에 봉해졌다. 大通 3년에 외직으로 나가 平越中郎將과 廣州刺史 등을 역임했다고 한다. 侯景의 난 때는 병사를 일으켜 侯景을 응원했는데, 西江督護 陳霸先이 병사를 일으켜 그를 공격하자 목을 매어 자살하였다. '廣州'(광주) : 州 이름. 三國시대 吳나라 때 설치되었으며, 지금의 廣東省과 廣西省에 해당한다. 여기에서는 벼슬 이름으로 쓰였다. 『考異』는 이 작품을 元景仲과의 자리에서 劉孝綽이 옛날 알던 기녀를 만난 것을 王筠이 조롱하며 지은 것으로 보았다.

474) '峙嶍'(치도) : 머뭇거리는 모양. 망설이는 모양.

해설 이 작품은 옛날 사귀던 기녀를 우연히 다른 자리에서 만난 상황을 노래한 것이다. 옛날 그렇게도 매달리던 그녀의 손을 뿌리치고 떠났는데 오늘 우연한 자리에서 이렇게 다시 만나게 될 줄이야.

유효위(劉孝威)

「명을 받고 지은 고시를 본뜬 시(擬古應教)」 1수[476]

503. 명을 받고 지은 고시를 본뜬 시

「擬古應教」

雙棲翡翠兩鴛鴦, 짝을 지어 사는 물총새와 두 마리 원앙새
巫雲落月乍相望.[477] 무산 구름과 낙수의 달 잠시 서로 바라보는 때
誰家妖冶折花枝,[478] 뉘댁 참한 아가씬지 꽃가지를 꺾으며
蛾眉曼睇使情移.[479] 아미눈썹으로 눈길 보내니 내 마음이 끌리네
青鋪綠瑣琉璃扉,[480] 청동 문고리에 녹색 사슬무늬 대문과 유리로 꾸

---

475) '蘼蕪'(미무) : 궁궁이. 이상 두 구는 제1권의 古詩 제1수인 「上山采蘼蕪」(1)의 내용을 인용한 것이다.

476) '應教'(응교) : 제후의 명령에 응하여 짓다. 이 작품은 蕭綱이 晉安王으로 있을 때 속관으로 있으면서 명을 받고 지은 시다. 원작은 제9권 첫 작품(424)으로 수록되어 있다. 『樂府詩集』에는 제목이 「東飛伯勞歌」라고 되어 있다. 雜曲歌辭에 속한다.

477) '落'(락) : 『樂府詩集』을 따라 '洛(낙수)'자로 해석하였다. '乍'(사) : 잠시. 이 구는 실재 경물을 노래한 것이지만, 巫山 神女와 洛水의 女神이 임을 기다린다는 뜻도 함께 암시하고 있다.

478) '妖冶'(요야) : 여자의 아리따운 모습.

479) '曼睇'(만제) : 눈길을 보내다.

480) '青鋪'(청포) : 청동 문고리. '綠瑣'(록쇄) : 녹색 사슬 모양을 새긴 대문. '琉璃扉'(류리

	민 문짝의 집
瓊筵玉笥金縷衣.	아름다운 돗자리에서 옥 상자를 열어 금실로 짠 옷을 입네
美人年幾可十餘,	미인의 나이 얼마인가 열 몇 살은 됨직한데
含羞轉笑斂風裾.	수줍은 듯 미소를 보내며 바람에 날리는 치맛자락 여미네
珠丸出彈不可追,	진주탄환도 일단 쏘면 찾을 수 없거늘
空留可憐持與誰?	부질없이 방안에만 있다면 사랑스런 용모는 누구와 함께 할까

해설 이 작품은 아직 사랑을 해보지 못한 한창 나이의 귀한 집안 아가씨를 노래한 시다. 이제 사랑에 눈을 뜨기 시작하는 열 몇 살, 막 피어오르는 한창 나이의 아가씨. 집안에만 있으면 어느 누가 그 아름다운 용모를 알아줄까. 세월은 쏜 화살같이 빠르게 흐르고, 청춘도 한 번 가면 두 번 다시 오지 않을 텐데.

서군천(徐君蒨)

◇徐君蒨 : 제8권에는 徐君倩으로 되어 있다.

비) : 유리로 꾸민 문짝.

「의양군을 작별하며(別義陽郡)」 2수[481]

504. 의양군을 작별하며 1

「別義陽郡」 其一

翔鳳樓, 상봉루는
遙望與雲浮. 아득히 구름과 함께 떠 있는 것처럼 보이는데
歌聲臨樹出, 노랫소리는 나무들 사이로 흘러나오고
舞影入江流. 춤추는 그림자는 강물로 들어가 흐르네
葉落看村近, 나뭇잎이 떨어지자 마을이 가깝게 보이고
天高應向秋. 하늘이 높으니 당연히 곧 가을이 되겠지

해설 이 작품은 누각에서 열리는 잔치의 모습을 멀리서 바라본 모습을 노래한 시다. 하늘 높게 솟아 있는 누각 위에서 잔치가 열린다. 노래는 숲 속의 나무들 사이로 흘러나오고, 춤추는 그림자는 강물에 비쳐 흘러간다. 나뭇잎이 떨어지니 전에 보이지 않던 먼 마을도 보이는데, 하늘조차 높아가니 곧 가을이 되겠구나.

505. 의양군을 작별하며 2

「別義陽郡」 其二

飾面亭, 식면정에서
妝成更點星.[482] 화장 마친 뒤 다시금 별을 얼굴에 찍네

481) '義陽郡'(의양군): 漢나라 때 설치되었던 郡 이름. 지금의 河南省 信陽縣 남쪽에 해당한다. 이 작품은 蕭繹이 鎭西將軍으로 있을 때 작가가 그 속관으로 있을 때 지은 것이다.

頰上紅疑淺,	볼가에 붉은 화장 옅은 듯하고
眉心黛不靑.	눈썹 가운데 눈썹먹도 충분히 검지 않은데
故留殘粉絮,	분이 남은 화장솜 일부러 남겨서
挂看箔簾釘.[483]	주렴이 걸린 못에 걸어두네

해설 이 작품은 정자에서 화장하는 여인의 모습을 노래한 시다. 화장품이 충분하지 않았던 것인가, 아니면 여인이 알뜰하였던 것인가. 화장을 다 끝내도 한 듯 만 듯하다. 일부러 분을 남겨 아직 분이 묻어 있는 분솜을 못에다 걸어둔다.

왕숙영(王叔英) 부(婦)[484]

「남편에게(贈答)」 1수[485]

506. 남편에게

「贈答」

妝鉛點黛拂輕紅,[486]	분 바르고 눈썹먹 칠하고 옅은 연지 바른 뒤
鳴環動珮出房櫳,[487]	팔찌 소리 울리고 패옥을 철렁이며 방을 나와

482) '點星'(점성) : 이마나 빰에 별 모양의 연지를 찍는 것을 가리킨다.
483) '箔簾'(박렴) : 발. 주렴. '釘'(정) : 못.
484) 王叔英의 처 劉氏를 가리킨다.
485) 어떤 책에는 제목이 「贈夫」로 되어 있는데, 이를 따랐다.
486) '鉛'(연) : 백분. 산화한 납으로 만든 분. '拂'(불) : 바르다.
487) '房櫳'(방롱) : 창문. 여기에서는 방이란 뜻으로 쓰였다.

看梅復看柳, 매화도 구경하고 버들도 보는데
淚滿春衫中. 눈물이 봄 저고리에 흥건하답니다

해설 이 작품은 남편에 대한 그리움을 노래한 시다.

심약(沈約)

「고시의 제목(古詩題)」 6수[488]

507. 세모에 시든 풀 가엾게 여기며

「歲暮愍衰草」

愍衰草, 시든 풀이 가여워
衰草無容色. 시든 풀은 꼴이 말이 아닌데
憔悴荒逕中, 초췌한 모습으로 묵은 오솔길에 있으니
寒荄不可識.[489] 차가운 뿌리는 알아보지도 못하겠네
昔時兮春日, 예전 봄날에

488) 沈約의 「八詠」은 이미 앞부분에 두 수(466~467)가 수록되어 있으며, 이 여섯 수는 후인들이 덧붙인 것이다. 『考異』에 의하면 "이 책의 체제로 볼 때 규방과 관련된 시가 아니면 수록하지 않았으니, 때문에 「八詠」은 단지 두 수만 수록하였으며 빠트린 것이 아니다. 같은 종류라고 쓸데없이 덧붙인 것은 오히려 徐陵의 취지를 상실한 것이다(按此書之例, 非詞關閨闈者不收, 故八詠惟錄二章, 非挂漏也. 以類贅附, 殊失孝穆之旨)"라고 했다. 여기에서도 이를 따라 설명은 간략하게 하였다.

489) '荄'(해) : 풀의 뿌리.

昔日兮春風.	옛날 봄바람 불 때는
含華兮珮實,	꽃도 피웠고 열매도 맺으면서
垂綠兮散紅.	녹색 잎 드리우고 붉은 꽃잎 날리었다네
氛氳鳷鵲右,[490]	지작궁 오른쪽에 향기 자욱 피웠고
照耀望仙東.[491]	망선궁 동쪽에 찬란한 빛을 비추었으며
送歸顧暮泣淇水,[492]	기수 강가에서 돌아가는 사람 전송하며 못내 그리워 울고
嘉客淹留懷上宮.[493]	귀한 손님 오래 머물며 상궁에서의 만남을 그리워한다네
巖陬兮海岸,[494]	바위가 밀집된 바닷가에도
冰多兮霰積.	얼음이 많은 싸락눈 쌓인 곳에도
爛漫兮客根,[495]	뿌리를 내린 풀들이 늘려 있고
欑幽兮寓隙.[496]	틈새에 붙은 풀들이 숨은 듯 모여 있다네
布綿密於寒皐,	차가운 언덕에 빽빽하게 펼쳐져 있고
吐纖疏於危石.	위험한 바위에 가냘프게 줄기를 토해낸 듯한데
旣惆悵於君子,	군자들을 슬프게 하기도 했고
倍傷心於行役.	나그네를 갑절로 상심하게 하기도 했다네
露高枝於初旦,	높은 가지에 이슬 내리는 이른 새벽
霜紅天於始夕.	붉은 하늘에 서리 내리는 초저녁에

490) '氛氳'(분온) : 기운・향기 등이 왕성한 모양. '鳷鵲'(지작) : 본래는 전설 중의 기인한 새 이름. 여기에서는 漢나라 궁전 이름으로 쓰였다. 武帝 때 長安 甘泉宮 바깥에 세워진 궁전이다.

491) '望仙'(망선) : 漢 武帝 때 지어진 궁전 이름.

492) '暮'(모) : 『考異』에 따라 '慕(사모하다)'자로 해석하였다. '淇水'(기수) : 河南省 林縣에서 발원하는 黃河의 지류.

493) '淹留'(엄류) : 오래 머물다. '上宮'(상궁) : 衛나라 지명. 연인들의 약속 장소라는 뜻으로 차용되었다. 이상 두 구는 풀이 남녀의 만남의 장소에도 자란다는 뜻이다.

494) '巖陬'(암추) : 바위가 밀집된 곳.

495) '客根'(객근) : 기생하는 뿌리.

496) '欑'(찬) : 모이다. 밀집하다. 『考異』 등의 책에는 '攢'자로 되어 있는데, 뜻은 같다.

彫芳卉之九衢,[497] 무성하게 얽힌 향기로운 풀은 시들며
霣靈茅之三脊.[498] 삼각형 줄기의 신령한 띠풀은 꺾인다네
風急崤道難,[499] 바람 세차니 효산 계곡을 넘기가 어렵고
秋至客衣單. 가을 닥치니 나그네의 옷 홑옷인 줄 느낀다네
旣傷檐下菊, 처마 아래 국화를 보고 마음 아파하기도 하며
復悲池上蘭. 연못 위의 난초를 보고 슬퍼하기도 하는데
飄落逐風盡, 나뭇잎이 떨어져 바람에 날리어 없어지니
方知歲早寒. 비로소 추위 빨리 찾아온 줄 알겠네
流螢暗明燭, 흐르는 반딧불이는 밝은 촛불을 어둡게 하고
雁聲斷纔續. 기러기 소리는 끊어졌다 이어졌다 하는데
萎絶長信宮, 장신궁에서 초목은 시들어 꺾이고
蕪穢丹墀曲.[500] 붉은 섬돌 모퉁이에서 풀은 황폐하게 자란다네
霜奪莖上紫, 서리는 줄기의 보라색을 빼앗고
風銷葉中綠. 바람은 잎의 푸른 색을 녹이며
山變兮青薇, 산은 푸른 궁궁이를 변하게 하고
水折兮平葦.[501] 물은 누런 갈대를 꺾이게 한다네
秋鴻兮疎引,[502] 가을 기러기는 행렬이 듬성하고
寒鳥兮聚飛. 겨울새는 떼 지어 나는데
逕荒寒草合, 황폐한 오솔길에 겨울풀이 모여 있고

497) '彫'(조) : 시들다. '凋'자와 통한다. '芳卉'(방훼) : 향기로운 풀. '九衢'(구구) : 본래는 아홉 개의 큰길이란 뜻이지만, 여기에서는 초목의 가지와 줄기가 무성하게 서로 얽혀 있는 것을 나타낸다.

498) '霣'(운) : 떨어지다. '靈茅'(령모) : 띠(풀). 옛날에 제사지낼 때 강신용으로 쓰였다. '三脊'(삼척) : 띠의 줄기가 삼각형 모양인 것을 가리킨다.

499) '崤'(효) : 산 이름. 河南省 洛寧縣 북쪽에 있는데, 산이 동서 두 개로 나뉘어 있으며, 그 가운데 계곡으로 된 험한 길이 있다.

500) '蕪穢'(무예) : 묵다. 우거지다. 황폐하다.

501) '平'(평) : 明나라 丁福保가 교정한 『漢魏六朝百三名家集』 중의 『沈隱侯集』에는 '黃'자로 되어 있는데, 이를 따랐다.

502) '疎引'(소인) : 듬성한 행렬.

桐長舊巖圍.	높은 오동나무는 오래된 바위를 에워싸고 있다네
夜漸蘼蕪沒,[503]	밤이 되자 점차 궁궁이는 무성해지고
霜露日霑衣.	서리와 이슬은 낮에도 옷을 적시는데
願逐晨征鳥,	새벽에 떠나는 새를 따라서
薄暮共西歸.[504]	초저녁에 함께 서쪽으로 돌아가고 싶다네

해설 이 작품은 겨울철 시든 풀에 대한 동정을 노래한 시다. 아울러 마지막에는 서울로 돌아가고 싶은 작가의 마음을 나타내었다. 이 작품을 포함한 말미의 6수는 모두 여성과 무관한 작품이다. 그렇기 때문에 선집 속에서의 의미는 없다.

508. 서리가 내려 잎 떨어진 오동나무를 슬퍼하며 「霜來悲落桐」[505]

悲落桐,	잎 떨어진 오동나무가 슬퍼라
落桐早霜露.	잎 떨어진 오동나무는 서리를 일찍 맞은 것
燕至葉未抽,	제비는 돌아왔지만 잎은 아직 나지 않았고
鴻來枝已素.	기러기 날아오니 가지는 이미 하얗게 변했다네
本出龍門山,[506]	본래 용문산에서 나와

503) 이상 두 구는 뜻이 통하기 어려운데, 『考異』는 『藝文類聚』에 따라 각각 "풀이 자라 황폐한 오솔길은 좁아져 있고, 동산과 마당도 날로 잡초로 뒤덮이네(草長荒逕微, 園庭日蕪沒)"라고 고쳤다. 여기에서도 이를 옳다고 보면서도 일단 해석은 원문을 따랐다.

504) 이 구절은 당시의 수도인 建康(지금의 南京)의 동남쪽에 해당하는 지역의 東陽太守였던 작가가 수도로 돌아가고 싶은 마음을 나타낸 것이다.

505) '落桐'(락동) : 잎이 떨어진 오동나무.

506) '龍門山'(룡문산) : 陝西省 韓城縣에 있는 산. 枚乘의 「七發」에 龍門山의 오동나무에 대해 "높이가 백 자나 되며 곁가지가 없다(高百尺而無枝)"라고 했는데, 오동나무의 산지로 유명하다.

長枝仰刺天.	긴 가지는 하늘을 찌를 듯 높은데
上峰百丈絶,[507]	꼭대기는 백 길 넘게 떨어져 있고
下趾萬尋懸.	밑으로는 만 길 높은 곳에 걸려 있다네
幽根已盤結,[508]	땅속 깊은 뿌리는 서리서리 얽혀 있고
孤枝復危絶.[509]	외로운 가지는 아스라이 솟아 있는데
初不照光景,	애초부터 햇빛도 받지 못하다가
終年負霜雪.	한 해가 끝날 무렵엔 서리와 눈을 덮어 쓰네
自顧無羽儀,[510]	스스로 돌아보아 날개가 없으며
不願生曲池.	구비진 연못가에서 자라기를 바라지도 않았고
芬芳本自乏,	향기는 본래 부족했으며
華實無可施.	꽃과 열매도 맺을 수가 없었으니
匠者特留眄,[511]	목수들은 이따금 눈길을 주지만
王孫少見之.	왕손들의 눈에 띌 때는 드물다네
分取生孤枿,[512]	외롭게 돋은 움을 떼서 가져와
徙置北堂陲.[513]	북당 옆에 옮겨 심었는데
宿莖抽晩幹,	묵은 줄기는 노쇠한 나무에서 뻗어나고
新葉生故枝.	새로운 잎은 옛날 가지에서 피어난다네
故枝雖遼遠,[514]	옛날 가지는 비록 아득히 오래되었지만
新葉頗離離.	새로운 잎은 자못 무성하다네

---

507) '丈'(장) : 옛날 사람들은 10尺을 '丈'이라고 했고, 8尺을 '尋'이라고 했다.
508) '盤結'(반결) : 서리서리 얽혀 있는 모양.
509) '危絶'(위절) : 매우 높이 솟아 있는 모양.
510) '羽儀'(우의) : 날개. 또는 남에게 모범이 될 덕망과 행동. 이 구부터는 오동나무를 작가 자신에 비유하여 서술하고 있다.
511) '特'(특) : 『考異』에 따라 '時'자로 해석하였다. '眄'(혜) : 돌아보다. 눈길을 주다.
512) '生孤'(생고) : 『考異』는 '孤生'의 잘못이라고 했는데, 이를 따랐다. '枿'(얼) : 움. 그루터기에서 나는 싹. '糵'자와 같다.
513) '陲'(수) : 가장자리.
514) '遼遠'(료원) : 시간적으로 오래 된 모양.

春風一朝至,	봄바람이 어느 날 아침에 불면
榮戶坐如斯.[515]	무성한 잎들이 무단히 이와 같이 된다네
自惟良菲薄,[516]	스스로 생각해보니 정말로 재주가 없는데도
君恩徒照灼.[517]	그대의 은총을 부질없이 받았으며
顧已非嘉樹,	돌아보아 이미 아름다운 나무가 아닌데도
空用憑阿閣.[518]	쓸모없이 높은 누각 곁에 심어져 있으니
願作淸廟琴,[519]	청묘 음악 연주하는 거문고가 되어
爲舞雙玄鶴.[520]	한 쌍의 검은 학을 춤추게 하고 싶다네
薜荔可爲裳,[521]	벽려로는 치마를 만들 수 있고
文杏堪作梁.[522]	은행나무는 대들보를 만들 만 한데
勿言草木賤,	초목을 미천하다고 말하지 마라
徒照君末光.	그대의 남은 빛을 헛되이 받는다네
末光不徒照,	남은 빛이라도 헛되이 못 받으면
爲君含嗷眺.[523]	그대 때문에 울음을 머금게 된다네
陽柯綠水弦,[524]	남쪽 가지에는 녹수곡의 연주가 있고
陰枝苦寒調.[525]	북쪽 가지에는 고한행의 곡조가 있다네

515) '戶'(호) : 『考異』에 따라 '華'자로 해석하였다. '榮華'는 초목의 무성함을 뜻한다.

516) '菲薄'(비박) : 재주가 없음을 뜻한다.

517) '照灼'(조작) : 은총을 받다라는 뜻이다.

518) '阿閣'(아각) : 사면에 모두 처마가 있는 누각.

519) '淸廟'(청묘) : 『詩經』「周頌」 중의 편명. 옛날 제왕이 조상을 제사지낼 때 사용되던 음악. 『禮記』「樂記」에 "「淸廟」를 연주하는 비파는 붉은 현에 소리가 트이어 멀리까지 가는데, 한 사람이 창을 하면 세 사람이 찬탄을 했다(淸廟之瑟, 朱弦而疏越, 一唱而三歎)"라고 했다.

520) '玄鶴'(현학) : 검은 학. 崔豹의 『古今注』「鳥獸」에 "학은 천 살이 되면 푸르게 변하고, 다시 이천 살이 되면 검게 변하는데, 이것을 '玄鶴'이라고 한다(鶴千歲則變蒼, 又二千歲變黑, 所謂玄鶴也)"라고 했다.

521) '薜荔'(벽려) : 왕모람. 벽려. 뽕나무과의 상록덩굴식물. 잘 분지하며 막뿌리를 내어 다른 물체에 기어오르고 무성한 잎으로 그 물체를 뒤덮는다.

522) '文杏'(문행) : 은행나무.

523) '眺'(조) : 『考異』에 따라 '咷'로 해석했다. '嗷咷'는 울다는 뜻이다.

524) '綠水'(록수) : 옛날의 舞曲 이름.

厚德非可任, 두터운 덕성이 있다고 자임할 순 없지만
敢不虛其心. 감히 속은 비지 않았다고 할 수는 있다네
若逢陽春至, 따뜻한 봄이 오면
吐綠照清潯. 푸른 잎을 토하며 맑은 물가를 비춘다네

해설 이 작품은 잎이 떨어진 오동나무에 대한 슬픔을 노래한 시다. 아울러 오동나무를 자신에 비유하여, 재주도 없이 임금의 은총을 입고 있음을 노래하였다.

509. 밤길 가다가 학 우는 소리를 듣고

「夕行聞夜鶴」

聞夜鶴, 밤에 들리는 학 우는 소리
夜鶴叫南池. 밤중에 학이 남쪽 연못에서 운다네
對此孤明月, 이 외로운 밝은 달빛 아래
臨風振羽儀. 바람을 맞으며 날개를 떨친다네
伊吾人之菲薄,[526] 아 나의 못난 재주는
無賦命之天爵.[527] 운명으로 부여받은 좋은 품성 없으니
抱跼促之長懷,[528] 좁은 가슴 껴안고 오래도록 생각에 빠진 채
隨冬春而哀樂. 겨울과 봄이 되면 슬퍼하고 즐거워하며
愍海上之驚鳧, 바닷가의 놀란 물오리를 걱정하고
傷雲間之離鶴. 구름 사이의 짝 잃은 학을 슬퍼한다네
離鶴昔未離, 짝 잃은 학 옛날에 아직 짝과 헤어지지 않았을 때

525) '苦寒'(고한) : 옛날 樂府의 제목.
526) '伊'(이) : 감탄의 어기를 나타내는 조사.
527) '天爵'(천작) : 하늘로부터 타고난 좋은 품성.
528) '跼促'(국촉) : 도량이 좁다. 처지가 궁핍하다.

近發天北垂.[529]　멀리 하늘 북쪽 가에서 출발했는데
忽値疾風起,　갑자기 세찬 바람 만나서
暫下昆明池.[530]　잠시 곤명지로 내려왔다가
復値冬冰合,　다시 겨울 얼음을 만나니
水宿非所宜.　물에서 잠자기는 마땅하지 않았으며
欲留不可住,　더 있고 싶어도 살 수가 없었고
欲去飛已疲.[531]　떠나고자 했지만 날기엔 너무 지쳤다네
勢逐疾風擧,[532]　기회를 살펴 세찬 바람 타고 올라
求溫向衡楚.[533]　따뜻함을 찾아 초나라로 향하는데
復値南飛鴻,　다시금 남쪽으로 날아가는 기러기를 만나니
參差共成侶.　들쭉날쭉 모두가 짝을 지어 난다네
海上多雲霧,　바닷가에는 구름과 안개가 많아
蒼茫失洲嶼.[534]　아득히 넓고 넓어 섬을 찾지 못했으니
自此別故群,　이로부터 함께 날던 무리와 헤어져
獨向瀟湘渚.[535]　혼자 소상강 모래톱으로 향했다네
故群不離散,　옛날 그 무리는 흩어지지 않고
相依滄海畔.　푸른 바닷가에서 서로 의지해 살면서
夜止羽相切,　밤이면 날갯짓 멈춘 채 서로 붙어 자고
晝飛影相亂.　낮이면 그림자 어지럽게 함께 날아다닌다네

529) '近'(근) : 어떤 책에는 '逈(멀다)'자로 되어 있는데, 이를 따라 해석하였다. '垂'(수) : 가. 가장자리.

530) '昆明池'(곤명지) : 옛날 호수 이름. 漢 武帝 元狩 3년(119) 水戰을 연습하기 위해 長安 근교에 팠던 것이다.

531) '疲'(피) : 지치다.

532) '勢'(세) : 기회를 타다.

533) '衡'(형) : 衡山. 五嶽 중의 南嶽에 속하며, 湖南省 衡山縣 서쪽에 있다. '衡楚'(형초) : 楚나라 지역을 일컫는 말이다.

534) '蒼茫'(창망) : 아득히 넓은 모양.

535) '瀟'(소) : 湖南省 寧遠縣에서 발원하여 零陵縣 성 밖을 흘러 湘水로 유입되는 강. '湘'(상) : 廣西省 興安縣에서 발원하여 湖南盛 洞庭湖로 유입되는 강.

刷羽共浮沉,536)	함께 물에 떴다 잠기면서 날개를 씻고
湛澹泛清潯.537)	맑고 맑은 물가에서 떠다니는데
旣不得離別,538)	이별해보지 않았으니
安知慕侶心?	어찌 짝을 그리는 마음을 알겠는가
九冬霜雪苦,539)	구십 일 겨울 동안은 서리와 눈이 괴롭고
六翮飛不任.540)	여섯 개의 날개를 갖고도 날 수가 없으니
且養淩雲翅,	우선 구름 위로 날 수 있는 날개를 기르면서
俯仰弄清音.541)	고개를 숙였다 들었다 하면서 맑은 소리를 연습한다네
所望浮邱子,542)	바라는 건 부구 선생이
旦夕來見尋.	아침저녁으로 와서 찾아주는 것이라네

해설 이 작품은 밤에 길을 가다가 학이 우는 소리를 듣고 일어나는 생각들을 노래한 시다. 북쪽 하늘 한 쪽에서 짝과 함께 따뜻한 남쪽 나라를 찾아 날아오다가 그만 짝을 잃고 만다. 외롭게 사는 학을 자신의 처지에 비유하여 동정하고 있다.

---

536) '刷羽'(쇄우) : 날개를 씻다.

537) '湛澹'(잠담) : 물이 맑은 모양. '湛淡'과 같다.

538) '得'(득) : 『考異』에 따라 '經(경험하다)'로 해석했다.

539) '九冬'(구동) : 겨울 세 달 90일.

540) '六翮'(륙핵) : 새의 정상적인 한 쌍의 날개.

541) '俯仰'(부앙) : 고개를 숙였다 들었다 하는 것.

542) '浮邱子'(부구자) : 신선의 이름. 『列仙傳』에 의하면, 王子喬는 이름이 晉이었으며, 周나라 靈王의 태자였다. 생황을 잘 불어 봉황 소리를 내었으며, 伊水와 洛水 주위에서 놀다가 浮邱公을 따라 嵩山에 올라가 사라졌다고 한다. 하루는 桓良을 우연히 만났는데, "7월 7일 吾緱氏山 꼭대기에서 기다린다고 우리 집에 알려라"라고 했다. 桓良이 약속한 날짜에 가 보니 晉이 흰 학을 타고 손을 흔들며 그 자리의 사람들과 작별했다고 한다.

510. 새벽길 가다가 기러기 우는 소리 듣고

「晨征聽曉鴻」

聽曉鴻,	새벽에 기러기 우는 소리 듣는데
曉鴻度將旦.	새벽 기러기 지나가니 아침이 밝으려 한다네
跨弱水之微瀾,[543]	약수의 잔잔한 물결을 넘어
發成山之遠岸.[544]	성산의 먼 언덕을 출발하는데
怵春歸之未幾,[545]	봄이 되어 돌아온 지 아직 얼마 되지도 않은 게 슬프고
驚此歲之云半.[546]	올해도 벌써 반이나 흘렀다는 사실에 놀란다네
出海漲之蒼茫,	아득히 넓은 바다로 나와
入雲途之杳漫.[547]	넓고 먼 구름길로 들어가니
無東西之可辨,	동서도 분간할 수 없는데
孰遐邇之能算.[548]	그 누가 거리를 가늠할 수 있겠는가
微昔見於洲渚,[549]	얼마 전엔 북방 모래섬과 모래톱에 모습을 나타냈다가
赴秋期於江漢.[550]	강수와 한수에서의 가을 약속을 위해 가는데
集勁風於弱軀,	거센 바람은 약한 몸에 집중적으로 불고

543) '弱水'(약수) : 시내 이름. 『山海經』에 "崑崙山 언덕 그 아래쪽에 弱水라는 냇물이 감돌아 흐른다(崑崙之邱, 其下有弱水之川環之)"라고 했는데, 기러기 털조차도 뜰 수 없을 정도였다고 한다.

544) '成山'(성산) : 산 이름. 山東省 동북쪽에 있는 산으로, 漢 武帝가 행차하여 해에 제사를 지낸 곳이다.

545) '怵'(출) : 슬퍼하다. 기러기는 봄이 되면 남쪽에서 북쪽으로 날아갔다가 가을이 되면 다시 남쪽으로 날아온다.

546) '云半'(운반) : 반이 지나다.

547) '杳漫'(묘만) : 아득히 넓고도 멀다.

548) '遐邇'(하이) : 멀고 가까움. 원근의 거리.

549) '洲渚'(주저) : 모래섬가 모래톱. 黃河 유역을 가리킨다.

550) '江漢'(강한) : 長江과 그 최대의 지류인 漢水.

負重雪於輕翰.　　가벼운 깃털에는 무거운 눈이 쌓인다네
寒谿可以飲,　　차가운 계곡물은 마실 수가 있고
荒皐可以竄.[551]　　강가의 황량한 언덕에선 몸을 숨길 수 있는데
谿水徒自淸,　　계곡물은 부질없이 절로 맑지만
微容豈足翫.　　보잘것없는 얼굴로 어찌 여기에서 놀겠는가
秋蓬飛兮未極,[552]　　가을 쑥대 날리는 것 채 그치지도 않았으며
寒草萎兮無色.　　차가운 풀은 시들어 빛을 잃었다네
楚山高兮杳難度,[553]　　초나라 산은 높은데 까마득하여 넘어가기 어렵고
越水深兮不可測.　　월나라 물은 깊어서 깊이를 헤아릴 수 없다네
美明月之馳光,[554]　　밝은 달의 빠른 빛을 부러워하며
願征禽之騁翼.[555]　　날아가는 새의 재빠른 날갯짓을 본다네
伊余馬之屢懷,[556]　　아 내 말은 자주 배회하니
知吾行之未極.　　내 갈 길 아직 끝나지 않은 것을 아는 듯
夜緜緜而難曉,　　밤은 끝없이 이어지니 새벽이 되기 어렵고
愁參差而盈臆.　　근심은 대중없이 가슴에 가득한데
望山川悉無似,　　산천을 바라보니 모두 고향 산천 비슷한 것은 하나도 없고
惟星河猶可識.　　오직 은하수만은 여전히 알 수 있다네
聞雁夜南飛,　　기러기가 밤에 남쪽으로 날아오는 소리 들리니
客淚夜霑衣.　　나그네는 밤에 눈물로 옷을 적신다네
春鴻思暮反,　　봄 기러기는 저녁이면 돌아갈 것을 생각하지만
客子方未歸.　　나그네는 바야흐로 아직 돌아가지 못하고 있다네

---

551) ‘皐’(고) : 물가의 높은 언덕.
552) ‘極’(극) : 『考異』는 ‘息(그치다)’자가 아닌가 했는데, 이를 따랐다.
553) ‘楚’(초) : 어떤 책에는 ‘吳’자로 되어 있다.
554) ‘美’(미) : 어떤 책에는 ‘羨(부러워하다)’자로 되어 있는데, 이를 따랐다.
555) ‘願’(원) : 『考異』에 따라 ‘顧(돌아보다)’자로 해석했다.
556) ‘伊’(이) : 감탄의 어기를 나타내는 조사. ‘懷’(회) : 서성이다. 배회하다.

歲去歡娛盡, 한 해가 다 가니 즐거움도 다하며
年來容貌非. 새 해가 오면 지금 모습 아닐 텐데
攬衽形雖是, 옷깃 여미노니 몸은 비록 그 사람 맞다고 하지만
撫臆事多違. 가슴 어루만지노니 일은 대부분 뜻대로 되지 않았다네
靑蒲雖長復易解,[557] 푸른 관인 비록 길지만 또한 풀리기가 쉽고
白雲誠遠詎難依. 흰 구름은 정말로 멀리 있지만 어찌 의지하기 어려우랴

해설 이 작품은 새벽길을 나서다가 기러기 우는 소리를 듣고 일어나는 생각들을 노래한 시다. 앞의 작품들과 마찬가지로 사물을 노래하면서 작가의 처지와 심경을 나타내고 있다. 특히 마지막 구는 임금에게 의지하고픈 심정을 나타낸 것이다.

511. 패옥 풀고 도시를 떠나며

「解珮去朝市」[558]

去朝市, 도시를 떠나
朝市深歸暮.[559] 도시를 떠나 은거하는데 날이 저문다
辭北纓而南徂,[560] 북쪽 갓끈을 버리고 남쪽으로 가서

557) '蒲'(포) : 부들. 자리를 짜는 데 쓰인다. 丁福保가 교정한 『沈隱侯集』에는 '緺(관인을 묶는 인끈)'자로 되어 있다. 여기에서도 이를 따랐다. 이하 두 구는 자신의 관직이 비록 높지만 물러나기 쉽고, 임금이 멀리 서울에 있지만 의지할 수 있다는 뜻이다.
558) '珮'(패) : 관복에 차던 패옥의 일종. 벼슬을 상징한다. '朝市'(조시) : 본래는 조정과 시장이란 뜻인데, 여기에서는 名利를 다투는 도시 또는 속세를 가리킨다. 이 작품은 곧 작가가 서울을 떠나 東陽太守가 된 것을 노래한 것이다.
559) '深歸'(심귀) : 은거하다.
560) '纓'(영) : 갓끈. 이 구는 建康(지금의 南京, 북쪽에 해당)에서 벼슬하다가 외직으로

浮東川而西顧. 동쪽 강을 떠다니며 서쪽을 바라본다

逢天地之降祥, 하늘에서 내리는 행운을 만나

值日月之重光.[561] 해와 달의 겹친 빛을 받았다

伊當仁之菲薄, 아 인을 행하기엔 재주가 모자랐고

非余情之信芳. 내 마음 참으로 향기로운 것도 아니었는데

充待詔於金馬,[562] 금마문에서 임금님 조서를 기다리는 벼슬에 뽑혔고

奉高宴於栢梁.[563] 백량대에서 성대한 잔치를 모시기도 했다

觀鬪獸於虎圈,[564] 호랑이 우리에서 짐승 싸움도 구경하고

望窅窕於披香.[565] 피향전에서 아리따운 아가씨들 바라보기도 했으며

遊西園兮登銅雀,[566] 서원에서 놀다가 동작대에 올랐고

攀青瑣兮眺重陽.[567] 푸른 문짝 올리고 하늘을 바라보기도 했다

講金華兮議宣室,[568] 금화전에서 경서를 강의하고 선실에서 귀신을 이야기했으며

晝武帷兮夕文昌.[569] 낮에는 무관의 처소에 있다가 저녁에는 문창전에 들었다

珮甘泉兮履五柞,[570] 감천궁에서 패옥을 울렸으며 오작궁에서 신발

東陽太守(남쪽에 해당)가 된 것을 가리킨다.

561) 이 구는 齊나라와 梁나라의 두 조대를 걸쳐 벼슬한 것을 가리킨다.

562) '待詔'(대조) : 조서를 기다리다. 관명으로 쓰였다. '金馬'(금마) : 漢代의 宮門 이름. 학사들이 조서를 기다리던 장소. 『漢書』에 "東方朔이 金馬門에서 조서를 기다렸다(東方朔待詔金馬門)"라는 구절이 있다.

563) '栢梁'(백량) : 漢나라 때의 누대 이름.

564) '虎圈'(호권) : 호랑이 우리.

565) '窅窕'(요조) : 아리따운 모양. '披香'(피향) : 漢나라 때의 궁전 이름.

566) '西園'(서원) : 魏나라 태자 曹丕 등이 놀던 곳. '銅雀'(동작) : 曹操가 세운 누대 이름. 두 곳 모두 鄴에 있었다.

567) '青瑣'(청소) : 옛날 궁궐 문에 새긴 푸른 사슬모양의 무늬. 여기에서는 그와 같은 문짝을 가리킨다. '重陽'(중양) : 하늘.

568) '金華'(금화) : 漢나라 궁전 이름. '宣室'(선실) : 漢나라 未央宮 안에 있던 방. 文帝와 賈誼가 귀신에 대해 이야기했던 곳.

569) '武帷'(무유) : 군사에 관한 일을 의논하는 장막. '文昌'(문창) : 曹操가 鄴에 세운 北宮 안에 있던 전각.

을 끌었고

贊枍詣兮紱承光.[571] 예예전에서 관에 비녀를 꽂았으며 승광전에서 인끈을 매었고

託後車兮侍華幄,[572] 어가를 뒤따르는 수레 탔으며 황궁에서 임금님을 모셨고

遊渤海兮泛清漳.[573] 발해에서 놀기도 했으며 맑은 장강에서 뱃놀이도 했었다

天道有盈缺, 하늘의 이치는 차고 기욺이 있으며
寒暑遞炎涼. 추위와 더위는 뜨거움과 차가움을 바꾸니
一朝賣玉琬,[574] 어느 날 아침에 임금이 쓰던 옥 주발이 팔리게 되자
眷眷惜餘香.[575] 못내 아쉬운 듯 남은 향기가 그리웠다
曲池無復處, 구비진 연못도 다시는 없고
桂枝亦銷亡. 궁전의 계수나무도 사라져버렸으며
清廟徒肅肅, 조정의 사당만이 부질없이 엄숙하며
西陵久茫茫.[576] 서릉은 오래도록 넓고도 넓다
薄暮余多幸,[577] 늘그막에 나는 행운이 많아

570) '甘泉'(감천)・'五柞'(오작): 모두 漢나라 때의 궁전 이름.

571) '贊'(찬): 『考異』에 따라 '簪'자로 해석하였다. 즉 관이 벗겨지지 않도록 관끈에 묶어 머리에 꽂던 비녀. '枍詣'(예예)・'承光'(승광): 모두 漢나라 때의 궁전 이름. '紱'(불): 관인을 매던 끈.

572) '後車'(후거): 부속 수레. 시종들이 타는 수레. '華幄'(화악): 임금 처소의 화려한 휘장.

573) '渤海'(발해): 郡 이름. '漳'(장): 강 이름. 물이 맑았기 때문에 '清漳'이라고도 불렸다.

574) '琬'(완): 『考異』에 따라 '椀(주발)'자로 해석하였다. 『漢武故事』에 의하면, 鄴縣에 어떤 사람이 옥으로 된 술잔을 팔고 있었는데, 관리가 임금이 쓰던 물건인 것 같아 그를 체포하려고 하자 갑자기 도망가서 보이지 않았다. 현에서 그 술잔을 보내왔는데 추궁하니 바로 茂陵 안의 물건이었다고 한다.

575) '眷眷'(권권): 못 잊어 돌아보는 모양. 이상 두 구는 齊나라 高祖가 죽은 것을 가리킨다.

576) '西陵'(서릉): 魏 武帝 曹操의 陵. 다섯째 구 '逢天'부터 여기까지는 작가의 지난날에 대한 회상이다.

577) '薄暮'(박모): 저물녘. 황혼의 나이. 늘그막.

嘉運重來昌. 아름다운 운이 거듭 와서 번창하였으니
忝稽郡之南尉,[578] 회계군의 남위 자리를 욕되게 하였고
曲千里之光貴.[579] 사방 천 리나 되는 군의 영광스럽고 귀한 벼슬을 맡았다
別北荒於濁河,[580] 흐린 황하에서 북망산과 이별하고
戀橫橋於淸渭.[581] 맑은 위수에서 비스듬한 다리를 그리워하며
望前軒之早桐,[582] 앞 난간으로 일찍 잎이 핀 오동나무를 바라보고
對南階之初卉. 남쪽 계단 주위에 새로 피어난 꽃과 마주한다
非余情之屢傷,[583] 생각하건대 내 마음 자주 슬픈 것을
寄茲焉兮能慰. 이것들에게 맡겨 어찌 위로가 될 수 있을까
眷昔日兮懷哉, 옛날이 그리워 생각에 젖는구나
日將暮兮歸去來. 날이 막 저물려하니 돌아가자스라

해설 이 작품은 서울에서 벼슬을 하다가 지방관이 되어 시골에서 은거하다시피 살고 있는 작가의 삶에 대한 회고를 노래한 시다. 齊梁 두 조대에 걸쳐 벼슬을 하였으며 온갖 영화를 다 누리다가 동쪽 해안가의 한 작은 고을로 들어와 살게 된 자신의 삶을 회고하고 있다.

---

578) '忝'(첨) : 욕되게 하다. 분에 넘치다. '稽郡'(계군) : 會稽郡을 가리킨다. '尉'(위) : 관명. 秦漢 이후 太尉・廷尉・都尉・縣尉・衛尉・校尉 등이 있었는데 그 간칭으로 쓰였으며, 모두 무관이었다. 司馬彪의 『續漢書』에 의하면, 任延이 會稽南郡尉의 벼슬을 받았는데 당시 나이가 19세였다고 한다. 이 구절은 작가가 會稽郡의 바로 남쪽에 위치한 東陽郡의 太守를 맡은 것을 겸손하게 말한 것이다.

579) '曲'(곡) : 『考異』에 따라 '典(맡다)'자로 해석하였다. '光貴'(광귀) : 영광스럽고 귀한 벼슬.

580) '北荒'(북황) : 『考異』에 따라 '北芒'으로 해석하였다. 즉 '北邙'과 같다. 洛陽의 북쪽에 있는 邙山으로, 東漢 이후로 귀족들의 무덤이 많았다.

581) '渭'(위) : 강 이름. 甘肅省 渭源縣에서 발원하여 陝西省을 거쳐 황해로 들어간다.

582) '軒'(헌) : 집의 난간.

583) '非'(비) : 丁福保가 교정한 『沈隱侯集』에는 '唯'(惟자와 통용)자로 되어 있는데, 이를 따랐다.

512. 거친 베옷 걸치고 산동을 지키며

「披褐守山東」[584]

守山東, 산동을 지키는데
山東萬嶺鬱青葱.[585] 산동의 수많은 산은 푸르기 그지없다
兩溪共一寫,[586] 두 시내는 함께 한 줄기씩 물을 쏟아내니
水潔望如空. 물은 깨끗하여 바라보니 하늘 같다
岸側青莎被,[587] 물가 언덕 주변엔 방동사니가 덮여 있고
巖間丹桂叢.[588] 바위 사이엔 붉은 계수나무가 다북하게 자란다
上瞻旣隱軫,[589] 위로 쳐다보니 숲이 무성하고
下睇亦溟濛.[590] 아래로 곁눈질하니 또한 그늘이 져 흐릿한데
遠林響咆獸,[591] 먼 숲에서는 울부짖는 짐승 소리 들리고
近樹聒鳴蟲.[592] 가까운 나무에는 우는 풀벌레 시끄럽다
路帶若谿右,[593] 길은 약야계 시내 서쪽으로 띠처럼 둘러져 있고
澗吐金華東.[594] 시냇물은 금화산 동쪽에서 토해내듯 나오는데

---

584) '褐'(갈) : 거친 베로 지은 옷. '山東'(산동) : 東陽郡을 가리킨다.

585) '青葱'(청총) : 초목이 무성한 산의 짙푸른 모양.

586) '寫'(사) : 물을 붓다. 쏟다. '瀉'자와 통용된다.

587) '莎'(사) : 사초. 방동사니과에 속하는 다년초로 바닷가 모래땅에서 나는데, 그 뿌리는 香附子라 하여 약재로 쓰인다.

588) '丹桂'(단계) : 계수나무의 일종. 晉나라 嵇含의 『南方草木狀』에 "계수나무는 세 종류가 있는데, 그 중 잎이 잣나무 잎 같고 껍질이 붉은 것이 丹桂이다(桂有三種, 葉如柏葉, 皮赤者爲丹桂)"라고 했다.

589) '隱軫'(은진) : 초목 등이 무성한 모양. 풍부한 모양.

590) '溟濛'(명몽) : 어두워 분명하지 않은 모양.

591) '咆'(포) : 으르렁거리다. 울부짖다.

592) '聒'(괄) : 시끄럽다. 떠들썩하다.

593) '若谿'(약계) : 시내 이름. 浙江省 紹興市 若耶山(若邪山이라고도 함)에서 나와 북쪽으로 흘러 運河로 들어간다. 전설에 따르면 옛날 西施가 빨래하던 곳이라고 하는데, 그래서 浣紗溪라고도 한다. '右'(우) : 서쪽.

594) '金華'(금화) : 金華山. 浙江省 金華市 북쪽에 있다. 『神仙傳』에 의하면 丹溪 사람 黃初平은 나이가 열다섯 살로, 양을 치고 있었는데 어떤 도사가 그가 착하고 신중한

萬仞倒危石,[595]	만 길 되는 높이의 위태로운 바위는 넘어질 듯하고
百丈注懸叢瀧.[596]	백 길 높은 곳에서 쏟아붓는 물은 모여서 떨어지니
掣曳瀉流電,[597]	끌어내리듯 쏟아지는 물은 흐르는 번개 같고
奔飛似白虹.	세차게 나르는 듯 쏟아지니 흰 무지개 같다
洞井含淸氣,[598]	깊은 동굴은 맑은 기운 머금었고
漏穴吐飛風.[599]	구멍으로는 나는 듯한 바람을 토해내며
玉竇膏滴瀝,[600]	옥으로 된 동굴에선 기름 같은 물이 뚝뚝 떨어지고
石乳室空籠.[601]	종유석 동굴은 텅 빈 새장 같다
峭崿塗彌險,[602]	가파른 절벽길은 갈수록 험해지고
崖岨步纔通.[603]	험준한 낭떠러지는 걸어서도 겨우 지나간다
余捨平生之所愛,[604]	나는 평소의 연연해하던 것을 버리고
欻暮年而逢此.[605]	문득 늘그막에 이런 자연을 만났는데
願一去而不還,	소원은 한 번 떠나면 다시는 속세로 돌아가지 않는 것

것을 보고 그를 金華山의 石室로 데려가 40여 년 동안 살았다고 한다.

595) '仞'(인) : 한 길. 8尺의 길이. '倒'(도) : 쓰러지다. 넘어지다.

596) '丈'(장) : 10尺의 길이. '注'(주) : 물이 흐르다. 물을 붓다. '懸'(현) : 높은 곳에 매달리다. '叢'(총) : 『考異』에 따라 '瀧(물이 모임)'자로 해석하였다. 이 구는 폭포를 나타낸 말이다.

597) '掣曳'(체예) : 끌다.

598) '洞井'(동정) : 깊은 동굴.

599) '漏穴'(루혈) : 구멍.

600) '玉竇'(옥두) : 옥으로 조각한 듯한 동굴. '膏'(고) : 기름. '滴瀝'(적력) : 물방울이 떨어지는 모양.

601) '石乳'(석유) : 종유석. '空籠'(공롱) : 텅 빈 새장. 이상 두 구는 석회암 동굴의 모습을 묘사한 것이다.

602) '峭崿'(초악) : 가파른 절벽. '塗'(도) : '途'자와 통용된다. 길. '彌險'(미험) : 더욱 험해지다.

603) '崖岨'(애저) : 험준한 낭떠러지.

604) '捨'(사) : 버리다. 어떤 책에는 '拾(줍다)'자로 되어 있는데, 그렇게 볼 경우 대상은 자연 또는 은거생활이 된다.

605) '欻'(훌) : 홀연히. 갑자기. 문득.

恨鄒衣之未褫.[606]	추나라 임금이 아직 갓끈을 벗지 않은 것이 한스러울 뿐
揖林壑之淸曠,[607]	맑고 탁 트인 숲과 계곡에 감복하며
事氓俗之紛詭.[608]	백성들의 얽히고설킨 풍속 다스리는 일을 하는데
幸帝德之方升,	다행히 임금의 덕성이 바야흐로 상승하고
値天網之未毁.[609]	하늘의 법도가 아직 허물어지지 않은 때를 만났다
旣除舊而布新,	묵은 습속 없애고 새로운 제도를 펼치기도 하고
故化民而俗徙.[610]	또한 백성을 교화시키고 풍속을 바꾸기도 하는데
播趙俗以南徂,	조나라 풍속을 전파하여 남쪽으로 옮겨가게 하고
扇齊風以東靡.	제나라 풍속을 부채질하여 동쪽으로 퍼지게 한다
乳雉方可馴,[611]	새끼 꿩도 바야흐로 따르게 할 수 있고
流蝗庶能弭.[612]	날아다니는 메뚜기도 장차 사라지게 할 수 있으며

---

606) '鄒衣'(추의) : 鄒나라 임금의 옷. '褫'(치) : 옷을 벗기다. 옷을 빼앗다. 『韓非子』에 "鄒나라 임금이 긴 갓끈 매기를 좋아하니 주위 신하들도 모두 긴 갓끈을 매어 갓끈 값이 매우 높아졌다. 임금이 그것을 걱정하며 주위 신하들에게 물으니 말하기를 '임금이 매기를 좋아하니 백성들도 좋아하여 값이 높아진 것입니다'라고 하였다. 이에 임금은 먼저 스스로 자기 갓끈을 끊고 사람들 앞에 나아가니 나라에는 모두 긴 갓끈을 매지 않았다(鄒君好服長纓, 左右皆服長纓, 纓甚貴, 鄒君患之, 問左右, 左右曰, '君好服, 百姓亦多服, 是以貴.' 君因先自斷其纓而出, 國中皆不服長纓)"라고 했다. 이 구는 자신이 관리로서 백성들에게 모범을 보이지 못했음을 아쉽게 생각한다는 뜻이다.

607) '揖'(읍) : 읍하다. 두 손을 맞잡아 얼굴 앞으로 들고 허리를 공손히 구부렸다가 펴면서 두 손을 내리는 일종의 예. '淸曠'(청광) : 맑고 넓게 트이다.

608) '事'(사) : 맡아서 하다. '氓俗'(맹속) : 백성. 또는 백성들의 풍속. '紛詭'(분궤) : 어지럽게 얽혀 있는 모양.

609) '網'(망) : 『考異』에 따라 '綱(벼리. 법도)'자로 해석하였다.

610) '故'(고) : 또한.

611) '乳雉'(유치) : 젖먹이 꿩. 꿩 새끼. '馴'(순) : 길들이다.

612) '流蝗'(류황) : 날아다니는 메뚜기. '庶'(서) : 아마도. '弭'(미) : 그치다. 없애다. 이상 두 구는 모두 後漢 魯恭에 관한 典故에서 온 말이다. 『後漢書』「魯恭傳」에 의하면, 魯恭이 中牟縣 縣令이었는데, 메뚜기가 그 경계 안으로 들어오지 않았다고 한다. 그리고 또 河南省의 장관 袁安이 아전인 肥親을 시켜 그 지역을 염탐해 보고 오게 한 적이 있었다. 肥親이 魯恭과 함께 뽕나무 아래에 앉아 있는데, 꿩 한 마리가 지나가다가 그 옆에 멈추었으며, 곁에 아이가 있었지만 꿩을 잡지 않았다. 肥親이 아이에게 이유를 물으니 그 아이는 "꿩이 나중에 새끼를 데리고 올 것이기 때문입니다"라고 대답하여

淸心矯世濁,	맑은 마음으로 세상의 혼탁함을 바로잡고
儉政革民侈.	검소한 정사로 백성들의 사치 풍토를 바꾼다
秩滿撫白雲,613)	맡은 관직의 임기 끝나면 흰 구름 어루만지며
淹留事芝髓.614)	오래도록 머물러 영지와 옥수를 먹으며 신선이 되려 한다

해설 이 작품은 작가가 도읍을 떠나 동남쪽 해안가의 東陽郡 태수로 있을 때의 심경을 노래한 시다. 수려한 산수와 함께 하면서 백성들을 위해 정사를 열심히 펼치다가 임기가 만료되더라도 다시 관직으로 나아가지 않고 자연 속에서 은거하며 살겠다는 희망을 피력하고 있다.

肥親이 감탄하였다고 한다.

613) '秩滿'(질만) : 관직의 임기가 만료되는 것.

614) '淹留'(엄류) : 오래 머물다. '事'(사) : 따르다. '芝'(지) : 芝草. 靈芝. 옛날에는 먹으면 신선이 된다고 알려졌다. '髓'(수) : 玉髓. 玉膏. 먹으면 신선이 된다고 하는 전설상의 약. 이상 두 구는 재임기간이 끝나면 자연을 벗 삼아 신선처럼 살고 싶다는 뜻을 나타낸 것이다.

『옥대신영』 권10

卷10

「고절구(古絶句)」 4수[1)]

513. 고절구 1

「古絶句」 其一

藁砧今何在?[2)] 남편은 지금 어디에 있는가요
山上復有山.[3)] 집 나가 계신답니다

---

1) 모두 雜曲歌辭에 속한다. '絶句'는 詩體의 명칭으로, 南朝 宋나라 때부터 나타났다. 본래 '聯句'라는 말에서 온 것으로, 당시 여러 사람이 각각 4구씩을 지어 합하여 한 작품을 이룬 것을 '聯句'라고 하였는데, 어떤 이유에서든 합쳐지지 못하고 한 사람의 4구만이 남았을 경우 그것을 '絶句'라고 하였다.

2) '藁'(고) : 볏짚. '砧'(침) : 다듬잇돌. 옛날 사형을 집행할 때 볏짚을 깐 자리에 다듬잇돌을 두고 그 위에 죄인을 엎드리게 한 뒤 도끼[鈇]로 베었다고 한다. 따라서 '藁砧'은 '鈇'자를 연상케 하며, 이는 발음이 같은 글자 '夫'자를 의미하게 되었다. 따라서 '藁砧'은 남편을 뜻하는 당시의 은어이다.

何當大刀頭?[4]　　언제야 돌아온답니까
破鏡飛上天.[5]　　보름 되면 돌아오신다 했답니다

해설 이 시는 전체 구가 모두 은어로 이루어진 민간가요이다. 남편이 어떤 사정으로 집을 떠나 있는지는 알 수 없다. 다만 마지막 구를 통해 집을 떠날 때 아내와 돌아올 날짜에 대한 약속이 있었음을 짐작할 수 있을 뿐이다.

514. 고절구 2

「古絶句」其二

日暮秋雲陰,　　날은 저물고 가을 구름 어두운데
江水淸且深.　　강물은 맑고도 깊다네
何用通音信?　　어떻게 소식을 전할거나
蓮花瑇瑁簪.[6]　　연꽃 새긴 대모 비녀 보낸다네

---

3) 이 구는 글자수수께끼의 하나로, '出'자를 설명한 말이다.
4) '何'(하): 언제. '大刀頭'(대도두): '還'자의 은어이다. 칼을 걸어두는 고리는 손잡이 부근에 달려 있는데, '大刀頭'는 바로 그 고리를 가리키는 글자인 '鐶' 또는 '環'자를 의미하며, 이는 다시 발음이 같은 '還'자를 의미하고 있다. 漢 武帝 때 李陵이 匈奴에 패하여 항복하였는데, 昭帝가 즉위하자 李陵의 친구인 任立政 등 세 사람을 匈奴에 보내어 그를 데려오게 하였다. 單于가 그들에게 술자리를 마련하여 李陵과 만나게 했는데, 單于가 동석했기 때문에 비밀스런 얘기는 하지 못하고 대신에 자주 자신들의 칼 고리를 만지고 발을 잡는 행동으로 漢나라로 돌아올 것[歸還]을 권유하였다고 한다.
5) 이 구 역시 전체가 은어로 이루어진 구이다. 옛날 거울인 銅鏡은 원형으로 달에 비유되었으며, 나아가 '破鏡'은 반달, 즉 한 달의 반인 15일을 가리키는 말로 쓰였다.
6) '瑇瑁'(대모): '玳瑁'와 같으며, 열대 또는 아열대 지역에 서식하는 바다거북을 가리킨다. 등딱지는 담흑색 바탕에 황색 또는 황갈색 바탕에 진한 흑색의 구름무늬가 있는데, 무늬와 광택 때문에 장식품에 이용된다.

해설 이 시는 집을 떠나 있는 남편의 아내 그리는 마음을 서술한 작품이다. 객지를 떠도는 남편은 가을이 되자 곧 닥칠 추위를 생각하며 더욱 고향과 아내가 그리운 것이다. 게다가 사람들과 섞여 지내던 바쁜 한낮도 지나 해는 서산으로 지고, 구름조차 음산할 때 모두들 가족이 기다리는 가정으로 돌아가니, 자신만 외톨이가 된 듯하다. 고향의 아내 생각이 불현듯 가슴에서 솟아난다. 그러나 눈앞에 펼쳐진 맑고 깊은 강은 마치 고향으로 가는 길을 가로막고 있는 듯 장애처럼 얄밉게 보이니 어찌 하랴? 어떻게든 소식이라도 전하고자 하는데 서툰 글로는 사무친 그리움을 다 표현할 수가 없으니, 차라리 마음을 담은 선물을 보내는 게 더 낫겠지. 그것도 이왕이면 매일같이 아내의 몸을 떠나지 않을 비녀이면 더욱 좋겠고.

515. 고절구 3

「古絶句」其三

菟絲從長風,[7]	새삼은 긴 바람을 따르지만
根莖無斷絶.	뿌리와 줄기는 끊어지지 않지요
無情尙不離,	무정한 저 새삼도 오히려 떨어지지 않건만
有情安可別.	다정한 우리 부부 어찌 이별할 수 있는지요

해설 이 시는 부부의 이별에 대한 원망을 나타낸 작품이다. 짐작컨대 여성 시점에서 지어진 것으로 보인다. 시는 새삼이란 기생식물을 남편에게 의지하여 살아가는 자신에게 비유하고 있다. 아울러

---

7) '菟絲'(토사) : 메꽃과의 한해살이풀인 새삼. 산과 들의 볕이 잘 드는 풀밭에서 자라며, 목본식물에 기생하는 덩굴식물이다. 제1권 古詩 8수 중 제3수인 「冉冉孤生竹」(3)에도 보인다.

의지한다는 점에서 처지는 서로 비슷하지만 이별이란 측면에서는 서로 대조적이란 서술로, 남편과의 이별의 부당성을 강렬하게 비판 토로하고 있다. 무정한 새삼도 이별이 없는데 우리 다정한 부부가 왜 이별해야 하느냐고.

516. 고절구 4

「古絶句」其四

南山一桂樹,	남산의 계수나무 한 나무
上有雙鴛鴦.[8]	그 위에 깃든 한 쌍의 원앙새
千年長交頸,	천 년토록 오래 오래 목을 서로 부비며
歡愛不相忘.[9]	즐거운 사랑 서로 잊지 않는다네

해설 이 시는 제1권의 마지막 작품인 「古詩爲焦仲卿妻作」의 마지막 단락의 내용을 빌어 부부가 영원토록 이별 없이 서로 사랑하기를 소망한 작품이다. 앞 세 구에 대한 결론에 해당하는 작품으로 볼 수 있다. 「古詩爲焦仲卿妻作」이 이승에서 이루지 못한 사랑을 죽어서 이룬다는 내용이기 때문에 죽기 전에 그런 사랑을 하고픈 심정을 역설적으로 나타내고 있다.

---

8) '鴛鴦'(원앙) : 오리과에 속하는 조류로, 암수가 항상 붙어 다닌다. 금슬이 좋기 때문에 금슬 좋은 부부를 비유하는 말로 쓰인다.
9) '歡愛'(환애) : 기쁜 사랑. 어떤 책에는 '歡慶'으로 되어 있다.

가충(賈充)

◇賈充(217~282) : 자가 公閭이며, 西晉 平陽 襄陵(지금의 山西省 襄汾) 사람이다. 魏나라 때 尙書郞・廷尉 등을 역임했으며, 晉나라 때는 魯郡公에 봉해졌고, 尙書僕射・尙書令・司空・侍中 등을 역임했으며, 관직이 太尉・錄尙書事에까지 이르렀다.

「아내 이부인과의 연구시(與妻李夫人連句詩)」 3수[10)]

517. 아내 이부인과의 연구시 1

「與妻李夫人連句詩」 其一

室中是阿誰?[11)]	방안의 사람 누구길래
歎息聲正悲.	탄식 소리 이리도 슬픈가요
歎息亦何爲?	탄식은 또한 무엇 때문이겠어요
但恐大義虧.[12)]	다만 큰 뜻 어긋날까 두려워서지요

---

10) '連'(련) : 어떤 책에는 '聯'자로 되어 있으며, 또 어떤 책에는 '詩三首'자가 없다. 吳兢의 『樂府古題要解』에 따르면, 連句詩는 漢 武帝 때 柏梁臺의 잔치에서 지은 작품에서 기원하는데, 한 사람이 한 구씩 지어 연결하여 한 작품을 만든 것으로 본래 칠언시였다고 한다. 賈充의 전처는 李豐의 딸로, 李豐이 죄를 입고 죽은 후 그녀도 연좌되어 추방되었다. 賈充은 후처로 城陽太守 郭配의 딸을 맞았는데, 나중에 전처 이씨가 사면되자 賈充의 어머니가 다시 맞아들이라고 했지만 후처 곽씨의 투기가 심해 이루어지지 않았다. 이 작품은 대체로 이씨가 쫓겨날 무렵에 지어진 것으로 보이며, 세 수 모두 전후반 두 구씩 남편과 아내가 차례로 지은 것이다.

11) '阿'(아) : 접두사로, 의미가 없다.

12) '大義'(대의) : 부부 관계, 또는 부부애.

해설 이 작품은 원하지 않는 이별에 즈음하여 부부가 서로의 심정을 피력한 시다. 시댁을 쫓겨날 시간이 임박해오자 아내의 탄식 소리도 잦아진다. 왜 탄식하느냐는 愚問이 한가롭기만 해보인다.

518. 아내 이부인과의 연구시 2

「與妻李夫人連句詩」其二

大義同膠漆,[13]　　큰 뜻이야 아교와 옻 같으며
匪石心不移.[14]　　내 마음 돌이 아니니 옮겨가지 않는다오
人誰不慮終?　　사람이라면 그 누가 종말을 염려하지 않겠어요
日月有合離.　　해와 달도 만남과 이별이 있는데

해설 이 작품은 남편의 '변함없는 사랑'에 대한 아내의 회의를 나타내는 시다. 이 세상 종말 없는 게 어디 있으랴? 그렇다면 우리 사랑도 언젠가는 끝날 수밖에.

519. 아내 이부인과의 연구시 3

「與妻李夫人連句詩」其三

我心子所達,　　내 마음 그대에게 통하고
子心我亦知.　　그대 마음 내 역시 안다오
若能不食言,　　식언하지 않을 수 있다면

---

13) '膠漆'(교칠) : 아교와 옻. 모두 접착용으로 쓰이며, 견고한 결합을 의미한다.
14) 『詩經』「邶風」「柏舟」에 "내 마음 돌이 아니니 굴릴 수 없고, 내 마음 자리가 아니니 말 수가 없네(我心匪石, 不可轉也. 我心匪石, 不可卷也)"라고 했다.

與君同所宜.[15] 당신과 부부의 정 함께 하겠어요

해설 이 작품은 남편만 배신하지 않는다면 자신은 영원히 부부의 인연을 지키겠다는 아내의 마음을 표현한 시다. 그러나 행여나 하는 바람은 결국 역시나란 실망으로 이어지고.

손작(孫綽)

◇孫綽(314~371) : 자가 興公이며, 東晉 太原 中都(지금의 山西省 平遙) 사람이다. 章安令 · 散騎常侍 · 著作郎 · 廷尉卿 등을 역임했으며, 東晉 玄言詩의 대표 작가이다. 문집 25권이 있었다고 하는데 이미 망실되었고, 지금은 明代의 집본인 『孫廷尉集』이 남아 있다.

「애첩 벽옥(情人碧玉歌)」 2수[16]

520. 애첩 벽옥 1

「情人碧玉歌」 其一

碧玉小家女,[17] 벽옥은 미천한 집 딸

---

15) '所宜'(소의) : 서로 알맞다. 어울리다. 여기에서는 부부의 예를 가리킨다.
16) '碧玉'(벽옥) : 晉 汝南王의 애첩 이름. 杜佑의 『通典』 등에 의하면, 본래 「碧玉歌」는 晉 汝南王이 애첩 碧玉을 위해 지은 것이라고 한다. 『樂府詩集』에는 여기에서의 2수를 포함해 5수의 古辭로 수록되어 있다. 淸商曲辭 吳聲歌曲에 속한다.
17) '小家'(소가) : 미천한 집.

不敢攀貴德.[18]	유덕한 귀인을 차지하려 하지 않네
感郎千金意,	임의 천금 사랑에 감사하며
慚無傾城色.	경국지색 아님을 부끄러워하네

해설 이 작품은 자신의 애첩에 대한 칭송의 시다. 미천한 집안의 딸인 그녀는 남편의 사랑을 독차지하려는 태도는커녕, 경국지색이 아닌 자신의 미모를 사랑하는 남편이 감사할 따름이며 또한 부끄러울 뿐이다.

521. 애첩 벽옥 2

「情人碧玉歌」 其二

碧玉破瓜時,[19]	벽옥 나이 열여섯 살 때
相爲情顚倒.[20]	사랑에 빠져 제정신이 아니었지
感郎不羞難,	임 사랑에 감동하여 부끄러워하거나 어려워하지 않고
迴身就郎抱.	몸을 돌려 임의 품에 안겼다네

해설 이 작품은 애첩을 처음 만나 사랑에 빠졌을 때를 노래한 시다. 방년 16세 한창 꽃피는 나이, 빠지지 않을 남자가 어디 있으랴. 후반 두 구의 대담한 표현은 민가풍이 농후한 구라고 할 수 있다. 그래서 다른 책에서는 민가로 간주한 것이리라.

---

18) '貴德'(귀덕) : 신분이 귀하며 덕이 있는 사람.
19) '破瓜時'(파과시) : 16세. '瓜'자를 나누면 두 개의 '八'자가 되기 때문이다.
20) '相'(상) : 어떤 책에는 '郎'자로 되어 있다. '顚倒'(전도) : 사랑에 빠져 넋이 나간 것.

왕헌지(王獻之)

◇王獻之(344~386) : 자가 子敬이며, 東晉 會稽(지금의 浙江省 紹興市) 사람이다. 王羲之의 아들로, 초서 · 예서 등에 능했다. 벼슬은 州의 注簿와 秘書郞 · 建威將軍 · 吳興太守 · 中書令 등을 역임했다.

「애첩 도엽(情人桃葉歌)」 2수[21)]

522. 애첩 도엽 1

「情人桃葉歌」 其一

桃葉復桃葉,[22)] 도엽 아 도엽
渡江不用楫.[23)] 강을 건널 때도 노가 필요 없다네
但渡無所苦, 단지 강만 건너면 고통은 없으리라
我自迎接汝. 내 몸소 너를 맞으리니

---

21) '桃葉'(도엽) : 작가의 애첩 이름. 『古今樂錄』에 의하면, 「桃葉歌」는 晉 王獻之가 지었는데, 桃葉은 그의 첩 이름으로, 너무 사랑한 나머지 노래를 짓게 되었다라고 했다. 『樂府詩集』에는 이 두 수를 포함해 총 4수가 古辭로 수록되어 있다. 淸商曲辭 吳聲歌曲에 속한다.

22) 이 구는 격앙된 감정을 나타내기 위한 반복법이 쓰였다. 아울러 '桃葉'이란 어휘는 복숭아나무의 잎과 인명을 동시에 나타내는 雙關語로 쓰였는데, 이는 다음 작품에서도 마찬가지다.

23) '楫'(즙) : 노. 여기에서는 배를 가리킨다. 이하 세 구는 桃葉이 복숭아나무의 잎이기 때문에 따로 배가 필요 없으며, 다만 강을 건너자면 이리저리 물결에 휩쓸리는 고통이 있을 것이지만 일단 건너기만 하면 내가 직접 나루터로 나가 맞겠다는 뜻이다.

해설 이 작품은 애첩이 어려운 과정을 극복하고 자신에게 온다면 기꺼이 첩으로 맞이하겠다는 뜻을 나타낸 시다.

523. 애첩 도엽 2

「情人桃葉歌」 其二

桃葉復桃葉,	도엽 아 도엽
桃葉連桃根.[24]	복숭아나무의 잎은 그 뿌리에 연결되어 있네
相憐兩樂事,	서로 사랑하면 양쪽 모두 즐거운 일이건만
獨使我殷勤.[25]	유독 나만 사랑이 깊어지게 하누나

해설 이 작품은 애첩과 서로 사랑에 빠져 있는데 유독 자기만 더 사랑에 연연해하는 것 같은 심정을 나타낸 시다.

도엽(桃葉)

◇桃葉 : 생졸년 미상. 王獻之의 애첩.

---

24) 이하 두 구는 두 사람을 각각 복숭아나무의 잎과 뿌리로 비유하였다.

25) '殷勤'(은근) : 사랑하는 마음이 깊은 모양.

「왕씨의 '단선가'에 화답한 시(答王團扇歌)」 3수[26]

524. 왕씨의 '단선가'에 화답한 시 1
「答王團扇歌」其一

七寶畫團扇,[27]	칠보로 둥근 부채에 그림 그리니
粲爛明月光.	밝은 달빛이 찬란하네
與郎却暄暑,[28]	당신을 위해 더위를 물리쳤으니
相憶莫相忘.	기억하며 잊지 마세요

해설 이 작품은 귀한 둥근 부채의 묘사를 통해 총애를 잃지 않았으면 하는 바람을 나타낸 시다. 여기에서 부채는 곧 여인이며, 기억하며 잊지 않는 주체는 남자이다.

525. 왕씨의 '단선가'에 화답한 시 2
「答王團扇歌」其二

青青林中竹,	푸르디푸른 숲 속의 대나무
可作白團扇.	희고 둥근 부채를 만들 수 있네
動搖郎玉手,	임의 옥 같은 손에서 흔들리며
因風託方便.[29]	이는 바람으로 가까이할 기회를 얻네

26) 桃葉이 남편 王獻之에게 화답한 시. 唐 徐堅의 『初學記』와 『藝文類聚』 등에는 제1수를 王獻之의 「桃葉團扇歌」라고 하였다. 『樂府詩集』에 수록된 「團扇郎」 6수의 古辭 중 제1, 2수가 이 작품 제1, 4에 해당하며, 또 다른 古辭 1수가 제3수에 해당한다. 淸商曲辭 吳聲歌曲에 속한다.

27) '七寶'(칠보) : 여러 가지 귀한 보물.

28) '暄暑'(훤서) : 더위.

해설 이 작품은 부채가 시원하게 하는 기능 때문에 사람과 가까워질 수 있듯이 자신도 미모와 미덕으로 임에게 사랑을 받게 되었음을 나타내는 시다.

526. 왕씨의 '단선가'에 화답한 시 3

「答王團扇歌」 其三

團扇復團扇,	둥근 부채 아 둥근 부채
持許自障面.[30]	이것으로 스스로 얼굴을 가리네
憔悴無復理,	초췌해진 용모 다시 화장도 않은 얼굴
羞與郎相見.	임에게 보일까 봐 부끄럽네

해설 이 작품은 용모가 시들어 임의 앞에 나서기 싫은 여인의 심정을 나타낸 시다. 얼굴보다 마음이 중요하단 말은 남성들에게만 적용되던 말이었던지.

사령운(謝靈運)

◇謝靈運(385~433) : 아명은 客兒이며, 劉宋 때 陳郡 陽夏(지금의 河南省 太康) 사람이다. 東晋의 명장 謝玄의 손자로, 東晋 말에 康樂公에 襲封되었다.

---

29) '方便'(방편) : 기회. 이 구는 부채가 바람을 일으킨다는 이유로 사람과 가까이할 기회를 얻는다는 뜻이다.

30) '持許'(지허) : ……를 가지고.

일찍이 中侍郎・中軍諮議・黃門侍郎・相國從事中郎・宋太子左衛率・永嘉太守・秘書監 등을 역임했다. 후에 모반죄로 廣州로 유배되었다가 얼마 후 피살되었다. 그는 산수시의 창시자로, 문집 20권이 있었다고 하는데 이미 망실되었고, 지금의 明代의 집본인 『謝康樂集』이 남아 있다.

「동양강에서의 증답시(東陽谿中贈答)」 2수[31]

527. 동양강에서의 증답시 1

「東陽谿中贈答」 其一

可憐誰家婦,	어여뻐라 뉘 집 여인인가
緣流洗素足.	물가에서 하얀 발을 씻고 있네
明月在雲間,	밝은 달은 구름 사이에 있으니
迢迢不可得.	까마득히 멀어 가질 수가 없네

31) '東陽谿'(동양계) : 東陽江. 浙江省 金華 지역을 지나는 강으로, 婺溪・雙溪라고도 불린다. 원서의 吳兆宜 주석에 따르면, 다음과 같이 이 시와 유사한 시가 『括蒼志』에 수록되어 있다고 한다. 謝靈運이 沐鶴鄉 계곡으로 들어갔는데, 마침 두 여인이 빨래를 하고 있었다. 謝靈運이 시를 지어 여인들을 희롱하기를 "나는 謝康樂으로, 화살 한 개로 두 마리 학을 쏘았다오. 묻겠는데 빨래하는 아가씨여, 화살이 어디로 떨어진 줄 아시는가(我是謝康樂, 一箭射雙鶴. 試問浣紗娘, 箭從何處落)"라고 했는데, 두 여자는 거들떠보지도 않았다. 다시 그 여인들을 희롱하기를, "빨래하는 아가씨는 뉘댁 딸이신지, 향기로운 땀이 막 내린 비처럼 젖어 있다오. 두 사람 입 다물고 말하지 않는데, 무엇 때문에 고생을 감내하시는지(浣紗誰氏女, 香汗濕新雨. 兩人默無言, 何事甘辛苦)"라고 하자, 드디어 두 여자가 대답하기를, "우리는 강물 속의 붕어인데, 잠시 강 어귀로 식사하러 나왔지요. 식사가 끝나면 다시 깊은 물속으로 돌아갈 것이니, 구름의 자취를 어디에서 찾으리오(我是溪中鯽, 暫出溪頭食. 食罷又還潭, 雲蹤何處覓)"라고 했다 한다.

해설 이 작품은 강가에서 빨래하는 여인을 유혹하는 남자의 시다. 치마를 걷고 흰 다리를 내 보인 채 빨래를 하는 아가씨가 마치 하늘에 걸린 달 같이 느껴진다. 곱지만 너무 멀리 있기에 사랑하는 것은 생각도 못하는 게 아닌지, 아니면…….

528. 동양강에서의 증답시 2

「東陽谿中贈答」 其二

可憐誰家郎,	멋있어라 뉘 집 도령인가
緣流乘素舸.[32]	물을 따라 하얀 배를 타고 있네
但問情若爲,	다만 마음이 어떤지를 물을 뿐
月就雲中墮.	달도 구름 속에서 떨어질 수 있다네

해설 이 작품은 앞 시에 대한 여인의 대답에 해당하는 시다. 강 중앙에 띄워진 배, 그 배 안에 탄 귀공자는 뉘 집 도령인지. 나를 사랑하는 그 마음 하나만 진실하다면야 구름 속의 달 같은 몸이라도 그대 품으로 떨어질 수 있지요.

송(宋) 효무제(孝武帝)

◇劉駿(430~464) : 자는 休龍, 小字는 道民이며, 彭城(지금의 江蘇省 徐州市) 사람이다. 宋 文帝의 셋째아들로, 처음에는 武陵王에 봉해졌다가 나중에

32) '舸'(가) : 큰 배.

征南將軍이 되었다. 文帝가 죽은 후 제위에 올랐으며, 재위 기간은 11년이다. 문집 31권이 있었다고 하나 망실되었다.

「정 독호(丁督護歌)」 2수[33]

529. 정 독호 1

「丁督護歌」 其一

督護上征去, 독호께서 출정길 올라 떠나실 제
儂亦思聞許.[34] 나 또한 이런 소식 듣기 싫었지
願作石尤風,[35] 석우풍 일으켜
四面斷行旅. 사방의 여행길 끊었으면 했었지

해설 이 작품은 출정하는 남편을 만류하고픈 간절한 심정을 나타낸 시다. 원서의 주석에 따르면, 石氏의 딸이 시집가 尤郎의 아내가 되어 애정이 매우 돈독하였는데, 남편이 장사 때문에 멀리 떠나게 되자, 아내가 막았으나 따르지 않았다. 尤郎이 집 떠나 돌아오지 않자,

33) '督護'(독호) : 晉나라 때 설치된 武官 이름. 『宋書』 「樂志」에 따르면, 「督護歌」는 彭城內史 徐逵之가 적장 魯軌에게 피살되자, 宋 高祖가 관부 내의 直督護인 丁旿로 하여금 그 시신을 수습하여 장례를 치르게 했다. 徐逵之의 아내는 高祖의 장녀 會稽公主였는데, 丁旿를 처소로 불러서 장례에 관해 이것저것 물었다. 물을 때마다 탄식하면서 '丁督護야!'라고 불렀는데, 그 소리가 애절하여 후인들이 그 소리를 따라 곡조를 확대시켜 지은 것이다라고 했다. 후인들이 지은 작품들은 이 고사와는 무관하게 단지 비애의 정조를 띠고 있을 뿐이다. 『樂府詩集』에는 劉駿의 시로 5수가 수록되어 있는데, 여기에서는 그 중 제4수를 수록하였다. 제2수는 梁 王金珠의 작품이라고도 한다. 淸商曲辭 吳聲歌曲에 속한다.

34) '儂'(농) : 나. 1인칭대명사. '思'(사) : 『考異』는 『樂府詩集』을 따라 '惡'자로 고쳤다. 여기에서도 이를 따랐다. '許'(허) : 이것.

35) '石尤風'(석우풍) : 역풍. 설명 부분을 참조할 것.

아내는 남편을 그리워하다 병으로 죽게 되었는데, 임종할 무렵에 길게 탄식하며, "나의 한은 그의 여행길을 막지 못하고 이 지경에 이른 것이다. 지금 무릇 장사로 인해 멀리 떠나는 사람이 있으면 나는 반드시 큰 바람이 되어서 세상의 부인들을 위해 그를 막겠다"고 말했다. 그 후로 장삿길로 배를 띄울 때 역풍을 맞으면, '石尤風'이라고 말하면서 길을 떠나지 않았다. 아내가 남편의 성을 이름으로 삼았으니, '石尤'라고 한다. 근자에 어떤 사람이 "내가 石氏 아주머니를 위해 尤郎이 돌아오도록 불러 줄 테니, 내 배가 떠날 수 있도록 놓아 주시오(我爲石娘喚尤郎歸也, 須放我舟行)"라는 열네 글자를 봉하여 물 속에 빠트리니, 바람이 과연 그쳤다고 한다.

530. 정 독호 2

「丁督護歌」 其二

黃河流無極, 황하는 끝없이 흐르고
洛陽數千里. 낙양은 수 천리나 떨어져 있네
坎軻戎途間,[36] 험난한 전쟁터에서
何由見歡子.[37] 어떻게 임을 볼 수 있을지

해설 이 작품은 출정 중인 병사가 고향 洛陽의 아내를 그리워하는 심정을 나타낸 시다. 언제 끝날지 모르는 전쟁, 그리고 그 속에서 하루하루를 힘들게 버티고 있는 언제 죽을지 모를 운명의 병사. 누가, 무엇 때문에 전쟁을 일으키는지 원망스러울 뿐.

---

36) '坎軻'(감가) : 길이 험난한 모양.
37) '歡子'(환자) : 사랑하는 사람.

531. 서간의 시를 본뜬 시

「擬徐幹詩」[38)]

自君之出矣, 그대 떠난 후로
金翠闇無精.[39)] 황금과 비취옥도 어둑어둑 빛을 잃었네
思君如日月, 그대 향한 그리움은 해와 달 같아서
廻還晝夜生. 빙빙 돌며 주야로 일어나네

해설 이 작품은 먼 길 떠난 임을 그리워하는 여인의 심경을 나타낸 시다. 임이 떠난 후로는 찬란하게 빛을 발하던 비녀와 보요 등의 장신구가 모두 빛을 잃었다. 그만큼 화장과 수식에 신경을 쓰지 않는다는 말일 것이다. 대신에 주야 교대로 하늘에 떠 있는 해와 달처럼, 임에 대한 그리움은 주야로 쉬지 않고 맴을 돌 듯 인다.

허요(許瑤)

◇許瑤 : 생졸년 미상. 『詩品』에 齊나라 許瑤之가 언급되어 있다.

---

38) '徐幹'(서간) : 建安七子 중의 한 사람. 제1권에 그의 작품 「室思」 6수(37~42)가 수록되어 있다. 『樂府詩集』에는 「自君之出矣」라고 되어 있으며, 어떤 책에는 許瑤의 시라고 되어 있다. 雜曲歌辭에 속한다.
39) '金翠'(금취) : 황금과 비취옥으로 만든 여자의 장신구. '無精'(무정) : 빛이 나지 않다. 색이 바래다.

532. 나무혹 베게

「詠柟榴枕」[40]

端木生河側, 곧은 나무 강가에서 자라는데
因病遂成妍. 병으로 인해 도리어 아름답게 되었네
朝將雲髻別, 아침이면 구름 같은 쪽진 머리와 헤어졌다가
夜與娥眉連. 밤이면 아리따운 눈썹과 나란히 있네

해설 이 작품은 나무의 혹 부분으로 만든 베게를 노래한 일종의 영물시다. 병으로 인해 오히려 아름답게 되었다는 말, 기암괴송은 물론이요 실재로 금붕어조차 돌연변이가 더 아름다울 수 있다는 사실이 신기하다. 게다가 그 목침은 미인과 밤을 함께 할 수 있으니 노래할 만하지 않겠는가.

533. 규방 여인이 이웃 사람에게 대답하다

「閨婦答鄰人」

昔如影與形, 예전엔 그림자와 몸 같았건만
今如胡與越. 지금은 북방 이민족과 월나라 사람 같네
不知行遠近, 얼마나 멀리 가신지도 모르겠고
忘去離年月. 떠나신 날짜도 잊어버렸네

40) '柟榴'(남류) : 똬리를 튼 것 같은 나무의 혹. 견고하며 비스듬히 켜면 環狀 문양이 있어 가구 등을 만드는 재료로 쓰인다. '柟'자는 '楠'자와 같다. 左思의 「吳都賦」 중에도 '楠榴'라는 나무가 나오는데, 그 주석에 의하면 '楠榴'는 나무 중에 둥글게 혹처럼 맺혀 있는 부분으로, 재질이 견고해서 기물을 만들 수 있다고 했다.

해설 이 작품은 이웃 사람의 물음에 대한 대답 형식을 통해 먼 길 떠나 오래도록 돌아오지 않는 임에 대한 원망을 노래한 시다. 이웃집 사람이 묻는다. 댁의 남편은 요즘 왜 안 보이나요? 여인은 대답한다. 전에는 그림자처럼 붙어다니던 사이였건만 지금은 각자 남북으로 떨어져 있다고. 그리고 가신 그곳이 여기에서 얼마나 먼지도 모르겠고, 떠난 날짜도 오래되어 잊어버렸다고.

포령휘(鮑令暉)

「나그네에게 부치다(寄行人)」 1수

534. 나그네에게 부치다

「寄行人」

桂吐兩三枝,	계수나무는 두세 가지 꽃을 토해내고
蘭開四五葉.	난초는 네댓 개 잎사귀를 피우네
是時君不歸,	이런 시절에도 당신은 돌아오지 않으니
春風徒笑妾.	봄바람만 실없이 소첩을 비웃네

해설 이 작품은 나그네 신세인 자신의 임에게 보내는 편지 형식의 시다. 계수나무가 꽃을 피우고 난초에 새로 잎이 돋아나는 따뜻한 봄날, 남편 없는 이 몸을 봄바람조차 비웃는 듯하여 부끄럽다.

「근대서곡가(近代西曲歌)」 5수[41)]

535. 석성악

「石城樂」[42)]

生長石城下,	석성 아래 마을에서 자라
開門對城樓.	대문을 열면 성루와 마주했었지
城中美年少,	성 안의 아름다운 소년들
出入見依投.	성을 출입하면서 들리곤 했었지

해설 이 작품은 石城 바깥 마을에서 자라난 여인의 눈에 비친 부근의 한 풍경을 노래한 것이다. 어릴 때부터 대문을 열면 바로 石城의 망루와 마주할 정도의 위치의 집에서 성장하였기 때문에 그곳 풍경에 익숙하다. 특히 기억에 남는 것은 성 안에 사는 잘 생긴 청년들이 성문을 출입할 때 가끔씩 집에 들러 술 한 잔 하고 가던 모습이다. 지금 그 청년들은 다 어디에서 무엇을 하고 있을까?

---

41) '近代'(근대) : 멀지 않은 과거. 齊梁 이전의 南朝 시기를 가리킨다. '西曲'(서곡) : 淸商曲 중의 하나. 荊 · 郢 · 樊 · 鄧 등지에서 나왔기 때문에 '西曲'이라고 일컫는다. 원래는 민가였는데 나중에 귀족문인들에 의해 樂府에 들게 되었으며, 문인들의 작품도 일부 있다.

42) '石城'(석성) : 城 이름. 같은 이름이 여러 지역에 있었으나, 대체로 지금의 湖北省 鍾祥縣에 있던 것으로 본다. 杜佑의 『通典』에 의하면 이 음악은 宋나라 臧質이 지은 것이며, 石城은 성 이름으로 竟陵에 있다고 했다. 臧質이 일찍이 竟陵郡의 太守였을 때 성 위에서 멀리 조망하는데 한 무리의 소년들이 보였으며, 그들의 노랫소리가 명랑하게 들려왔다. 그로 말미암아 이 곡을 짓게 되었다고 한다. 『古今樂錄』에 의하면 이 음악은 옛날에 16명이 춤을 추었다고 한다. 『樂府詩集』에 모두 5수가 수록되어 있는데, 이 작품은 그 중의 제1수이다.

536. 고객악

「估客樂」[43]

有客數寄書, 인편이 있을 땐 자주 편지를 부치시고
無信心相憶.[44] 인편이 없을 땐 마음으로 기억해 주세요
莫作瓶落井, 병을 우물에 떨어뜨리진 마세요
一去無消息. 한 번 떨어지면 소식조차 없으니까요

해설 이 작품은 먼 길 떠나는 임에 대한 간절한 소망을 나타낸 시다. 일단 떠난다는 것은 피할 수 없는 현실이지만 가시더라도 제 말씀은 제발 잊지 마세요. 혹시 고향으로 오는 인편이 있다면 자주자주 편지를 주시고, 그런 인편마저 없다면 저를 마음에 꼭 새겨두고 잊지는 마세요. 혹시 빈 병 우물에 던지는 것 같은 어리석은 짓은 하지 마세요. 우물에 빠진 병은 물이 차면 가라앉아 영원히 모습을 드러내지 않으니까요.

537. 까마귀 밤에 우네

「烏夜啼」[45]

歌舞諸年少, 노래하고 춤추는 젊은 아가씨들

---

43) '估客'(고객): 물건을 파는 행상. 『古詩紀』의 주석에 의하면, 齊 武帝가 평민이었을 때 일찍이 樊·鄧 지역을 돌아다녔는데, 즉위한 후에 옛일을 추억하며 「估客樂」을 지어 釋寶月로 하여금 악기로 연주하게 했다. 아울러 釋寶月이 다시 두 곡을 더 지어 모두 4편이 되었다라고 한다. 梁나라 때는 제목을 「商旅行」이라고 고쳤으며, 『樂府詩集』에는 이것을 釋寶月의 작품이라고 하였다.

44) '無信'(무신): 편지를 전해줄 사람이 없음을 뜻한다.

45) 『唐書』「樂志」에 의하면, 「烏夜啼」는 宋 臨川王 劉義慶이 지었다고 한다. 元嘉 17년에 彭城王 劉義康이 豫章郡 太守가 되어 임지로 가게 되었는데, 당시 劉義慶은 江

娉婷無種跡.[46]　　어여쁜 그 모습 꾸민 흔적이 없네
菖蒲花可憐,[47]　　창포는 꽃이 사랑스러운데
聞名不曾識.　　이름은 들었지만 일찍이 알지는 못했네

해설 이 작품은 노래하고 춤추는 여인들의 아름다움을 창포꽃에 비유한 시다. 창포꽃이 아름답다는 말은 들었지만 실재로 저토록 아름다울 줄은 예전엔 미처 몰랐다네.

538. 양양악

「襄陽樂」[48]

朝發襄陽城,　　아침에 양양성을 출발해

州刺史였다. 劉義康이 江州에 이르렀을 때 서로 만나 신세를 한탄했는데, 文帝가 그 소문을 듣고 고얀 행동으로 여겨 집으로 불러들이자 크게 두려워했다. 기녀와 첩들이 밤에 까마귀 우는 소리를 듣고서 그의 서재를 두드리면서 다음 날 사면될 것이라고 했는데, 그 해 다시 南兗州刺史가 되었으니, 그로 인해 이 노래를 짓게 되었다라고 했다. 아울러 지금 전해오는 가사는 劉義慶의 본래 취지는 아니라고 했다. 『古今樂錄』에 의하면 이 곡은 옛날 16명이 춤을 추었다고 한다. 『樂府詩集』에 古辭로 모두 8수가 수록되어 있는데, 이 작품은 그 중 제1수이다.

46) '娉婷'(빙정) : 여자의 아름다운 자태를 나타내는 말. '種'(종) : 『考異』 등의 책에는 '種(씨를 뿌리다)'자로 되어 있다. 이 구의 뜻에 대해 『考異』는 알 수 없다고 했는데, 억지로 풀자면 여인들의 아름다운 모습이 씨를 뿌리고 가꾼 것 같은 인위적인 아름다움이 아니라는 뜻이 될 것이다.

47) '菖蒲'(창포) : 창포. 천남성과의 다년초. 못가나 습한 땅에서 자라는데, 특이한 향기가 있고 긴 칼 모양의 잎은 뿌리줄기에서 무더기로 나며, 잎맥은 길게 평행을 이룬다. 초여름에 황록색의 꽃이 핀다. 여기에서는 창포꽃을 가무하는 아가씨에 비유하였다.

48) '襄陽'(양양) : 지명. 지금의 湖北省 襄陽縣. 『古今樂錄』에 의하면, 「襄陽樂」은 宋隨王 劉誕이 지었다고 한다. 그는 처음에는 襄陽郡 太守였다가, 元嘉 26년에 다시 雍州刺史가 되었는데, 밤에 여러 여인들이 함께 노래하는 소리를 듣고 이 노래를 짓게 되었다고 한다. 그래서 노래 첫머리에 "襄陽에서 밤의 음악 소리 들려오네(襄陽來夜樂)"란 말이 있게 된 것이다. 옛날에는 춤을 춘 인원이 16명이었지만 梁나라 때는 8명이었다. 「大堤曲」도 여기에서 나왔다고 한다. 『樂府詩集』에는 古辭로 모두 9수가 수

莫至大堤宿.[49]	저녁때 대제에서 묵는다네
大堤諸女兒,	대제의 여러 아가씨들
花豔驚郎目.	꽃처럼 예쁜 모습 사내의 눈을 어리둥절하게 하네

해설 이 작품은 가무하는 아가씨들의 아름다운 모습을 노래한 시다.

539. 양반아

「楊叛兒」[50]

暫出白門前,[51]	잠시 선양문 앞을 나서니
楊柳可藏烏.[52]	버드나무는 까마귀를 숨길 만 하네
郎作沉水香,[53]	낭군께서 침수향을 만드시면
儂作博山罏.[54]	저는 박산향로를 만들게요

록되어 있는데, 이 작품은 그 중 제1수이다.

49) '莫'(모) : 날이 저물다. '暮'자와 같다. '大堤'(대제) : 지금의 湖北省 襄陽縣에 있던 제방 이름.

50) '楊叛兒'(양반아) : '楊婆兒'가 와전된 것. 楊 노파의 아들이란 뜻이다. 杜佑의 『通典』에 의하면 이 노래는 본래 동요였다. 齊나라가 한창 홍성할 때 여자 무당의 아들로서 楊旻이란 아이가 어머니를 따라 궁중으로 들어와, 성장하여 태후에게 총애를 받았다. 이에 '楊婆兒, ……'라는 동요가 있었는데 와전되어 이와 같은 제목이 되었다. 『樂府詩集』에 古辭로 모두 8수가 수록되어 있는데, 이 작품은 그 중 제2수이다.

51) '白門'(백문) : 建康(지금의 南京)의 서남쪽의 宣陽門에 대한 속칭.

52) '楊柳'(양류) : 버드나무.

53) '沉水香'(침수향) : 『採蘭雜志』에 의하면, 西施에겐 온몸에 기이한 향이 났는데, 매번 목욕이 끝나면 궁녀들이 그 물을 서로 다투어 가져가서 항아리에 담아두고 솔가지로 휘장에 뿌리면 향기가 온 방안에 가득했다고 한다. 항아리 안에 오래 두면 아래에 흐린 기름기가 끼게 되고 그것이 응고되면 가져다가 햇빛에 말리면 그 향이 물도 투과한다고 하여 이름을 '沉水'라고 한다 했다. 또한 비단 주머니를 만들어 그것을 넣어 허리띠에 차고 다녔다고 한다.

54) '儂'(농) : 1인칭대명사. '博山罏'(박산로) : 향로 이름. 향로 뚜껑이 전설상의 바다 가

해설 이 작품은 여인의 춘정을 노래한 시다. 잠시 성문 밖으로 나갔는데 벌써 버들가지 울창한 봄이 무르익어가고 있다. 잎 무성한 숲에서 임을 만나 사랑하고 싶은 마음이 문득 생기는 것도 자연스러운 일. 귀한 향은 훌륭한 향로에 담아서 피워야 제격이듯 아름다운 나에겐 멋진 낭군이 어울릴 텐데, 그런 임은 어디에 계시는지.

「근대오가(近代吳歌)」 9수[55]

540. 봄 노래

「春歌」[56]

朝日照北林,	아침 해는 북쪽 숲을 비추고
初花錦繡色.	갓 피어난 꽃은 비단 수 같은 색을 띠네
誰能春不思,	뉘라서 봄날에 그리워 않을 수 있으랴만
獨在機中織.	홀로 베틀에 앉아 베만 짜네

해설 이 작품은 춘정이 가득한 봄날에 베를 짜는 여인에 대해 노래한 시다. 봄은 여인의 계절, 비단으로 수놓은 것 같은 예쁜 꽃이 피고 만물이 약동하는 이때, 어떤 여인인들 사랑을 그리지 않으랴. 그런데도 베틀에 앉아 베를 짜기만 하는 저 여인에겐 무슨 사연이 있을까?

운데의 산인 博山을 닮았다고 해서 붙은 이름. 모양이 마치 꽃봉오리 같다.

55) 『晉書』「樂志」에 의하면, 吳歌의 잡다한 여러 곡들은 모두 江南에서 나왔다고 한다. 東晉 이래로 조금씩 그 범위가 넓어졌다. 처음에는 모두 반주가 없는 徒歌였다가 나중에 악기의 반주가 있게 되었다. 대체로 東晉 이후 梁·陳에 이르기까지 모두 建業(지금의 南京)에 도읍을 두었는데, 吳聲歌曲은 여기에서 발생했다. 清商曲辭에 속한다.

56) 晉·宋·齊 등의 노래로 모두 20수가 있다.

541. 여름 노래

「夏歌」[57]

鬱蒸仲暑月,[58]　　찌는 듯한 한여름
長嘯北湖邊.　　북쪽 호숫가에서 길게 한숨 쉬네
芙蓉如結葉,[59]　　연꽃은 이제 막 꽃잎을 맺으니
抛豔未成蓮.[60]　　꽃은 아름다운데 아직 씨를 맺지 못하네

해설 이 작품은 이제 막 이성에 눈을 뜬 아가씨의 사랑에 대한 동경과 소망을 그린 시다. 음력 5월, 남방은 이미 한여름이다. 일찍 꽃을 피웠던 복숭아·살구 등은 이미 탐스런 열매를 맺는 계절이기도 하다. 호수 안을 보니 연꽃은 이제 막 꽃을 피워 아직 열매를 맺지 못한 것이 눈에 들어온다. 그 모습이 마치 이제 막 성숙해서 아직 사랑을 이루지 못한 자신의 모습인 양 생각된다.

542. 가을 노래

「秋歌」[61]

秋風入窗裏,　　가을바람은 창 안으로 불어들고

---

57) 『樂府詩集』에는 「子夜四時歌」란 제목으로 모두 75수가 수록되어 있는데, 그 중 「夏歌」가 20수이며, 여기에는 그 중의 제10수이다.

58) '鬱蒸'(울증) : 무더위. 찌는 듯한 더위. '仲暑月'(중서월) : 여름 세 달 중의 두 번째 달. 즉 음력 5월.

59) '芙蓉'(부용) : 연꽃. '如'(여) : 『考異』 등의 책에는 '始(비로소)'자로 되어 있는데 여기에서도 이를 따랐다.

60) '抛'(포) : 어떤 책에는 '抱'자로, 또 어떤 책에는 '花'자로 되어 있는데, 여기에서는 후자를 따랐다. '蓮'(련) : 연밥. 즉 연의 열매. 이 글자는 雙關語로 쓰여 '戀(사랑)'자의 의미도 내포하고 있다. 이 구는 실재로 자신이 연꽃같이 아름답지만 아직 사랑을 이루지 못했음을 의미한다.

羅帳起飄颺. 비단 휘장은 가볍게 날리네
仰頭看明月, 고개 들어 밝은 달을 쳐다보고
寄情千里光. 내 사랑을 천 리 멀리 빛에 실어 보내네

해설 이 작품은 먼 길 떠난 임에 대한 그리움을 노래한 시다. 가을은 추위가 시작되는 계절, 텅 빈 방은 더욱 차갑게 느껴지고, 멀리 떠나 나그네처럼 떠돌 임에 대한 걱정이 앞선다. 우연히 쳐다본 하늘에 휘황하게 빛을 발하는 달, 임도 지금 저 달을 보고 있겠지. 임을 그리는 이 마음을 저 달빛에 실어 보내오니 임께서는 저 달을 통해 저를 생각하소서.

543. 겨울 노래

「冬歌」[62]

淵冰厚三尺, 깊은 연못의 얼음은 두께가 세 자이며
素雪覆千里. 하얀 눈은 천 리를 뒤덮고 있네
我心如松栢, 내 마음은 소나무 잣나무 같은데
君心復何似. 당신 마음은 또한 무엇과 같은지요

해설 이 작품은 자신을 버린 임에 대한 원망의 마음을 노래한 시다. 만물이 조락하는 겨울, 그러나 유독 소나무와 잣나무만 청청하다. 그것은 당신에 대한 저의 변함없는 애정인 것 같다. 그런데 당신의 마음은 혹시 잠시 피었다 떨어져 버리는 봄꽃은 아닌지.

---

61) 『樂府詩集』에 이 제목의 古辭가 모두 18수 수록되어 있다.
62) 『樂府詩集』에 이 제목의 古辭가 모두 17수 수록되어 있다.

544. 전계

「前谿」[63]

黃蔦結蒙巃,[64]	누런 유홍초는 서로 얽혀 무성히 땅을 뒤덮은 채
生在洛溪邊.	낙수 강변에서 자라고 있네
花落逐流去,	꽃이 떨어지면 강물 따라 흘러가니
何見逐流還.	어찌 강물 따라 다시 돌아오는 것 볼까

해설 이 작품은 청춘이 지나감을 아쉬워하는 미인의 심정을 노래한 시다. 강가 유홍초의 꽃잎처럼 청춘도 잠시뿐, 무성하던 잎과 꽃잎도 강물에 떨어지면 다시 돌아올 수 없다. 이런 황금 같은 청춘의 시절에 사랑을 이루지 못하면 어떻게 하나.

545. 상성가

「上聲」[65]

留衫繡兩襠,[66]	새 적삼에 수놓인 배자

63) '谿'(계): '溪'자와 같다. '前谿'(전계): 강 이름. 烏程縣 남쪽에서 동쪽으로 흘러 太湖로 유입되는 강이라고 한다. 『樂府解題』에 의하면 이 노래는 舞曲이라고 한다. 『晉書』「樂志」에 의하면 이 노래는 東晉 초에 沈充이 지었다고 한다. 그는 吳興 武康(지금의 浙江省) 사람으로 관직이 車騎將軍에 이르렀으며, 王敦을 따라 모반에 가담했다가 피살되었다. 前谿는 바로 沈充의 고향을 흐르는 강이었다고 한다. 『樂府詩集』에는 이 제목의 古辭가 모두 7수 수록되어 있다.

64) '蔦'(조): 留紅草. 메과에 속하는 일년생 덩굴식물. '蒙巃'(몽롱): 초목이 우거져 덮여 있는 모양.

65) 어떤 책에는 제목이 「上聲歌」라고 되어 있다. 杜佑의 『通典』에 의하면 높고 빠른 소리를 내었기 때문에 이러한 제목이 붙게 되었으며, 梁 武帝가 애호한 나머지 고친 이후에는 원곡의 우미하고 아정한 정조가 사라졌다고 한다. 『樂府詩集』에는 이 제목의 古辭가 모두 8수 수록되어 있다.

66) '留'(류): 『考異』에는 『樂府詩集』을 따라 '新'자로 되어 있는데, 여기에서도 이를 따

迮置羅裳裏.[67] 황급히 비단치마 속에다 집어넣은 채
微步動輕塵, 사뿐한 발걸음에 가볍게 먼지가 일고
羅衣隨風起. 비단 옷자락은 바람 따라 날리네

해설 이 작품은 임을 만나러 나가는 여인의 황급하면서 기쁜 모습을 노래한 시다. 속으로 애타게 사모하던 임으로부터 드디어 만나자는 전갈이 왔다. 요리조리 예쁘게 화장을 한다. 그런데 그만 시간을 너무 허비한 듯, 혹시나 기다리다 가버리면 어쩌나 하는 마음에 급기야는 옷도 제대로 입지 못하고 집을 나선다. 임 만나러 가는 여인의 경쾌한 발걸음소리 들리는 듯, 가슴속 콩닥거리는 소리 들리는 듯.

546. 환문가

「歡聞」[68]

遙遙天無柱,[69] 아득히 먼 하늘엔 기둥이 없고
流漂萍無根. 물위를 흐르는 부평초는 뿌리가 없네
單身如螢火, 반딧불이 같은 이내 홀몸

랐다. '兩襠'(량당): '裲襠'과 같다. 배자. 저고리에 덧입는 짧은 조끼 모양의 옷으로, 마고자와 비슷하나 소매가 없다.

67) '迮'(착, 책): 황급히. 갑작스레. 이 구는 임을 빨리 만나고자 성급한 나머지 겉옷인 배자 위에 치마를 올려서 입고 나선다는 뜻이다.

68) 어떤 책에는 제목이 「歡聞歌」라고 되어 있다. 『晉書』 「樂志」에 의하면 「阿子」와 「歡聞歌」는 東晋 穆帝 升平 초, 노래가 끝날 때마다 "아가씨! 노래를 들었어요(阿子, 汝聞否)?"라고 외쳤는데, 후인들이 그 소리를 늘여 이 두 곡조를 지었다라고 했다. 『古今樂錄』의 설명도 비슷한데, "즐겁게 들으셨는지요(歡聞不)?"란 후렴구를 가지고 곡조를 만들었다고 했다. 『樂府詩集』에는 이 제목의 古辭가 단지 1수 수록되어 있는데, 바로 이 작품이다.

69) 하늘에 기둥이 없다는 말은 곧 한계가 없이 넓다는 뜻이며, 남편이 그와 같이 넓은 어느 하늘 아래에서 떠돌고 있을 거란 의미를 내포하고 있다.

持底報郎恩.[70]　　무엇으로 임의 은혜에 보답하리

해설 이 작품은 먼 길 떠나 있는 임에 대한 여인의 그리움을 노래한 시다. 임은 지금 집을 떠나 있는데, 아득히 넓은 세상 그 어디에서 떠돌고 있을 지. 집 안에 남아 있는 나 자신도 임이 없으니 혈혈단신이라 그동안 베풀어주신 임의 사랑을 무엇으로 보답해야 할지…….

547. 장락가

「長樂佳」[71]

紅羅複斗帳,[72]　　붉은 비단의 겹 휘장
四角垂朱襠.[73]　　네 모서리엔 구슬을 달았네
玉枕龍鬚席,[74]　　옥돌 베게에다 용수초 자리
郎眠何處牀.　　임께선 어느 침대에서 주무시나요

해설 이 작품은 집을 떠나 돌아오지 않는 임에 대한 여인의 원망과 그리움을 노래한 시다. 온갖 화려한 잠자리를 다 내팽개치고 당신은 지금 어느 곳의 어떤 침상에서 주무시는지. 빨리 돌아오세요.

---

70) '持'(지) : ……로써. ……를 가지고. '底'(저) : 의문대명사. 무엇.
71) 어떤 책에는 '佳'자가 없다. 『樂府詩集』에는 이 제목의 古辭가 8수 수록되어 있다.
72) '複斗帳'(복두장) : 위는 좁고 아래는 넓어서 마치 말[용기]을 뒤집어 놓은 것 같은 모양의 이중 침대 휘장.
73) '朱襠'(주당) : '珠璫'과 같다. 구슬을 연결해서 만든 장식물.
74) '龍鬚'(룡수) : 네모골. 용수초. 다년생초본식물로 높이는 20~55cm, 지름 1~2mm 정도로 자란다. 뿌리줄기는 짧고 수염뿌리를 내며, 줄기는 정사각형으로 뭉쳐나고 곧게 서고 밝은 녹색이다. 자리를 짜는 데 쓰인다.

548. 독곡가

「獨曲」[75]

柳樹得春風, 버드나무가 봄바람을 맞으니
一低復一昂. 쳐졌다가 올라갔다 하네
誰能空相憶, 그 누가 부질없이 임 그리워하며
獨眼度三陽? 혼자서 지나가는 봄 보고만 있을 수 있으랴

해설 이 작품은 춘정을 품은 여인의 사랑의 마음을 노래한 시다. 봄이 오자 버드나무에 물이 올라 한층 더 푸르러진다. 불어오는 봄바람에 수많은 가지들이 일렁이며 쳐졌다가 위로 날렸다가 하는데 마치 아가씨의 부푼 마음인 양 하다. 이 계절에 그 누가 단지 무작정 사랑만 그리면서 시간을 허송할 수 있겠는가. 혼자서 보내기엔 봄이 너무 아름답고 짧은데.

75) 『樂府詩集』에는 「讀曲歌」란 제목의 古辭가 이 작품을 포함해 모두 89수 수록되어 있는데, 『考異』에서도 이를 따라 제목을 「讀曲」으로 고쳤다. 『古今樂錄』에 의하면, 이 노래는 宋 文帝 元嘉 17년에 袁 왕후가 죽자 백관들이 감히 노래를 짓지 못했는데, 간혹 술잔치가 있으면 단지 숨기는 듯한 목소리로 책을 읽듯이 나지막하게 노래했을 따름이었기에 이와 같은 제목이 붙었다고 한다. 또한 『宋書』「樂志」에 의하면, 이 노래는 彭城王 劉義康이 지었다고 하는데, "죽을 죄를 지은 것은 劉 領軍(劉湛), 잘못해서 劉氏의 넷째 아들(劉義康)을 죽이네(死罪劉領軍, 誤殺劉第四)"란 가사가 바로 그 작품이라고 했다. 劉義康이 폄적된 해도 바로 元嘉 17년이다.

「근대잡가(近代雜歌)」 3수[76]

549. 심양악

「潯陽樂」[77]

稽亭故人去,[78]	계정에는 옛사람이 떠나가고
九里新人還.[79]	구리산엔 새사람이 돌아오네
送一便迎兩,	한 사람을 보내고 다시 두 사람을 맞는 데는
無有暫時閑.	잠시의 틈도 있지 않다네

해설 이 작품은 남자가 옛날 여자를 버리고 새로 여자를 맞는 것을 풍자한 노래다. 게다가 한 사람을 내쫓기 바쁘게 다시 새로 두 여자를 맞다니.

550. 청양가곡

「青陽歌曲」[80]

青荷蓋綠水,	푸른 연잎은 파란 물을 덮고 있고

76) 清商曲辭 西曲歌에 속한다.

77) '潯陽'(심양) : 강 이름. 지금의 江西省 九江市 북쪽을 흐르는 長江의 한 줄기. 杜佑의 『通典』에 의하면 이 노래는 南平穆王 劉鑠이 지었다고 한다. 『古今樂錄』에는 이 노래를 관악기와 타악기 반주만 있고 현악기 반주는 없는 倚歌라고 했다.

78) '稽亭'(계정) : 정자 이름. 晉 張僧鑒의 『潯陽記』에 의하면, 稽亭은 북으로는 큰 강이 내려다보이고 남으로는 높은 언덕이 보이는데, 멀리서 온 손님을 붙잡아 두기에 그런 이름이 붙었다고 한다.

79) '九里'(구리) : 산 이름. 彭城郡에 있었다.

80) 어떤 책에는 「青陽度」라고 되어 있다. 『古今樂錄』에는 이 노래를 倚歌라고 하였다. 『樂府詩集』에는 이 제목의 古辭가 3수 수록되어 있다.

芙蓉發紅鮮. 연꽃은 붉고 고운 빛을 띠네
下有並根藕,[81] 밑에는 나란히 붙은 연뿌리가 있고
上生同心蓮.[82] 위에는 한 줄기에 같이 핀 연꽃이 있네

해설 이 작품은 연꽃에 대한 묘사를 통해 깊은 애정에 대한 소망을 노래한 시다. 푸른 연못을 가득 덮고 자라는 연꽃, 마침 빨갛고도 선명한 꽃이 피어 사람들의 시선을 붙잡는다. 수면 아래에는 여러 마디가 나란히 붙어 있는 뿌리가 있고, 위로는 한 줄기에 두 개가 나란히 피어 있는 꽃이 있다. 뿌리와 꽃이 모두 사랑이 깊어 잠시라도 떨어지지 않는 부부와 연인을 상징한다. 아! 연꽃[蓮] 같은 사랑[戀]이여, 내게도 오라.

551. 잠사가

「蠶絲歌」[83]

春蠶不應老,[84] 봄누에는 늙는 줄도 모른 채
晝夜常懷絲.[85] 주야로 쉼 없이 실을 토하네

---

81) '並根藕'(병근우) : 나란히 붙어 있는 연의 뿌리. 연뿌리는 실재로는 뿌리가 아니라 땅속 줄기이며 마디마디로 연결되어 있다. 연뿌리는 13~24개의 구멍이 마디의 길이대로 뻗어 있다. 마디에 가까워질수록 구멍은 점점 가늘어지고 마디의 가운데는 나무처럼 단단하여 쉽게 부러지지 않도록 되어 있다.

82) '同心蓮'(동심련) : 연의 한 종류. '合歡蓮'·'嘉蓮'이라고도 하는데, 한 줄기에 꽃이 두 개 나란히 핀다고 한다.

83) 어떤 책에는 「作蠶絲」라고 되어 있다. 『古今樂錄』에는 이 노래를 倚歌라고 하였다. 『樂府詩集』에는 이 제목의 古辭가 8수 수록되어 있다.

84) '不應'(불응) : 모르다. 살피지 않다.

85) '懷絲'(회사) : 누에가 실을 품다. 또는 누에가 실을 뽑아내다. 雙關語로 '懷思(그리움을 품다)'의 의미로 쓰였다. 唐 李商隱의 시 「無題」 중의 "봄누에는 죽어서야 실 토하기가 끝나고(春蠶到死絲方盡)"의 내원이라고도 할 수 있다.

何惜微軀盡,	어찌 미미한 몸 다하는 것 애석해 하랴
纏綿自有時.[86]	실 얽어 고치 짓는 것도 응당 때가 있는데

해설 이 작품은 누에가 고치를 짓는 모습을 묘사하면서 사랑에 대한 동경과 찬미를 노래한 시다. 누에가 열심히 실을 토해 고치를 짓듯이 나도 저처럼 사랑 깊은 임과 함께 행복한 가정을 일구어나간다면 얼마나 좋을까.

552. 근대 잡시

「近代雜詩」

玉釧色未分,[87]	옥팔찌의 색 분명치가 않은데
衫輕似露腕.[88]	저고리 색이 옅어 팔의 모양이 드러나는 듯
擧袖欲障羞,	소매 들어서 부끄러움을 감추려 하다가
迴持理髮亂.	돌아서서 헝클어진 머리카락 매만지네

해설 이 작품은 미인의 모습을 찬미한 시다. 옥팔찌를 꼈는데도 꼭 끼지 않은 것 같다. 미인의 팔이 옥 같은 색을 띠고 있기 때문이리라. 저고리가 엷아서 팔의 모습이 드러나는 것 같아 시선이 집중되니 부끄러워 얼굴을 가리려 한다. 그러나 그것보다도 헝클어진 머리를 매만져 밉게 보이지 않는 게 우선이겠지. 부끄러운 가운데서도 더욱 예쁘게 보이려는 여자의 미묘한 심리를 정확히 드러내고 있는 노래이기도 하다.

---

86) '纏綿'(전면) : 雙關語로 쓰여, 누에가 고치를 짓는 것과 사랑이 견고한 것을 동시에 의미한다.

87) '釧'(천) : 팔찌.

88) '衫'(삼) : 옛날 여인들이 입던 소매가 넓은 웃옷. '輕'(경) : 엷다. 열다.

553. 단양 맹주가

「丹陽孟珠歌」[89]

陽春二三月, 따뜻한 봄날 이월 삼월
草與水同色. 풀은 물빛과 같이 푸르네
道逢遊冶郎,[90] 길에서 우연히 놀러나온 사내를 만났는데
恨不早相識. 일찍 알지 못한 게 한스럽네

해설 이 작품은 봄나들이 나왔다가 우연히 사랑에 빠진 여인을 노래한 시다. 봄이 한창 무르익어 풀빛과 물빛이 같을 무렵 봄나들이를 나왔다. 그런데 우연히 멋진 남자와의 만남이 이루어져 사랑을 하게 되었는데, 머리 속에는 현실의 기쁨보다도 좀 더 빨리 만나지 못한 원망이 앞서는 것은 왜일까. 그만큼 천생연분의 사람을 만났다는 의미이리라.

554. 전당 소소가

「錢唐蘇小歌」[91]

妾乘油壁車,[92] 소첩은 유벽거를 타고 가고

---

89) ‘丹陽’(단양) : 지명. 지금의 江蘇省 江寧縣 남쪽 지역. ‘孟珠’(맹주) : 기녀의 이름. 『古今樂錄』에 의하면 「孟珠」 10곡은 2곡과 倚歌 8곡으로, 옛날에는 16명이 춤을 췄는데, 梁나라 때는 8명이었다고 한다. 『樂府詩集』에는 제목이 「孟珠」로 되어 있으며, 淸商曲辭 西曲歌로 분류했다.

90) ‘遊冶’(유야) : 즐거움을 찾아 놀러다니다.

91) ‘唐’(당) : 『考異』 등의 책에는 ‘塘’자로 되어 있다. 어떤 책에는 제목이 「蘇小歌」라고만 되어 있다. ‘錢唐’(전당) : ‘錢塘’과 같으며, 지금의 浙江省 杭州이다. 『樂府廣題』에 의하면 蘇小小는 齊나라 때 錢塘 지역의 유명한 기녀였다고 한다. 『吳地記』에 의하면 浙江省 嘉興縣에 晉나라 기녀 蘇小小의 무덤이 있다고 한다. 雜曲歌辭에 속한다.

92) ‘油壁車’(유벽거) : ‘油壁車’와 같다. 지붕과 사방 벽에 옷칠을 한 수레.

郎騎青驄馬.[93]　임은 청총마를 타고 가네
何處結同心?[94]　어디에서 동심 매듭을 묶을까
西陵松柏下.[95]　서쪽 언덕의 소나무 잣나무 아래가 좋겠네

해설 이 작품은 연인들의 사랑의 기쁨을 노래한 시다. 남녀 각각 아름답고 멋지게 꾸민 채 귀한 가마와 말을 타고 만났다. 그러나 사람들의 이목 때문에 막상 사랑을 속삭일 장소가 마땅하지 않다. 그렇지. 소나무와 잣나무가 우리를 가려줄 서쪽 동산이 좋겠네.

왕융(王融)

555. 고시를 본뜬 시

「擬古」

花蔕今何在?[96]　꽃받침은 지금 어디에 있는가
示是林下生.[97]　숲 아래에는 나지 않네
何當垂兩髻,[98]　언제 두 사람의 상투와 쪽을 드리울까

---

93) '靑驄馬'(청총마) : 청색과 흰색의 털이 섞인 준마.
94) '結同心'(결동심) : 동심 매듭을 매다. 사랑을 나누다.
95) '西陵'(서릉) : 서쪽 언덕. 일설에는 錢塘江 서쪽에 있는 蘇小小의 무덤을 가리킨다고도 한다.
96) '花蔕'(화체) : 꽃받침. 심피·수술·꽃잎과 더불어 꽃을 구성하는 4요소 중의 하나이다. 속과 겉 2겹의 花被 중 바깥쪽의 것이 꽃받침이다. 대개는 안쪽의 花冠보다 작으며 녹색이다. 이것을 '跗'라고도 하는데, 이 발음이 '夫'자와 가깝기 때문에 남편을 가리키는 은어로 쓰였다.
97) '示'(시) : 다른 책에는 '亦'·'不' 등으로 되어 있는데, 여기에서는 후자의 뜻으로 보았다. '林下'(림하) : 숲 아래. 또는 시골을 가리킨다.

團扇雲間明.[99]　　둥근 부채 같은 달이 구름 사이에서 밝을 때라네

해설 이 작품은 제10권 서두의 「古絶句」를 모방한 시다. 雙關語・隱語 등을 운용하여 시의를 숨긴 해학적 시라고 볼 수 있다.

556. 서간체를 계승한 시

「代徐幹」[100]

自君之出矣,　　당신이 떠난 후로
金鑪香不然.　　황금 향로엔 향이 더 이상 타지 않고
思君如明燭,　　당신 향한 그리움이 밝은 촛불 같아
中宵空自煎.　　한밤중에도 부질없이 홀로 타들어갑니다

해설 이 작품은 멀리 떠난 임에 대한 간절한 그리움을 노래한 시다. 임이 집에 없으니 향을 피우는 것도 의미가 없다. 임을 향한 간절한 그리움이 마치 촛불처럼 밝으니, 한밤중에도 등잔불을 켤 필요가 없으며, 촛불이 타들어가듯 그렇게 가슴도 타들어간다. 촛농처럼 눈물이 흐르면서.

---

98) 이 구는 부부가 만나 함께 거울을 본다는 뜻이다. 일설에는 '髻(상투)'자를 '鬟(쪽)'자와 통하는 글자로 보고, 여기에서 다시 '還(돌아오다)'자를 뜻하게 된다고 한다. 그래서 '남편이 언제 돌아오는가?'란 뜻이 된다고 한다.

99) '團扇'(단선) : 둥근 부채. 또는 둥근 달・보름달. 이상 이 작품의 실재 뜻은 다음과 같다. '남편은 어디 있는가? 시골에 살고 있지 않아요. 두 사람 함께 거울 비쳐볼 날은 언젠가? 보름달이 구름 사이에 떴을 때지요.'

100) '代'(대) : 잇다. 계승하다. 본받다. '徐幹'(서간) : 建安七子 중의 한 사람. 제1권에 그의 작품 「室思」 6수(37~42) 및 「情詩」 1수(43)가 수록되어 있으며, 제10권에는 劉駿의 「擬徐幹詩」(531)가 있다. 이 작품은 어떤 책에는 제목이 「自君之出矣」라고 되어 있다. 그에게는 이 제목의 작품이 두 수 있는데 이 작품은 제2수이다. 雜曲歌辭에 속한다.

557. 가을밤

「秋夜」

秋夜長復長,	가을밤은 길고도 긴데
夜長樂未央.	밤이 길어 즐거움도 아직 끝나지 않았네
舞袖拂明燭,	무희의 소매는 밝은 촛불을 흔들고
歌聲繞鳳梁.101)	노랫소리는 봉황 새겨진 대들보를 감도네

해설 이 작품은 가을밤 기녀들과의 잔치의 모습을 노래한 것이다. 가을이 되어 차츰 밤이 길어져 즐거운 잔치도 그만큼 길어졌다. 춤추는 기녀의 일렁이는 옷소매 때문에 촛불이 흔들리고, 기녀의 고운 노랫소리는 대들보를 맴돌며 귓전에 울린다.

558. 불

「詠火」

冰容慚遠鑑,102)	얼음 같은 얼굴도 달에게는 부끄럽고
水質謝明輝.103)	물처럼 맑은 몸도 촛불에 비하면 빠지네
是照相思夕,104)	이 빛은 그리움의 밤을 비추니
早望行人歸.	일찌감치 나그네 돌아오는지를 기다리네

101) '鳳梁'(봉량) : 봉황 무늬가 새겨져 있는 대들보.
102) '冰容'(빙용) : 여인의 희고 깨끗한 얼굴. '遠鑑'(원감) : 멀리 있는 거울, 즉 달을 가리킨다.
103) '水質'(수질) : 여인의 맑고 깨끗한 몸. '明輝'(명휘) : 밝은 빛, 즉 촛불을 가리킨다.
104) '是'(시) : 달과 촛불.

해설 이 작품은 집을 떠나 있는 남편을 기다리는 여인의 심정을 노래한 시다. 여인의 고운 얼굴과 자태도 달빛과 촛불에 비하면 손색이 있다. 달빛과 촛불이 함께 수심에 빠진 여인을 비추는데 여인은 일찌감치 방문을 열고 행여나 하면서 돌아오지 않는 남편을 기다린다.

사조(謝朓)

559. 옥계단의 원망

「玉階怨」[105)]

夕殿下珠簾,	저녁이 되어 전각에는 주렴이 쳐지고
流螢飛復息.	개똥벌레도 날다가 다시 쉬는데
長夜縫羅衣,	긴 밤 내내 비단옷만 꿰매니
思君此何極!	임 그리는 이 마음 어찌 끝이 있으랴

해설 이 작품은 멀리 떠나 돌아오지 않는 남편에 대한 그리움을 노래한 시다. 清代의 문학이론가 沈德潛은 이 시를 평해 '唐代의 絶句와 같으며, 唐人들이 지은 絶句와 비교해도 손색이 없는 최상의 수준'이라고 했다.

105) '玉階'(옥계): 옥돌로 장식하거나 만든 계단. 또는 계단에 대한 미칭. 相和歌辭 楚調曲에 속한다.

560. 금곡원에 모여

「金谷聚」[106]

渠盌送佳人,[107]　　큰 대접의 술이 미인들을 통해 전달되며
玉杯要上客.　　옥 술잔으로 귀한 손님 맞이하는 자리
車馬一東西,　　수레 타고 말 타고 동서로 떠나면
別後思今夕.　　헤어진 뒤로 오늘 저녁 그리워하겠지

해설 이 작품은 기루에서의 귀족들의 술자리 모습을 노래한 시다. 각지에서 귀한 신분의 사람들이 기루로 찾아든다. 귀한 손님에 걸맞게 산해진미와 진귀한 술, 그리고 온갖 화려한 주기들이 동원된다. 즐거운 시간이 지나 술자리가 파하면 남았던 손님들도 모두 각자 왔던 길로 떠난다. 돌아가시더라도 오늘 이 자리의 흥취는 오래 남겠지요. 그리고 우리들도 오래도록 기억 속에 두시겠지요.

561. 왕손이 길을 떠나다

「王孫遊」[108]

綠草蔓如絲,　　푸른 풀은 실처럼 덩굴을 뻗었고
雜樹紅英發.　　잡목에는 붉은 꽃이 피었는데
無論君不歸,　　당신이 돌아오지 않아도 그만이지만

---

106) '金谷'(금곡) : 金谷園. 西晉 石崇이 金谷 시내 가에 세운 별장. 여기에서는 귀족들의 잔치 장소라는 뜻으로 차용되었다. 이 제목과 다음의 「王孫遊」는 모두 謝脁에게서 비롯되었다. 雜曲歌辭에 속한다.

107) '渠盌'(거완) : 대합 같은 큰 조개로 만든 대접.

108) 淮南小山의 楚辭 「招隱士」 중에 "왕손은 길을 떠나 돌아오지 않는데, 봄풀은 자라나 무성하네(王孫遊兮不歸, 春草生兮萋萋)"라고 한 것에서 왔다. 雜曲歌辭에 속한다.

君歸芳已歇.　　　당신이 돌아왔을 땐 향기가 이미 다했을 테지

해설 이 작품은 집을 떠나 돌아오지 않는 임에 대한 그리움과 원망을 노래한 시다. 봄이 되어 풀과 꽃들이 한창 향기롭다. 마치 한창 고운 자신의 모습인 양 하다. 당신이 돌아오지 않는 것은 따지지 않겠으나 나중에 돌아왔을 땐 풀과 꽃의 향기 다했다고 나에게 불평일랑 하지 마시라. 어쩌면 나의 꽃다운 청춘도 그렇게 시들어버렸을지 모르니, 그때 가서 후회하지 마시라.

562. 왕 주부의 '그리운 사람이여' 시에 화답하다

「同王主簿有所思」[109]

佳期期未歸,[110]　　　돌아올 약속 해 놓고 때 되어도 돌아오질 않으니
望望下鳴機.[111]　　　실망하여 베틀에서 내려와
徘徊東陌上,　　　동쪽 밭둑 길가를 서성이는데
月出行人稀.　　　달은 돋았고 행인은 드무네

해설 이 작품은 돌아오기로 한 날짜에 나타나지 않는 임에 대한 원망의 심경을 노래한 시다. 약속한 기한이 지났건만 돌아오지 않으니 일인들 손에 잡히겠는가. 집을 나와 한길가를 서성거려 보는데, 달은 밝고 오가는 사람은 거의 없다. 후반 두 구는 서성거리며 초조해 하는 여주인공의 심정과 그것과는 본디 무관할 수밖에 없는 달빛과 인

109) '同'(동) : 다른 사람의 시의 제목 · 체제 · 압운 등에 따라서 짓는 것. '和'와 같다. '王主簿'(왕주부) : 당시 主簿 직에 있던 작가의 처남인 王季哲을 가리킨다. 漢鐃歌 鼓吹曲辭에 속한다.

110) '佳期'(가기) : 임이 집으로 돌아온다고 한 약속.

111) '望望'(망망) : 실의에 빠진 모양.

적 끊긴 길이란 배경을 대조적으로 그리고 있다.

우염(虞炎)

◇虞炎(488년 전후 재세) : 자는 알려져 있지 않으며, 會稽 山陰(지금의 浙江省 紹興市) 사람이다. 관직은 驃騎將軍을 지냈으며, 문학적 재능으로 沈約과 함께 齊 武帝의 아들인 文惠太子의 각별한 대우를 받았다. 문집 7권이 있었다고 하는데 지금은 망실되었다.

563. 그리운 사람이여

「有所思」[112]

紫藤拂花樹,[113]　　자등 넝쿨은 꽃나무를 흔들고
黃鳥間青枝.[114]　　꾀꼬리는 푸른 나뭇가지 사이를 나네
思君一歎息,　　임 향한 그리움에 한 번씩 탄식하니
苦淚應言垂.[115]　　쓰라린 눈물이 이에 맞추어 흐르네

해설 이 작품은 임을 그리워하는 여인의 원망과 탄식을 노래한 시다. 눈앞에 보이는 풍경은 등나무가 꽃가지를 타고 오르는 모습과 꾀꼬리가 나뭇가지 사이를 오가는 모습이다. 보통 사람에겐 단순한 풍

112) 相和歌辭 楚調曲에 속한다. 어떤 책에는 제목이 「玉階怨」이라고 되어 있다.
113) '紫藤'(자등) : 등나무의 일종. 꽃은 보라색이며 잎은 나비의 날개 모양이다.
114) '黃鳥'(황조) : 꾀꼬리.
115) '言'(언) : 어조사로 보았다. 탄식하면서 내뱉는 넋두리로 볼 수도 있다.

경처럼 보일지 몰라도 외로운 사람에겐 모두가 그리운 사람을 생각나게 한다. 興의 수법이다. 그리움은 마침내 탄식이 되어 입으로 새어나오고, 다시금 쓰디쓴 눈물이 되어 볼을 타고 흐른다.

심약(沈約)

564. 양양의 흰 쇠말굽

「襄陽白銅鞮」[116)]

分首桃林岸,[117)] 도림 언덕에서 헤어졌다가
送別峴山頭.[118)] 현산 꼭대기에서 기다린다네
若欲寄音息,[119)] 소식을 부치고자 한다면
漢水向東流. 한수 강물은 동쪽으로 흐른다네

---

116) '襄陽'(양양) : 郡 이름. 지금의 湖北省 襄陽縣에 해당한다. '白銅鞮'(백동제) : 말굽에 박는 흰색 쇠로 된 편자. 흰색 쇠말굽. 『隋書』「樂志」에 의하면, 梁 武帝가 즉위하기 전 雍州(즉 襄陽)를 수비할 때, "襄陽의 흰색 쇠말굽, 반대로 揚州(建業, 즉 지금의 南京)의 아들을 포박하네(襄陽白銅蹄, 反縛揚州兒)"라는 동요가 있었는데, 아는 사람들은 '白銅蹄'는 쇠굽을 말하며 말을 위한 것이라고 했으며, '白'은 쇠의 색이라고 했다. 나중에 의병들이 일어나니 실재로 철갑을 입힌 말이었으며, 揚州의 관리들은 모두 양손이 뒤로 포박당했으니, 과연 동요의 내용과 같았다. 그래서 즉위한 후 새로운 곡조를 지었고, 武帝 자신이 거기에다 세 곡의 가사를 지었고, 또 沈約을 시켜 세 곡의 가사를 짓게 하여 악기로 연주하게 했다고 하는데, 沈約이 지은 세 수의 시 중 그 첫수가 이 작품이다. 淸商曲辭 西曲歌에 속한다.

117) '分首'(분수) : 헤어지다. 『藝文類聚』에는 '分手'로 되어 있다. '桃林'(도림) : 지명. 『括地志』에 의하면 桃林은 陜州 桃林縣에 있는데, 서쪽으로 潼關까지 복숭아나무가 빽빽히 숲을 이루고 있다고 했다.

118) '送'(송) : 『藝文類聚』와 『文苑英華』에는 모두 '望(기다리다)'자로 되어 있는데, 여기에서도 이를 따랐다. '峴山'(현산) : 산 이름. 湖北省 내의 漢水 부근에 있다.

119) '音息'(음식) : 소식. 서신.

해설 이 작품은 떠난 임에 대한 그리움을 노래한 시다. 앞 두 구에서 비록 구체적인 지명이 언급되고 있지만 어딘지는 중요치 않다. 단지 임과 헤어졌다는 사실이 중요하다. 그리고 뒤의 두 구 내용으로 보아 서로 싫어져 영원히 이별한 것은 아닐 것이다. 혹 그리운 임에게 소식을 전하고 싶다면 집 부근을 흐르는 강물에 소식을 띄우면 강물은 소식을 싣고 임 계신 곳 동쪽으로 흘러가리라.

565. 이른 아침 길을 나섰다가 우연히 옛 여자를 만나 수레 안에서 시를 지어서 주다

「早行逢故人車中爲贈」

殘朱猶曖曖,	이지러진 연지 자국 아직도 흐릿하고
餘粉上霏霏.[120]	남은 분 자국 여전히 어지럽네
昨宵何處宿?	간밤엔 어디에서 잤었길래
今晨拂露歸.	지금 새벽이슬 털면서 집으로 가는가

해설 이 작품은 아침에 길에서 우연히 옛날에 사랑했었던 적이 있는 기녀를 만나 즉석에서 회포를 적어 그녀에게 준 시다. 이른 아침, 길가 풀섶에 이슬이 치맛자락에 묻는 것을 털어가면서 돌아가는, 약간은 추한 모습. 전날 했던 화장 자국이 아직 지워지지 않은 채 얼룩덜룩하게 남아 있다. 도대체 간밤엔 또 뉘댁에서 하룻밤 사랑을 속삭였던가. 제재가 독특하다.

---

120) '上'(상) : 『考異』는 다른 책을 따라 '尙(아직)'자로 고쳤는데, 여기에서도 이를 따랐다.

566. 그리운 사람이 있는데 오지 않는 이웃을 위해

「爲鄰人有懷不至」

影逐斜月來,	그림자는 비스듬한 달을 따라 들어오고
香隨遠風入.	향기는 멀리서 불어오는 바람 따라 들어오는데
言是定知非,	맞는 듯 같은데도 정작엔 아닌 줄 알고서
欲笑翻成泣.	미소 지으려던 얼굴에 도리어 눈물이 흐르네

해설 이 작품은 임을 기다리는 초조한 심정을 그린 시다. 임 향한 그리움은 임의 발걸음이 뜸한 그 시간만큼 깊어지는 모양이다. 오늘은 달빛조차 휘영청 밝은 밤, 대문간에 사람 그림자가 일렁거리고, 잠시 후 임의 체취인 듯한 향기가 바람을 타고 방으로 스며든다. 그래, 맞아, 오늘은 드디어 오셨구나. 얼굴 가득 화색이 그득하다. 뛸 듯이 기쁜 것이다. 그러나 그것은 잠시뿐, 그림자와 향기의 주인은 결국 다른 손님이었다. 그래서 미소 지으려던 얼굴은 다시금 눈물범벅이 되고 만다.

시영태(施榮泰)

567. 왕소군

「詠王昭君」[121]

垂羅下椒閣,[122]	비단옷자락 드리운 채 궁전을 내려와서

121) '王昭君'(왕소군) : 漢 元帝 때의 후궁으로, 흉노의 單于와 정략적 결혼을 하였다. 제2권 石崇의 「王昭君辭」(83)에 설명이 자세하다. 相和歌辭 吟歎曲에 속한다.

擧袖拂胡塵.　　　소매 들어 오랑캐 땅 먼지를 터는데
喞喞撫心歎,[123]　　아 아 가슴 어루만지며 탄식하는 소리
蛾眉誤殺人.　　　고운 눈썹이 자칫 사람을 잡는구나

해설 이 작품은 王昭君의 비운을 노래한 시다. 흉노 땅으로 가게 된 본인의 심정이 어떻겠는가. 의기소침, 그 자체였으리라. 그래서 그런지 옷자락조차도 생기 없이 축 처져 있다. 흉노 땅에서 어찌 漢 왕실의 궁전 같은 거처를 기대하랴. 궁전이라고 해야 천막 같은 집에 황사 먼지가 자욱할 뿐. 앞으로 살아갈 자신의 운명을 생각하면 나오느니 한숨이다. 미모 때문에 도리어 이런 비운에 빠지다니. 이 작품은 王昭君을 다룬 기타 여러 작품들과 비교했을 때 마지막 구가 독특하다고 하겠다.

고상(高爽)

568. 술 따르는 여인

「詠酌酒人」

長筵廣未同,　　　긴 돗자리 넓지만 함께 앉을 순 없고
上客嬌難逼.[124]　　귀한 손님조차 아리따운 저 여인 가까이하기 어렵네

---

122) '椒閣'(초각) : 왕후 또는 후비들의 거처. 산초의 씨를 진흙에 섞어 벽에 발랐다. 나쁜 기운을 없애고 향기를 나게 하며 산초열매처럼 자손이 번성하길 바라는 마음을 담았다. '椒房'과 같으며, 서문에도 보인다. 여기에서는 漢나라 후궁의 거처를 가리킨다.

123) '喞喞'(즉즉) : 탄식하는 소리. 쯔쯔

124) '上客'(상객) : 귀한 신분의 손님. '嬌'(교) : 아리따운 아가씨. 즉 작품 속의 주인공. '逼'(핍) : 가까이하다.

還杯了不顧, 잔 돌려 줄 때도 끝내 돌아보지 않으며
迴身正顏色. 몸 돌려서 표정을 바로잡네

해설 이 작품은 잔치자리에서 술 따르는 여인의 모습을 노래한 시다. 제재가 특이하다. 손님들이 앉은 돗자리는 길고도 넓어 손님들과 함께 앉을 수도 있건만 그런 법이 없다. 그만큼 예의범절이 바르다는 뜻일 것이다. 나아가 아무리 높은 신분의 손님이라고 해도 그녀를 옆에 앉힐 수 없다. 어디 그것뿐인가? 잔을 건네줄 때조차 고개를 한 쪽으로 돌린 채 바로 쳐다보는 법이 없다. 그리고는 얼른 몸을 돌려 다시 다소곳한 표정으로 돌아간다.

오흥요신(吳興妖神)

◇吳興妖神 : 어떤 사람인지 미상이다. 吳興은 지명으로, 지금의 浙江省 吳興縣에 해당하며, 妖神은 기녀의 이름 또는 별명이 아닐까 한다.

569. 사람 태수님께 드리다

「贈謝府君覽」[125)]

玉釵空中墮, 옥비녀도 무단히 중도에 떨어지고

---

125) '謝府君覽'(사부군람) : 吳興郡의 太守였던 謝覽을 가리킨다. 『梁書』에 의하면, 王筠은 종형인 王泰와 이름을 나란히 했으며, 謝覽은 동생 謝擧와 함께 명예가 높아, 당시 사람들이 말을 지어 "謝氏로는 覽과 擧가 있고, 王氏로는 養과 炬가 있네(謝有覽擧, 王有養炬)"라고 했는데, 여기에서 養과 炬는 각각 王筠과 王泰의 小字이다. '府

金鈿色行歇.　　　황금 꽃비녀도 빛이 바래어 가는데
獨泣謝春風,　　　홀로 울면서 봄바람을 떠나보내며
孤夜傷明月.[126]　　외로운 밤에 밝은 달을 슬퍼하지요

해설 이 작품은 그리운 임을 기다리는 여인의 심경을 노래한 시다. 여인은 어쩌면 첩일지도 모르겠다. 처음에는 자주 찾아오던 태수인 남편께서 요즘은 발길을 끊은 지가 오래다. 그래서 옥비녀도 가끔씩 저절로 머리카락에서 빠져 떨어지고, 화려하게 빛나던 꽃비녀도 점점 색깔이 바래어 간다. 사랑하기 좋은 때 봄철도 눈물 속에서 보내고 밝은 달을 봐도 오히려 가슴이 아픈 것이다.

강홍(江洪)

「마름을 따며(採菱)」 2수[127]

570. 마름을 따며 1

「採菱」 其一

風生綠葉聚,　　　바람이 이니 푸른 잎이 모여들고

君' : 太守에 대한 존칭. 또는 어른에 대한 경칭.

126) 『太平御覽』에는 "좋은 밤에 밝은 달을 탓하지요(良夜辜明月)"라고 되어 있다.

127) '菱'(릉) : 마름. 마름과의 한해살이풀. 제6권 費昶의 「采菱」(285)에 주석이 자세하다. 吳注에 의하면 郭戊倩이 말하기를 "齊나라 明王 때 歌辭 7曲이 있었는데, 王融이 司徒의 명에 응하여 지은 것이다. 첫째가 「明王曲」이며, 그 다음으로 「聖君曲」·「淥水曲」·「採菱曲」·「淸楚引」·「長歌引」·「散曲」 등이다(齊明王歌辭七曲, 王融應司徒

波動紫莖開.	물결이 일렁이니 보랏빛 줄기가 길을 여네
含花復含實,	꽃을 피웠다 다시 열매를 맺으며
正待佳人來.128)	미인이 오기를 기다리고 있네

해설 이 작품은 마름에 대한 묘사를 통해 임을 기다리는 여인의 심경을 노래한 시다. 사람의 감정과는 전혀 무관한 식물이 미인 오기를 기다리는 것처럼 보인다는 관찰자의 감정이입이다. 관찰자인 여자는 은연중 마름과 자신을 동일시하고 있다.

571. 마름을 따며 2

「採菱」其二

白日和淸風,	흰 해는 맑은 바람을 따뜻하게 하고
輕雲雜高樹.129)	가벼운 구름은 높은 나무를 어지럽게 하네
忽然當此時,	문득 이때가 되면
採菱復相遇.	마름을 따면서 다시 만나기를 바라네

해설 이 작품은 마름을 따러 나온 여인의 임 생각을 노래한 시다. 마름을 딸 때가 되면 외출을 하게 되고, 마름을 따는 중 지나가는 남자의 유혹도 받게 된다. 작품의 주인공은 그런 경험이 있어 보인다. 그랬기에 매년 이 시절이 되면 그때처럼 다시 임 만나기를 바라는 것이 아닐까.

教而作也. 一曰「明王曲」, 二曰「聖君曲」, 三曰「淥水曲」, 四曰「採菱曲」, 五曰「淸楚引」, 六曰「長歌引」, 七曰「散曲」"라고 했다. 淸商曲辭 江南弄에 속한다.

128) '正'(정): 지금. 바로 ……하고 있다. 부사로 쓰였다.

129) 이 구는 달밤에 옅은 구름이 지나가면 높은 나무들이 그림자가 져 어른거리는 모습을 나타낸다.

「녹수곡(淥水曲)」 2수[130]

572. 녹수곡 1

「淥水曲」 其一

潺湲復皎潔,[131]	졸졸 흐르는 냇물 맑고 깨끗하니
輕鮮自可悅.	가볍고 고운 모습 저절로 사랑스럽네
橫使有情禽,[132]	억지로 다정한 새로 하여금
照影逐孤絶.[133]	그림자 비춰보며 외톨이 신세를 따라가게 하네

해설 이 작품은 시냇물에 제 모습을 비춰보면서 시냇물을 따라가는 새의 모습을 통해 임 없이 홀로 지내는 자신의 신세를 슬퍼한 노래다. 맑고 깨끗한 시냇물, 물 밖의 사물이 거울처럼 비칠 정도다. 그러나 이 시냇물은 심술쟁이이기도 하다. 마침 짝 잃고 떠도는 외로운 새 한 마리가 곁을 지나는데, 시냇물에 비친 제 모습을 자기 짝인 양 생각하며 따라가게 한다.

573. 녹수곡 2

「淥水曲」 其二

塵容不忍飾,	꾀죄죄한 모습은 차마 꾸미지도 못하고

130) '淥水'(록수) : 맑고 투명한 물. 또는 지금의 湖南省 동부의 강 이름. 『琴歷』에 의하면, 거문고 곡조로 蔡氏의 5弄이 있다고 했는데, 『琴集』에 의하면, 5弄은 「遊春」·「淥水」·「幽居」·「坐愁」·「秋思」 등으로 모두 宮調이며, 蔡邕이 지은 것이라고 했다. 琴曲歌辭에 속한다.

131) '潺湲'(잔원) : 물이 졸졸 흐르는 모양. '皎潔'(교결) : 맑고 깨끗하다.

132) '橫'(횡) : 억지로. 강제로. '有情'(유정) : 정감을 지니다.

133) '孤絶'(고절) : 의지가지없는 신세. 외톨이.

臨池思客歸. 연못가에서 나그네 돌아오기를 기다리네
誰能取淥水, 뉘라서 맑은 물 떠서
無趣浣羅衣.[134] 내키지도 않는데 비단옷 씻을 수 있으랴

해설 이 작품은 임이 돌아오기를 기다리는 여인의 원망을 노래한 시다. 임은 집을 떠난 지 오래 되었고, 여인은 임이 없으니 몸단장도 하지 않는다. 행여나 하면서 매일같이 마을 어귀의 연못가로 나가서 임을 기다린다. 어느 누가 임도 없는데 저 물에서 기분 좋게 빨래할 수 있을까.

「가을바람(秋風)」 2수[135]

574. 가을바람 1

「秋風」 其一

孀居憎四時,[136] 과부의 삶은 네 계절이 모두 싫은 법
況在秋閨內. 하물며 가을 규방 안은 어떠하랴
凄葉流晚暉,[137] 차가운 나뭇잎엔 저녁 햇빛이 흐르고
虛庭吐寒菜.[138] 텅 빈 마당엔 겨울채소가 싹을 틔우네

해설 이 작품은 과부의 외로운 신세를 노래한 시다. 남편이 죽은 미망인 신세든, 남편이 집을 떠나 돌아오지 않는 생과부 신세든

134) '無趣'(무취) : 재미없다. 흥미가 생기지 않는다.
135) 『樂府詩集』에는 세 수 수록되어 있는데, 그 첫째 수는 수록하지 않았다. 琴曲歌辭에 속한다.
136) '孀'(상) : 과부.
137) '凄'(처) : 차갑다. '暉'(휘) : 『樂府詩集』에는 '蟬(매미)'자로 되어 있는데, 뜻은 통한다.
138) '寒菜'(한채) : 월동하는 채소.

과부의 생활엔 생기가 없게 마련이다. 그리하여 계절의 변화에도 별 느낌을 받지 않는다. 다만 여름이 지나고 가을로 접어들어 부는 차가운 바람은 과부의 외롭고 쓸쓸한 처지를 더욱 참기 어렵게 한다. 가을, 쓸쓸함, 차가움, 석양, 휑한 마당의 겨울채소 몇 포기…….

575. 가을바람 2

「秋風」 其二

北牖風摧樹,	북쪽 창가에는 바람이 나무를 꺾어대고
南籬寒蛬吟.[139]	남쪽 울타리엔 귀뚜라미가 신음하네
庭中無限月,	마당 안에 비친 무한한 달빛
思婦夜鳴砧.	시름겨운 아낙네 밤중에 다듬잇돌을 울리네

해설 이 작품은 임을 그리는 여인의 심경을 노래한 시다. 북창으로는 마치 나뭇가지를 꺾을 것처럼 세차게 부는 가을바람 소리 들리고, 남쪽 울타리 쪽에서는 귀뚜라미 우는 소리가 들린다. 마당엔 경계 없이 비치는 하얀 달빛, 임이 그리워 잠 못 이루는 한 여인이 밤이 이슥하도록 다듬이질을 한다. 부칠 곳도 모르는 임의 겨울옷을 짓기 위해, 시름을 날려보내기 위해.

576. 미인의 치장

「詠美人治妝」

上車畏不妍,　　　수레에 탈 때도 아름답지 않을까 걱정하며

139) '寒蛬'(한공) : 귀뚜라미. '寒蛩'과 같다.

顧盻更斜轉.[140]　　이쪽저쪽 살피다가 다시 제 몸 한바퀴 둘러보네
太恨畫眉長,　　길게 그려진 눈썹을 그토록 아쉬워하다가
猶言顏色淺.[141]　　오히려 얼굴이 너무 넓게 보인다고 투덜대네

해설 이 작품은 미인의 화장에 대해 노래한 일종의 영물시다. 미인의 관심은 오로지 어떻게 하면 남들에게 예쁘게 보이는가이다. 그래서 수레에 탈 때도 혹시나 자신이 예쁘게 보이지 않을까 걱정하며 이쪽저쪽 전후좌우로 다시 한번 살펴본다. 그러다가 눈썹이 너무 길게 그려졌다고 짜증을 내다가 어느 순간 얼굴이 너무 크게 보인다고 투덜댄다.

범정(范靖) 부(婦)

「왕소군의 탄식(王昭君歎)」 2수[142]

577. 왕소군의 탄식 1

「王昭君歎」 其一

早信丹青巧,　　일찌감치 색채의 기교를 믿었더라면

140) '盻'(혜) : 다른 책에는 '眄' · '盼' 등으로 되어 있는데, 여기에서는 후자로 보았다. '顧盼'(고반) : 좌우를 살피다. '斜轉'(사전) : 주위를 빙 둘러보다.

141) '淺'(천) : 넓다. 이상 두 구는 길게 그린 눈썹을 아쉬운 듯 좀 더 짧게 그렸으면 하다가도 금새 얼굴이 너무 넓게 보인다고 불평한다는 뜻이다.

142) 『琴操』에 의하면, 王昭君이 흉노 땅에 있을 때, 임금과 애초에 만나지 못했음을 한하면서 원망과 그리움의 노래를 지었는데, 후인들이 「昭君怨」이란 제목을 붙였다고 한다. 相和歌辭 吟歎曲에 속한다.

重貨洛陽師.[143]　낙양의 화공들에게 많은 재물을 주어
千金買蟬鬢,　천금으로 매미날개 같은 귀밑머리도 샀을 것이고
百萬寫蛾眉.　백만 냥에 아미 눈썹도 그렸을 텐데

해설 이 작품은 王昭君의 후회와 탄식의 마음을 노래한 시다. 물론 제삼자의 시점에서 기술된 것이다. 그녀가 흉노 땅으로 시집가게 된 직접적인 계기가 화공들이 그녀의 초상화를 추하게 그렸기 때문이란 데 착안하였다. 그림의 위력을 일찌감치 믿었더라면 다른 궁녀들처럼 화공들에게 뇌물이라도 주어 잘 그려 달라고 부탁했을 것이란 후회이다.

578. 왕소군의 탄식 2

「王昭君歎」 其二

今朝猶漢地,　오늘 아침은 아직 한나라 땅이지만
明旦入胡關.　내일 아침엔 오랑캐 관문으로 들어갈 테지
高堂歌吹遠,　높은 대청의 노랫소리와 퉁소 소리 멀어지니
遊子夢中還.[144]　나그네는 꿈속에서나마 돌아갈 수 있을지

해설 이 작품은 漢나라를 떠나 흉노 땅으로 시집가는 王昭君의 절망적인 심경을 노래한 시다. 고국을 떠나면서 다시는 돌아올 수 없음을 확신하는 순간의 그 절망감이 어떨지를 누가 헤아릴 수 있으랴.

---

143) '貨'(화) : 뇌물을 주다. 『文苑英華』에는 '賂'자로 되어 있다. '洛陽師'(락양사) : 王昭君 당시, 毛延壽 등의 궁정 화가를 가리킨다.
144) '遊子'(유자) : 나그네. 王昭君을 가리킨다.

579. 물에 비추다

「映水曲」[145]

輕鬢學浮雲,[146]	옅은 귀밑머리는 뜬구름을 본받았고
雙蛾擬初月.	한 쌍의 아미 눈썹은 초승달을 모방했네
水澄正落釵,	물이 맑으니 떨어지려는 비녀를 바로잡고
萍開理垂髮.	부평초 물길을 여니 드리운 머리카락 매만지네

해설 이 작품은 맑은 물을 거울인 양 여기며 모양을 가다듬는 여인을 노래한 시다. 몇 가닥 안 되는 옅은 귀밑머리는 꼭 옅게 떠 있는 구름을 보고 따라한 것 같고, 길다란 두 눈썹은 흡사 초승달을 본뜬 것 같이 구부정하다. 물이 너무 맑아 어지간한 거울보다 나으니 물에 비친 제 모습을 보면서 머리카락도 손질하고 비녀도 새로 지른다.

하손(何遜)

580. 남원

「南苑」[147]

苑門闢千扇,[148]	정원의 대문은 천 개의 문을 열었고

145) 雜曲歌辭에 속한다.
146) '輕鬢'(경빈) : 숱이 적은 귀밑머리[살쩍].
147) '南苑'(남원) : 지명. 劉宋 이후 도시인들의 유람지. 제6권에 何思澄의 「南苑逢美人」(295)이란 시도 있다. 『何記室集』에는 제목이 '苑中絶句'라고 되어 있다.
148) '扇'(선) : 대나무 등으로 짠 문(짝).

苑戶開萬扉.[149]　　정원 안의 방문은 만 개의 문짝을 열었으며
樓殿間珠履,[150]　　누각과 전각 사이로 진주 신발 보이고
竹樹隔羅衣.[151]　　대나무 등의 나무 사이로 비단옷이 보이네

해설 이 작품은 유원지인 南苑의 풍경을 묘사한 시다. 수많은 대문이 열려 있고, 그 안으로 들어가면 다시 건물마다 방문들이 열려 있다. 공원 안에는 여기저기 미인들이 산보를 하는데, 건물 사이로는 그녀들의 고운 신발이 보이고, 나무들 사이로는 그녀들의 옷자락이 보인다.

581. 규방의 원망

「閨怨」[152]

閨閤行人斷,[153]　　규방으로 난 문에는 다니는 사람 끊기었고
房櫳月影斜.[154]　　창문에는 비스듬히 달빛 비치는데
誰能北窗下,　　그 누가 북창 아래에서
獨對後園花.　　홀로 뒤뜰의 꽃을 보고 있으랴

해설 이 작품은 혼자 사는 여인의 원망을 노래한 시다. 밤이면 임이 아니고 그 누가 자기를 찾겠는가. 임이 없으니 규방은 적막하기 그지없고, 달빛만 교교히 흐른다. 이런 때 뒤뜰에 핀 꽃을 혼자서 감

149) '苑戶'(원호): 南苑 내의 여러 건물에 달린 문. '扉'(비): 문짝.
150) '間'(간): 『考異』에서는 何遜의 문집인 『何記室集』에 따라 '聞'자로 고쳤다. '珠履'(주리): 진주로 꾸며진 신발.
151) '竹樹'(죽수): 대나무와 기타 다른 나무.
152) 雜曲歌辭에 속한다.
153) '閨閤'(규합): 안채로 통하는 작은 문. '閨閣'과 같다.
154) '房櫳'(방롱): 창문.

상할 수 있는 둔한 사람이 그 누구이겠는가.

582. 남의 첩의 그리움을 대신해서

「爲人妾思」[155]

燕戲還簷際,	제비는 놀다가 처마 끝으로 돌아오고
花飛落枕前.	꽃잎은 날리어 베갯맡에 떨어지네
寸心君不見,	작은 이 마음을 당신은 보지 못하니
拭淚坐調弦.[156]	눈물 훔치며 부질없이 거문고 줄 조절하네

해설 이 작품은 남편을 기다리는 첩의 그리움과 원망의 마음을 노래한 시다. 한갓 미물인 제비도 밤이 되면 제 둥지로 돌아올 줄 아는데, 임은 어찌하여 오시지 않는지. 창가에 핀 아름다운 저 꽃들도 어느덧 떨어지니 이내 청춘 또한 얼마나 가겠는가. 소첩의 간절한 그리움을 임이 볼 수 없으니 답답한 마음에 눈물만 하염없이 흐르고, 그리움을 잊기 위해 거문고를 연주해 보지만 곡이 제대로 되지가 않네.

583. 봄바람

「詠春風」

可聞不可見,	들을 순 있지만 볼 수는 없으며
能重復能輕.[157]	세찰 수도 있고 또 가벼울 수도 있네

---

155) '思'(사):『何記室集』에는 '怨'자로 되어 있다.
156) '坐'(좌): 부질없이. 공연히.
157) 이 구는 봄바람이 세차게 불 때도 있고 가볍게 불 때도 있다는 뜻이다.

鏡前飄落粉,	거울 앞에선 떨어지는 분가루를 날리고
琴上響餘聲.	거문고 위로는 여음을 울린다네

해설 이 작품은 봄바람에 대해 묘사한 영물시다. 바람은 소리는 들을 수 있지만 모습을 볼 수가 없다. 때로는 세차게 불다가 또 때로는 가볍게 살랑거리기도 한다. 거울 앞에서 화장하는 여인에게로 불어와 떨어지는 분가루를 날리기도 하고, 거문고 연주하는 곳으로 불어와 여음을 길게 퍼져가게 하기도 한다.

584. 가을 규방의 원망

「秋閨怨」[158]

竹葉響南窗,	댓잎 소리는 남쪽 창문에서 나고
月光照東壁.	달빛은 동쪽 벽을 비추네
誰知夜獨覺,	그 누가 알랴 밤중에 홀로 잠들지 못하고
枕前雙淚滴.	베갯맡에서 두 줄기 눈물 흘리고 있는 줄을

해설 이 작품은 임에 대한 그리움을 노래한 시다. 가을은 추위가 시작되는 계절이다. 임과 함께라면 엄동설한도 두렵지 않으련만 임 없는 규방은 가을에도 벌써 냉기가 가득하다. 모두들 단잠에 빠진 시간에도 홀로 잠들지 못하고 눈물 흘리고 있는 저 여인의 처지를 그 누가 알랴.

158) 이 작품은 『何記室集』의 「閨怨絶句」 二首 중의 제2수이다. 雜曲歌辭에 속한다.

오균(吳均)

「잡절구(雜絶句)」 4수

585. 잡절구 1

「雜絶句」 其一

晝蟬已傷念,	한낮 매미 소리는 이미 마음을 슬프게 하고
夜露復霑衣.	밤중의 이슬은 다시금 옷자락을 적시네
昔別昔何道,159)	옛날 헤어질 때 일찍이 무슨 말씀을 하셨던가요
今令螢火飛.160)	오늘 밤에 반딧불이만 날고 있네요

해설 이 작품은 임을 기다리는 여인의 원망을 노래한 시다. 대낮에 울어대는 매미 소리를 듣고 있으니 마치 임을 애타게 기다리며 우는 자기의 처지처럼 생각된다. 임께서 옛날 작별하면서 이맘때쯤에 돌아오리라고 한 언약을 믿고 밤중에 이슬 맞으며 동네 어귀로 나가보니, 임은 그림자조차 보이지 않고 여기저기 반딧불이만 날아다닌다.

---

159) '昔'(석) : 『考異』에는 '曾'자로 되어 있는데, 여기에서도 이를 따랐다. 이하 두 구는 옛날에 임이 떠나면서 곧 돌아오겠다고 말했었는데, 온다고 하던 그 날, 임은 돌아오지 않고 대신에 반딧불이만 날아다니고 있다는 뜻이다.

160) '令'(령) : 『考異』 등의 책에는 '夕'자로 되어 있는데, 여기에서도 이를 따랐다.

586. 잡절구 2

「雜絶句」 其二

錦腰連枝滴,[161]	비단옷 허리춤엔 연리지 무늬
繡領合歡斜.	수놓인 깃에는 비스듬한 합환 무늬
夢中難言見,[162]	꿈에서는 비록 볼 수 있다고 하지만
終成亂眼花.[163]	결국엔 눈에 가물가물 어지럽게 된다네

해설 이 작품은 집을 떠나 있는 남자의 아내에 대한 그리움을 노래한 시다. 집을 떠난 지 오래다. 그래서 아내의 모습도 잘 떠오르지 않는다. 가끔씩 꿈에 보이는 아내는 연리지 무늬, 합환 무늬 수놓인 비단옷을 입고 있다. 그러나 그것도 잠시뿐, 좀 더 자세히 얼굴을 보고자 하면 이내 모습이 가물거리며 사라져 버리고 시야엔 온통 어지러운 형상만 가득할 뿐이다.

587. 잡절구 3

「雜絶句」 其三

蜘蛛簷下掛,	거미는 처마 아래에 걸려 있고
絡緯井邊啼.[164]	베짱이는 우물가에서 울고 있네
何當得見子,	언제쯤 당신을 볼 수 있을까요

---

161) '錦腰'(금요) : 비단옷(의 허리 부분). '滴'(적) : 어떤 책에는 '理'자로 되어 있는데, 여기에서도 이를 따랐다. '連枝理'는 '連理枝'와 같다. 즉 다른 뿌리에서 자라 하나가 된 나무로, 남녀의 깊고 견고한 사랑을 상징한다.

162) '難'(난) : 『考異』는 '雖'자의 잘못이 아닌가 하였는데, 여기에서도 이를 따랐다.

163) '眼花'(안화) : 눈에 아물아물거리는 것.

164) '絡緯'(락위) : 베짱이.

照鏡窓東西.[165] 보름달이 동창에서 떠서 서쪽으로 기울고 있는데

해설 이 작품은 임이 돌아오기를 기다리는 여인의 심경을 노래한 시다. 거미와 베짱이도 제 있을 곳을 지키고 있는데, 한 번 떠난 임은 돌아올 줄을 모른다. 보름달이 휘영청 밝은 오늘밤, 당신과 함께라면 얼마나 좋을까요. 보고픈 임이시여, 언제 다시 만날 수 있을까요?

588. 잡절구 4

「雜絶句」 其四

泣聽離夕歌, 헤어지는 밤의 노래 흐느끼면서 듣고
悲銜別時酒. 이별할 때의 술 슬픔 속에서 마시네
自從今日去, 오늘 떠나신 후로
當復相思否? 당연히 다시금 서로 그리워지겠지요

해설 이 작품은 이별의 슬픔을 노래한 시다. 어떤 이유인지는 모르지만 서로 긴 이별을 해야만 한다. 작별의 밤, 눈물 섞인 술을 마시며 흐느낌 같은 이별가를 부른다. 이제 떠난다면 오래도록 서로 그리워하게 될 것은 당연한 일. 그 그리움을 어떻게 견뎌낼까.

165) '照鏡'(조경) : 밝은 거울. 여기에서는 보름달을 뜻한다.

왕승유(王僧孺)

589. 봄날의 그리움

「春思」

雪罷枝卽青,	눈이 그치자 나뭇가지는 곧바로 파래지고
冰開水便綠.	얼음이 풀리니 강물은 다시금 푸르러지네
復聞黃鳥思,	또다시 들리는 꾀꼬리의 노랫소리는
令作相思曲.[166]	온통 상사곡을 짓고 있네

해설 이 작품은 봄날의 경물에 대한 묘사를 통해 임에 대한 그리움을 노래한 시다. 봄이 되어 나뭇가지와 강물이 다시금 파래지며, 꾀꼬리는 여기저기서 한창 지저귄다. 꾀꼬리는 즐거워 지저귈지 몰라도 임을 그리워하는 사람이 들을 때는 그 지저귐 모두가 마치 상사곡인 것처럼 들릴 것이다. 사물에 사람의 감정이 이입된 경우이다.

590. 서 복야의 기녀를 대신해서 짓다

「爲徐僕射妓作」[167]

日晚應歸去,	날이 저물어 응당 돌아가야 하는데
上客强盤桓.[168]	귀한 손님 억지로 머뭇머뭇 시간을 끄시니
稍知玉釵重,	차츰 옥비녀 무겁게 느껴지고

166) 이상 두 구 중의 '思'자와 '令'자에 대해 『考異』에서는 각각 『文苑英華』와 『藝文類聚』에 따라 '聲'자와 '全'자로 보았다. 여기에서도 이를 따랐다.
167) '徐僕射'(서복야) : 尙書僕射 徐勉을 가리킨다.
168) '盤桓'(반환) : 서성이는 모양. 나아가지 않는 모양.

漸見羅襦寒.　　조금씩 비단저고리 차가워지는 것을 본다네

해설 이 작품은 잔치자리에 불려간 기녀의 심정을 노래한 시다. 날은 저물고 잔치는 끝나 집으로 돌아가야 하는 시간. 그런데도 손님이 이래저래 시간을 끌면서 보내주지 않는다. 피로가 밀려오니 머리에 지른 비녀조차 무겁게 느껴지고, 밤공기에 입은 옷이 점차 차가와 진다. 붙잡는 손님 앞이라 기녀는 비록 불평이 없고, 불평이 없으니 손님 또한 기녀가 자기를 좋아하는 줄로 알지만 옆에서 보는 제삼자의 눈에는 그렇지 않은 것이다. 그래서 기녀를 대신해 그녀의 심정을 표현한 것이다. 독특한 소제의 시라고 할 수 있다.

서비(徐悱) 부(婦)[169)]

591. 광택사

「光宅寺」[170)]

長廊欣目送,[171)]　　긴 회랑에서 즐겁게 눈길 주고받고

169) 徐悱의 처 劉令嫺을 가리킨다. 『考異』의 설에 따르면 여기의 '婦'자는 잘못 첨가된 것이라고 한다. 그 이유로 첫째가 작품의 내용이 경박하다는 것이며, 둘째는 작가의 배열 원칙에 위배된다고 한다. 즉 여성 작가의 작품은 거의 모두가 진실한 감정을 표현하고 있음에 반해 이 작품은 그렇지 않다. 작품의 배열 원칙상 다음에 수록된 姚翻과 함께 볼 때, 제6권에서는 姚翻이 먼저 나오는데 반해 여기에서는 뒤에 나온다. 따라서 이 작품들은 徐悱의 작품으로 볼 수 있다고 했다.

170) '光宅寺'(광택사) : 절 이름. 『梁書』「文學傳」에 의하면, 梁 武帝가 三橋의 옛 저택을 光宅寺란 절로 만들었다고 했는데, 三橋란 陝西省 長安 서쪽의 지명이다.

171) '目送'(목송) : 눈길을 서로 주고받다.

廣殿悅逢迎.[172]　넓은 전각에서 기쁘게 서로 마주치네
何當曲房裏,[173]　언제쯤 깊숙한 방 안
幽隱無人聲.[174]　숨은 듯 인기척 없는 곳에서 살 수 있을까

해설 이 작품은 절에서 만난 남녀의 사랑의 감정을 노래한 시다. 긴 회랑을 지날 때는 서로 정을 실은 눈길을 보내고, 넓은 전각에서 다시 서로 반갑게 만난다. 그러나 그것뿐, 오늘 지나면 언제 다시 만날지도 모를 일. 아! 언제 다른 사람은 아무도 없는 깊은 밀실에서 저 사람과 단둘이 사랑을 나눌 수 있을까.

592. 파초잎에 시를 적어 남에게 보여주다

「題甘蕉葉示人」[175]

夕泣以非疎,[176]　밤의 흐느낌도 이미 드문 일이 아니며
夢啼眞太數.　꿈속의 울음도 정말 너무도 잦은데
惟當夜枕知,　오직 밤중의 베개만이 알고 있으며
過此無人覺.[177]　이밖에 아는 사람은 아무도 없네

해설 이 작품은 임에 대한 그리움과 슬픔을 노래한 시다. 언제부턴가 밤이면 흐느끼는 게 버릇이 되었고, 그것은 꿈으로까지 이

172) '逢迎'(봉영) : 서로 마주치다. 만나다.
173) '曲房'(곡방) : 집안 깊숙한 곳에 위치한 방.
174) '幽隱'(유은) : 남의 눈에 띄지 않게 숨다.
175) '甘蕉'(감초) : 파초의 일종. 晉 嵇含의 『南方草木狀』 「甘蕉」에 의하면, 멀리서 보면 나무 같은데, 줄기가 큰 것은 한 아름이 넘으며, 잎은 길이가 한 길 또는 7~8자, 넓이가 1~2자이며, 꽃은 술잔만큼 큰데 모양과 색이 연꽃 같다고 했다.
176) '以'(이) : 『考異』는 『詩紀』에 따라 '已'자로 고쳤는데, 여기에서도 이를 따랐다.
177) '過此'(과차) : '過此以往'의 준말. 이밖에. 이 외에.

어진다. 임을 향한 간절한 그리움으로 밤마다 베갯머리를 적시는 줄은 베개만 알 뿐 그 아무도 모르리라.

593. 한 가지에 두 개 핀 치자꽃을 따서 사양에게 주며 이 시도 함께 주다

「摘同心支子贈謝孃, 因附此詩」[178]

兩葉雖爲贈,	두 개 잎을 선물할 수 있다고 하더라도
交情永未因.	서로의 사랑은 영원히 표현할 길이 없네
同心處何限,	한 가지에 두 개 핀 꽃은 어디에나 있지만
支子最關人.[179]	치자꽃이 가장 사람을 감동시킨다네

해설 이 작품은 한 가지에 두 송이가 핀 치자꽃 선물을 통해 사랑의 마음을 전하는 시다. 정표로서 주는 선물로는 잎 두 개도 가능할 것이다. 그러나 그것만으로는 간절한 사랑의 감정을 나타내기에는 부족하다. 그래서 한 가지에 두 송이가 핀 꽃을 선물하는데, 그런 꽃이야 세상에 많고 많지만 한 가지에 한 송이만 피는 치자꽃에는 매우 드물다. 희귀한 만큼 감동도 클 것이며, 정표로 주는 선물로는 최고일 것이다.

---

178) '同心'(동심) : 한 꼭지에서 난 두 개의 꽃. '支子'(지자) : 梔子. 꼭두서니과의 상록관목. 중국이 원산지이다. 높이 1~2m이며 작은 가지에 짧은 털이 있다. 꽃은 단성화로 6~7월에 피고 흰색이지만 시간이 지나면 황백색으로 변하며 가지 끝에 1개씩 달린다. 열매는 치자라고 하며 약재로 쓰인다. '謝孃'(사양) : 謝氏 성의 아가씨.

179) '關人'(관인) : 사람을 감동시키다.

요번(姚翻)

594. 진경지의 미인을 대신해 노래하다

「代陳慶之美人爲詠」[180]

臨妝欲含涕,	화장할 때는 눈물이 그렁그렁
羞畏家人知.	식구들이 알까 봐 부끄럽고 겁나니
還持粉中絮,[181]	다시금 분첩의 솜으로
擁淚不聽垂.	눈물을 막으며 흐르지 못하게 하네

해설 이 작품은 임을 그리워하는 여인의 슬픔을 노래한 시다. 작품 속의 미인은 첩으로 보인다. 한때 그렇게도 자주 찾아와 사랑해주던 그 사람이 이젠 발걸음을 뚝 끊어버리고 만다. 아침이면 행여나 찾아올 남편을 위해 화장을 하지만 이내 그것이 실없는 바람이란 생각이 들자 눈물이 눈에 그렁그렁해진다. 혹시나 몸종이나 집안 사람들이 그 모습을 눈치챌까 봐 부끄럽고 걱정 되어 분첩으로 눈물을 막아 본다. 눈물이야 막으면 된다지만 가슴속에 사무친 그리움은 무엇으로 가라앉힐지.

595. 꿈에 옛날 애인을 보다

「夢見故人」

覺罷方知恨,	잠에서 깨니 비로소 한스러운 줄 알겠는데

180) '陳慶之'(진경지): 梁나라 때의 武將. 자가 子雲이며, 國山縣(지금의 江蘇省 宜興縣 서남쪽) 사람이다. 普通 연간에 武威將軍이 되었으며, 中大通 2년에는 南司州와 北司州의 刺史가 되었으며, 시호는 武이다.

181) '粉中絮'(분중서): 분첩용 솜. 분첩은 분을 바를 때의 도구.

人心定不同.　　　사람 마음이야 꼭히 같지는 않겠지만
誰能對角枕,[182]　　그 누가 뿔베개를 마주한 채
長夜一邊空.　　　긴 밤 내내 한 쪽이 허전한 것을 견딜 수 있으랴

해설 이 작품은 꿈에서 본 옛 애인에 대한 그리움을 노래한 시다. 한 때 그렇게 사랑하던 사람, 떠난 후에도 잠시도 잊지 못하고 있었는데, 오늘은 문득 꿈속에까지 찾아왔다. 꿈에서 깨니 그리움은 차라리 한으로 바뀌었다. 어느 누가 긴 밤 내내 외로운 베개를 껴안은 채 텅 빈 옆자리를 지켜볼 수 있을까. 꿈은 이루어진다고 했는데, 내일은 혹 다시금 나를 찾아오지나 않을까.

596. 때가 되었는데 오지 않네

「有期不至」

黃昏信使斷,　　　황혼이라 인편도 끊기어
銜怨心悽悽.　　　원망어린 마음은 슬프기 그지없네
回燈向下榻,[183]　　등잔 돌려놓고 침대의자로 향하며
轉面暗中啼.　　　얼굴을 돌린 채 어둠 속에서 우네

해설 이 작품은 기다리는 사람이 오지 않아 우는 여인의 슬픔을 노래한 시다. 좋아하던 손님이 언제 다시 오마며 약속을 한 채 떠났다. 그 후 하루하루를 손꼽아 기다리다 드디어 약속한 날짜가 되었다. 이른 아침부터 남몰래 바깥에다 이목을 집중하며 기다려보지만 온다던 사람은 오지 않고 어느덧 날이 저물었다. 길에는 인적이 끊어졌고, 오지

---

182) '角枕'(각침) : 뿔로 만든[장식한] 베개.
183) '下榻'(하탑) : 침대 아래쪽에 놓아 둔 의자.

못한 사연을 전해줄 인편을 기다리는 것도 모두 허사가 되었다. 밤이 깊어지자 희망은 완전히 체념으로 바뀌고 얼굴에는 눈물이 흐른다. 혹시나 다른 사람들이 볼까 봐 등잔불을 다른 쪽으로 돌려놓고 어둠 속에서 흐느낀다. 결국 그 사람도 한때의 손님에 불과했었단 말인가. 그렇다면 언약은 왜 했었던가, 원망스럽기 그지없다.

왕환(王環)

◇王環 : 대략 梁 天監 연간의 사람으로 추정되나 전해오는 기록이 없다.

597. 서풍후의 미인을 대신해서

「代西豐侯美人」[184]

於今辭宴語,[185]	지금 이때까지 한담도 마다한 채
方念泣離違.[186]	바야흐로 흐느끼며 이별하던 때만 생각하네
無因從朔雁,	북방의 기러기를 따라
一向黃河飛.	한 번이라도 황하 쪽으로 날아갈 방도가 없네

184) '西豐侯'(서풍후) : 蕭正德. 자가 公和이며, 武帝에게 아들이 없을 때 양자로 들어갔으며, 나중에 蕭統이 태자가 된 후에는 西豐侯에 봉해졌다. 후에 侯景이 반란하여 그를 천자로 옹립했는데 얼마 후 侯景에게 피살되었다.

185) '宴語'(연어) : 한담. 농담. 재미있는 이야기.

186) '離違'(리위) : 떠나가다. 이별하다.

해설 이 작품은 북방으로 떠난 임에 대한 그리움을 노래한 시다. 임이 떠난 후로는 농담도 실없게 여겨지고 웃음도 잃었다. 머릿속엔 항상 흐느낌 속에 헤어지던 임의 모습만 맴돈다. 어떻게 하면 임이 계신 북방의 임지로 따라갈 수 있을까. 북방으로 날아가는 저 기르기를 따라가 볼까. 생각하고 생각해봐도 방도가 없으니 마음만 새처럼 북방에 있다는 황하 쪽을 향해 난다.

양(梁) 무제(武帝)

598. 변경 수비

「邊戎詩」[187)]

秋月出中天, 가을 달은 중천에 떠올라
遠近無偏異. 먼 곳 가까운 곳 구분 없이 비추네
共照一光輝, 함께 같은 빛을 받으면서
各懷離別思. 각기 이별의 그리움 품고 있네

해설 이 작품은 변경을 수비하고 있는 병사의 고향 아내에 대한 그리움을 노래한 시다. 달이 하늘 높이 떠오르니 원근을 막론하고 세상이 온통 서리가 내린 듯 하얗다. 비록 남북으로 멀리 떨어져 있지만 아내에게도 이 달빛이 비치겠지. 그리고 두 사람 모두 똑같이 가슴엔 그리움을 품고 있겠지. 변새시의 선구로 볼 수 있다.

187) '邊戎'(변융): 국경 지역의 수비. 변경의 전쟁.

599. 촛불

「詠燭」

堂中綺羅人, 대청 안에는 비단옷 입은 귀인
席上歌舞兒. 자리 위에는 노래하며 춤추는 소녀
待我光泛灩,[188] 나를 기다렸다가 출렁출렁 빛을 내고
爲君照參差. 당신을 위해서 일렁일렁 비추네

해설 이 작품은 잔치자리에서의 촛불의 모습을 노래한 영물시다. 촛불이 켜진 밤, 잔치가 열리는 대청 안에는 비단옷을 입은 귀인들이 가득하고 그 곁의 돗자리 위에서는 어린 기녀들이 노래하고 춤을 춘다. 촛불은 일렁이는 춤사위 따라 빛을 일렁이며 귀빈들을 비추기도 하고 기녀들을 비추기도 한다.

600. 붓

「詠筆」[189]

昔聞蘭蕙月, 옛날엔 난초와 혜초의 계절에 대해 들었었는데
獨是桃李年. 지금은 오직 복사꽃 오얏꽃 피는 때라네
春心儻未寫,[190] 춘정을 아직 다 쓰지 못했다면
爲君照情筵. 임을 위해 사랑 가득한 자리를 비추리라

188) '泛灩'(범염) : 물이 가득 출렁이는 모습.
189) 『考異』에서는 제목과 내용이 서로 맞지 않다고 하여, 제목의 '筆'자가 잘못된 글자로 의심하였고, 鈴木虎雄은 '華(꽃)'자의 잘못이 아닐까 하였다.
190) '儻'(당) : 만약. 혹시.

해설 이 작품은 붓에 대해 노래한 영물시다. 봄은 온갖 꽃이 피는 계절이다. 옛날 글을 보면 대개 난초와 혜초의 계절이라고 하였는데, 지금[六朝시대]은 모두 복사꽃과 오얏꽃만 노래하는 계절로 바뀌었다. 어쨌든 봄날을 맞아 가슴속 가득한 춘정을 붓으로 써서 임에게 보내는데, 혹시 아직 다 쓰지 못했다 해도 붓대롱의 붉고 화려한 색만이라도 임을 향해 비칠 것이리라. 난해한 시다.

601. 피리

「詠笛」[191]

柯亭有奇竹,[192]	가정 땅에는 기이한 대나무가 나고
含情復抑揚.	머금은 감정은 다시금 오르락내리락
妙聲發玉指,	절묘한 소리가 옥 같은 손가락을 통해 나니
龍音響鳳凰.	용의 소리인 듯 봉황의 소리인 듯

해설 이 작품은 피리의 모습과 소리에 대해 노래한 영물시다. 柯亭 땅의 대나무는 예로부터 피리의 재료로는 최고였다고 한다. 그 대나무로 만든 피리엔 사람의 감정이 실려 있는데다, 특히 미인의 섬섬옥수 손가락으로 울리는 소리는 낮아졌다 높아졌다 하면서 용의 울음인 듯, 봉황의 울음인 듯하여 마치 이 세상의 소리가 아닌 것 같다.

---

191) '笛'(적) : 피리. 시대에 따라 구멍이 3~7개, 가로로 부는 것과 세로로 부는 것 등 일정하지 않다.

192) '柯亭'(가정) : 지명. 張騭의 『文士傳』에 의하면, 蔡邕이 吳나라 사람에게 알려주길, 자신이 옛날 會稽 高遷亭을 지날 때 본 어떤 집의 서까래 대나무 중 동쪽 제16번째는 피리를 만들 만 했다라고 하여 가져다가 만들어 불어보니 과연 신기한 소리가 났다고 했다. 또 伏滔의 「長笛賦序」에 의하면, 蔡邕이 江南으로 피난하여 柯亭에서 묵었는데, 그곳 숙소는 대나무를 서까래로 삼았다고 했다.

602. 춤

「詠舞」

腕弱復低擧,	연약한 팔은 또한 오르락내리락 하고
身輕由迴縱.[193]	가벼운 몸은 오히려 마음대로 휘도네
可謂寫自歡,[194]	제 사랑의 감정 맘껏 펼친다고 할 수 있으며
方與心期共.[195]	바야흐로 마음속의 사람과 함께 하고자 한다네

해설 이 작품은 기녀의 춤 동작을 노래한 영물시다. 무희는 몸이 여리다. 가냘프기 그지없는 하얀 팔도 끊임없이 오르락내리락 하며, 가벼운 몸도 자유자재로 돌아간다. 아름다운 춤사위는 결국 그녀의 사랑을 표현하는 것이니, 나아가 춤은 마음에 둔 훌륭한 손님과 함께 함께 지내기를 바라는 마음의 표현이리라.

603. 연구시

「連句詩」[196]

傾城非人美,	성을 기울게 할 미인이란 말로도 그대를 찬미하진 못하며
十載難里逢.[197]	천 년에 한 번 만나기도 어려운 미인일세
雖懷軒中意,[198]	비록 수레 속에서의 총애를 바라고 있지만

193) '由'(유) : '猶(오히려)'자와 통한다. '迴縱'(회종) : 도는 춤 동작이 자유자재인 모양.

194) 『考異』는 이 구의 뜻을 미상이라고 했다. '寫自歡'(사자환) : 자신의 즐거운 감정을 펼치다.

195) '心期'(심기) : 마음에 둔 사람.

196) 이 작품은 남녀 두 사람이 각각 전후 두 구씩 지어 연결한 작품이다.

197) '十'(십) · '里'(리) : 『考異』에 따라 각각 '千' · '重'으로 보았다.

198) '軒中意'(헌중의) : 수레 속에서의 총애. 이 구는 漢 武帝 衛皇后의 고사이다. 그녀의

媿無鬢髮容.[199]　　제 용모 아름답지 못해 부끄러울 뿐이지요

해설 이 작품은 여인의 미모에 대한 남자의 찬탄과 그 찬탄에 대한 미인의 겸손의 마음을 노래한 시다. 작가의 신분과 작품 속의 전고를 고려할 때 실재 임금과 후비 사이의 대화로 볼 수도 있을 것이다. 임금이 후비를 향해 '傾城之色'이란 찬미로도 모자랄 정도의 '千載一遇'의 미인이라고 칭찬하자, 후비는 임금으로부터 총애를 받고 싶은 마음은 일찍부터 갖고 있지만 미모를 갖추지 못해 황송하고 부끄럽다고 겸손해한다.

「봄 노래(春歌)」 3수[200]

604. 봄 노래 1

「春歌」 其一

階上歌入懷,[201]　　계단 위에서는 향기가 품으로 들어오고
庭中花照眼.　　마당 안에서는 꽃이 눈에 비치네
春心一如此,　　춘정이 한결같이 이와 같으니
情來不可限.　　사랑의 마음이 생겨나도 막을 수가 없네

이름은 子夫이며 본래 미천한 출신으로서 平陽公主의 노래하는 시녀로 있었는데, 武帝가 平陽公主의 집에 들렀다가 그녀에게 반하여 이에 옷 갈아입는 수레 속에서 총애를 얻어 나중에 왕후까지 되었다.

199) '媿'(괴) : 부끄럽다. '愧'자와 같다. '鬢髮容'(빈발용) : 머리카락과 얼굴. 즉 아름다운 용모.

200) 清商曲辭 吳聲歌曲에 속한다. 『樂府詩集』에는 제1수와 제3수가 王金珠의 작품으로 되어 있다.

201) '歌'(가) : 『考異』에는 『藝文類聚』를 따라 '香'자로 고쳤는데, 여기에서도 이를 따랐다.

해설 이 작품은 봄날에 일어나는 가눌 수 없는 춘정을 노래한 시다. 계단 위에 올라서니 마당의 꽃향기가 품으로 파고들고, 마당에 내려서니 온갖 꽃들의 영롱한 빛들이 눈에 부신다. 사방을 둘러보니 사물들이 모두 춘정에 겨워하는데 이내 가슴에 일어나는 춘정만을 어이 막으랴.

605. 봄 노래 2

「春歌」其二

蘭葉始滿地,	난초잎은 땅에 가득 자라기 시작하고
梅花已落枝.	매화꽃은 벌써 가지에서 떨어지네
持此可憐意,[202]	이 안타까운 마음으로
摘以寄心知.	몇 송이 따서 내 마음 아실 그 사람에게 부친다네

해설 이 작품은 떨어지는 꽃을 보면서 사랑하는 임에게 그 꽃을 따서 보내고자 하는 여인의 심경을 노래한 시다. 난초의 잎이 자라기 시작하는 봄, 일찍 핀 매화꽃은 이미 떨어지기 시작한다. 떨어지는 꽃을 보고 있자니 그처럼 쉽게 시들어버릴 자신의 청춘처럼 느껴져 안타깝기만 하다. 그래서 꽃을 따서 사랑하는 그 사람에게 자신의 마음을 알리고자 하는 것이다. 이 꽃처럼 떨어지기 전에 빨리 나를 데려가소서.

202) '可憐'(가련) : 안타까워하다. 이하 두 구는 꽃이 떨어지는 것을 보고 안타까워하면서 떨어지기 전에 몇 송이를 따서 사랑하는 사람에게 보낸다는 뜻이다.

606. 봄 노래 3

「春歌」其三

朱日光素冰,　　붉은 해는 흰 얼음 위에 빛나고
黃花映白雪.　　노란 꽃은 흰 눈 위에 비치네
折梅待佳人,[203]　　매화 꺾어서 아름다운 사람에게 보내어
共迎陽春月.　　함께 따뜻한 춘삼월을 맞으리라

해설 이 작품은 이른 봄 눈 속에 핀 매화꽃을 보며 사랑하는 사람과 함께 봄을 맞고 싶은 심정을 노래한 시다. 아직은 눈과 얼음이 녹지 않은 겨울이나 마찬가지인데, 寒梅는 일찍 희고 노란 꽃망울을 터뜨린다. 일찌감치 이 꽃을 꺾어 사랑하는 사람에게 보내어 내 마음을 전한 뒤 한창 무르익는 봄을 함께 맞고 싶다. 그리고 사랑하고 싶다.

「여름 노래(夏歌)」 4수[204]

607. 여름 노래 1

「夏歌」其一

江南蓮花開,　　강남에 연꽃이 피어
紅光覆碧水.　　붉은 빛이 푸른 물을 덮고 있네
色同心復同,　　꽃의 색도 같고 줄기도 같으며
藕異心無異.[205]　　잘록한 뿌리 서로 다르지만 그 심은 역시 다름이 없네

---

203) '待'(대) : 鈴木虎雄은 다른 책을 따라 '寄'자로 보았는데, 여기에서도 이를 따랐다.
204) 『樂府詩集』에는 모두 세 수 수록되어 있으며, 제3수는 王金珠의 작품으로 되어 있다.
205) '藕'(우) : 잘록잘록한 연꽃의 뿌리. 雙關語로 쓰여, 짝・배우자를 의미하는 '偶'자를

해설 이 작품은 연꽃에 대한 묘사를 통해 변함없는 사랑을 노래한 시다. 연못에 핀 연꽃이 붉게 물을 덮고 있다. 연꽃은 색이 모두 똑같으며 같은 뿌리에서 나온 같은 색 줄기에서 핀 꽃이다. 뿌리도 잘록잘록하여 서로 다른 뿌리 같지만 실재로는 심이 다 이어진 같은 뿌리이다. 이와 같이 사랑하는 사람 또한 한 뿌리에서 자란 연꽃처럼 일심동체가 되기를 바란 것이다.

608. 여름 노래 2

「夏歌」其二

閨中花如繡,[206]　　안채에 핀 꽃은 수처럼 아름답고
簾上露如珠.　　발에 달린 이슬은 진주처럼 영롱하네
欲知有所思,　　그리운 사람 있는지를 알려거든
停織復峙嶀.[207]　　베 짜기를 멈추고 다시금 서성이는 것을 보면 된다네

해설 이 작품은 여름날 규방에서 베를 짜는 여인의 임에 대한 그리움을 노래한 시다. 안채의 마당 안에는 수놓인 것처럼 아름다운 꽃들이 피어 있고, 문에 달린 주렴에는 진주처럼 영롱한 밤이슬이 맺혀 있다. 저 여인이 혹 누군가를 그리워하고 있는지를 알려면 물어볼 필요 없이 베를 짜다가 가끔씩 베틀에서 내려와 서성이는 것을 보면 될 것이다.

뜻하기도 한다. '心'(심) : 뿌리를 서로 잇고 있는 중심. 雙關語로 쓰여, 사랑하는 마음을 뜻하기도 한다.

206) '閨中'(규중) : 안채. 여자가 거처하는 곳.

207) '峙嶀'(치도) : 배회하는 모양. 서성이는 모양. '踟躕' · '跱躇' 등과 같다.

609. 여름 노래 3

「夏歌」 其三

玉盤著朱李,[208]　　옥쟁반에는 붉은 자두 쌓여 있고
金杯盛白酒.[209]　　황금술잔엔 하얀 술이 담겨 있네
雖欲持自新,[210]　　이것으로 스스로 임과 친하고 싶지만
復恐不甘口.　　또한 임의 입에 맞지 않을까 걱정이 된다네

해설 이 작품은 진기한 술과 안주를 임에게 드리면서 사랑받고 싶어 하는 여인의 소망을 노래한 시다. 비록 좋은 술과 안주를 마련했지만 혹시나 임의 입에 맞지 않을까 걱정이 된다. 술과 안주야 다시 장만하면 되지만 임이 나를 입에 맞지 않는 술과 안주처럼 싫어하게 되면 임의 마음은 되돌리기 어렵기 때문이다.

610. 여름 노래 4

「夏歌」 其四

含桃落花日,[211]　　앵두꽃 떨어지는 날
黃鳥鶯飛時.[212]　　꾀꼬리 이리저리 날 때
君住馬已疲,　　당신은 머무세요 말이 이미 지쳤어요
妾去蠶欲飢.　　소첩은 가야 해요 누에가 곧 배고파하니까요

---

208) '著'(저) : 쌓다. 두다. 어떤 책에는 '貯(쌓다)'자로 되어 있다.
209) '白酒'(백주) : 본래는 탁주를 가리키는 말이었지만, 후에 일반적으로 맛좋은 술, 즉 美酒를 가리키는 말로 쓰인다.
210) '新'(신) : 『考異』는 『樂府詩集』을 따라 '親'자로 고쳤는데, 여기에서도 이를 따랐다.
211) '含桃'(함도) : 앵두(나무).
212) '鶯飛'(영비) : 이리저리 날다.

해설 이 작품은 누에치는 여인의 사랑을 노래한 시다. 뽕을 따러 나온 여인이 뽕밭 가를 지나가는 남자에게 반했다. 그래서 남자를 잡아두고 싶은 마음에 이 마을에서 쉬다가 가라고 한다. 말이 지쳐 보인다는 핑계를 대면서. 그리고 자신은 집에 빨리 돌아가야 한다고 한다. 누에 밥을 줄 때가 되었다는 구실을 대면서. 그러나 당신이 나를 잡는다면 누에가 뭐 대수이겠는가. 후반 두 구는 사랑과 일이란 상반된 두 측면에서 갈등하는 여인의 모순적인 마음을 잘 표현해내고 있다.

「가을 노래(秋歌)」 4수[213)]

611. 가을 노래 1

「秋歌」 其一

繡帶合歡炬,[214)]	수놓인 허리띠엔 합환의 횃불 무늬
錦衣連理文.[215)]	비단 저고리엔 연리지 무늬
懷情入夜月,	사랑 품고 달밤에 들어갔다가
含笑出朝雲.	미소 지으며 아침 구름 속을 나오네

해설 이 작품은 가을밤에 임과 사랑을 나눈 미인을 노래한 시다. 사랑을 상징하는 각종 무늬가 수놓인 의복으로 치장하고 달밤에 임의 처소로 들어간다. 그리고 새벽 뿌연 안개 속에서 기쁜 미소를 얼

213) 『樂府詩集』에는 제2수와 제3수가 王金珠의 「子夜變歌」·「子夜四時歌」·「春歌」라는 제목으로 수록되어 있다.

214) '合歡炬'(합환거): 합환을 의미하는 연속된 횃불 무늬. '炬'자는 『樂府詩集』에는 '結(매듭)'자로 되어 있는데 뜻은 통한다.

215) '連理文'(련리문): 다른 뿌리의 같은 나무[連理枝] 무늬. 부부의 돈독한 애정을 의미한다.

굴 가득 지으며 걸어나온다.

612. 가을 노래 2

「秋歌」 其二

七彩紫金柱,[216) 오색찬란한 자금 기둥에
九華白玉梁. 화려하기 그지없는 백옥 대들보
但歌雲不去,[217) 반주 없는 노래에 구름도 나아가지 못하는데
含吐有餘香. 머금었다 토하는 소리에 향기가 넘치네

해설 이 작품은 미인의 아름다운 음악을 노래한 시다. 오색찬란하고 화려한 집에서 미인이 반주도 없이 노래한다. 그 노랫소리 때문에 흘러가던 구름도 멈춘다고 하며, 게다가 노래하는 입에는 소리와 함께 향기가 가득 묻어나온다.

613. 가을 노래 3

「秋歌」 其三

吹蒲未可停,[218) 한껏 불었어도 아직 멈출 수 없으며
弦斷當更續. 현이 끊어지면 응당 다시 이어야 되리
俱作雙絲引,[219) 함께 쌍사곡을 지으며

---

216) '七彩'(칠채) : 여러 가지 색. 오색찬란함을 나타낸다. '紫金'(자금) : 진귀한 광물의 하나. 赤銅과 黃金의 합금 같은 것.
217) '但歌'(단가) : 漢魏시대의 무반주 가곡.
218) '蒲'(포) : 『考異』는 『詩紀』를 따라 '滿'자로 고쳤는데, 여기에서도 이를 따랐다. 이 구는 피리 등의 관악기를 한껏 불었지만 멈추지 않고 계속 불겠다는 뜻이다.

共奏同心曲. 같이 동심곡을 연주하리

해설 이 작품은 한 쌍의 연인의 깊은 사랑에 대한 열망을 노래한 시다. 그 사람과 함께 관악기와 현악기를 끝없이 연주하며 우리의 깊은 사랑을 노래하고 싶다. 죽을 때까지 변함없는 사랑을.

614. 가을 노래 4

「秋歌」 其四

當信抱梁期,[220] 응당 다릿발 끌어안은 채 죽을 약속을 믿어야지
莫聽迴風音.[221] 바람에 들려오는 소문일랑 믿지 말기를
鏡上兩入髻,[222] 거울 안에는 두 사람의 상투와 쪽이 있지만
分明無兩心.[223] 분명한 건 서로 딴 마음 없다는 것

해설 이 작품은 애정에 대해 의심하는 여인에게 변함없는 사랑을 다짐하는 남자의 심경을 노래한 시다. 다른 여자를 사귄다는 소문이 혹 있다손 치더라도 尾生之信의 내 약속을 믿어야 한다. 둘이 함께 거울을 들여다보면 분명히 모습이 다른 두 사람의 얼굴이 있지만,

---

219) '雙絲引'(쌍사인) : 서로 그리워하는 노래. '絲' : '思'자의 뜻도 함께 가지는 雙關語로 쓰였다. '引'(인) : 곡조의 이름의 하나.

220) '抱梁'(포량) : '抱柱'와 같다. 『莊子』「盜跖」 중의 尾生之信이란 고사를 말한다. 尾生이라는 남자가 여자와 다리 아래에서 만나기로 하였는데 여자는 오지 않고 소나기로 인해 갑자기 물이 불어났다. 그러나 그는 약속을 지키기 위해 물에서 나오지 않고 다릿발[교각]을 끌어안은 채 죽었다고 한다.

221) '迴風音'(회풍음) : 바람에 따라 떠도는 소문.

222) '上'(상) : 『考異』 등의 책에는 '中'자로 되어 있다. '入'(입) : 五雲溪館活字本에는 '人'자로 되어 있다. '髻'(계) : 머리 위에 틀어올린 각종 형태의 머리 모양. 남자의 상투와 여자의 쪽 등이 이에 속한다.

223) '兩心'(량심) : 남녀 서로 다른 마음.

마음만큼은 서로를 사랑하는 한마음이다.

「자야가(子夜歌)」 2수[224)]

615. 자야가 1

「子夜歌」 其一

恃愛如欲進,	사랑을 믿고 임 앞으로 나아갈 듯하다가도
含羞未肯前.	부끄러움 머금고 짐짓 나서려 하지 않네
口朱發豔歌,[225)]	붉은 입술에는 사랑노래 나오고
玉指弄嬌弦.[226)]	섬섬옥수로는 맑고 고운 거문고 소리를 울리네

해설 이 작품은 노래하고 연주하는 미인의 모습을 노래한 시다. 손님이 자신을 좋아하는 것 같아 그것을 믿고 손님 앞으로 나아가려 하다가, 다시금 부끄러운 듯 머뭇거린다. 붉은 입술로는 사랑노래를 부르고 섬섬옥수로는 거문고를 연주하며 청아한 소리를 낸다.

---

224) 『唐書』 「樂志」에 "「子夜歌」란 것은 晉나라 곡조이다. 晉나라 때 子夜라는 여인이 이 곡을 지었는데, 소리가 너무도 애처롭고 쓰라렸다(子夜歌者, 晉曲也. 晉有女子名子夜, 造此聲, 聲過哀苦)"라고 했다. 「子夜四時歌」·「大子夜歌」·「子夜警歌」·「子夜變歌」 등은 모두 이 곡조에서 나온 것이다. 『樂府詩集』에는 「子夜歌」 42수를 포함하여 모두 124가 수록되어 있는데, 이는 南朝 악부민가의 삼분의 일에 해당하며, 모두 여성 시점의 사랑노래란 특징이 있다. 淸商曲辭 吳聲歌曲에 속한다.

225) '口朱'(구주) : 『考異』는 『詩紀』를 따라 '朱口'로 고쳤다. '豔歌'(염가) : 사랑노래.

226) '嬌弦'(교현) : 거문고의 맑고 고운 소리.

616. 자야가 2

「子夜歌」 其二

朝日照綺錢,[227]	아침 해는 엽전 문양의 비단창에 비치고
光風動紈羅.	따뜻한 바람은 고운 비단옷을 흔드네
巧笑蒨兩犀,[228]	아리땁게 웃으니 두 줄 치아가 또렷하고
美目揚雙蛾.	아름다운 눈길에 두 눈썹이 올라가네

해설 이 작품은 여인의 미모를 노래한 시다. 아침이 되어 해가 뜨고, 그 해는 가장자리가 연쇄적인 엽전 무늬로 꾸며진 비단창문을 비춘다. 그 안에 고운 비단옷을 입은 미인이 있어, 문을 여니 훈풍이 불어와 옷자락을 흔든다. 교태로운 웃음에 입 속의 가지런한 치아가 곱고도 선명하다. 아름다운 눈웃음에 두 눈썹이 살짝 위로 치켜올라간다.

617. 상성가

「上聲歌」[229]

花色過桃杏,	꽃 같은 안색은 복사꽃 살구꽃보다 더 아름답고
名稱重金瓊.	명성은 금과 옥보다도 더 중하네
名歌非下里,[230]	이름난 노래는 '하리곡'이 아니며
含笑作上聲.	미소를 머금고 '상성가'를 부르네

---

227) '綺錢'(기전) : 엽전 무늬가 사면에 연속된 창문.

228) '蒨'(천) : 선명하고 곱다. '兩犀'(량서) : 상하의 치아.

229) 이 권 앞부분의 「近代吳歌」 九首 중에 「上聲」(545)이 있는데, 그 주석을 참조할 것. 『樂府詩集』에는 王金珠의 작품으로 되어 있다.

230) '下里'(하리) : 저속한 노래의 하나.

해설 이 작품은 노래하는 기녀의 아름다운 모습을 찬미한 시다. 꽃보다도 더 아름다운 얼굴에다 금옥을 능가하는 명성의 歌妓, 그녀가 부르는 노래는 결코 저속한 대중가요가 아니라 템포 빠른 그 유명한 上聲歌이다.

「환문가(歡聞歌)」 2수[231]

618. 환문가 1

「歡聞歌」 其一

豔豔金樓女,[232] 곱디고운 황금 누각의 여인
心如玉池蓮.[233] 마음은 아름다운 연못의 연꽃 같네
持底報郎恩,[234] 무엇으로 낭군의 은혜에 보답하리
俱期遊梵天.[235] 함께 사랑의 세계에서 놀기를 약속하네

해설 이 작품은 미인의 사랑에 대해 노래한 시다. 귀한 저택에 사는 아름다운 심성을 가진 미인, 임에게 사랑을 받으니 자신은 사랑 가득한 극락 같은 세상에서 임과 한평생 함께 살 것을 허락한다.

---

231) 이 권 앞부분의 「近代吳歌」 九首 중에 「歡聞」(546)이 있는데, 그 주석을 참조할 것. 『樂府詩集』에는 王金珠의 작품으로 되어 있으며, 제2수는 「歡聞變歌」라고 되어 있다.

232) '豔豔'(염염) : 아리따운 모양.

233) '玉池'(옥지) : 연못에 대한 미칭. '蓮'(련) : '戀(사랑하다)' · '憐(사랑스럽다)' 등의 의미를 내포한 雙關語로 쓰였다.

234) '持'(지) : ……을 가지고. '以'자와 같다. '底'(저) : 무엇. '何'자와 같다.

235) '梵天'(범천) : 불경에 언급된 三界 중의 色界에 해당하는 최초의 三重의 하늘. 色界란 欲界와 無色界의 중간 세계로, 탐욕에서는 벗어났으나 아직 색욕까지는 벗지 못한 세계를 말한다.

619. 환문가 2

「歡聞歌」 其二

南有相思木,[236]	남쪽에 상사목이 있는데
含情復同心.[237]	그림자도 합쳐 있고 줄기도 하나라네
游女不可求,[238]	놀러 나온 저 여인 애인으로 삼을 수 없으니
誰能息空陰.	누구와 함께 저 텅 빈 그늘에서 쉴 수 있을까

해설 이 작품은 여자를 짝사랑하는 남자의 심경을 노래한 시다. 놀러 나온 미인에게 반했지만 사랑을 받아주지 않으니, 애정을 굳건히 해준다는 저 상사목의 그늘에서 함께 쉴 사람이 없다.

620. 단선가

「團扇歌」[239]

手中白團扇,	손 안의 흰 둥근 부채

236) '相思木'(상사목): 任昉의 『述異記』 卷上에 따르면, 戰國시대에 한 남자가 전쟁에 나갔다가 오래되어도 돌아오지 않자, 그 아내가 그리워하다가 죽었다. 나중에 무덤 위에 한 그루의 나무가 자라났는데, 가지와 잎들이 모두 남편 있는 방향으로 기울어져 있었기에 그 나무 이름을 相思木이라고 했다 한다.

237) '含情'(함정): 『考異』는 『樂府詩集』을 따라 '合影'으로 고쳤는데, 여기에서도 이를 따랐다.

238) '游女'(유녀): 놀러 나온 여인. 『詩經』 「周南」 「漢廣」에 "漢水에 놀러 나온 여인, 애인으로 삼을 수가 없네(漢有游女, 不可求思)"라고 했다.

239) 「團扇郎歌」라고도 한다. 『古今樂錄』에 의하면, 晉나라 中書令 王珉이 희고 둥근 부채를 잡고 형수의 하녀인 謝芳姿와 사랑을 하였는데 애정이 매우 돈독하였다. 이에 형수가 하녀를 회초리로 매우 심하게 때리자 王珉이 동쪽 정자에서 그 소리를 듣고 말렸다. 謝芳姿는 본래 노래를 잘 불렀으니, 형수가 노래를 한 곡 하면 용서하기로 하여, "흰 단선이여! 괴로운 고통으로 마구 눈물이 흐르는 것, 낭군께서 직접 보셨지요(白團扇, 辛苦五流連, 是郎眼所見)"라는 노래를 불렀다. 그러자 王珉이 무슨 잘못을 저질렀느냐고 물으니 가사를 바꾸어 다시 "흰 단선이여! 초췌한 내 몰골 옛날 모습이

淨如秋團月.	깨끗하기는 가을밤의 둥근 달
淸風任動生,	맑은 바람은 부채의 움직임 따라 일고
嬌香承意發.	매혹적인 향기는 사랑 가득한 마음을 타고 나오네

해설 이 작품은 부채를 노래한 영물시다. 미인의 손 안에 든 희고 둥근 부채, 곱고 깨끗하기가 마치 보름달 같다. 부채질하는 동작에 따라 시원한 바람이 생기고, 미인의 사랑 가득 품은 가슴속에서 매혹적인 향기가 풍겨나온다.

621. 벽옥가

「碧玉歌」[240]

杏梁日始照,[241]	은행나무 대들보에 해가 비치기 시작하는데도
蕙席歡未極.[242]	혜초 돗자리엔 즐거움이 아직 끝나지 않았네
碧玉奉金杯,	벽옥이 황금 술잔을 받들어 올리는데
綠酒助花色.[243]	푸른 술이 꽃 같은 얼굴빛을 돋보이게 하네

해설 이 작품은 술자리에서의 기녀의 모습을 노래한 시다. 밤에 시작된 술자리가 아침까지 이어진다. 그래도 아직 흥이 미진한 듯, 기녀가 술잔에 술을 따라 손님에게 올리는데, 푸른 색 술이 꽃같이 붉은 얼굴색에 대비되어 그녀를 더욱 아름답게 한다. 어쩌면 푸른 술을

아니라, 낭군님 뵙기가 부끄럽군요(白團扇, 憔悴非昔容, 羞與郎相見)"라고 노래했다. 이에 후인들이 그녀의 노래를 따라 지은 것이 이 노래라고 했다.

240) 이 권 앞부분에 孫綽의 「情人碧玉歌」 二首(520~521)가 있는데, 그 주석을 참조할 것.

241) '杏梁'(행량) : 은행나무로 만든 대들보.

242) '蕙席'(혜석) : 혜초 잎으로 짠 돗자리. 혜초의 잎은 삼과 비슷하다.

243) '綠酒'(록주) : 美酒를 뜻한다.

마신 기녀의 얼굴빛이 더욱 붉게 되었다는 뜻일지도 모르겠다.

「양양의 흰 쇠말굽(襄陽白銅鞮歌)」 3수[244)]

622. 양양의 흰 쇠말굽 1

「襄陽白銅鞮歌」 其一

陌頭征人去,	길 어귀엔 나그네가 떠나가고
閨中女下機.	규방엔 여자가 베틀을 내려서네
含情不能言,	가슴속 사랑 말하지 못한 채
送別霑羅衣.	작별하며 비단옷을 적시네

해설 이 작품은 남편을 송별하는 여인의 슬픔을 노래한 시다. 남편이 어떤 연유에서 객지로 떠난다. 남편에게 가지 말라고 매달리고 싶지만 차마 그러지 못하고 먼 발치에서 뒷모습을 바라보며 눈물을 흘릴 뿐이다.

623. 양양의 흰 쇠말굽 2

「襄陽白銅鞮歌」 其二

草樹非一香,	초목들의 향기 한 가지가 아니며
花葉百種色.	꽃과 잎들도 각양각색인 봄날에
寄語故情人,	옛날 연인에게 말을 전합니다

244) 이 권 앞부분에 沈約의 「襄陽白銅鞮」(564)가 있는데, 그 주석을 참조할 것.

知我心相憶.　　　내 마음 당신을 그리워하고 있다는 걸 알아주세요

해설 이 작품은 한때 사랑했던 사람을 그리워하는 심경을 노래한 시다. 초목이 푸른 향기를 내뿜고 꽃과 잎들이 현란한 색채를 뽐내는 봄날, 잠시 잊고 있었던 그 사람 생각이 울컥 난다. 이런 좋은 봄날에 함께 할 수 있다면 얼마나 좋을까. 아직도 잊지 않고 기다리고 있다는 편지를 보내볼까.

624. 양양의 흰 쇠말굽 3

「襄陽白銅鞮歌」其三

龍馬紫金鞍,[245]　　용 같은 준마에 자금 안장
翠毦白玉羈.[246]　　비취빛 창 깃털에 백옥 굴레
照耀雙闕下,[247]　　두 궐문 아래를 환히 비추니
知是襄陽兒.　　　저 사람 양양의 사내인 줄 알겠네

해설 이 작품은 襄陽 출신의 멋진 남자에 대해 노래한 시다. 준마에다 비싼 안장, 창끝에는 비취색 깃털이 휘날리고 말 머리에는 백옥으로 만든 굴레가 채워져 있다. 눈부신 그 모습은 성문 아래를 환하게 할 정도이니, 물어보지 않아도 저 남자는 襄陽 출신임이 분명하리라.

---

245) '龍馬'(룡마) : 준마. 『周禮』「夏官」「庾人」에 "말의 크기가 여덟 자 이상이면 용이라고 한다(馬八尺以上爲龍)"라고 했다. '紫金'(자금) : 진귀한 광물의 하나. 赤銅과 黃金의 합금 같은 것. 이 권 앞부분 蕭衍의 「秋歌」其二(612)에도 나온다.
246) '翠毦'(취모) : 창끝에 장식한 비취색의 깃털.
247) '雙闕'(쌍궐) : 망루가 있는 대궐·궁궐·사당·능묘 등의 앞 좌우의 대문.

황태자(皇太子)[248]

「잡다한 제목의 시(雜題)」 21수[249]

625. 차가운 규방

「寒閨」

被空眠數覺,	이불이 허전하니 자다가도 자주 잠이 깨고
寒重夜風吹.	추위가 심한 밤에 바람조차 부네
羅幃非海水,	비단 휘장은 바닷물이 아니니
那得度前知.	어떻게 전에 알던 사람에게 건너갈 수 있을까

해설 이 작품은 홀로 사는 여인의 옛 연인에 대한 그리움을 노래한 시다. 임이 없는 방은 더 넓어 보이고 혼자 덮는 이불도 허전하기 마련이다. 추위와 임 생각에 깊은 잠을 이루지 못하는데 바깥에는 삭풍이 몰아치는 소리가 살벌하다. 저 비단휘장이 차라리 바닷물이라면 배를 타고서라도 임에게로 갈 수 있으련만, 얇은 천 하나가 나를 죄수인 양 가둬두고 있구나.

---

248) 簡文帝 蕭綱을 가리킨다.

249) '題'(제) : 어떤 책에는 '詩'자로 되어 있다.

626. 내리는 비

「行雨」[250]

本是巫山來,	본래 무산에서 왔을진대
無人睹容色.	얼굴과 행색을 본 사람이 아무도 없네
惟有楚王臣,[251]	오직 초나라 왕의 신하만이
曾言夢相識.	일찍이 꿈에서 봤다고 했었지

해설 이 작품은 옛날 고사 중의 巫山神女의 화신인 비에 대해 노래한 시다. 눈앞에 내리는 비를 보면서 옛날 이야기를 떠올렸다. 분명히 신녀의 화신이라지만 아무도 그녀의 실재 모습을 본 사람은 없다. 다만 宋玉이 왕에게 옛날 선왕의 꿈에 나타났던 사람이라고 말했을 뿐이다. 비와 미인의 연결, 대단한 상상력이다.

627. 대들보의 먼지

「梁塵」

依帷濛重翠,[252]	휘장에 붙어서는 짙은 비취색을 흐리게 하고
帶日聚輕紅.[253]	햇빛을 받으니 가벼운 붉은 색이 모이네
定爲歌聲起,	정작 노래소리 때문에 이는 것이지
非關團扇風.	둥근 부채의 바람과는 무관하다네

250) 이 작품은 宋玉의 작품에 바탕한 것이다. 즉 宋玉이 楚 懷王과 함께 雲夢 포구의 高唐에 놀러갔다가 선왕이 꿈에 본 巫山神女의 고사를 懷王에게 이야기한 내용인 「高唐賦」와 楚 襄王이 宋玉과 함께 雲夢 포구에 놀러갔다가 神女 꿈을 꾸고 그 내용을 宋玉에게 말한 내용인 「神女賦」의 典故가 그 배경이다.

251) 이하 두 구는 宋玉이 懷王에게 神女에 관한 꿈을 이야기하였다는 뜻이다.

252) '濛'(몽): 흐릿하게 하다. '重翠'(중취): 짙은 비취색. 휘장의 색을 가리킨다.

253) '輕紅'(경홍): 담홍색. 분홍색. 허공에 떠 햇빛을 받은 먼지를 가리킨다.

해설 이 작품은 대들보에 이는 먼지에 대해 노래한 시다. 먼지가 휘장에 앉으면 휘장의 비취빛 고운 색이 희미하게 되고, 햇빛을 받으면 허공에 미세한 입자들이 한 곳에 모여드는 것 같다. 歌妓의 노랫소리가 절묘하여 집안 대들보를 감도니, 그에 따라 먼지가 일어나는 것이지 부채질 때문에 생기는 것은 결코 아니다. 宮體詩의 제재는 여인과 관련된 것에서는 도무지 그 한계를 모르는가 보다.

628. 환한 달

「華月」

免絲生雲夜,[254]	토끼의 그림자는 구름 낀 밤에 나타나고
蛾形出漢時.[255]	항아의 형체는 은하수 흐를 때 나오네
欲傳千里意,	천 리 먼 곳 임에게 이 마음 전해 주고
不照十年悲	십 년토록 슬픔에 빠져 있는 이 여인일랑 비추지 말았으면

해설 이 작품은 달을 제재로 삼아 임을 그리워하는 여인의 심경을 노래한 시다. 10년이나 헤어져 살았다고 하니 그 그리움과 슬픔을 어찌 헤아리랴. 자신의 간절한 그리움을 임에게 전해달라고 달에게 하소연해본다. 그리고 정작 자신은 눈물 젖은 얼굴이 남에게 보일까 겁나고 부끄러워 달빛을 피한다.

254) '絲'(사) : 『考異』는 본래 '影'자였는데, 傳寫者가 잘못 베낀 것이라고 보았다.
255) '蛾'(아) : 『考異』는 '娥'자의 잘못으로 보았다.

629. 밤이면 밤마다

「夜夜曲」[256]

北斗闌干去,[257]	북두칠성은 비스듬히 기울어 가고
夜夜心獨傷.	밤이면 밤마다 혼자 마음 아파하네
月輝橫射枕,	달빛은 비스듬히 베개를 비추고
燈光半隱牀.	등불은 반쯤 침상을 숨기네

해설 이 작품은 독수공방하는 여인의 외로움을 노래한 시다. 임이 떠난 후 밤마다 잠도 제대로 이루지 못하는 여인, 북두칠성마저 기우는 새벽까지도 슬픔에 잠겨 있다. 상심한 침실로 달빛이 찾아들고, 희미한 등잔불은 침대 하나조차 다 비추지 못한다.

630. 관사에서 성 남쪽으로 돌아와

「從頓還城南」[258]

暫別兩成疑,	잠깐 사이의 이별에도 서로 의심이 일었는데
開簾生舊憶.	발을 걷으니 옛날 기억이 나네
都如未有情,	모든 게 한 번도 사랑한 적이 없는 듯하며
更似新相識.	더욱이 새로 알게 된 사람 같네

해설 이 작품은 임지에서 집으로 돌아와 아내와 만난 기쁨을 노래한 시다. 비록 잠시 동안의 이별이었지만 서로의 변심에 대해 의

---

256) 제5권 沈約의 雜曲 三首 중의 제3수(179)도 같은 제목인데, 그 주석을 참조할 것. 雜曲歌辭에 속한다.

257) '闌干'(란간) : 비스듬한 모양.

258) '頓'(돈) : 관사.

심을 가졌었다. 그러나 집에 돌아와 안방에 처진 발을 걷고 아내의 얼굴을 보자, 옛날의 기억이 다시금 되살아난다. 한편으론 오랜만에 재회한 아내가 오히려 새로 사귄 애인처럼 느껴지는 것은 왜일까. 그만큼 그리움이 컸기 때문이리라. 작가의 신분을 고려하면 여인은 아내가 아니라 총애하던 후궁이나 기녀일 수 있다.

631. 춘강곡

「春江曲」[259]

客行祇念路,[260] 나그네는 길을 나서면 오로지 귀로만을 생각하고
相將渡江口.[261] 서로 다투듯 강을 건너가네
誰知堤上人, 누가 알리오 제방 위의 여인을
拭淚空搖手. 눈물 훔치며 부질없이 손을 흔드네

해설 이 작품은 고향으로 돌아가는 연인과의 이별을 아쉬워하는 여인의 심경을 노래한 시다. 공무로 찾아온 나그네와 뻔한 사랑의 종말도 예상하지 않은 채 사랑을 나누었다. 결국 기간이 다 된 나그네는 고향을 향하는 배에 오른다. 고향으로 떠나는 나그네는 남아 있는 여인 생각은 추호도 없고 오로지 배에 먼저 오르는 게 중요한 모양이다. 사랑을 모르는 그런 나그네가 어찌 자신을 사랑했던 한 여인이 제방 위에서 눈물 흘리며 손 흔들고 있는 줄을 알기나 하겠는가. 사랑에 있어서 너무도 이기적인 존재, 그대 이름은 남자.

---

259) 작품 속의 강은 襄陽 부근의 漢水를 가리키며, 제방 역시 漢水의 大堤를 가리킨다. 雜曲歌辭에 속한다.
260) '祇'(지): 다만. 단지. '只'자와 통한다.
261) '將'(장): 『樂府詩集』에는 '爭'자로 되어 있는데, 여기에서도 이를 따랐다.

632. 새로 온 제비

「新燕」

新禽應節歸,	새로 나타난 새는 절기에 맞춰 돌아와
俱向吹樓飛.[262]	모두 퉁소 소리 울리는 누각을 향해 날아드네
入簾驚釧響,	발 안으로 들어왔다가 팔찌 소리에 놀라고
來窗礙舞衣.	창문 안으로 날아왔다가 무희의 옷자락에 부딪히네

해설 이 작품은 봄이 되어 다시 찾아온 제비에 대해 노래한 시다. 절기가 바뀌어 남쪽으로 갔던 제비가 다시 찾아오는데, 마침 사람들도 봄 잔치가 한창일 때다. 퉁소 소리 울리는 누각으로도 찾아드는데, 어떤 놈은 주렴 안으로 들어왔다가 기녀들의 철렁이는 팔찌 소리에 놀라 달아나고, 또 어떤 놈은 창 안으로 날아들었다가 춤추는 기녀의 펄럭이는 옷자락에 부딪히기도 한다.

633. 쟁을 타다

「彈箏」[263]

彈箏北窗下,	북창 아래에서 쟁을 타는데
夜響淸音愁.	밤하늘에 울리는 맑은 소리 우수에 젖은 듯
張高弦易斷,	높은 음으로 죄면 줄이 끊어지기 쉬우니
心傷曲不遒.[264]	마음도 슬프고 곡조도 굳세지 않네

---

262) '吹樓'(취루) : 퉁소 등을 부는 누각.

263) '箏'(쟁) : 현악기의 하나로, 모양은 비파와 비슷하다. 秦나라 때 蒙恬이 만든 것이라고도 전해진다. 현의 숫자는 일정치 않은데, 5현부터 16현까지 있었으며, 지금은 더 늘어 25현으로 된 것까지 있다고 한다.

264) '遒'(주) : 세다. 강하다.

해설 이 작품은 쟁을 연주하는 여인의 슬픈 심정을 노래한 시다. 밤하늘에 울려퍼지는 쟁의 맑은 소리에 연주하는 이의 근심스런 마음이 묻어 있다. 근심을 잊기 위해 빠르고 센 곡조를 연주하고 싶어도 줄을 너무 죄면 끊어질까 겁이 난다. 그래서 연주하는 여인의 마음도 슬프고 곡조도 그 마음을 닮아 애잔하다.

634. 밤에 아내를 뒷배 타고 집에 돌아가게 하다 「夜遣內人還後舟」[265]

錦幔扶船烈,[266]	비단장막 처진 배를 가까이 붙이는데
蘭橈拂浪浮.[267]	목란나무 노는 물결을 일으키며 떠가네
去燭猶文水,	멀어지는 촛불은 아직도 강물에 반짝이고
餘香尙滿舟.	남은 향기는 아직도 배에 가득하네

해설 이 작품은 밤에 뱃놀이하다가 아내를 다른 배에 태워 집에 돌려보내는 상황을 그린 시다. 아내를 다른 배에 태워 집으로 돌아가게 할 이유가 생긴 것인가? 그것은 기녀와의 은밀한 사랑 때문일 수도 있을 것이고, 아니면 남자들만의 대화 때문일 수도 있을 것이다. 그것도 아니라면 추위에 떨 아내를 위한 것일 수도 있다. 아내를 다른 배에 태우기 위해 비단장막이 처진 뒤따르던 배를 가까이 대도록 한다. 그리고 아내를 태운 배는 다시금 노를 저으며 멀어져간다. 그러나 아직도 그 배의 촛불이 강물에 비쳐 반짝거리며, 아내가 떠난 자리에는 아

---

265) '內人'(내인) : 아내, 또는 첩. 제목은 밤에 여러 척의 배를 띄워놓고 뱃놀이를 하는데, 문득 함께 타고 있던 아내를 뒤따르는 다른 배로 옮겨타게 한다라는 뜻이다.
266) '烈'(렬) : 『考異』 등의 다른 책에는 '列'자로 되어 있는데, 여기에서도 이를 따랐다.
267) '蘭橈'(란뇨) : 목란나무로 만든 노. '浮'(부) : 배가 물위를 떠서 가다.

내의 향기가 가득 남아 있다. 여성과의 관련이란 측면에서 볼 때 일상의 모든 일들이 소제가 될 수 있다는 게 놀라울 따름이다.

635. 무릉왕 곁에서 잔을 돌리는 시동 오호 「詠武陵王左右伍嵩傳杯」[268]

頂分如兩髻,	정수리 나뉜 것은 두 개의 쪽과 같고
簪長驗上頭.[269]	비녀가 길어 얹은머리 모양 나네
捉杯如欲轉,	잔 잡고 돌릴 듯하다가
疑殘已復留.	잔에 술이 남아 있는 것 같아 다시 그대로 두네

해설 이 작품은 술잔 시중을 드는 미소년의 모습을 노래한 시다. 소년은 흡사 여자처럼 머리를 치장하고 있다. 두 개로 나눈 상투는 마치 여자의 쪽진 머리 같고, 길게 비녀를 지르고 있으니 얹은머리를 흉내낸 것 같다. 술잔이 빈 줄 알고 옆 손님에게 돌리려하다가 아직 잔에 술이 조금 남은 게 보여 다시 그대로 두고 제자리로 돌아온다. 특이한 제재이다.

268) '武陵王'(무릉왕) : 梁 武帝 蕭衍의 제8자인 蕭紀. 제7권 말미에 그의 시 4수(364~367)가 수록되어 있다. '伍嵩'(오호) : 侍童의 이름. '傳杯'(전배) : 술자리에서 잔을 돌리며 술을 권하는 것.

269) '驗'(험) : 효과. '上頭'(상두) : 여자 나이 20세가 되면 머리를 올려 비녀를 꽂는 것을 가리킨다.

「가슴 아프네(有所傷)」 3수

636. 가슴 아프네 1

「有所傷」 其一

可歎不可思,	탄식할 수는 있어도 그리워할 수 없고
可思不可見.	그리워할 수 있다 해도 볼 수는 없네
餘弦斷瑟柱,270)	연주 마친 비파는 현이 끊어져 기러기발만 덜렁 하고
殘朱染歌扇.271)	반쯤 남은 연지는 부채에 묻어 있네

해설 이 작품은 歌妓의 그리움을 노래한 시다. 손님을 사랑해버린 기녀, 그러나 손님은 잠시 머물다가 떠나버렸다. 허전한 마음에 탄식만 나올 뿐, 그리워한다 해도 만날 희망은 전무하다. 답답한 마음에 빠르고 세찬 곡조를 연주하다보니 비파의 현이 끊어져버렸다. 노래할 때 손에 든 부채로 흐르는 눈물을 감추다보니 남은 연지가 부채에 묻었다. 만날 수 있을지도 모른다는 그 희망만이라도 있다면 좋으련만.

637. 가슴 아프네 2

「有所傷」 其二

寂寂暮檐響,272)	저녁 처마엔 적막하게 소리가 없고
黯黯垂簾色.	드리워진 발은 어둑어둑한데

270) '柱'(주) : 현악기의 기러기발.
271) '歌扇'(가선) : 소리꾼의 부채.
272) '寂寂'(적적) : 소리가 나지 않는 모양.

惟有瓴甋苔,[273]	오직 담벼락에 낀 이끼만이
如見蜘蛛織.	거미가 줄을 친 것처럼 보이네

해설 이 작품은 독수공방하는 여인의 규방의 적막한 분위기를 노래한 시다. 저녁이 되니 처마에 재잘대던 제비들도 조용해지고, 방문에 드리워진 발도 컴컴해져 온다. 보이는 것이라곤 개미 한 마리 없이 적막강산인데, 오직 담벼락에 자라는 이끼만이 거미줄처럼 시야에 들어온다. 지독한 외로움에 거미조차 반갑게 보이는 것인가.

638. 가슴 아프네 3

「有所傷」其三

入林看碚礧,[274]	숲 속에 들어가 꽃봉오리를 보니
春至定無賒.[275]	봄이 오는 게 꼭히 더딜 것 같지는 않은데
何時一可見,	언제 한 번 뵐 수 있을지
更得似梅花.	만나기가 매화꽃 같이 어렵네

해설 이 작품은 만나기 힘든 임에 대한 그리움을 노래한 시다. 숲 속에 들어가 보니 벌써 매화꽃이 봉오리를 맺고 있다. 조만간 꽃망울을 터뜨릴 것 같으니 봄도 멀지 않은 모양이다. 그러나 그리운 임을 다시 만나는 것은 왜 이리 어려운지. 오히려 1년에 한 번 피는 매화꽃보다 보기가 더 어려우니.

---

273) '瓴甋'(령적) : 담벽의 벽돌.
274) '碚礧'(배뢰) : 아직 피지 않은 꽃봉오리. '蓓蕾'와 같다.
275) '賒'(사) : 더디다. 늦다.

639. 놀러 나온 사람들

「遊人」

遊戲長楊苑,[276]	장양원에서 놀다가
攜手雲臺間.[277]	운대 사이에서 손을 잡네
歡樂未窮已,	즐거움 아직 끝나지 않았는데
白日下西山.	흰 해는 서산으로 지네

해설 이 작품은 유원지에 놀러 나온 연인들의 즐거움을 노래한 시다. 만나서 안부도 묻고 눈길도 주고받고 손도 잡으면서 사랑을 속삭인다. 그러나 시간은 상대적인 것, 임을 기다리는 시간은 하루가 삼 년 같다가도 막상 사랑을 나누는 시간은 쏜살같이 지나간다. 서산으로 지는 해를 튼튼한 동아줄로 매달아 두고 싶은 심정이다.

640. 미인에게 주는 절구시

「絶句賜麗人」

腰肢本獨絶,	허리와 팔다리는 본래 세상에 둘도 없이 아름답고
眉眼特驚人.	눈썹과 눈은 특히나 사람들을 경탄케 하네
判自無相比,[278]	원래 비교될 미인은 없지만
還來有洛神.[279]	그래도 낙수의 여신이 있다네

---

276) '長楊苑'(장양원) : 궁원 이름. 『三輔黃圖』에 의하면 長安의 上林苑에 長楊宮이 있었다고 한다. 그러나 여기에서는 실재 그 장소가 아니라 그와 같은 유원지를 의미하는 말로 쓰였다. 다음 구의 雲臺도 마찬가지다.

277) '雲臺'(운대) : 누대 이름. 『東觀漢記』에 의하면 임금이 賈逵에게 조서를 내려 南宮의 雲臺로 들어와 강의하게 하였다.

278) '判自'(판자) : 원래. 본디.

279) '來'(래) : 구중에 쓰이는 뜻 없는 조사. '洛神'(락신) : 洛水의 여신인 宓妃.

해설 이 작품은 미인을 찬미한 시다. 허리와 사지 등 몸매 전체가 모두 세상 그 어떤 여자보다 아름답다. 그 중에도 특히 아미 눈썹과 둥글고 큰 눈은 사람들로 하여금 감탄이 절로 나오게 한다. 사람들 중에는 이 여인과 비교될 만한 미인이 없다. 그러나 신의 영역까지 확장하면 曹植이 찬미한 洛水의 여신인 宓妃 정도가 있을 수 있겠다.

641. 멀리 바라보다

「遙望」

散誕垂紅帔,[280]	제멋대로 붉은 숄을 드리웠고
斜柯插玉簪.	비스듬한 나뭇가지처럼 옥비녀를 질렀는데
可憐無有比,	사랑스런 모습 비할 데 없으니
恐許直千金.[281]	저 여인 아마도 천 금은 나가리라

해설 이 작품은 멀리서 바라본 여인의 아름다운 모습을 찬미한 시다. 아무렇게나 걸친 어깨걸이 숄도 오히려 매력적으로 보이고, 떨어질 듯 비스듬히 지른 옥비녀도 머리 위에서 빛을 낸다. 예쁜 얼굴, 아름다운 치장이 비할 데 없을 정도이니, 값으로 친다면 천 금도 더 나가리라. 아마도 미인을 값으로 따지는 게 자연스러웠던 때였던가 보다.

642. 근심어린 규방에서 거울을 보다

「愁閨照鏡」

別來顦顇久,[282]	헤어진 이래 오랫동안 초췌한 몰골이라

280) '散誕'(산탄) : 제멋대로인 모양. '紅帔'(홍피) : 붉은 숄.
281) '許'(허) : 이 사람. '此'자의 속어. '直'(치) : 값. 값이 나가다. '值'자와 같다.

他人怪容色. 남들이 내 모습을 괴이하게 여기네
只有匣中鏡,[283] 단지 상자 속 거울이 있기에
還持自相識. 다시금 내 자신을 알아 볼 수 있다네

해설 이 작품은 임과 이별한 채 홀로 사는 여인의 수심에 잠긴 모습을 노래한 시다. 임이 없기에 얼굴 단장도 의미가 없어 오랫동안 꾀죄죄한 몰골로 지낸다. 남들이 나를 보면 낯선 사람처럼 대할 정도라서 때로는 나 자신도 내 존재에 대해 의심이 들 때가 있다. 거울이 아니면 나를 어찌 확인하랴.

643. 뜬구름

「浮雲」

可憐片雲生, 사랑스런 조각구름이 나타나
暫重復還輕. 잠깐 무거워졌다가 다시 가벼워지네
欲使荊王夢,[284] 양왕의 꿈에 나타나고자 한다면
應過白帝城.[285] 당연히 백제성을 지날 테지

해설 이 작품은 하늘에 떠 있는 조각구름을 보고 연상한 내용을 노래한 시다. 구름이 한 조각 하늘에 나타났는데, 바람에 따라 떠가다가 잠시 다른 구름들과 합쳐져 무겁게 보이는 듯하더니 또 어느 틈

282) '顦顇'(초췌) : 초췌하다. '憔悴'와 같다.
283) '匣'(갑) : 상자. 경대를 가리킨다.
284) '荊'(형) : 『考異』에는 '襄'자로 되어 있는데, 여기에서도 이를 따랐다. 이 구절은 宋玉의 「高唐賦」 중의 楚 襄王이 巫山 神女의 꿈을 꾼 고사를 이야기하고 있다.
285) '白帝城'(백제성) : 夔州城의 다른 이름. 夔州에 巫山이 있다. 『元和郡縣志』에 의하면, 白帝는 夔州城을 말하는데, 赤平山과 이어져 있으며, 옛날 公孫述의 전각 앞 우물에서 흰 용이 나왔으므로 白帝山이라고 했다 한다.

에 작은 구름이 되었다. 구름을 보니 옛날 楚 나라 襄王이 高唐에 놀러 갔다가 꿈에서 본 巫山 신녀의 화신이 바로 저 구름이 아닐까란 생각이 들었던 것이다.

644. 차가운 규방

「寒閨」

綠葉朝朝黃,	푸르던 잎들은 아침저녁으로 누러지고
紅顔日日異.	붉던 얼굴도 하루가 다르게 늙어가네
譬喩持相比,	비유하자면 이 둘 서로 비교되니
那堪不愁思.[286]	어찌 근심하며 그리워하지 않을 수 있으리

해설 이 작품은 임과 헤어져 있는 여인의 근심과 그리움을 노래한 시다. 가을이 되어 푸른 나뭇잎들도 하루가 다르게 노랗게 변한다. 그 모습이 마치 붉고 예쁜 내 얼굴이 하루하루 늙어가는 것 같다. 그래서 더욱 임이 보고 싶고 볼 수 없으니 근심스러운 것이다.

645. '미인이 강을 건너다'에 화답하여

「和人渡水」

婉娩新上頭,[287]	유순한 아가씨 새로 머리를 얹고
煎裙出樂遊.[288]	치마를 빨러 낙유원으로 나오는데

286) '那堪'(나감) : 어찌 ……할 수 있으랴. 반어문의 어기사.
287) '婉娩'(완만) : 유순한 모양. '上頭'(상두) : 얹은머리.
288) '煎'(전) : 『考異』에는 '湔(씻다)'자로 되어 있는데, 여기에서도 이를 따랐다. '湔裙'(전군) : 치마를 빨다. 귀한 아들 낳기를 바라던 일종의 풍속. 『北史』「竇泰傳」에 다음

帶前結香草, 허리띠 앞에는 향초를 매었고
鬟邊揷石榴. 쪽 주위엔 석류꽃을 꽂았네

해설 이 작품은 이제 막 笄禮를 치룬 미인의 한 모습을 노래한 시다. 머리를 틀어 올린 한 여인이 귀한 아들 낳기를 바라는 풍속인 '강물에 치마 빨기'를 위해 樂遊苑으로 나왔다. 다소곳한 모습, 향초를 맨 허리끈, 석류꽃을 꽂은 머리, 그 모두가 아름답기 그지없다.

소자현(蕭子顯)

646. 봄 규방의 그리움

「春閨思」[289)]

金羈遊俠子. 황금 굴레 말을 타고 방랑하는 협객
綺機離思妾. 비단 짜는 베틀엔 떠난 사람 그리는 여인
春度人不歸. 봄은 지나가건만 사람은 돌아오지 않고
望花盡成葉. 보이는 건 꽃 다 지고 잎만 무성한 초목들

과 같은 기록이 있다. 竇泰의 어머니가 바람 불고 천둥이 치는 꿈을 꾼 후 임신을 하였는데, 달이 차도 아이가 나오지 않자 매우 두려워했다. 어떤 무당이 "강을 건너면서 치마를 빨면 쉽게 낳을 수 있을 것이다"라고 하여 물이 있는 곳으로 가는데, 갑자기 한 사람이 나타나 "귀한 아들을 낳을 테니 남쪽으로 이사를 가야 한다"라고 했다. 그래서 어머니는 그 말을 따랐고, 얼마 후 竇泰를 낳았으며, 커서 御史中尉에까지 올랐었다. '樂遊'(락유) : 정원 이름. 지금의 江蘇省 江寧縣 내에도 있었으며, 陝西省 西安市 남쪽에도 있었다.

289) 雜曲歌辭에 속한다.

해설 이 작품은 집을 떠나 돌아오지 않는 남편을 그리워하는 여인의 심경을 노래한 시다. 남편이란 작자는 아내 하나 챙기지도 못하는 주제에 공연한 의협심만 강해 평생 세상을 떠돌며 집에 돌아올 줄 모른다. 베를 짜는 아내는 항상 남편을 그리워하며 기다린다. 그러나 봄이 지나고 여름이 되어도 그 사람은 돌아올 줄 모른다. 임을 기다리며 멀리 바라보는 시야엔 벌써 꽃은 보이지 않고 잎만 무성한 초목들이 가득하다.

647. 정원 안에서 노는 사람들

「詠苑中遊人」

二月春心動,	이월이라 봄기운이 약동하니
遊望桃花初.	이리저리 다니면서 막 핀 복사꽃을 바라보네
迴身隱日扇,	몸을 돌려 부채로 햇빛 가리고
卻步斂風裾.	물러나며 바람에 날리는 치맛자락 여미네

해설 이 작품은 상춘하는 여인의 모습을 노래한 시다. 음력 2월, 이제 막 태동하기 시작하는 봄기운에 이끌리어 공원으로 놀러 나왔는데, 복사꽃은 이제 막 꽃망울을 터뜨리기 시작했다. 봄이 좋다고 해도 따가운 햇살은 반갑지 않으니 들고 있던 부채로 양산을 대신한다. 때마침 불어오는 봄바람에 치맛자락이 펄럭이니 행여 다른 사람들이 볼까 봐 뒤로 물러서며 옷자락을 여민다.

유효작(劉孝綽)

648. 멀리 보이는 연잎 따는 미인

「遙見美人採荷」

菱莖時遶釧,[290] 마름 줄기는 이따금 팔찌에 감기고
棹水或沾粧. 노 저을 때 튀는 물은 간혹 화장을 적시는데
不辭紅袖濕, 붉은 소매 젖는 것 마다 않은 채
惟憐綠葉香. 오직 푸른 잎의 향기만 사랑한다네

해설 이 작품은 연잎을 따는 미인의 모습을 노래한 시다. 연못 안쪽에서 배를 저어가며 연잎을 따는 미인이 보인다. 가끔씩 길게 자란 마름 줄기가 손에 감기기도 하고, 때로는 노를 저을 때 튀는 물이 화장한 얼굴을 적시기도 한다. 비단옷의 소매가 젖는 것도 마다 않고 오로지 연잎의 향기에만 관심이 있다.

649. 아이들이 마름을 따네

「詠小兒採菱」

採菱非採菉,[291] 마름 따는 것은 녹두 따는 것이 아닌데
日暮且盈舠.[292] 해가 저무니 그런 대로 작은 배에 가득하네
跱躇未敢進,[293] 머뭇거리며 감히 나아가지 못하는 건

290) '菱'(릉) : 마름. 마름과의 한해살이풀. 그 씨는 식용[약용]한다. 제6권 費昶의 「采菱」(285)에 주석이 자세하다.
291) '菉'(록) : 녹두.
292) '舠'(도) : 작은 배.

畏欲比殘桃.[294]　　혹 먹다가 드린 복숭아에 비교될까 두려워서라네

해설 이 작품은 마름 따는 아이들의 모습을 노래한 시다. 녹두와 비슷하지만 녹두와는 다른 마름을 따는데, 저녁이 되자 작은 배에 가득하다. 가득 싣고 돌아와 주인에게 드리려하다가 머뭇거리는 것은 환심을 사기 위해 드리는 마름이 혹시 주인의 마음을 상하게 하지나 않을까 걱정이 되기 때문이다.

유견오(庾肩吾)

650. 명을 받고 지은 무곡에 대한 노래

「詠舞曲應令」[295]

歌聲臨畫閤,[296]　　노랫소리는 화려한 누각 부근에서 들리고

---

293) '峙㠣'(치도) : 머뭇거리는 모양. '踟躇'와 같다.

294) '殘桃'(잔도) : 먹다 남은 복숭아. 春秋시대 衛나라 彌子瑕는 미모로써 衛靈公에게 총애를 받은 신하이다. 그가 총애를 받을 동안에, 한 번은 어머니가 병이 났다는 전갈을 받고 임금이 타는 수레를 몰래 타고 나간 적이 있는데, 그것은 발꿈치를 베일 형벌에 해당했으나 임금은 오히려 효성이 지극하다고 칭찬했다. 또 한 번은 임금과 과수원에 놀러갔을 때 그가 복숭아를 반쯤 베어먹다가 임금에게 주었는데도 임금은 오히려 자신이 먹은 것조차 잊을 정도로 자기를 좋아한다고 이해해 주었다. 그러나 나중에 총애가 시들자 이 두 가지 잘못 때문에 쫓겨났다. 제7권 蕭綱의 「變童」(353)에도 이와 관련된 내용이 나온다.

295) '應令'(응령) : 본래는 임금의 詔令에 응한다는 뜻이었으나, 魏晉 이후로는 태자의 명에 응하여 짓는 詩文을 가리키는 말로 쓰였다. 이 작품은 태자 蕭綱의 명에 응하여 지은 것이다.

296) '閤'(합) : 『考異』 등 다른 책에는 '閣'자로 되어 있다. '畫閤'(화합) : '畫閣'과 같다. 화려한 채색으로 꾸며진 누각.

舞袖出芳林. 무희의 옷소매는 향기로운 숲에서 나오네
石城定若遠,297) 석성은 꼭히 먼 곳에 있는 듯
前谿應幾深.298) 전계는 응당 그 얼마나 깊을까

해설 이 작품은 舞曲에 대해 노래한 시다. 꽃이 가득 피어 있는 숲 속에 누각이 하나 있고, 마침 그곳에서 화려한 잔치가 열리고 있다. 노랫소리도 들리고 무희들의 춤추는 모습도 보인다. 「石城樂」의 石城 땅은 멀리 있는 듯 들리고, 「前谿」의 계곡도 매우 깊게 느껴진다. 쌍관어 수법이 사용되었다.

651. 명을 받고 지은 나리의 어린 시첩
「詠主人少姬應教」299)

故年齊總角,300) 작년엔 모두 땋은 머리더니
今春半上頭.301) 올봄엔 반 정도가 얹은머리라네
那知夫婿好, 어떻게 하면 남편이 좋은 사람이란 걸 알게 해
能降使君留.302) 기꺼이 태수를 머물게 할 수 있을까

---

297) '石城'(석성) : 춤을 동반한 곡조 이름. 이 권 앞부분의 「近代西曲歌」 五首 중에 「石城樂」(535)이 있는데, 그 주석을 참조할 것.

298) '前谿'(전계) : 춤을 동반한 곡조 이름. 이 권 앞부분의 「近代吳歌」 九首 중에 「前谿」(544)가 있는데, 그 주석을 참조할 것.

299) '姬'(희) : 왕의 侍妾. '應教'(응교) : 魏晉 이후로 왕(제후에 해당)의 명에 응하여 지은 詩文을 가리키는 말로 쓰였다. 이 작품은 蕭綱이 태자가 되기 전 藩王으로 있을 때 그 명을 받고 지은 것이다. 따라서 '主人' 역시 蕭綱을 가리킨다.

300) '故年'(고년) : 지난해. 작년. '總角'(총각) : 미성년자들의 땋은 머리.

301) '上頭'(상두) : 옛날 성인 여성들의 올린 머리를 가리킨다. 남자는 20세, 여자는 15세가 되면 각각 冠禮와 笄禮를 치루고 성인이 된다.

302) '降'(항) : 기꺼이 받아들이다. '使君'(사군) : 太守 또는 刺史에 대한 칭호. 앞 구의 '夫婿(남편)'와 함께 모두 蕭綱을 가리키는데, 이 두 구는 제1권 古樂府詩 6수 중의 「日出東南隅行」(9)의 내용을 인용한 것이다.

해설 이 작품은 왕의 어린 시첩들에 대해 노래한 시다. 작년까지도 모두가 머리를 땋아서 늘어뜨린 아이들이었는데, 올해는 그 중 반 정도가 머리를 올린 처녀가 되었다. 우리 나리가 정말 좋은 사람이란 걸 알게 해서 기꺼이 나리를 남편으로 섬기도록 해야 되겠는데 어떻게 하면 될지.

652. 장신궁의 풀

「詠長信宮中草」[303]

委翠似知節,[304]	시든 푸른 풀 마치 절기를 아는 듯
含芳如有情.[305]	향기 머금었으니 감정을 지닌 듯
全由履跡少,	거의 다닌 흔적 없어서
併欲上階生.	온통 계단 위에까지 자라려고 하네

해설 이 작품은 長信宮 마당의 풀을 노래한 일종의 영물시다. 그러나 영물에만 그친 것이 아니라 영물을 통해 버림받은 여인의 원망을 서술하고 있다. 누렇게 시들기 시작하는 가을풀을 보니 꼭 절기를 아는 것 같고, 향기가 가득한 봄꽃을 보니 흡사 사랑의 감정을 지닌 것 같다. 일 년 내내 임이 찾아주지 않고, 다니는 사람 거의 없으니 풀은 무성하게 자라나 계단에까지 자라고 있다.

---

303) '長信宮'(장신궁): 漢 成帝의 후비 班婕妤가 총애를 잃고 물러나 살던 곳. 제1권에 그녀의 작품 「怨詩」(27)가 있다.

304) '委翠'(위취): 푸른 색을 아래로 드리우다. 풀이 힘없이 시들어가는 가을을 뜻한다.

305) 이 구는 향기 머금은 꽃이 피는 봄을 뜻한다.

653. 석숭의 금곡원 기녀

「石崇金谷妓」[306]

蘭堂上客至.[307]	향기 가득한 대청에 귀한 손님 오셨으니
綺席淸弦撫.	비단 돗자리에서 맑은 현악기 연주하네
自作明君辭,[308]	자신은 왕소군의 노래를 지어
還敎綠珠舞.[309]	다시금 녹주에게 춤을 추게 하네

해설 이 작품은 石崇의 별장 金谷園에서의 잔치 자리를 노래한 시다. 귀한 손님이 놀러와 잔치가 열렸다. 비단 돗자리를 깔았고, 그 위에서는 기녀가 거문고로 맑은 곡조를 연주한다. 주인이 직접 「王昭君辭」란 노래를 지어 그 곡에 따라 사랑하는 기녀 綠珠에게 춤을 추게 한다.

왕대경(王臺卿)

◇王臺卿(생졸년 미상) : 梁 武帝 때 刑獄參軍을 지냈다. 『樂苑』에 따르면, 梁 南平王 蕭恪이 雍州刺史로 있을 때 江仲擧 · 蔡遠 · 庾仲雍 등과 함께 왕의 빈객으로 있었으며, 그의 시는 대부분 蕭綱과 창화한 것이라고 한다. 또 『南

306) '石崇'(석숭) : 西晉 때의 부호이자 문인. 제2권에 그의 작품 「王昭君辭」(83)가 수록되어 있다. '金谷'(금곡) : 石崇의 별장인 金谷園으로, 洛陽에 있었다. 雜曲歌辭에 속한다.

307) '蘭堂'(란당) : 향기 가득한 대청. '上客'(상객) : 귀한 손님.

308) '明君'(명군) : 王昭君. 漢 元帝 때의 후궁으로 흉노의 單于에게 시집갔다. 西晉 文帝 司馬昭의 이름을 避諱한 것이다.

309) '綠珠'(록주) : 石崇이 총애하던 기녀.

史』에 따르면, 南平王의 빈객 4명은 모두 직위를 이용해 뇌물을 받아 축재하여, 당시에 "천만 냥의 江, 오백 석의 蔡, 새 수레의 王, 대저택의 庾(江千萬, 蔡五百, 王新車, 庾大宅)"라는 民歌가 있을 정도였다고 한다. 현존하는 시는 모두 18수이다.

「소 치중의 '열 개의 노래'에 창화하여(同蕭治中十詠)」 2수[310)]

654. 떠돌이 아내의 높은 누각에 달이 뜨고
「蕩婦高樓月」[311)]

空度高樓月,	부질없이 높은 누각 위로 달이 지나가기를
非復五三年.	삼 년도 넘었고 오 년도 넘었네
何須照牀裏,	어찌 오로지 침상 위를 비출까
終是一人眠.	끝내 한 사람만 자고 있는데

해설 이 작품은 집을 떠나 돌아올 줄 모르는 남편에 대한 여인의 원망을 노래한 시다. 높은 누각 위로 지나가는 달, 벌써 5년도 넘게 보아왔다. 한 번 지날 때마다 남편은 그만큼 집에 더 가까워져야 하건만 그렇지 못하니 달이 떴다 지는 것도 다 의미가 없다. 그런데도 저 달은 왜 늘상 혼자 자는 여인의 침대만을 비출까. 야속하기조차 하다.

310) '治中'(치중) : 관직 이름. 관청의 문서를 담당하였다.
311) '蕩婦'(탕부) : '蕩子(집을 떠나 돌아올 줄 모르는 남자)'의 아내.

655. 남포에서 낭군님과 작별하다

「南浦別佳人」[312]

斂容送君別,[313] 웃음을 거둔 채 임을 전송하니
一斂無開時. 한 번 찌푸린 얼굴 펼 날이 없을 것
只應待相見, 단지 재회를 기다렸다가
還將笑解眉. 다시 웃으며 찌푸린 미간을 펴리라

해설 이 작품은 임과 작별하는 여인의 슬픈 심경을 노래한 시다. 무슨 사연인지는 모르나 남편은 돌아올 확실한 기약도 없이 먼 길을 떠난다. 포구에까지 나가 배에 오르는 임을 전송하자니 밝았던 얼굴이 어두워진다. 웃음 잃은 찌푸린 얼굴은 임을 다시 만나는 날에야 펴지리라. '雨歇長堤草色多, 送君南浦動悲歌. 大同江水何時盡? 別淚年年添綠波'란 우리나라 鄭知常의 노래를 생각나게 한다.

유효의(劉孝儀)

◇劉孝儀(484~550) : 이름은 潛이고, 자가 孝儀이며, 劉孝綽의 셋째 동생이다. 23세에 秀才로 천거되었으며, 參軍·記室·太子中舍人·陽羨令 등을 역임했다. 정치적으로 업적이 꽤 있었으며 여러 차례 탄핵도 받았다. 都官尚書에까지 올랐으며, 외직으로는 豫章內史를 역임했다. 侯景의 난 때는 아들로 하여금 郡의 병사를 이끌고 가서 서울을 돕게 했으나 나중에는 郡조차 무너졌으

312) '南浦'(남포) : 지명. 江西省 南昌縣 서남쪽 章江이 나뉘는 곳. 단순히 남쪽 포구라는 뜻으로 봐도 무방할 듯하다. '佳人'(가인) : 남편에 대한 아내의 호칭.
313) '斂容'(렴용) : 얼굴빛을 엄숙하게 하다. 정색하다. 웃음을 거두다.

며 얼마 후 병으로 죽었다. 그는 특히 산문을 잘 썼는데, 劉孝綽의 여섯째 동생인 劉孝威가 시를 잘 썼기 때문에 '三筆六詩'라고 병칭되었다.

656. 직녀

「詠織女」[314)]

金鈿已照耀, 금비녀는 이미 환히 빛나는데
白日未蹉跎.[315)] 흰 해는 아직 기울지 않았네
欲待黃昏後, 황혼이 내린 후를 기다렸다가
含嬌淺渡河.[316)] 애교 띤 얼굴로 얕은 강을 건너리

해설 이 작품은 칠석날 견우를 만나기 전의 직녀의 설레는 마음을 노래한 시다. 밤이 되어 은하수를 건너서 임을 만나야 하는데 대낮에 벌써 치장이 끝나 황금빛 비녀가 번쩍거린다. 황혼이 진 후 밤이 되기를 기다렸다가 미소를 잔뜩 머금은 사랑스런 얼굴로 얕은 은하수를 건너가리라. 마음은 벌써 강을 건너 임의 품 안에 있다. 지겨운 시간이여 어서 흘러가라.

---

314) 『藝文類聚』에는 劉孝威의 시라고 되어 있다.
315) '蹉跎'(차타) : 시들다. 쇠퇴하다. 기울다. 西晉 阮籍의 「詠懷詩」 其五 중에 "즐거움은 아직 끝나지 않았는데, 세월은 문득 기울어 버렸네(娛樂未終極, 白日忽蹉跎)"라고 했다.
316) '含嬌'(함교) : 미소를 띠다. '淺渡河'(천도하) : '渡淺河'의 도치. 다른 책에는 '渡[度]淺河'로도 되어 있다.

657. 돌에 새겨진 연꽃

「詠石蓮」

蓮名堪百萬, 연이란 이름은 백만 냥에 해당하고
石姓重千金. 돌이란 성은 천금처럼 무거운데
不解無情物, 모르겠네 무정한 사물이
那得似人心.317) 어찌 사람 마음과 같은지를

해설 이 작품은 돌에 새겨진 연꽃의 무정함을 노래한 시다. 石蓮이란 이름에 함유된 값어치가 비록 천만 금을 넘는다고 하더라도 결국엔 감정 없는 사물에 불과하다. 그런데도 그것이 어찌 굳건한 사랑에 비유되는지 모르겠다.

유효위(劉孝威)

658. 정양후의 8수의 절구에 창화한 시 중 '처음으로 비녀를 꽂다'

「和定襄侯八絶初笄」318)

合鬟仍昔髮, 모은 쪽은 여전히 옛날 머리카락이며

317) 이상 두 구는 '石蓮'의 雙關語 수법이 사용된 부분으로, '돌처럼 견고한 사랑'을 아울러 의미하고 있다. 따라서 사물을 사람의 마음에 견준 것이다.

318) '定襄侯'(정양후): 梁 武帝 蕭衍의 동생인 南平元襄王 蕭偉의 아들인 蕭祗를 가리킨다. 그는 자가 敬謨이며, 天監 연간에 定襄縣侯에 봉해졌으며, 侯景의 난 때 東魏로 도망갔다. '八絶'(팔절): 8수의 絶句. 어떤 책에는 이 두 글자가 없다. 다음 작품도 마찬가지다. '初笄'(초계): 여자가 15세가 되어 머리를 올리고 비녀를 처음으로 꽂는 笄禮인 성년식을 가리킨다.

掠鬢卽前絲.[319]　빗은 살쩍도 바로 이전의 실 같은 머리카락인데
從今一梳罷,[320]　이후로 한 번 빗질이 끝나면
無復更縈時.[321]　다시는 새롭게 땋을 때가 없으리라

해설 이 작품은 여인의 笄禮에 대해 노래한 시다. 15세가 된 처녀가 笄禮를 치르는데, 이제까지 땋아서 치렁치렁 늘어뜨리고 다니던 머리카락을 틀어올려 얹은머리로 만들고 비녀를 꽂는다. 얹은머리는 어제와는 다른 머리카락이 아니며, 빗질한 귀밑머리 역시 이전의 그 실 같던 머리카락이다. 그런데 오늘 이렇게 한 번 빗질하여 笄禮를 치루면 이후로 다시는 새로 땋을 수는 없게 된다.

강백요(江伯瑤)

◇江伯瑤 : 행적 및 생평이 밝혀져 있지 않다.

659. 정양후의 8수의 절구에 창화한 시 중 '초나라 월나라의 적삼'「和定襄侯八絶楚越衫」

裁縫在篋笥,[322]　마름질하고 꿰매어 상자에 넣었는데

319) '掠'(략) : 『考異』에는 '掠(머리를 빗다)'자로 써야 한다고 하면서 옛날에는 두 글자가 서로 통용되었다고 했다. 여기에서도 이를 따랐다. '絲'(사) : 머리카락을 가리킨다.
320) '梳'(소) : 빗. 빗다.
321) '更縈'(갱영) : 새로 머리를 땋다.
322) '篋笥'(협사) : 옷가지 등을 보관하는 네모난 대나무 상자.

薰鬢帶餘香.323)　　귀밑머리 향기로운 것은 옷의 남은 향기가 묻은 것
開看不忍著,　　상자 열고도 차마 입지 못한 채
一見淚千行.　　보자마자 눈물만 천 줄기

해설 이 작품은 귀한 적삼을 보면서 떠난 임을 생각하며 눈물을 흘리는 여인의 심경을 노래한 시다. 좋은 옷감을 구해다가 예쁜 모양으로 마름질하고 정성껏 꿰매어 적삼을 만들었다. 마지막으로 적삼에 향기를 넣어 옷상자에 넣었는데, 옷의 향기가 머리카락에까지 배어 귀밑머리가 향기롭다. 옷을 입으려고 상자를 열었으나, 적삼을 입은 아름다운 제 모습을 봐 줄 임이 떠나고 없기에 눈물만 흘리면서 입지를 못한다. 사랑하는 임과 함께 했던 시절이 상자 속에서 아련히 연기처럼 피어오른다.

유홍(劉泓)

◇劉泓 : 행적 및 생평이 밝혀져 있지 않다.

660. 미소년

「詠繁華」324)

可憐宜出衆,　　사랑스런 모습 출중하다 할 만하고

323) '薰鬢'(훈빈) : 향기가 나는 살쩍[귀밑머리]. 이에 대해 『考異』는 의미를 모르겠다고 했다. 鈴木虎雄은 이 구에 대해 '귀밑머리에 향기가 나는 것은 적삼의 남은 향기가 묻었기 때문'이라고 해석하였는데, 여기에서도 이를 따랐다.

324) '繁華'(번화) : 본래 꽃다운 청춘 시절 또는 아름다운 용모를 나타내는 말이나, 여기

的的最分明.[325]　　맑고 밝은 살결 환하기 그지없네
秀媚開雙眼,[326]　　교태어린 아름다운 두 눈을 뜨고
風流著語聲.[327]　　감미로운 목소리로 이야기를 하네

해설 이 작품은 시중을 드는 미소년의 미모를 노래한 시다. 술자리에서 시중을 드는 시동의 아름다운 외모는 가히 출중하다고 할 정도다. 비록 남자라고는 하지만 맑고 깨끗한 피부에다 교태를 띤 두 눈, 다정한 목소리에 이르기까지 웬만한 기녀들을 능가할 정도의 미모를 자랑한다. 당시의 한 사회상을 엿볼 수 있는 작품이다.

하만재(何曼才)

◇何曼才 : 행적 및 생평이 밝혀져 있지 않다.

661. 서릉을 대신해 그의 첩을 애도하며

「爲徐陵傷妾詩」[328]

遲遲衫掩淚,[329]　　천천히 적삼으로 눈물을 가리는데

에서는 '繁華子'와 같이 아름다운 용모의 미소년을 가리킨다. 제2권 阮籍의 「詠懷詩」 其二(63)에 "지난날 젊고 아름답던 남자, 安陵君과 龍陽君은(昔日繁華子, 安陵與龍陽)"이라고 했다.

325) '的的'(적적) : 밝고 선명한 모양. 여기에서는 깨끗한 외모를 형용하는 말로 쓰였다.

326) '秀媚'(수미) : 수려하고 아름다운 모양. 예쁘면서 교태를 띤 모양.

327) '風流'(풍류) : 고상한 운치. 또는 다정한 느낌. '著'(착) : 띠다. '語聲'(어성) : 이야기. 목소리.

憫憫恨縈胸.[330]	수심과 슬픔으로 가슴에 얽힌 생각 한스럽네
無復專房日,[331]	다시는 사랑을 독차지할 날 없을 터지만
猶望下山逢.[332]	그래도 산을 내려가다 만날 수 있기를 바란다네

해설 이 작품은 첩의 죽음에 대한 슬픔을 노래한 시다. 사랑하던 여인은 저승으로 떠났다. 어쩔 수 없이 흐르는 눈물, 양 소매로 훔친다. 근심과 슬픔이 울컥 밀려오고, 그와 함께 사랑하던 사람과 지내던 지난 일들이 가슴속에 한이 되어 자리를 잡는다. 이제 다시는 함께 정담을 나눌 수는 없을 것이건만 그래도 옛날 시에 나오는 것처럼 산에서 내려오다 만날 수 있었으면 하는 헛된 희망을 품어 본다. 불가능한 줄 알면서도 희망을 가지는 것, 그리고 기적조차도 기대하지 못할 때의 그 절망감은 어떠하랴.

소린(蕭驎)

◇蕭驎 : 행적 및 생평이 밝혀져 있지 않다.

---

328) '徐陵'(서릉) : 본 선집 『玉臺新詠』의 편찬자.
329) '遲遲'(지지) : 행동이 느린 모양.
330) '憫憫'(민민) : 근심하며 슬퍼하는 모양.
331) '專房'(전방) : 사랑을 독차지하다.
332) 이 구는 제1권 「古詩」 8수 중 제1수인 「上山采蘼蕪」(1)의 "산에 올라가 궁궁이를 캐고, 산을 내려오다 옛 남편을 만났다네(上山采蘼蕪, 下山逢故夫)"의 구절을 가리킨다.

662. 배두렁이

「詠衵複」[333)]

的的金弦淨,[334)]	밝디밝게 황금색 거문고줄 빛나고
離離寶撮分.[335)]	어슴푸레 어여쁜 옷자락 벌어지네
纖腰非學楚,	가는 허리는 초나라 궁녀를 따른 것이 아니며
寬帶爲思君.	헐렁해진 허리띠는 임 생각 때문이네

해설 이 작품은 여인의 배에 두르는 속옷을 제재로 삼아 임 그리는 여인의 심경을 노래한 시다. 한 여인이 거문고를 연주하고 있는데 여러 개의 현들이 그지없이 밝게 빛난다. 연주하는 여인을 보니 여민 옷자락 사이로 얼핏 배두렁이 속옷이 보인다. 여민 부분이 속옷이 보일 정도로 저렇게 헐렁해진 것은 옛날 楚나라 궁녀들이 왕이 좋아하는 가는 허리를 만들기 위해 굶었다는 이야기를 따라한 것은 결코 아니다. 한 번 떠난 후 다시는 찾아주지 않는 임 생각 때문임을 그 누가 알랴.

기소유(紀少瑜)

◇紀少瑜(535년 전후 재세) : 자가 幼瑒이며, 丹陽 秣陵(지금의 江蘇省 南京市) 사람이다. 본래 성은 吳氏였는데, 어려서 아버지를 여의고 紀氏에게 입양

---

333) '衵複'(일복) : 『考異』에서는 '袙複'의 잘못으로 보았다. '袙複'은 '袙腹'으로도 쓰며, 가슴과 배에 꼭 묶듯이 입는 몸에 달라붙는 작은 옷으로, 배띠 · 배두렁이와 같은 종류라고 할 수 있다. 여기에서도 이를 따랐다.

334) '的的'(적적) : 분명한 모양. 빛나는 모양.

335) '離離'(리리) : 희미한 모양. '寶撮'(보촬) : 아름답게 장식된 옷의 여민 부분.

되어 성을 고쳤다. 19세에 太學에서 공부하여 六經에 정통했으며, 처음에는 晋安國中尉가 되었다가 大同 7년(541)에 東宮學士가 되었다. 나중에 武陵王의 記室參軍이 되었다가 죽었다. 13세에 문장을 잘 지었으며, 초서를 잘 썼고 현담을 잘 했으며, 작품은 대부분 망실되어 지금은 단지 시 4수만 남아 있다.

663. 남은 등잔불

「詠殘燈」

殘鐙猶未滅,[336]	남은 등잔불 아직 꺼지지 않았으며
將盡更揚煇.	꺼지려 하자 다시 심지를 돋우네
惟餘一兩談,	다만 남은 한 두 불꽃으로
纔得解羅衣.	겨우 비단옷을 벗을 수 있다네

해설 이 작품은 미인의 처소에 켜진 꺼져 가는 등잔불에 대해 노래한 영물시다. 임을 그리워하며 잠을 이루지 못하는 어두운 밤에 환한 등잔불만 외로운 여인을 지켜준다. 등잔불 아래에서 거문고도 연주하고 편지도 쓴다. 밤이 깊어지자 등잔의 기름은 떨어져가고 그와 함께 등불도 희미해져 간다. 희미해져 가는 등잔에 심지를 돋워 보지만 그것도 잠시 구지등의 아홉 개 등불은 거의 다 꺼지고 남은 것은 겨우 한두 개, 그마저 다 꺼지기 전에 옷을 갈아입고 잠자리에 들어야 하리라.

---

336) '鐙'(등) : 등잔. '燈'자와 같이 쓰인다.

왕숙영(王叔英) 부(婦)

664. 저녁 추위

「暮寒」

梅花自爛漫,	매화꽃은 저절로 흐드러지게 피었고
百舌早迎春.337)	새들은 일찌감치 봄을 맞네
逾寒衣逾薄,338)	추워질수록 옷은 더욱 얇게 느껴지는데
未肯懷腰身.339)	그래도 저의 몸 안아주려 하지 않으시네

해설 이 작품은 봄날 저녁의 추위 속의 여인의 모습을 노래한 시다. 봄이 왔다. 매화꽃은 만발하고 온갖 새들은 봄노래를 합창한다. 그러나 해가 지고 나면 아직 한기가 찾아드는 이른 봄이다. 낮에 입었던 얇은 봄옷은 저녁이 되어 시간이 흐를수록 점점 더 얇게 느껴지게 마련. 그런데도 임은 나를 잊었는지 찾아주지도 않는다. 임의 품속이라면 얼음 위에 댓잎 깔고 잔들 어이 춥다하랴.

---

337) '百舌'(백설) : 딱새과에 속하는 개똥지빠귀. 티티새라고도 한다. '反舌'과 같다. 여기에서는 조류의 총칭으로 쓰였다.

338) '逾'(유) : 더욱. 한층 더. '愈'자와 같다. 『考異』는 '愈'자의 잘못이라고 했다.

339) '懷'(회) : 『考異』는 다른 책을 따라 '惜(아끼다)'자로 고쳤다. 그럴 경우 이 구의 의미는 밤이 깊을수록 한기가 더하지만 그래도 두터운 옷을 꺼내 입을 생각을 않는다란 뜻이 된다. 鈴木虎雄은 둘 다 가능하다고 여지를 남겨 두었다.

대호(戴暠)

◇戴暠 : 행적 및 생평이 밝혀져 있지 않다. 원서의 吳注에 의하면 陳나라 때의 사람이 아닌가 하였다.

665. 졸음

「詠欲眠詩」

拂枕薰紅帊,[340] 베개 털고 붉은 두건에 향수 뿌리고
迴燈復解衣. 등잔 돌려놓고 다시 옷을 벗네
旁邊知夜久,[341] 곁에 있던 사람 밤 깊은 줄 알고서
不喚定應歸. 부르지도 않았는데 정작에 제방으로 돌아가네

해설 이 작품은 졸음이 올 때의 상황에 대해 노래한 시다. 여인은 시녀들과 함께 밤의 무료한 시간을 달랜다. 밤이 깊어가고 화제도 떨어져가자 주인공은 하품이 난다. 가라는 소리 대신에 베개도 매만지고 잘 때 머리에 감는 수건에 향수도 뿌리고 등잔을 한 쪽으로 돌려 약간 어둡게 한 뒤 겉옷도 벗는다. 이런 모습을 본 시녀들은 누가 부르는 사람이 없어도 방을 빠져나가 각기 제방으로 돌아간다. 당시 시가의 제재의 확장 및 시의 일상화를 엿볼 수 있게 하는 작품이기도 하다.

---

340) '帊'(파) : 두건. 머릿띠. '帕'와 같다.
341) '旁邊'(방변) : 곁에 있는 사람을 뜻하며, 여기에서는 시녀로 볼 수 있다.

유효위(劉孝威)[342]

666. 고시의 체제로 지은 '잡다한 생각'

「古體雜意」

朝日大風霜,	아침 해 뜰 때 크게 바람 불고 서리 내리니
寄事是交傷.[343]	부탁한 일은 이것 때문에 자꾸만 슬퍼지네
葉落枝柯淨,	잎은 떨어지고 가지는 깨끗한데
常自起棋張.[344]	항상 혼자 잠에서 깨어 두 다리 뻗고 앉아 있다네

해설 이 작품은 임과 헤어져 홀로 사는 여인의 외로움을 노래한 시다. 구체적인 의미를 파악하기는 어렵다. 바람이 불어닥치고 서리까지 내리는 날씨에 편지를 부치고자 하는 일도 뜻대로 되지 않는다. 그래서 생각하면 할수록 더욱 가슴이 아파온다. 마당에 자라는 나무들도 잎이 지고 앙상한 가지만 남아 있어 말끔하다. 그걸 보니 추위가 닥친 줄 알겠다. 밤새 임 생각에 뒤척이다 해가 훤하게 뜰 때가 되어서야 일어난다. 그리곤 임이 없는 빈 방이니 늘 제멋대로 다리를 쭉 뻗은 채 앉아 있다.

---

342) 어떤 책에는 '劉孝威'란 글자가 없다. 그의 작품은 이 권 후반부에 「和定襄侯八絶初笄」(658) 1수가 수록되어 있다. 『考異』에서는 이 두 수를 후인들이 덧붙인 것으로 보았다.

343) '寄事'(기사) : 편지나 옷가지를 부치는 일.

344) '棋'(기) : 원서의 吳注에는 '箕(키)'자의 잘못이 아닌가 하였다. 鈴木虎雄 역시 이를 따라 '棋張'을 '箕踞(두 다리를 키처럼 쭉 뻗고 앉는 것)'로 보았는데, 여기에서도 이를 따랐다.

667. 미인

「詠佳麗」

可憐將可念,[345]	사랑스러워 마음을 빼길 만하며
可念直千金.	마음을 빼길 만하니 그 값은 천금
惟言有一恨,	오로지 하는 말은 하나의 한이 있다고 하는데
恨不逐人心.	그 한이란 임의 마음을 따라가지 못한 것

해설 이 작품은 미인의 외로운 마음을 노래한 시다. 사랑스럽고 그리워할 만하며, 천금의 가치가 있을 미인이지만 그녀가 하는 오직 한 마디 말은 한스럽다는 말뿐이다. 무엇이 한스러운가? 마음속 그 사람, 임을 따라가지 못한 것. 임을 떠나보낸 슬픔이 가슴에 응어리로 남아 있는 것.

345) '將'(장) : 또. 또한. 접속사로 쓰였다.

작가 작품 목록

※ '작가 작품 목록'과 '기타 작품 목록', '찾아보기'는 목차의 혼란을 피하고 독자들에게 색인의 편의를 제공하기 위해 작성한 것이다.

매승(枚乘) __(1冊) 97

15. 서북쪽에 높은 누각 있는데(其一「西北有高樓」) ············ (1冊) 98
16. 동쪽 성벽 높고도 길게(其二「東城高且長」) ············ (1冊) 100
17. 가고 가고 또 가고 가(其三「行行重行行」) ············ (1冊) 102
18. 강을 건너며 연꽃을 따는데(其四「涉江采芙蓉」) ············ (1冊) 103
19. 푸르디푸른 강가의 풀(其五「青青河畔草」) ············ (1冊) 104
20. 난초와 두약이 따뜻한 봄에 나는데(其六「蘭若生春陽」) ············ (1冊) 105
21. 뜰 앞의 아름다운 나무(其七「庭前有奇樹」) ············ (1冊) 106
22. 까마득한 견우성(其八「迢迢牽牛星」) ············ (1冊) 107
23. 밝은 달은 휘영청하게(其九「明月何皎皎」) ············ (1冊) 108

이연년(李延年) __(1冊) 109

24. 가시(「歌詩」) ············ (1冊) 110

소무(蘇武) __(1冊) 112

25. 아내를 남겨두고 떠나다(「留別妻」) ············ (1冊) 112

신연년(辛延年) __(1冊) 114

26. 우림랑(「羽林郎詩」) ············ (1冊) 114

반첩여(班婕妤) __(1冊) 117

27. 원망(「怨詩」) ············ (1冊) 118

송자후(宋子侯) __(1冊) 120

28. 동교요(「董嬌嬈詩」) ············ (1冊) 120

장형(張衡) __(1冊) 123
30. 동성가(「同聲歌」) ······ (1冊) 123

진가(秦嘉) __(1冊) 126
31. 아내에게 1(「贈婦詩」 其一) ······ (1冊) 127
32. 아내에게 2(「贈婦詩」 其二) ······ (1冊) 128
33. 아내에게 3(「贈婦詩」 其三) ······ (1冊) 130

진가(秦嘉) 처(妻) 서숙(徐淑) __(1冊) 132
34. 답시(「答詩」) ······ (1冊) 133

채옹(蔡邕) __(1冊) 134
35. 장성 샘굴에서 말에게 물을 먹이며(「飮馬長城窟行」) ······ (1冊) 135

진림(陳琳) __(1冊) 137
36. 장성 샘굴에서 말에게 물을 먹이며(「飮馬長城窟行」) ······ (1冊) 138

서간(徐幹) __(1冊) 140
37. 아내의 그리움 1(「室思」 其一) ······ (1冊) 141
38. 아내의 그리움 2(「室思」 其二) ······ (1冊) 142
39. 아내의 그리움 3(「室思」 其三) ······ (1冊) 143
40. 아내의 그리움 4(「室思」 其四) ······ (1冊) 144
41. 아내의 그리움 5(「室思」 其五) ······ (1冊) 145
42. 아내의 그리움 6(「室思」 其六) ······ (1冊) 146
43. 애정시(「情詩」) ······ (1冊) 147

번흠(繁欽) __(1冊) 148
44. 굳건한 사랑(「定情詩」) ······ (1冊) 149

무명인(無名人) __(1冊) 154
45. 초중경의 처를 위해 지은 고시(「古詩爲焦仲卿妻作」) ······ (1冊) 155

위(魏) 문제(文帝) __(1冊) 181
46. 청하에서 배 끄는 병사가 신혼에 아내와 이별하는 것을 보고
(「於淸河見輓船士新婚別妻」) ······ (1冊) 182
47. 또 청하에서 짓다(「又淸河作」) ······ (1冊) 183

견황후(甄皇后) __(1冊) 184
48. 악부 '연못가에서'(「樂府塘上行」) ……… (1冊) 185

유훈(劉勳) 처(妻) 왕송(王宋) __(1冊) 187
49. 잡시 1(「雜詩」 其一) ……… (1冊) 188
50. 잡시 2(「雜詩」 其二) ……… (1冊) 188

조식(曹植) __(1冊) 189
51. 잡시 1(「雜詩」 其一) ……… (1冊) 190
52. 잡시 2(「雜詩」 其二) ……… (1冊) 192
53. 잡시 3(「雜詩」 其三) ……… (1冊) 193
54. 잡시 4(「雜詩」 其四) ……… (1冊) 195
55. 잡시 5(「雜詩」 其五) ……… (1冊) 196
56. 미인(「美女篇」) ……… (1冊) 197
57. 칡을 심다(「種葛篇」) ……… (1冊) 200
58. 부평초(「浮萍篇」) ……… (1冊) 202
59. 버림받은 아내(「棄婦詩」) ……… (1冊) 204

위(魏) 명제(明帝) __(1冊) 207
60. 악부시 1(「樂府詩」 其一) ……… (1冊) 207
61. 악부시 2(「樂府詩」 其二) ……… (1冊) 209

완적(阮籍) __(1冊) 210
62. 영회시 1(「詠懷詩」 其一) ……… (1冊) 211
63. 영회시 2(「詠懷詩」 其二) ……… (1冊) 213

부현(傅玄) __(1冊) 215
64. 푸르디푸른 강가의 풀(「青青河邊草篇」) ……… (1冊) 216
65. 괴로운 운명 '예장행'(「苦相篇 豫章行」) ……… (1冊) 218
66. 한 여인 '염가행'(「有女篇 豔歌行」) ……… (1冊) 221
67. 아침 '원가행'(「朝時篇 怨歌行」) ……… (1冊) 223
68. 밝은 달(「明月篇」) ……… (1冊) 225
69. 가을 난초(「秋蘭篇」) ……… (1冊) 227
70. 서장안(「西長安行」) ……… (1冊) 228
71. 반씨의 시에 회답하여(「和班氏詩」) ……… (1冊) 229

장화(張華) __(1冊) 232
72. 애정시 1(「情詩」 其一) ……… (1冊) 233

73. 애정시 2(「情詩」 其二) ……………………………………………… (1冊) 234
74. 애정시 3(「情詩」 其三) ……………………………………………… (1冊) 236
75. 애정시 4(「情詩」 其四) ……………………………………………… (1冊) 237
76. 애정시 5(「情詩」 其五) ……………………………………………… (1冊) 238
77. 잡시 1(「雜詩」 其一) ……………………………………………… (1冊) 239
78. 잡시 2(「雜詩」 其二) ……………………………………………… (1冊) 241

반악(潘岳) __(1冊) 242
79. 아내를 그리며 1(「內顧詩」 其一) ……………………………………… (1冊) 243
80. 아내를 그리며 2(「內顧詩」 其二) ……………………………………… (1冊) 245
81. 죽은 아내를 애도하며 1(「悼亡詩」 其一) ………………………………… (1冊) 246
82. 죽은 아내를 애도하며 2(「悼亡詩」 其二) ………………………………… (1冊) 249

석숭(石崇) __(1冊) 251
83. 왕소군(「王昭君辭」) ……………………………………………… (1冊) 253

좌사(左思) __(1冊) 256
84. 귀염둥이 딸(「嬌女詩」) ……………………………………………… (1冊) 257

육기(陸機) __(1冊) 265
85. '서북쪽에 높은 누각 있는데'를 본뜬 시(「擬西北有高樓」) ……………… (1冊) 267
86. '동쪽 성벽은 어찌 저리도 높은지'를 본뜬 시(「擬東城一何高」) ………… (1冊) 268
87. '난초와 두약이 따뜻한 봄에 나는데'를 본뜬 시(「擬蘭若生春陽」) ……… (1冊) 270
88. '까마득한 견우성'을 본뜬 시(「擬迢迢牽牛星」) ………………………… (1冊) 271
89. '푸르디푸른 강가의 풀'을 본뜬 시(「擬青青河畔草」) ……………………… (1冊) 273
90. '뜰 안의 아름다운 나무'를 본뜬 시(「擬庭中有奇樹」) ……………………… (1冊) 274
91. '강을 건너며 연꽃을 따는데'를 본뜬 시(「擬涉江采芙蓉」) ………………… (1冊) 275
92. 고언선을 대신해 그의 아내에게 주는 시 1(「爲顧彦先贈婦」 其一) ……… (1冊) 276
93. 고언선을 대신해 그의 아내에게 주는 시 2(「爲顧彦先贈婦」 其二) ……… (1冊) 277
94. 주씨 부인을 대신해 그 남편 거기장군에게 주는 시(「爲周夫人贈車騎」) ‥ (1冊) 278
95. 사랑노래(「豔歌行」) ……………………………………………… (1冊) 280
96. 전완성가(「前緩聲歌」) ……………………………………………… (1冊) 284
97. 연못가에서(「塘上行」) ……………………………………………… (1冊) 286

육운(陸雲) __(1冊) 288
98. 고언선을 대신해 그의 아내와 주고받은 시 1
(「爲顧彦先贈婦往返」 其一) ……………………………………………… (1冊) 289
99. 고언선을 대신해 그의 아내와 주고받은 시 2

(「爲顧彦先贈婦往返」 其二) …… (1冊) 290
100. 고언선을 대신해 그의 아내와 주고받은 시 3
(「爲顧彦先贈婦往返」 其三) …… (1冊) 291
101. 고언선을 대신해 그의 아내와 주고받은 시 4
(「爲顧彦先贈婦往返」 其四) …… (1冊) 292

장협(張協) __(1冊) 295
102. 잡시(「雜詩」) …… (1冊) 295

양방(楊方) __(1冊) 297
103. 합환시 1(「合歡詩」 其一) …… (1冊) 297
104. 합환시 2(「合歡詩」 其二) …… (1冊) 299
105. 합환시 3(「合歡詩」 其三) …… (1冊) 301
106. 합환시 4(「合歡詩」 其四) …… (1冊) 302
107. 합환시 5(「合歡詩」 其五) …… (1冊) 304

왕감(王鑒) __(1冊) 305
108. 칠석날 직녀성을 보면서(「七夕觀織女」) …… (1冊) 306

이충(李充) __(1冊) 308
109. 친구를 비웃다(「嘲友人」) …… (1冊) 309

조비(曹毗) __(1冊) 310
110. 밤에 다듬이 소리를 듣고(「夜聽擣衣」) …… (1冊) 311

도잠(陶潛) __(1冊) 312
111. 고시를 본뜬 시(「擬古詩」) …… (1冊) 313

순창(荀昶) __(1冊) 314
112. '좁은 길에서 서로 만나니'를 본뜬 시(「擬相逢狹路間」) …… (1冊) 314
113. '푸르디푸른 강가의 풀'을 본뜬 시(「擬青青河邊草」) …… (1冊) 317

왕미(王微) __(1冊) 318
114. 잡시 1(「雜詩」 其一) …… (1冊) 319
115. 잡시 2(「雜詩」 其二) …… (1冊) 321

사혜련(謝惠連) __(1冊) 322
116. 칠월 칠일에 견우직녀를 노래하다(「七月七日詠牛女」) …… (1冊) 323

117. 다듬이질(「擣衣」) …… (1冊) 325
118. 고시를 계승한 시(「代古」) …… (1冊) 327

유삭(劉鑠) __ (1冊) 328
119. '가고 가고 또 가고 가'를 계승한 시(「代行行重行行」) …… (1冊) 329
120. '밝은 달은 휘영청하게'를 계승한 시(「代明月何皎皎」) …… (1冊) 330
121. '초겨울에 추위가 닥치니'를 계승한 시(「代孟冬寒氣至」) …… (1冊) 331
122. '푸르디푸른 강가의 풀'을 계승한 시(「代青青河畔草」) …… (1冊) 333
123. 견우직녀를 읊다(「詠牛女」) …… (1冊) 334

왕승달(王僧達) __ (2冊) 39
124. 칠석날 달빛 아래(「七夕月下」) …… (2冊) 40

안연지(顔延之) __ (2冊) 41
125. 직녀를 대신해 견우에게 주다(「爲織女贈牽牛」) …… (2冊) 41
126. 추호시(「秋胡詩」) …… (2冊) 43

포조(鮑照) __ (2冊) 51
127. 성 서문에서 달을 감상하다(「翫月城西門」) …… (2冊) 52
128. '서울 낙양'편을 본뜬 시(「代京洛篇」) …… (2冊) 54
129. 악부 '백두음'을 본뜬 시(「擬樂府白頭吟」) …… (2冊) 56
130. 뽕 따기(「採桑詩」) …… (2冊) 58
131. 꿈속의 귀향(「夢還詩」) …… (2冊) 61
132. 고시를 본뜬 시(「擬古」) …… (2冊) 63
133. 한 쌍의 제비(「詠雙燕」) …… (2冊) 64
134. 친구에게 1(「贈故人」 其一) …… (2冊) 65
135. 친구에게 2(「贈故人」 其二) …… (2冊) 66

왕소(王素) __ (2冊) 68
136. 완보병체를 따라 짓다(「學阮步兵體」) …… (2冊) 68

오매원(吳邁遠) __ (2冊) 70
137. 날아오는 한 쌍의 고니(「飛來雙白鵠」) …… (2冊) 70
138. 양춘곡(「陽春曲」) …… (2冊) 72
139. 오랜 이별(「長別離」) …… (2冊) 73
140. 오랜 그리움(「長相思」) …… (2冊) 75

포령휘(鮑令暉) __(2冊) 78
141. '푸르디푸른 강가의 풀'을 본뜬 시(「擬青青河畔草」) …… (2冊) 78
142. '손님이 먼 데서 오시어'를 본뜬 시(「擬客從遠方來」) …… (2冊) 80
143. 편지를 써서 집 떠난 임에게 부치다(「題書後寄行人」) …… (2冊) 81
144. 고시를 모방하여 지금 사람에게 주다(「古意贈今人」) …… (2冊) 82
145. 승려 갈씨의 처 곽소옥을 대신하여 지은 시 1
(「代葛沙門妻郭小玉詩」 其一) …… (2冊) 84
146. 승려 갈씨의 처 곽소옥을 대신하여 지은 시 2
(「代葛沙門妻郭小玉作」 其二) …… (2冊) 85

구거원(丘巨源) __(2冊) 86
147. 칠보부채(「詠七寶扇」) …… (2冊) 86
148. 이웃의 기녀의 노랫소리를 듣다(「聽隣妓」) …… (2冊) 89

왕융(王融) __(2冊) 91
149. 고시의 뜻 1(「古意」 其一) …… (2冊) 91
150. 고시의 뜻 2(「古意」 其二) …… (2冊) 93
151. 비파(「詠琵琶」) …… (2冊) 94
152. 장막(「詠幔」) …… (2冊) 95
153. 무산은 높고(「巫山高」) …… (2冊) 96

사조(謝朓) __(2冊) 97
154. 왕 주부에게 드림 1(「贈王主簿」 其一) …… (2冊) 98
155. 왕 주부에게 드림 2(「贈王主簿」 其二) …… (2冊) 99
156. 왕 주부의 '원망' 시에 화답하다(「同王主簿怨情」) …… (2冊) 100
157. 밤에 기녀의 노래소리를 들으며 1(「夜聽妓」 其一) …… (2冊) 102
158. 밤에 기녀의 노래소리를 들으며 2(「夜聽妓」 其二) …… (2冊) 103
159. 한단의 옛 후궁이 시집가 취사병의 아내가 되다
(「詠邯鄲故才人嫁爲廝養卒婦」) …… (2冊) 104
160. 가을 밤(「秋夜」) …… (2冊) 105
161. 등잔불(「燈」) …… (2冊) 107
162. 촛불(「燭」) …… (2冊) 108
163. 자리(「席」) …… (2冊) 109
164. 경대(「鏡臺」) …… (2冊) 110
165. 떨어진 매화(「落梅」) …… (2冊) 111

육궐(陸厥) __(2冊) 112
166. 중산왕의 귀첩을 노래하다(「中山王孺子妾歌」) …… (2冊) 113

시영태(施榮泰) __(2冊) 114
167. 잡시(「雜詩」) …… (2冊) 115

강엄(江淹) __(2冊) 117
168. 옛날의 이별(「古離別」) …… (2冊) 118
169. 반첩여(「班婕妤」) …… (2冊) 120
170. 장 사공의 이별의 정(「張司空離情」) …… (2冊) 121
171. 휴 스님의 이별에 대한 원망(「休上人怨別」) …… (2冊) 122

구지(丘遲) __(2冊) 123
172. 유 복야의 '출정한 남편에 대한 원망'에 삼가 화답하다 (「敬酬柳僕射征怨」) …… (2冊) 124
173. 서 시중의 '남을 대신해 그 아내에게 주다'에 화답하다 (「答徐侍中爲人贈婦」) …… (2冊) 125

심약(沈約) __(2冊) 127
174. 높은 곳에 올라서 봄빛을 바라보다(「登高望春」) …… (2冊) 128
175. 왕소군(「昭君辭」) …… (2冊) 130
176. 어린 신부를 위한 노래(「少年新婚爲之詠」) …… (2冊) 131
177. 손잡고(「攜手曲」) …… (2冊) 134
178. 그리운 사람이여(「有所思」) …… (2冊) 135
179. 밤이면 밤마다(「夜夜曲」) …… (2冊) 136
180. 봄(「春詠」) …… (2冊) 137
181. 복숭아나무(「詠桃」) …… (2冊) 138
182. 달(「詠月」) …… (2冊) 139
183. 버드나무(「詠柳」) …… (2冊) 140
184. 지(「詠篪」) …… (2冊) 141
185. 여섯 가지 생각 1(「六憶詩」 其一) …… (2冊) 142
186. 여섯 가지 생각 2(「六憶詩」 其二) …… (2冊) 143
187. 여섯 가지 생각 3(「六憶詩」 其三) …… (2冊) 144
188. 여섯 가지 생각 4(「六憶詩」 其四) …… (2冊) 145
189. 옷깃의 수(「領邊繡」) …… (2冊) 145
190. 발밑의 신(「脚下履」) …… (2冊) 146
191. '푸르디푸른 강가의 풀'을 본뜬 시(「擬青青河邊草」) …… (2冊) 147
192. '세 며느리의 아름다움'을 본뜬 시(「擬三婦」) …… (2冊) 148
193. 고시의 뜻(「古意」) …… (2冊) 149
194. 미인 꿈(「夢見美人」) …… (2冊) 150
195. 고시를 흉내낸 시(「效古」) …… (2冊) 151

196. 초봄(「初春」) ································ (2冊) 152
197. 가신 임을 애도하며(「悼往」) ································ (2冊) 153

유운(柳惲) __(2冊) 154
198. 다듬이질(「擣衣詩」) ································ (2冊) 155
199. 혼자만 만나지 못하다(「獨不見」) ································ (2冊) 158
200. 관문과 산을 지나며(「度關山」) ································ (2冊) 159
201. 잡시(「雜詩」) ································ (2冊) 160
202. 장문궁의 원망(「長門怨」) ································ (2冊) 162
203. 강남곡(「江南曲」) ································ (2冊) 163
204. 밤에 일어나 오시다(「起夜來」) ································ (2冊) 164
205. 칠석날 밤에 바늘에 실을 꿰다(「七夕穿針」) ································ (2冊) 165
206. 돗자리(「詠席」) ································ (2冊) 166

강홍(江洪) __(2冊) 168
207. 노래하는 여인(「詠歌姬」) ································ (2冊) 168
208. 무희(「詠舞女」) ································ (2冊) 169
209. 빨강 편지지(「詠紅箋」) ································ (2冊) 170
210. 장미(「詠薔薇」) ································ (2冊) 171

고상(高爽) __(2冊) 173
211. 거울(「詠鏡」) ································ (2冊) 173

포자경(鮑子卿) __(2冊) 174
212. 그림 부채(「詠畫扇」) ································ (2冊) 174
213. 옥돌 계단(「詠玉堦」) ································ (2冊) 176

하자랑(何子朗) __(2冊) 177
214. 사조체를 배우다(「學謝體」) ································ (2冊) 177
215. 기실 우건의 '고시의 뜻'에 화답하여(「和虞記室騫古意」) ································ (2冊) 178
216. 무랑의 '달을 보면서'에 화답하여(「和繆郎視月」) ································ (2冊) 179

범정(范靖) 부(婦) __(2冊) 180
217. 꽃 떨잠(「詠步搖花」) ································ (2冊) 181
218. 소낭 아가씨를 놀리다(「戲蕭娘」) ································ (2冊) 182
219. 오색 향로바구니(「詠五彩竹火籠」) ································ (2冊) 183
220. 등잔(「詠燈」) ································ (2冊) 184

하손(何遜) __ (2冊) 185
221. 저물녘에 강을 바라보며 어사미에게 드리는 시(「日夕望江贈魚司馬」) ·· (2冊) 185
222. 경박한 사람(「輕薄篇」) ······ (2冊) 187
223. 거울을 보면서(「詠照鏡」) ······ (2冊) 190
224. 규방의 원망(「閨怨」) ······ (2冊) 191
225. 칠석(「詠七夕」) ······ (2冊) 192
226. 춤추는 기녀(「詠舞妓」) ······ (2冊) 194
227. 신부를 구경하다(「看新婦」) ······ (2冊) 195
228. 기녀(「詠倡家」) ······ (2冊) 196
229. 갈매기를 노래하며 떠나는 사람을 조롱하다(「詠白鷗嘲別者」) ······ (2冊) 197
230. '푸르디푸른 강가의 풀'을 본뜬 시(「學靑靑河邊草」) ······ (2冊) 198
231. 자의 유효작을 조롱하다(「嘲劉諮議孝綽」) ······ (2冊) 199

왕추(王樞) __ (2冊) 200
232. 신무장군 소창의 명에 따라 지은 고시의 뜻(「古意應蕭信武敎」) ······ (2冊) 200
233. 오림촌에 갔다가 뽕 따는 여인을 보고 잠시 시를 지어 그에게 주다
(「至烏林村見采桑者聊以贈之」) ······ (2冊) 201
234. 서 상서와의 자리에서 '사랑스럽네'라는 시를 짓다
(「徐尙書座賦得可憐」) ······ (2冊) 202

유단(庾丹) __ (2冊) 203
235. 가을 규방의 기다림(「秋閨有望」) ······ (2冊) 203
236. 집에 돌아가는 꿈(「夜夢還家」) ······ (2冊) 204

오균(吳均) __ (2冊) 207
237. 선마 소자현의 '고시의 뜻'에 화답하다 1(「和蕭洗馬子顯古意」 其一) ··· (2冊) 208
238. 선마 소자현의 '고시의 뜻'에 화답하다 2(「和蕭洗馬子顯古意」 其二) ··· (2冊) 209
239. 선마 소자현의 '고시의 뜻'에 화답하다 3(「和蕭洗馬子顯古意」 其三) ··· (2冊) 210
240. 선마 소자현의 '고시의 뜻'에 화답하다 4(「和蕭洗馬子顯古意」 其四) ··· (2冊) 211
241. 선마 소자현의 '고시의 뜻'에 화답하다 5(「和蕭洗馬子顯古意」 其五) ··· (2冊) 212
242. 선마 소자현의 '고시의 뜻'에 화답하다 6(「和蕭洗馬子顯古意」 其六) ··· (2冊) 213
243. 유운과의 증답시 1(「與柳惲相贈答」 其一) ······ (2冊) 214
244. 유운과의 증답시 2(「與柳惲相贈答」 其二) ······ (2冊) 216
245. 유운과의 증답시 3(「與柳惲相贈答」 其三) ······ (2冊) 217
246. 유운과의 증답시 4(「與柳惲相贈答」 其四) ······ (2冊) 218
247. 유운과의 증답시 5(「與柳惲相贈答」 其五) ······ (2冊) 219
248. 유운과의 증답시 6(「與柳惲相贈答」 其六) ······ (2冊) 220
249. 길가의 뽕나무(「陌上桑」) ······ (2冊) 221

250. 진나라 왕이 옷을 선사하다(「秦王卷衣」) …… (2冊) 222
251. 연꽃을 따다(「採蓮」) …… (2冊) 223
252. 손잡고(「携手」) …… (2冊) 224
253. 두용성에게 주다(「贈杜容成」) …… (2冊) 225
254. 봄노래(「春詠」) …… (2冊) 226
255. 쫓겨난 아내가 전 남편에게 주는 시(「去妾贈前夫」) …… (2冊) 227
256. 젊은 남자(「詠少年」) …… (2冊) 228

왕승유(王僧孺) __ (2冊) 229
257. 봄날의 원망(「春怨」) …… (2冊) 230
258. 달밤에 남강의 진씨가 새로 첩을 맞는 것을 보며
(「月夜詠陳南康新有所納」) …… (2冊) 231
259. 귀인이 새로 미인을 맞는 것을 보고 잠시 그것을 노래하다
(「見貴者初迎盛姬聊爲之詠」) …… (2冊) 232
260. 치서관 사마씨와 함께 이웃집 여인이 밤중에 베 짜는 소리를 들으며
(「與司馬治書同聞鄰婦夜織」) …… (2冊) 233
261. 밤의 근심(「夜愁」) …… (2冊) 234
262. 봄 규방의 원망(「春閨有怨」) …… (2冊) 235
263. 다듬이질(「擣衣」) …… (2冊) 236
264. 어떤 사람을 대신해 꿈을 말하다(「爲人述夢」) …… (2冊) 238
265. 어떤 사람을 대신해 가까이 있지만 만날 수 없음을 슬퍼하다
(「爲人傷近而不見」) …… (2冊) 239
266. 고부관 하씨의 옛 첩을 위해 '궁궁이' 시구를 본떠 지은 시
(「爲何庫部舊姬擬蘼蕪之句」) …… (2冊) 240
267. 진안내사 왕씨의 술자리에서 지은 몇 개의 운(「在王晉安酒席數韻」) …… (2冊) 241
268. 어떤 사람을 대신해 주는 시(「爲人有贈」) …… (2冊) 242
269. 하생의 첩의 원망(「何生姬人有怨」) …… (2冊) 243
270. 고슬곡 '그리운 사람'(「鼓瑟曲 有所思」) …… (2冊) 244
271. 어떤 사람의 총애하는 첩의 원망을 보고(「爲人寵妾有怨」) …… (2冊) 245
272. 첩이 스스로 슬퍼하는 것을 대신해 지은 시(「爲姬人自傷」) …… (2冊) 246
273. 가을 규방의 원망(「秋閨怨」) …… (2冊) 247

장솔(張率) __ (2冊) 248
274. 상봉(「相逢行」) …… (2冊) 248
275. 술잔을 마주하고(「對酒」) …… (2冊) 251
276. 아득히 오랜 시간(「遠期」) …… (2冊) 252

서비(徐悱) __(2冊) 253
277. 아내에게(「贈內」) …… (2冊) 254
278. 방 앞의 복숭아나무를 보고 만날 날을 노래하며 아내에게 주는 시
(「對房前桃樹詠佳期贈內」) …… (2冊) 255

비창(費昶) __(2冊) 256
279. 화관전에서 한밤중에 성 밖의 다듬이질 소리를 듣고
(「華觀省中夜聞城外擣衣」) …… (2冊) 257
280. 소 기실의 '봄날 아침의 그리움' 시에 화답하여
(「和蕭記室春旦有所思」) …… (2冊) 260
281. 봄날 교외에서 미인을 바라보다(「春郊望美人」) …… (2冊) 261
282. 밝은 거울(「詠照鏡」) …… (2冊) 262
283. 따뜻한 봄은 온기를 발하고(「陽春發和氣」) …… (2冊) 263
284. 가을밤에 서늘한 바람이 일고(「秋夜涼風起」) …… (2冊) 265
285. 마름을 따며(「采菱」) …… (2冊) 266
286. 장문궁의 원망(「長門后怨」) …… (2冊) 267
287. 무산은 높고(「巫山高」) …… (2冊) 268
288. 그리운 사람이여(「有所思」) …… (2冊) 269

요번(姚翻) __(2冊) 270
289. 곽 시랑의 '채상' 시에 창화한 시(「同郭侍郎采桑」) …… (2冊) 270

공옹귀(孔翁歸) __(2冊) 271
290. 상동왕의 명을 받들어 창화한 '반첩여'(「奉和湘東王教班婕妤」) …… (2冊) 272

서비(徐悱) 처(妻) 유령한(劉令嫻) __(2冊) 273
291. 남편에게 회답하다 1(「答外詩」 其一) …… (2冊) 273
292. 남편에게 회답하다 2(「答外詩」 其二) …… (2冊) 275

하사징(何思澄) __(2冊) 276
293. 상동왕의 명을 받들어 창화한 '반첩여'(「奉和湘東王教班婕妤」) …… (2冊) 276
294. 고시를 본뜬 시(「擬古」) …… (2冊) 277
295. 남원에서 미인을 만나다(「南苑逢美人」) …… (2冊) 278

서비(徐悱) 처(妻) 유씨(劉氏) __(2冊) 280
296. 당양이 칠석날 바느질해서 보내온 수에 대한 답시
(「答唐孃七夕所穿針」) …… (2冊) 280

양(梁) 무제(武帝) __ (2冊) 283

297. 다듬이질(「擣衣」) ······ (2冊) 285
298. '장안에 좁은 길 있는데'를 모방한 11운(「擬長安有狹邪行十韻」) ······ (2冊) 287
299. '밝은 달은 높은 누각을 비추고'를 본뜬 시(「擬明月照高樓」) ······ (2冊) 289
300. '푸르디푸른 강가의 풀'을 본뜬 시(「擬青青河邊草」) ······ (2冊) 291
301. 전속국 소무의 아내를 대신해서(「代蘇屬國婦」) ······ (2冊) 292
302. 고시의 뜻 1(「古意」 其一) ······ (2冊) 294
303. 고시의 뜻 2(「古意」 其二) ······ (2冊) 295
304. 향기로운 나무(「芳樹」) ······ (2冊) 296
305. 높은 누대에서(「臨高臺」) ······ (2冊) 297
306. 그리운 사람(「有所思」) ······ (2冊) 298
307. 보라색 난초 비로소 싹이 트네(「紫蘭始萌」) ······ (2冊) 299
308. 베 짜는 여인(「織婦」) ······ (2冊) 300
309. 칠석(「七夕」) ······ (2冊) 301
310. 장난삼아 짓다(「戲作」) ······ (2冊) 302

황태자(皇太子) __ (2冊) 304

311. 사랑 노래 18운(「豔歌篇十八韻」) ······ (2冊) 305
312. 촉나라 현악 노래 10운(「蜀國弦歌篇十韻」) ······ (2冊) 308
313. 박명한 첩 10운(「妾薄命篇十韻」) ······ (2冊) 310
314. 새로 지은 안락궁(「新成安樂宮」) ······ (2冊) 313
315. 한 쌍의 오동나무가 사람 없는 우물가에서 자라네(「雙桐生空井」) ······ (2冊) 314
316. 초나라 후비의 탄식(「楚妃歎」) ······ (2冊) 315
317. 낙양의 길(「洛陽道」) ······ (2冊) 316
318. 버들가지 꺾어서(「折楊柳」) ······ (2冊) 317
319. 자류마(「紫騮馬」) ······ (2冊) 318
320. 남쪽 호수(「南湖」) ······ (2冊) 319
321. 북쪽 강가(「北渚」) ······ (2冊) 320
322. 큰 제방(「大堤」) ······ (2冊) 331
323. 연밥 따는 배가 연밥을 사서 지나가다(「蓮舟買荷度」) ······ (2冊) 322
324. 강물에 모습 비추다가 떨어지는 비녀를 보네(「照流看落釵」) ······ (2冊) 323
325. 봄밤(「春宵」) ······ (2冊) 324
326. 겨울 새벽(「冬曉」) ······ (2冊) 325
327. 장난삼아 지은 사혜련체 13운(「戲作謝惠連體十三韻」) ······ (2冊) 325
328. 기녀의 원망 12운(「倡婦怨情十二韻」) ······ (2冊) 327
329. 서 녹사가 안사람이 침구 장만하는 것을 본 것에 회답하여
(「和徐錄事見內人作臥具」) ······ (2冊) 329
330. 장난삼아 미인에게 주는 시(「戲贈麗人」) ······ (2冊) 331

331. 가을 규방의 밤 그리움(「秋閨夜思」) …… (2冊) 333
332. 상동왕의 '유명 인사가 경국지색을 좋아하다'란 시에 화답하여
(「和湘東王名士悅傾城」) …… (2冊) 334
333. 관사에서 잠시 성으로 돌아오다(「從頓蹔還城」) …… (2冊) 335
334. 어떤 사람이 첩을 버리네(「詠人棄妾」) …… (2冊) 336
335. 붓을 잡고 장난삼아 쓴 시(「執筆戲書」) …… (2冊) 337
336. 사랑 노래(「豔歌曲」) …… (2冊) 338
337. 원망(「怨詩」) …… (2冊) 340
338. 심 은후의 '밤이면 밤마다'를 본뜬 시(「擬沈隱侯夜夜曲」) …… (2冊) 341
339. 칠석(「七夕」) …… (2冊) 342
340. 유 자의의 '봄눈'에 화답하여 지은 시(「同劉諮議詠春雪」) …… (2冊) 343
341. 저녁 경치를 보러 외출하다(「晚景出行」) …… (2冊) 344
342. '대수수'란 악부로 시를 짓다(「賦樂府得大垂手」) …… (2冊) 345
343. 공후란 악기 이름으로 시를 짓다(「賦樂器名得箜篌」) …… (2冊) 346
344. 춤(「詠舞」) …… (2冊) 346
345. 봄 규방의 정(「春閨情」) …… (2冊) 348
346. 저녁 규방(「詠晚閨」) …… (2冊) 349
347. 급히 지은 시(「率爾成詠」) …… (2冊) 349
348. 미인의 새벽 화장(「美人晨妝」) …… (2冊) 351
349. '술을 팔다'란 제목으로 지은 시(「賦得當壚」) …… (2冊) 352
350. 숲 아래의 기녀(「林下妓」) …… (2冊) 353
351. '석양에 창가에 앉아'를 본뜬 시(「擬落日窓中坐」) …… (2冊) 354
352. 미인의 그림 감상(「詠美人觀畫」) …… (2冊) 355
353. 아름다운 소년(「孌童」) …… (2冊) 355

소릉왕(邵陵王) 륜(綸) __ (2冊) 357
354. 추호 아내의 원망을 대신해서(「代秋胡婦閨怨」) …… (2冊) 358
355. 수레 안에서 본 미인(「車中見美人」) …… (2冊) 359
356. 옛 여인의 원망을 대신해(「代舊姬有怨」) …… (2冊) 360

상동왕(湘東王) 역(繹) __ (2冊) 361
357. 안협의 정원에 있는 옛 누각에 올라(「登顏園故閣」) …… (2冊) 362
358. 장난삼아 지은 애정시(「戲作豔詩」) …… (2冊) 363
359. 백재에서의 밤놀이(「夜游柏齋」) …… (2冊) 364
360. 상황 현령 유씨의 시에 화운하여(「和劉上黃」) …… (2冊) 365
361. 저녁에 둥지에 깃든 까마귀(「詠晚棲烏」) …… (2冊) 366
362. 겨울밤 3운(「寒宵三韻」) …… (2冊) 367
363. 가을밤(「詠秋夜」) …… (2冊) 368

무릉왕(武陵王) 기(紀) __(2冊) 369
364. 소 장사의 '기녀를 구경하다'란 시에 화운하여(「同蕭長史看妓」) ·········· (2冊) 369
365. 상동왕의 '밤꿈'에 화운하여(「和湘東王夜夢應令」) ······························ (2冊) 370
366. 새벽의 그리움(「曉思」) ··· (2冊) 371
367. 규방의 첩이 나그네에게 부치는 편지(「閨妾寄征人」) ························· (2冊) 372

소자현(蕭子顯) __(3冊) 39
368. 해가 동남쪽에서 떠올라(「日出東南隅行」) ·· (3冊) 40
369. '미녀편'을 모방하다(「代美女篇」) ·· (3冊) 43

왕균(王筠) __(3冊) 44
370. 봄달 1(「春月」 其一) ·· (3冊) 45
371. 봄달 2(「春月」 其二) ·· (3冊) 46
372. 가을밤 1(「秋夜」 其一) ··· (3冊) 47
373. 가을밤 2(「秋夜」 其二) ··· (3冊) 48
374. 멀리 바라보다 1(「遊望」 其一) ··· (3冊) 49
375. 멀리 바라보다 2(「遊望」 其二) ··· (3冊) 51

유효작(劉孝綽) __(3冊) 52
376. 멀리 이웃 배의 주인이 물건 하나를 던지니 여러 여인들이 서로 가지려고 하는 것이 보이는데, 어떤 손님이 나에게 그것을 시로 읊도록 청했다
(「遙見鄰舟主人投一物, 衆姬爭之, 有客請余爲詠」) ······························ (3冊) 52
377. 기수 가에서 떠돌이의 아내를 희롱하는 모습을 보고
(「淇上戲蕩子婦示行事」) ·· (3冊) 54
378. '빛나는 바둑판'이란 제목으로 양초가 5푼 길이 타들어 가는 시간에 완성하다
(「賦詠得照棋燭刻五分成」) ·· (3冊) 55
379. 밤에 기녀의 노래를 듣고 '까마귀가 밤에 우네'란 제목으로 시를 짓다
(「夜聽妓賦得烏夜啼」) ·· (3冊) 56
380. '그리운 사람에게 드리다'란 제목으로 짓다(「賦得遺所思」) ··················· (3冊) 57

유준(劉遵) __(3冊) 58
381. 황태자의 명을 받고 지은 시 '아름다운 젊은이'(「繁華應令」) ················ (3冊) 59
382. 태자의 명을 받고 '관사에서 성으로 돌아와'란 시를 짓다
(「從頓還城應令」) ··· (3冊) 60

왕훈(王訓) __(3冊) 62
383. '급히 지은 노래'에 화운하여(「奉和率爾有詠」) ···································· (3冊) 62

유견오(庾肩吾) __(3冊) 63
384. '그리운 사람이여'란 제목으로 쓴 시(「詠得有所思」) ······ (3冊) 64
385. '미인 자신이 그림을 보다'란 시에 응대하여(「詠美人自看畵應令」) ······ (3冊) 65
386. '횡취곡 장안도'란 제목으로 지은 시(「賦得橫吹曲長安道」) ······ (3冊) 66
387. 남원에서 돌아오는 사람들을 구경하다(「南苑還看人」) ······ (3冊) 67
388. 건흥원에서 만났다가 송별하다(「送別於建興苑相逢」) ······ (3冊) 68
389. 명을 받아 지은 시 '봄밤'(「應令春宵」) ······ (3冊) 69
390. 명을 받들어 지은 '겨울 아침'(「應令冬曉」) ······ (3冊) 70

유효위(劉孝威) __(3冊) 71
391. 시연에서 '모래언덕에 밤 달이 밝다'란 제목으로 지은 시
(「侍宴賦得龍沙宵月明」) ······ (3冊) 71
392. 상동왕의 명에 따라 화운하여 지은 '겨울 아침'
(「奉和湘東王應令冬曉」) ······ (3冊) 73
393. 익현에서 우연히 베 짜는 여인들을 보고 급히 아내에게 부치는 시
(「鄀縣遇見人織率爾寄婦」) ······ (3冊) 73

서군천(徐君倩) __(3冊) 76
394. 아내와 함께 밤을 새며 새해를 맞이하다(「共內人夜坐守歲」) ······ (3冊) 77
395. 초봄에 아내 손잡고 놀러 나가다(「初春携內人行戲」) ······ (3冊) 78

포천(鮑泉) __(3冊) 79
396. 남원에서 놀러나온 사람들을 구경하며(「南苑看游者」) ······ (3冊) 79
397. 해질녘에 귀가하는 사람을 보면서(「落日看還」) ······ (3冊) 80

유완(劉緩) __(3冊) 82
398. 유 장사의 '유명 인사가 미인을 좋아하는 것을 노래하다'란 시에 삼가 화답하여 짓다
(「敬酬劉長史詠名士悅傾城」) ······ (3冊) 82
399. 추운 규방(「寒閨」) ······ (3冊) 84
400. 가을밤(「秋夜」) ······ (3冊) 85
401. 겨울밤(「冬宵」) ······ (3冊) 86

등갱(鄧鏗) __(3冊) 87
402. 양주 음 자사의 '잡다한 원망'이란 시에 화운하여(「和陰梁州雜怨」) ······ (3冊) 87
403. 명을 받들어 '밤에 기녀의 노래를 듣고'란 시에 화운하여
(「奉和夜聽妓聲」) ······ (3冊) 88

견고(甄固) __ (3冊) 89
404. 태자의 명을 받들어 '춘정' 시에 화운하여(「奉和世子春情」) ………………… (3冊) 89

유신(庾信) __ (3冊) 90
405. 명을 받들어 '춤'이란 시에 화운하여(「奉和詠舞」) ………………………………… (3冊) 91
406. 칠석(「七夕」) ………………………………………………………………………… (3冊) 93
407. 하 복야의 '집에 돌아와 고인을 그리워하다'란 시에 삼가 화운하다
(「仰和何僕射還宅懷故」) ……………………………………………………………… (3冊) 94

유막(劉邈) __ (3冊) 96
408. 만산에서 뽕 따는 여인들 보다(「萬山見采桑人」) ……………………………… (3冊) 96
409. 여인이 베 짜는 것을 보고 잠시 그녀를 위해 노래하다
(「見人織聊爲之詠」) …………………………………………………………………… (3冊) 97
410. 가을 규방(「秋閨」) …………………………………………………………………… (3冊) 98
411. 고취곡 '버들가지 꺾어서'(「鼓吹曲 折楊柳」) ………………………………… (3冊) 99

기소유(紀少瑜) __ (3冊) 100
412. 건흥원(「建興苑」) …………………………………………………………………… (3冊) 100
413. 명령에 응하여 오균의 시를 모방하여 지은 시(「擬吳均體應教」) ………… (3冊) 102
414. 봄날(「春日」) ………………………………………………………………………… (3冊) 103

문인천(聞人倩) __ (3冊) 104
415. 봄날(「春日」) ………………………………………………………………………… (3冊) 104

서효목(徐孝穆) __ (3冊) 105
416. 명령을 받아 붓 가는 대로 장난삼아 쓴 시(「走筆戲書應令」) ……………… (3冊) 106
417. '춤'이란 시를 받들어 화운하다(「奉和詠舞」) ………………………………… (3冊) 107
418. 왕 사인의 '손님을 전송하러 간 뒤 돌아오지 않는 사람을 규방에서 기다리는 여인이 있네'라는 시에 화운하여
(「和王舍人'送客未還閨中有望'」) ………………………………………………… (3冊) 108
419. 양 연주자사의 집안 기녀를 대신해 선물받은 거울에 응답한 시
(「爲羊兗州家人答餉鏡」) …………………………………………………………… (3冊) 109

오자(吳孜) __ (3冊) 111
420. 봄 규방의 원망(「春閨怨」) ………………………………………………………… (3冊) 111

탕승제(湯僧濟) __ (3冊) 112
421. 우물을 치다가 금비녀를 주운 것을 노래하다(「詠渫井得金釵」) ………… (3冊) 112

서비(徐悱) 처(妻) 유씨(劉氏) __(3冊) 114
422. '반첩여의 원망'이란 시에 화운하여(「和婕妤怨」) ……………………………… (3冊) 114

왕숙영(王叔英) 처(妻) 유씨(劉氏) __(3冊) 115
423. '왕소군의 원망'이란 시에 화운하여(「和昭君怨」) ……………………………… (3冊) 115

사마상여(司馬相如) __(3冊) 122
427. 거문고 노래 1(「琴歌」 其一) ……………………………… (3冊) 122
428. 거문고 노래 2(「琴歌」 其二) ……………………………… (3冊) 124

오손공주(烏孫公主) __(3冊) 124
429. 가시(「歌詩」) ……………………………… (3冊) 125

장형(張衡) __(3冊) 132
434. 네 가지 근심 1(「四愁詩」 其一) ……………………………… (3冊) 133
435. 네 가지 근심 2(「四愁詩」 其二) ……………………………… (3冊) 134
436. 네 가지 근심 3(「四愁詩」 其三) ……………………………… (3冊) 135
437. 네 가지 근심 4(「四愁詩」 其四) ……………………………… (3冊) 136

진가(秦嘉) __(3冊) 137
438. 아내에게 주는 시(「贈婦詩」) ……………………………… (3冊) 137

위(魏) 문제(文帝) __(3冊) 139
439. 악부 '연가행' 1(「樂府燕歌行」 其一) ……………………………… (3冊) 139
440. 악부 '연가행' 2(「樂府燕歌行」 其二) ……………………………… (3冊) 140

조식(曹植) __(3冊) 142
441. 악부 '박명한 여인'(「樂府妾薄命行」) ……………………………… (3冊) 142

부현(傅玄) __(3冊) 145
442. 가을을 지나며 '동도행'(「歷九秋篇 董逃行」(六言)) ……………………………… (3冊) 145
443. 수레는 흔들흔들(「車遙遙篇」) ……………………………… (3冊) 149
444. 연나라 아가씨 아름답고(「燕人美篇」) ……………………………… (3冊) 150
445. '네 가지 근심'을 본뜬 시 1(「擬四愁詩」 其一) ……………………………… (3冊) 151
446. '네 가지 근심'을 본뜬 시 2(「擬四愁詩」 其二) ……………………………… (3冊) 153
447. '네 가지 근심'을 본뜬 시 3(「擬四愁詩」 其三) ……………………………… (3冊) 154
448. '네 가지 근심'을 본뜬 시 4(「擬四愁詩」 其四) ……………………………… (3冊) 156

소백옥(蘇伯玉) 처(妻) __(3冊) 157
449. 쟁반 안에 쓴 시(「盤中詩」) ························ (3冊) 157

장재(張載) __(3冊) 160
450. '네 가지 근심'을 본뜬 시 1(「擬四愁詩」 其一) ························ (3冊) 161
451. '네 가지 근심'을 본뜬 시 2(「擬四愁詩」 其二) ························ (3冊) 162
452. '네 가지 근심'을 본뜬 시 3(「擬四愁詩」 其三) ························ (3冊) 163
453. '네 가지 근심'을 본뜬 시 4(「擬四愁詩」 其四) ························ (3冊) 164

육기(陸機) __(3冊) 166
455. 악부 연가행(「樂府燕歌行」) ························ (3冊) 166

포조(鮑照) __(3冊) 167
456. '회남왕'을 계승하여 1(「代淮南王」 其一) ························ (3冊) 167
457. '회남왕'을 계승하여 2(「代淮南王」 其二) ························ (3冊) 168
458. '백저가'를 계승하여 1(「代白紵歌辭」 其一) ························ (3冊) 169
459. '백저가'를 계승하여 2(「代白紵歌辭」 其二) ························ (3冊) 170
460. 인생살이 어렵고 1(「行路難」 其一) ························ (3冊) 171
461. 인생살이 어렵고 2(「行路難」 其二) ························ (3冊) 173
462. 인생살이 어렵고 3(「行路難」 其三) ························ (3冊) 174
463. 인생살이 어렵고 4(「行路難」 其四) ························ (3冊) 175

석보월(釋寶月) __(3冊) 176
464. 인생살이 어렵고(「行路難」) ························ (3冊) 176

육궐(陸厥) __(3冊) 178
465. 이부인과 귀인(「李夫人及貴人歌」) ························ (3冊) 179

심약(沈約) __(3冊) 180
466. 누각에 올라 가을달을 바라보며(「登臺望秋月」) ························ (3冊) 180
467. 꽃밭에서 만나 봄바람을 맞으며(「會圃臨春風」) ························ (3冊) 183
468. 봄날의 백저곡(「春日白紵曲」) ························ (3冊) 186
469. 가을날의 백저곡(「秋日白紵曲」) ························ (3冊) 187

오균(吳均) __(3冊) 188
470. 인생살이 어렵고 1(「行路難」 其一) ························ (3冊) 188
471. 인생살이 어렵고 2(「行路難」 其二) ························ (3冊) 191

장솔(張率) __(3冊) 193
472. 악부 '오랜 그리움'을 본뜬 시 1(「擬樂府長相思」 其一) ……… (3冊) 193
473. 악부 '오랜 그리움'을 본뜬 시 2(「擬樂府長相思」 其二) ……… (3冊) 194
474. 백저가 1(「白紵歌辭」 其一) ……… (3冊) 195
475. 백저가 2(「白紵歌辭」 其二) ……… (3冊) 195

비창(費昶) __(3冊) 196
476. 인생살이 어렵고 1(「行路難」 其一) ……… (3冊) 196
477. 인생살이 어렵고 2(「行路難」 其二) ……… (3冊) 198

황태자(皇太子) 성제(聖製) __(3冊) 200
478. 까마귀 깃들고 1(「烏棲曲」 其一) ……… (3冊) 200
479. 까마귀 깃들고 2(「烏棲曲」 其二) ……… (3冊) 201
480. 까마귀 깃들고 3(「烏棲曲」 其三) ……… (3冊) 202
481. 까마귀 깃들고 4(「烏棲曲」 其四) ……… (3冊) 203
482. 잡구 '종군하여'(「雜句從軍行」) ……… (3冊) 203
483. 시중 소자현의 '봄날의 이별'에 화운하여 1(「和蕭侍中子顯春別」 其一) … (3冊) 206
484. 시중 소자현의 '봄날의 이별'에 화운하여 2(「和蕭侍中子顯春別」 其二) … (3冊) 206
485. 시중 소자현의 '봄날의 이별'에 화운하여 3(「和蕭侍中子顯春別」 其三) … (3冊) 207
486. 시중 소자현의 '봄날의 이별'에 화운하여 4(「和蕭侍中子顯春別」 其四) … (3冊) 208
487. 잡구 '봄날의 서정'(「雜句春情」) ……… (3冊) 209
488. 고시를 본뜬 시(「擬古」) ……… (3冊) 210
489. 기루의 원망(「倡樓怨節」) ……… (3冊) 211

상동왕(湘東王) __(3冊) 212
490. 명령에 따라 지은 '봄날의 이별' 1(「春別應令」 其一) ……… (3冊) 212
491. 명령에 따라 지은 '봄날의 이별' 2(「春別應令」 其二) ……… (3冊) 213
492. 명령에 따라 지은 '봄날의 이별' 3(「春別應令」 其三) ……… (3冊) 214
493. 명령에 따라 지은 '봄날의 이별' 4(「春別應令」 其四) ……… (3冊) 214

소자현(蕭子顯) __(3冊) 215
494. 봄날의 이별 1(「春別」 其一) ……… (3冊) 215
495. 봄날의 이별 2(「春別」 其二) ……… (3冊) 216
496. 봄날의 이별 3(「春別」 其三) ……… (3冊) 217
497. 봄날의 이별 4(「春別」 其四) ……… (3冊) 218
498. 명령에 따라 지은 악부 '까마귀 깃들고' 1(「樂府烏棲曲應令」 其一) …… (3冊) 218
499. 명령에 따라 지은 악부 '까마귀 깃들고' 2(「樂府烏棲曲應令」 其二) …… (3冊) 219
500. 연가행(「燕歌行」) ……… (3冊) 220

왕균(王筠) __(3冊) 222
501. 인생살이 어렵고(「行路難」) ······ (3冊) 222

유효작(劉孝綽) __(3冊) 224
502. 광주자사 원경중과의 자리에서 알던 기녀를 만나다
(「元廣州景仲座見故姬」) ······ (3冊) 224

유효위(劉孝威) __(3冊) 225
503. 명을 받고 지은 고시를 본뜬 시(「擬古應教」) ······ (3冊) 225

서군천(徐君蒨) __(3冊) 226
504. 의양군을 작별하며 1(「別義陽郡」 其一) ······ (3冊) 227
505. 의양군을 작별하며 2(「別義陽郡」 其二) ······ (3冊) 227

왕숙영(王叔英) 부(婦) __(3冊) 228
506. 남편에게(「贈答」) ······ (3冊) 228

심약(沈約) __(3冊) 229
507. 세모에 시든 풀 가엾게 여기며(「歲暮愍衰草」) ······ (3冊) 229
508. 서리가 내려 잎 떨어진 오동나무를 슬퍼하며(「霜來悲落桐」) ······ (3冊) 232
509. 밤길 가다가 학 우는 소리를 듣고(「夕行聞夜鶴」) ······ (3冊) 235
510. 새벽길 가다가 기러기 우는 소리 듣고(「晨征聽曉鴻」) ······ (3冊) 238
511. 패옥 풀고 도시를 떠나며(「解珮去朝市」) ······ (3冊) 240
512. 거친 베옷 걸치고 산동을 지키며(「披褐守山東」) ······ (3冊) 244

가충(賈充) __(3冊) 253
517. 아내 이부인과의 연구시 1(「與妻李夫人連句詩」 其一) ······ (3冊) 253
518. 아내 이부인과의 연구시 2(「與妻李夫人連句詩」 其二) ······ (3冊) 254
519. 아내 이부인과의 연구시 3(「與妻李夫人連句詩」 其三) ······ (3冊) 254

손작(孫綽) __(3冊) 255
520. 애첩 벽옥 1(「情人碧玉歌」 其一) ······ (3冊) 255
521. 애첩 벽옥 2(「情人碧玉歌」 其二) ······ (3冊) 256

왕헌지(王獻之) __(3冊) 257
522. 애첩 도엽 1(「情人桃葉歌」 其一) ······ (3冊) 257
523. 애첩 도엽 2(「情人桃葉歌」 其二) ······ (3冊) 258

도엽(桃葉) __(3冊) 258
524. 왕씨의 '단선가'에 회답한 시 1(「答王團扇歌」 其一) …………………………(3冊) 259
525. 왕씨의 '단선가'에 회답한 시 2(「答王團扇歌」 其二) …………………………(3冊) 259
526. 왕씨의 '단선가'에 회답한 시 3(「答王團扇歌」 其三) …………………………(3冊) 260

사령운(謝靈運) __(3冊) 260
527. 동양강에서의 증답시 1(「東陽谿中贈答」 其一) ………………………………(3冊) 261
528. 동양강에서의 증답시 2(「東陽谿中贈答」 其二) ………………………………(3冊) 262

송(宋) 효무제(孝武帝) __(3冊) 262
529. 정 독호 1(「丁督護歌」 其一) ………………………………………………………(3冊) 263
530. 정 독호 2(「丁督護歌」 其二) ………………………………………………………(3冊) 264
531. 서간의 시를 본뜬 시(「擬徐幹詩」) ………………………………………………(3冊) 265

허요(許瑤) __(3冊) 265
532. 나무혹 베게(「詠柟榴枕」) ……………………………………………………………(3冊) 266
533. 규방 여인이 이웃 사람에게 대답하다(「閨婦答鄰人」) ……………………………(3冊) 266

포령휘(鮑令暉) __(3冊) 267
534. 나그네에게 부치다(「寄行人」) ………………………………………………………(3冊) 267

왕융(王融) __(3冊) 283
555. 고시를 본뜬 시(「擬古」) ……………………………………………………………(3冊) 283
556. 서간체를 계승한 시(「代徐幹」) ……………………………………………………(3冊) 284
557. 가을밤(「秋夜」) ………………………………………………………………………(3冊) 285
558. 불(「詠火」) ……………………………………………………………………………(3冊) 285

사조(謝朓) __(3冊) 286
559. 옥계단의 원망(「玉階怨」) ……………………………………………………………(3冊) 286
560. 금곡원에 모여(「金谷聚」) ……………………………………………………………(3冊) 287
561. 왕손이 길을 떠나다(「王孫遊」) ……………………………………………………(3冊) 287
562. 왕 주부의 '그리운 사람이여' 시에 회답하다(「同王主簿有所思」) ………(3冊) 288

우염(虞炎) __(3冊) 289
563. 그리운 사람이여(「有所思」) ………………………………………………………(3冊) 289

심약(沈約) __(3冊) 290
564. 양양의 흰 쇠말굽(「襄陽白銅鞮」) …………………………………………………(3冊) 290

565. 이른 아침 길을 나섰다가 우연히 옛 여자를 만나 수레 안에서 시를 지어서 주다
(「早行逢故人車中爲贈」) ……………………………… (3冊) 291
566. 그리운 사람이 있는데 오지 않는 이웃을 위해(「爲鄰人有懷不至」) …… (3冊) 292

시영태(施榮泰) __ (3冊) 292
567. 왕소군(「詠王昭君」) ……………………………… (3冊) 292

고상(高爽) __ (3冊) 293
568. 술 따르는 여인(「詠酌酒人」) ……………………………… (3冊) 293

오흥요신(吳興妖神) __ (3冊) 294
569. 사람 태수님께 드리다(「贈謝府君覽」) ……………………………… (3冊) 294

강홍(江洪) __ (3冊) 295
570. 마름을 따며 1(「採菱」 其一) ……………………………… (3冊) 295
571. 마름을 따며 2(「採菱」 其二) ……………………………… (3冊) 296
572. 녹수곡 1(「淥水曲」 其一) ……………………………… (3冊) 297
573. 녹수곡 2(「淥水曲」 其二) ……………………………… (3冊) 297
574. 가을바람 1(「秋風」 其一) ……………………………… (3冊) 298
575. 가을바람 2(「秋風」 其二) ……………………………… (3冊) 299
576. 미인의 치장(「詠美人治妝」) ……………………………… (3冊) 299

범정(范靖) 부(婦) __ (3冊) 300
577. 왕소군의 탄식 1(「王昭君歎」 其一) ……………………………… (3冊) 300
578. 왕소군의 탄식 2(「王昭君歎」 其二) ……………………………… (3冊) 301
579. 물에 비추다(「映水曲」) ……………………………… (3冊) 302

하손(何遜) __ (3冊) 302
580. 남원(「南苑」) ……………………………… (3冊) 302
581. 규방의 원망(「閨怨」) ……………………………… (3冊) 303
582. 남의 첩의 그리움을 대신해서(「爲人妾思」) ……………………………… (3冊) 304
583. 봄바람(「詠春風」) ……………………………… (3冊) 304
584. 가을 규방의 원망(「秋閨怨」) ……………………………… (3冊) 305

오균(吳均) __ (3冊) 306
585. 잡절구 1(「雜絶句」 其一) ……………………………… (3冊) 306
586. 잡절구 2(「雜絶句」 其二) ……………………………… (3冊) 307
587. 잡절구 3(「雜絶句」 其三) ……………………………… (3冊) 307

588. 잡절구 4(「雜絶句」 其四) ……… (3冊) 308

왕승유(王僧孺) __(3冊) 309
589. 봄날의 그리움(「春思」) ……… (3冊) 309
590. 서 복야의 기녀를 대신해서 짓다(「爲徐僕射妓作」) ……… (3冊) 309

서비(徐悱) 부(婦) __(3冊) 310
591. 광택사(「光宅寺」) ……… (3冊) 310
592. 파초잎에 시를 적어 남에게 보여주다(「題甘蕉葉示人」) ……… (3冊) 311
593. 한 가지에 두 개 핀 치자꽃을 따서 사양에게 주며 이 시도 함께 주다 (「摘同心支子贈謝孃, 因附此詩」) ……… (3冊) 312

요번(姚翻) __(3冊) 313
594. 진경지의 미인을 대신해 노래하다(「代陳慶之美人爲詠」) ……… (3冊) 313
595. 꿈에 옛날 애인을 보다(「夢見故人」) ……… (3冊) 313
596. 때가 되었는데 오지 않네(「有期不至」) ……… (3冊) 314

왕환(王環) __(3冊) 315
597. 서풍후의 미인을 대신해서(「代西豊侯美人」) ……… (3冊) 315

양(梁) 무제(武帝) __(3冊) 316
598. 변경 수비(「邊戎詩」) ……… (3冊) 316
599. 촛불(「詠燭」) ……… (3冊) 317
600. 붓(「詠筆」) ……… (3冊) 317
601. 피리(「詠笛」) ……… (3冊) 318
602. 춤(「詠舞」) ……… (3冊) 319
603. 연구시(「連句詩」) ……… (3冊) 319
604. 봄 노래 1(「春歌」 其一) ……… (3冊) 320
605. 봄 노래 2(「春歌」 其二) ……… (3冊) 321
606. 봄 노래 3(「春歌」 其三) ……… (3冊) 322
607. 여름 노래 1(「夏歌」 其一) ……… (3冊) 322
608. 여름 노래 2(「夏歌」 其二) ……… (3冊) 323
609. 여름 노래 3(「夏歌」 其三) ……… (3冊) 324
610. 여름 노래 4(「夏歌」 其四) ……… (3冊) 324
611. 가을 노래 1(「秋歌」 其一) ……… (3冊) 325
612. 가을 노래 2(「秋歌」 其二) ……… (3冊) 326
613. 가을 노래 3(「秋歌」 其三) ……… (3冊) 326
614. 가을 노래 4(「秋歌」 其四) ……… (3冊) 327

615. 자야가 1(「子夜歌」 其一) ······ (3冊) 328
616. 자야가 2(「子夜歌」 其二) ······ (3冊) 329
617. 상성가(「上聲歌」) ······ (3冊) 329
618. 환문가 1(「歡聞歌」 其一) ······ (3冊) 330
619. 환문가 2(「歡聞歌」 其二) ······ (3冊) 331
620. 단선가(「團扇歌」) ······ (3冊) 331
621. 벽옥가(「碧玉歌」) ······ (3冊) 332
622. 양양의 흰 쇠말굽 1(「襄陽白銅鞮歌」 其一) ······ (3冊) 333
623. 양양의 흰 쇠말굽 2(「襄陽白銅鞮歌」 其二) ······ (3冊) 333
624. 양양의 흰 쇠말굽 3(「襄陽白銅鞮歌」 其三) ······ (3冊) 334

황태자(皇太子) __ (3冊) 335
625. 차가운 규방(「寒閨」) ······ (3冊) 335
626. 내리는 비(「行雨」) ······ (3冊) 336
627. 대들보의 먼지(「梁塵」) ······ (3冊) 336
628. 환한 달(「華月」) ······ (3冊) 337
629. 밤이면 밤마다(「夜夜曲」) ······ (3冊) 338
630. 관사에서 성 남쪽으로 돌아와(「從頓還城南」) ······ (3冊) 338
631. 춘강곡(「春江曲」) ······ (3冊) 339
632. 새로 온 제비(「新燕」) ······ (3冊) 340
633. 쟁을 타다(「彈箏」) ······ (3冊) 340
634. 밤에 아내를 뒷배 타고 집에 돌아가게 하다(「夜遣內人還後舟」) ······ (3冊) 341
635. 무릉왕 곁에서 잔을 돌리는 시동 오호(「詠武陵王左右伍嵩傳杯」) ······ (3冊) 342
636. 가슴 아프네 1(「有所傷」 其一) ······ (3冊) 343
637. 가슴 아프네 2(「有所傷」 其二) ······ (3冊) 343
638. 가슴 아프네 3(「有所傷」 其三) ······ (3冊) 344
639. 놀러 나온 사람들(「遊人」) ······ (3冊) 345
640. 미인에게 주는 절구시(「絶句賜麗人」) ······ (3冊) 345
641. 멀리 바라보다(「遙望」) ······ (3冊) 346
642. 근심어린 규방에서 거울을 보다(「愁閨照鏡」) ······ (3冊) 346
643. 뜬구름(「浮雲」) ······ (3冊) 347
644. 차가운 규방(「寒閨」) ······ (3冊) 348
645. '미인이 강을 건너다'에 화답하여(「和人渡水」) ······ (3冊) 348

소자현(蕭子顯) __ (3冊) 349
646. 봄 규방의 그리움(「春閨思」) ······ (3冊) 349
647. 정원 안에서 노는 사람들(「詠苑中遊人」) ······ (3冊) 350

유효작(劉孝綽) __(3冊) 351
648. 멀리 보이는 연잎 따는 미인(「遙見美人採荷」) ……… (3冊) 351
649. 아이들이 마름을 따네(「詠小兒採菱」) ……… (3冊) 351

유견오(庾肩吾) __(3冊) 352
650. 명을 받고 지은 무곡에 대한 노래(「詠舞曲應令」) ……… (3冊) 352
651. 명을 받고 지은 나리의 어린 시첩(「詠主人少姬應教」) ……… (3冊) 353
652. 장신궁의 풀(「詠長信宮中草」) ……… (3冊) 354
653. 석숭의 금곡원 기녀(「石崇金谷妓」) ……… (3冊) 355

왕대경(王臺卿) __(3冊) 355
654. 떠돌이 아내의 높은 누각에 달이 뜨고(「蕩婦高樓月」) ……… (3冊) 356
655. 남포에서 낭군님과 작별하다(「南浦別佳人」) ……… (3冊) 357

유효의(劉孝儀) __(3冊) 357
656. 직녀(「詠織女」) ……… (3冊) 358
657. 돌에 새겨진 연꽃(「詠石蓮」) ……… (3冊) 359

유효위(劉孝威) __(3冊) 359
658. 정양후의 8수의 절구에 창화한 시 중 '처음으로 비녀를 꽂다'
(「和定襄侯八絶初笄」) ……… (3冊) 359

강백요(江伯瑤) __(3冊) 360
659. 정양후의 8수의 절구에 창화한 시 중 '초나라 월나라의 적삼'
(「和定襄侯八絶楚越衫」) ……… (3冊) 360

유홍(劉泓) __(3冊) 361
660. 미소년(「詠繁華」) ……… (3冊) 361

하만재(何曼才) __(3冊) 362
661. 서릉을 대신해 그의 첩을 애도하며(「爲徐陵傷妾詩」) ……… (3冊) 362

소린(蕭驎) __(3冊) 363
662. 배두렁이(「詠衵複」) ……… (3冊) 364

기소유(紀少瑜) __(3冊) 364
663. 남은 등잔불(「詠殘燈」) ……… (3冊) 365

왕숙영(王叔英) 부(婦) __(3冊) 366
664. 저녁 추위(「暮寒」) ······ (3冊) 366

대호(戴滈) __(3冊) 367
665. 졸음(「詠欲眠詩」) ······ (3冊) 367

유효위(劉孝威) __(3冊) 368
666. 고시의 체제로 지은 '잡다한 생각'(「古體雜意」) ······ (3冊) 368
667. 미인(「詠佳麗」) ······ (3冊) 369

기타 작품 목록

※ 이 '기타 작품 목록'은 '작가 작품 목록'에서 제외된 것으로 작가가 없는 작품으로 구성되어 있다.

『옥대신영』 권1

고시(古詩) 8수 ········· (1冊) 65
1. 산에 올라가 궁궁이를 캐고(其一「上山採蘼蕪」) ········· (1冊) 65
2. 차디찬 삭풍에 해는 저물어가고(其二「凜凜歲云暮」) ········· (1冊) 67
3. 하늘하늘 외로이 자라는 한 그루 대나무(其三「冉冉孤生竹」) ········· (1冊) 69
4. 초겨울에 추위가 닥치니(其四「孟冬寒氣至」) ········· (1冊) 71
5. 손님이 먼 데서 오시어(其五「客從遠方來」) ········· (1冊) 73
6. 좌중은 잠시 떠들지 마시고(其六「四坐且莫諠」) ········· (1冊) 74
7. 슬프게 친구와 이별하니(其七「悲與親友別」) ········· (1冊) 76
8. 온화하게 맑은 바람 불어와(其八「穆穆淸風至」) ········· (1冊) 77

*

고악부시(古樂府詩) 6수 ········· (1冊) 78
9. 해가 동남쪽에서 떠올라(其一「日出東南隅行」) ········· (1冊) 79
10. 좁은 길에서 서로 만나니(其二「相逢狹路間」) ········· (1冊) 85
11. 농서행(其三「隴西行」) ········· (1冊) 88
12. 사랑노래(其四「豔歌行」) ········· (1冊) 93
13. 하얗기는 산 위의 눈(其五「皚如山上雪」) ········· (1冊) 94
14. 한 쌍의 고니(其六「雙白鵠」) ········· (1冊) 96

*

29. 한나라 때의 동요(「漢時童謠歌」) ········· (1冊) 122

『옥대신영』 권9

424. 가사 1(「歌辭」 其一) ········· (3冊) 117
425. 가사 2(「歌辭」 其二) ········· (3冊) 119
426. 월인가(「越人歌」) ········· (3冊) 120

*

430. 한나라 성제 때의 동요 1(「漢成帝時童謠歌」 其一) ········· (3冊) 127

431. 한나라 성제 때의 동요 2(「漢成帝時童謠歌」 其二) ······ (3冊) 128
432. 한나라 환제 때의 동요 1(「漢桓帝時童謠歌」 其一) ······ (3冊) 129
433. 한나라 환제 때의 동요 2(「漢桓帝時童謠歌」 其二) ······ (3冊) 130

*

454. 진나라 혜제 때의 동요(「晉惠帝時童謠歌」) ······ (3冊) 165

『옥대신영』 권10

513. 고절구 1(「古絶句」 其一) ······ (3冊) 249
514. 고절구 2(「古絶句」 其二) ······ (3冊) 250
515. 고절구 3(「古絶句」 其三) ······ (3冊) 251
516. 고절구 4(「古絶句」 其四) ······ (3冊) 252

*

535. 석성악(「石城樂」) ······ (3冊) 268
536. 고객악(「估客樂」) ······ (3冊) 269
537. 까마귀 밤에 우네(「烏夜啼」) ······ (3冊) 269
538. 양양악(「襄陽樂」) ······ (3冊) 270
539. 양반아(「楊叛兒」) ······ (3冊) 271
540. 봄 노래(「春歌」) ······ (3冊) 272
541. 여름 노래(「夏歌」) ······ (3冊) 273
542. 가을 노래(「秋歌」) ······ (3冊) 273
543. 겨울 노래(「冬歌」) ······ (3冊) 274
544. 전계(「前谿」) ······ (3冊) 275
545. 상성가(「上聲」) ······ (3冊) 275
546. 환문가(「歡聞」) ······ (3冊) 276
547. 장락가(「長樂佳」) ······ (3冊) 277
548. 독곡가(「獨曲」) ······ (3冊) 278
549. 심양악(「潯陽樂」) ······ (3冊) 279
550. 청양가곡(「青陽歌曲」) ······ (3冊) 279
551. 잠사가(「蠶絲歌」) ······ (3冊) 280
552. 근대 잡시(「近代雜詩」) ······ (3冊) 281
553. 단양 맹주가(「丹陽孟珠歌」) ······ (3冊) 282
554. 전당 소소가(「錢唐蘇小歌」) ······ (3冊) 282

찾아보기

※ 이 찾아보기는 앞에 나오는 원서 수록순에 따른 작가 및 작품의 목록과는 다르게 우리말 독음(두음법칙 적용) 가나다순으로 정리하여 찾아보기 쉽도록 만든 것이다.

작가명

賈充 (3冊) 253
江伯瑤 (3冊) 360
江淹 (2冊) 117
江洪 (2冊) 168, (3冊) 295
甄固 (3冊) 89
甄皇后 (1冊) 184
高爽 (2冊) 173, (3冊) 293
孔翁歸 (2冊) 271
丘巨源 (2冊) 86
丘遲 (2冊) 123
紀少瑜 (3冊) 100, 364
戴暠 (3冊) 367
桃葉 (3冊) 258
陶潛 (1冊) 312
鄧鏗 (3冊) 87
枚乘 (1冊) 97
武陵王 (2冊) 369
無名人 (1冊) 154
聞人倩 (3冊) 104
潘岳 (1冊) 242
班婕妤 (1冊) 117
繁欽 (1冊) 148
范靖 婦 (2冊) 180, (3冊) 300
傅玄 (1冊) 215, (3冊) 145
費昶 (2冊) 256, (3冊) 196
謝靈運 (3冊) 260
司馬相如 (3冊) 122
謝惠連 (1冊) 322
謝朓 (2冊) 97, (3冊) 286
湘東王 (2冊) 361, (3冊) 212
徐幹 (1冊) 140
徐君倩 (3冊) 76
徐君蒨 (3冊) 226
徐陵 (3冊) 105
徐悱 (2冊) 253
徐悱 婦 (3冊) 310
徐悱 妻 (2冊) 273, 280, (3冊) 114
徐淑 (1冊) 132
徐孝穆 (3冊) 105
釋寶月 (3冊) 176
石崇 (1冊) 251
蕭綱 (2冊) 304
蕭紀 (2冊) 369
蕭綸 (2冊) 357
邵陵王 (2冊) 357
蕭驎 (3冊) 363
蘇武 (1冊) 112
蘇伯玉 妻 (3冊) 157
蕭繹 (2冊) 361
蕭衍 (2冊) 283

蕭子顯 (3冊) 39, 215, 349
孫綽 (3冊) 255
宋 孝武帝 (3冊) 262
宋子侯 (1冊) 120
荀昶 (1冊) 314
施榮泰 (2冊) 114, (3冊) 292
辛延年 (1冊) 114
沈滿願 (2冊) 180
沈約 (2冊) 127, (3冊) 180, 229, 290
樂府 (3冊) 40
顔延之 (2冊) 41
梁 武帝 (2冊) 283, (3冊) 316
楊方 (1冊) 297
吳均 (2冊) 207, (3冊) 188, 306
吳邁遠 (2冊) 70
烏孫公主 (3冊) 124
吳孜 (3冊) 111
吳興妖神 (3冊) 294
阮籍 (1冊) 210
王鑒 (1冊) 305
王筠 (3冊) 44, 222
王臺卿 (3冊) 355
王微 (1冊) 318
王素 (2冊) 68
王宋 (1冊) 187
王叔英 婦 (3冊) 228, 366
王叔英 妻 (3冊) 115
王僧達 (2冊) 39
王僧孺 (2冊) 229, (3冊) 309
王融 (2冊) 91, (3冊) 283
王樞 (2冊) 200
王獻之 (3冊) 257
王環 (3冊) 315
王訓 (3冊) 62
姚翻 (2冊) 270, (3冊) 313
虞炎 (3冊) 289
魏 明帝 (1冊) 207
魏 文帝 (1冊) 181, (3冊) 139
爲徐僕射妓作 (3冊) 309
庾肩吾 (3冊) 63, 352
庾丹 (2冊) 203
劉令嫻 (2冊) 273, (3冊) 114
劉邈 (3冊) 96
劉鑠 (1冊) 328
劉細君 (3冊) 124
庾信 (3冊) 90
劉氏 (2冊) 280, (3冊) 114, 115
劉緩 (3冊) 82
柳惲 (2冊) 154
劉駿 (3冊) 262
劉遵 (3冊) 58
劉泓 (3冊) 361
劉孝威 (3冊) 71, 225, 359, 368
劉孝儀 (3冊) 357
劉孝綽 (3冊) 52, 224, 351
劉勳 妻 (1冊) 187
陸厥 (2冊) 112, (3冊) 178
陸機 (1冊) 265, (3冊) 166
陸雲 (1冊) 288
李延年 (1冊) 109
李充 (1冊) 308
張率 (2冊) 248, (3冊) 193
張載 (3冊) 160
張協 (1冊) 295
張衡 (1冊) 123, (3冊) 132
張華 (1冊) 232
曹丕 (1冊) 181
曹毗 (1冊) 310
曹植 (1冊) 189, (3冊) 142
曹叡 (1冊) 207
左思 (1冊) 256
秦嘉 (1冊) 126, (3冊) 137
秦嘉 妻 (1冊) 132
陳琳 (1冊) 137
蔡邕 (1冊) 134
湯僧濟 (3冊) 112
鮑令暉 (2冊) 78, (3冊) 267
鮑子卿 (2冊) 174

鮑照　(2冊) 51, (3冊) 167
鮑泉　(3冊) 79
何曼才　(3冊) 362
何思澄　(2冊) 276
何遜　(2冊) 185, (3冊) 302
何子朗　(2冊) 177
許瑤　(3冊) 265
皇太子　(2冊) 304, (3冊) 200, 335

작품명

歌辭　(3冊) 117
歌詩　(1冊) 110, (3冊) 125
脚下履　(2冊) 146
看新婦　(2冊) 195
江南曲　(2冊) 163
客從遠方來　(1冊) 73
車遙遙篇　(3冊) 149
車中見美人　(2冊) 359
去妾贈前夫　(2冊) 227
建興苑　(3冊) 100
見貴者初迎盛姬聊爲之詠　(2冊) 232
見人織聊爲之詠　(3冊) 97
鏡臺　(2冊) 110
輕薄篇　(2冊) 187
敬酬柳僕射征怨　(2冊) 124
敬酬劉長史詠名士悅傾城　(3冊) 82
估客樂　(3冊) 269
苦相篇 豫章行　(1冊) 218
鼓瑟曲 有所思　(2冊) 244
古詩　(1冊) 65
古詩爲焦仲卿妻作　(1冊) 154
古詩題　(3冊) 229
古樂府詩　(1冊) 78
古意　(2冊) 91, 149, 294
古意應蕭信武教　(2冊) 200
古意贈今人　(2冊) 82
古離別　(2冊) 118
古絶句　(3冊) 249
古體　(2冊) 118
古體雜意　(3冊) 368
鼓吹曲　(2冊) 158, 268
敲吹曲 折楊柳　(3冊) 99
共內人夜坐守歲　(3冊) 77
光宅寺　(3冊) 310
嬌女詩　(1冊) 257
閨婦答鄰人　(3冊) 266
閨怨　(2冊) 191, (3冊) 303
閨妾寄征人　(2冊) 372
近代西曲歌　(3冊) 268
近代吳歌　(3冊) 272
近代雜歌　(3冊) 279
近代雜詩　(3冊) 281
琴歌　(3冊) 122
棄婦詩　(1冊) 204
淇上戲蕩子婦示行事　(3冊) 54
起夜來　(2冊) 164
寄行人　(3冊) 267
金谷聚　(3冊) 287
落梅　(2冊) 111
洛陽道　(2冊) 316
落日看還　(3冊) 80
蘭若生春陽　(1冊) 105
南苑　(3冊) 302
南苑看游者　(3冊) 79
南苑逢美人　(2冊) 278
南苑還看人　(3冊) 67
南浦別佳人　(3冊) 357
南湖　(2冊) 319
內顧詩　(1冊) 243
凜凜歲云暮　(1冊) 67
團扇歌　(3冊) 331
丹陽孟珠歌　(3冊) 282
答唐孃七夕所穿針　(2冊) 280
答徐侍中爲人贈婦　(2冊) 125
答詩　(1冊) 133
答王團扇歌　(3冊) 259

答外詩　(2冊) 273
塘上行　(1冊) 286
代葛沙門妻郭小玉詩　(2冊) 84
代京洛篇　(2冊) 54
代古　(1冊) 327
代舊姬有怨　(2冊) 360
代孟冬寒氣至　(1冊) 331
代明月何皎皎　(1冊) 330
代美女篇　(3冊) 43
對房前桃樹詠佳期贈內　(2冊) 255
代白紵歌辭　(3冊) 169
代徐幹　(3冊) 284
代西豐侯美人　(3冊) 315
代蘇屬國婦　(2冊) 292
代樂府　(2冊) 313
大堤　(2冊) 321
對酒　(2冊) 251
代陳慶之美人爲詠　(3冊) 313
代青青河畔草　(1冊) 333
代秋胡婦閨怨　(2冊) 358
代行行重行行　(1冊) 329
代淮南王　(3冊) 167
度關山　(2冊) 159
悼亡詩　(1冊) 246
悼往　(2冊) 153
搗衣　(1冊) 325
擣衣　(2冊) 236, 285
擣衣詩　(2冊) 155
獨曲　(3冊) 278
獨不見　(2冊) 158
冬歌　(3冊) 274
同郭侍郎采桑　(2冊) 270
董嬌嬈詩　(1冊) 120
同聲歌　(1冊) 123
東城高且長　(1冊) 100
冬宵　(3冊) 86
同蕭長史看妓　(2冊) 369
同蕭治中十詠　(3冊) 356
東陽谿中贈答　(3冊) 261
同王主簿怨情　(2冊) 100
同王主簿有所思　(3冊) 288
同庾肩吾四詠　(2冊) 322
同劉諮議詠春雪　(2冊) 343
冬曉　(2冊) 325
燈　(2冊) 107
登高望春　(2冊) 128
登臺望秋月　(3冊) 180
登顔園故閣　(2冊) 362
梁塵　(3冊) 336
歷九秋篇 董逃行　(3冊) 145
孌童　(2冊) 355
蓮舟買荷度　(2冊) 322
領邊繡　(2冊) 145
淥水曲　(3冊) 297
隴西行　(1冊) 88
臨高臺　(2冊) 297
林下妓　(2冊) 353
晚景出行　(2冊) 344
萬山見采桑人　(3冊) 96
陌上桑　(2冊) 221
孟冬寒氣至　(1冊) 71
明月篇　(1冊) 225
明月何皎皎　(1冊) 108
暮寒　(3冊) 366
穆穆清風至　(1冊) 77
夢見故人　(3冊) 313
夢見美人　(2冊) 150
夢還詩　(2冊) 61
巫山高　(2冊) 96, 268
美女篇　(1冊) 197
美人晨妝　(2冊) 351
盤中詩　(3冊) 157
班婕妤　(2冊) 120
芳樹　(2冊) 296
北渚　(2冊) 320
白紵歌辭　(3冊) 195
繁華應令　(3冊) 59
碧玉歌　(3冊) 332

邊戎詩 (3冊) 316
別義陽郡 (3冊) 227
奉和湘東王教班婕妤 (2冊) 272, 276
奉和湘東王應令冬曉 (3冊) 73
奉和世子春情 (3冊) 89
奉和率爾有詠 (3冊) 62
奉和夜聽妓聲 (3冊) 88
奉和詠舞 (3冊) 91, 107
賦得當壚 (2冊) 352
賦得遺所思 (3冊) 57
賦得橫吹曲長安道 (3冊) 66
賦樂器名得箜篌 (2冊) 346
賦樂府得大垂手 (2冊) 345
賦詠得照棋燭刻五分成 (3冊) 55
浮雲 (3冊) 347
浮萍篇 (1冊) 202
飛來雙白鵠 (2冊) 70
悲與親友別 (1冊) 76
四愁詩 (3冊) 132
四坐且莫諠 (1冊) 74
霜來悲落桐 (3冊) 232
相逢行 (2冊) 248
相逢狹路間 (1冊) 85
上山採蘼蕪 (1冊) 65
上聲 (3冊) 275
上聲歌 (3冊) 329
西北有高樓 (1冊) 98
徐尙書座賦得可憐 (2冊) 202
西長安行 (1冊) 228
席 (2冊) 109
石城樂 (3冊) 268
石崇金谷妓 (3冊) 355
夕行聞夜鶴 (3冊) 235
涉江采芙蓉 (1冊) 103
聖製樂府 (2冊) 305
歲暮愍衰草 (3冊) 229
昭君辭 (2冊) 130
少年新婚爲之詠 (2冊) 131
率爾成詠 (2冊) 349
送別於建興苑相逢 (3冊) 68
愁閨照鏡 (3冊) 346
侍宴賦得龍沙宵月明 (3冊) 71
新成安樂宮 (2冊) 313
新燕 (3冊) 340
晨征聽曉鴻 (3冊) 238
室思 (1冊) 141
潯陽樂 (3冊) 279
十詠 (2冊) 145
雙桐生空井 (2冊) 314
雙白鵠 (1冊) 96
樂府 (1冊) 280
樂府塘上行 (1冊) 185
樂府詩 (1冊) 207
樂府燕歌行 (3冊) 139, 166
樂府烏棲曲應令 (3冊) 218
樂府妾薄命行 (3冊) 142
仰和何僕射還宅懷故 (3冊) 94
皚如山上雪 (1冊) 94
夜遣內人還後舟 (3冊) 341
夜夢還家 (2冊) 204
夜愁 (2冊) 234
夜夜曲 (2冊) 136, (3冊) 338
夜游柏齋 (2冊) 364
夜聽妓 (2冊) 102
夜聽妓賦得烏夜啼 (3冊) 56
夜聽擣衣 (1冊) 311
楊叛兒 (3冊) 271
襄陽白銅鞮 (3冊) 290
襄陽白銅鞮歌 (3冊) 333
襄陽樂 (3冊) 270
陽春曲 (2冊) 72
陽春發和氣 (2冊) 263
於淸河見輓船士新婚別妻 (1冊) 182
與司馬治書同聞鄰婦夜織 (2冊) 233
與柳惲相贈答 (2冊) 214
與妻李夫人連句詩 (3冊) 253
燕歌行 (3冊) 220
連句詩 (3冊) 319

燕人美篇 (3冊) 150
冉冉孤生竹 (1冊) 69
詠佳麗 (3冊) 369
詠歌姬 (2冊) 168
詠邯鄲故才人嫁爲厮養卒婦 (2冊) 104
詠鏡 (2冊) 173
詠枏榴枕 (3冊) 266
詠桃 (2冊) 138
詠得有所思 (3冊) 64
詠燈 (2冊) 184
詠柳 (2冊) 140
詠幔 (2冊) 95
詠晩閨 (2冊) 349
詠晩棲烏 (2冊) 366
詠舞 (2冊) 346, (3冊) 319
詠舞曲應令 (3冊) 352
詠舞妓 (2冊) 194
詠舞女 (2冊) 169
詠武陵王左右伍躡傳杯 (3冊) 342
詠美人觀畫 (2冊) 355
詠美人自看畫應令 (3冊) 65
詠美人治妝 (3冊) 299
詠白鷗嘲別者 (2冊) 197
詠繁華 (3冊) 361
詠步搖花 (2冊) 181
詠琵琶 (2冊) 94
詠席 (2冊) 166
詠石蓮 (3冊) 359
詠渫井得金釵 (3冊) 112
詠少年 (2冊) 228
詠小兒採菱 (3冊) 351
映水曲 (3冊) 302
詠雙燕 (2冊) 64
詠五彩竹火籠 (2冊) 183
詠玉堦 (2冊) 176
詠王昭君 (3冊) 292
詠欲眠詩 (3冊) 367
詠牛女 (1冊) 334
詠苑中遊人 (3冊) 350
詠月 (2冊) 139
詠人棄妾 (2冊) 336
詠酌酒人 (3冊) 293
詠殘燈 (3冊) 365
詠薔薇 (2冊) 171
詠長信宮中草 (3冊) 354
詠笛 (3冊) 318
詠照鏡 (2冊) 190, 262
詠主人少姬應教 (3冊) 353
詠篪 (2冊) 141
詠織女 (3冊) 358
詠倡家 (2冊) 196
詠燭 (3冊) 317
詠秋夜 (2冊) 368
詠春風 (3冊) 304
詠七寶扇 (2冊) 86
詠七夕 (2冊) 192
詠筆 (3冊) 317
詠紅箋 (2冊) 170
詠火 (3冊) 285
詠畫扇 (2冊) 174
詠懷詩 (1冊) 211
詠袙複 (3冊) 364
烏棲曲 (3冊) 200
烏夜啼 (3冊) 269
玉階怨 (3冊) 286
雍州十曲抄 (2冊) 319
翫月城西門 (2冊) 52
王昭君辭 (1冊) 252
王昭君歎 (3冊) 300
王孫遊 (3冊) 287
遙見鄰舟主人投一物, 衆姬爭之, 有客請余爲詠 (3冊) 52
遙見美人採荷 (3冊) 351
遙望 (3冊) 346
羽林郎詩 (1冊) 114
又淸河作 (1冊) 183
元廣州景仲座見故姬 (3冊) 224
遠期 (2冊) 252

怨詩　(1冊) 118, (2冊) 340
月夜詠陳南康新有所納　(2冊) 231
越人歌　(3冊) 120
爲顧彦先贈婦)　(1冊) 276
爲顧彦先贈婦往返　(1冊) 289
爲鄰人有懷不至　(3冊) 292
爲徐陵傷妾詩　(3冊) 362
爲羊兗州家人答餉鏡　(3冊) 109
爲人傷近而不見　(2冊) 239
爲人述夢　(2冊) 238
爲人有贈　(2冊) 242
爲人妾思　(3冊) 306
爲人寵妾有怨　(2冊) 245
爲周夫人贈車騎　(1冊) 278
爲織女贈牽牛　(2冊) 41
爲何庫部舊姬擬蘼蕪之句　(2冊) 240
爲姬人自傷　(2冊) 246
有期不至　(3冊) 314
有女篇 豔歌行　(1冊) 221
遊望　(3冊) 49
有所思　(2冊) 135, 269, 298, (3冊) 289
有所傷　(3冊) 343
遊人　(3冊) 345
六憶詩　(2冊) 142
飮馬長城窟行　(1冊) 135, 138
應令冬曉　(3冊) 70
應令春宵　(3冊) 69
擬客從遠方來　(2冊) 80
擬古　(1冊) 267, (2冊) 63, 221, 277, (3冊) 210, 283
擬古詩　(1冊) 313
擬古應教　(3冊) 225
擬蘭若生春陽　(1冊) 270
擬東城一何高　(1冊) 268
擬落日窓中坐　(2冊) 354
擬明月照高樓　(2冊) 289
擬北樂府　(3冊) 145
擬四愁詩　(3冊) 151, 161
擬三婦　(2冊) 148
擬相逢狹路間　(1冊) 314
擬徐幹詩　(3冊) 265
擬西北有高樓　(1冊) 267
擬涉江采芙蓉　(1冊) 275
擬樂府　(2冊) 70
擬樂府白頭吟　(2冊) 56
擬樂府長相思　(3冊) 193
擬吳均體應教　(3冊) 102
擬長安有狹邪行十韻　(2冊) 287
擬庭中有奇樹　(1冊) 274
擬青青河畔草　(1冊) 273, (2冊) 78
擬青青河邊草　(1冊) 317, (2冊) 147, 291
擬迢迢牽牛星　(1冊) 271
擬沈隱侯夜夜曲　(2冊) 341
人及貴人歌　(3冊) 179
日夕望江贈魚司馬　(2冊) 185
日出東南隅行　(1冊) 79, (3冊) 40
紫蘭始萌　(2冊) 299
子夜歌　(3冊) 328
紫騮馬　(2冊) 318
蠶絲歌　(3冊) 280
雜曲　(2冊) 134
雜句從軍行　(3冊) 203
雜句春情　(3冊) 209
雜詩　(1冊) 98, 187, 190, 239, 295, 319, (2冊) 115, 160
雜詠　(2冊) 107, 137
雜詠和湘東王　(3冊) 84
雜絶句　(3冊) 306
雜題　(3冊) 335
長樂佳　(3冊) 277
長門怨　(2冊) 162
長門后怨　(2冊) 267
長別離　(2冊) 73
張司空離情　(2冊) 121
長相思　(2冊) 75
在王晉安酒席數韻　(2冊) 241
摘同心支子贈謝孃, 因附此詩　(3冊) 312
前谿　(3冊) 275

錢唐蘇小歌 (3冊) 282
前緩聲歌 (1冊) 284
絶句賜麗人 (3冊) 345
折楊柳 (2冊) 317
丁督護歌 (3冊) 263
情詩 (1冊) 147, 233
情人桃葉歌 (3冊) 257
情人碧玉歌 (3冊) 255
庭前有奇樹 (1冊) 106
定情詩 (1冊) 149
題甘蕉葉示人 (3冊) 311
題書後寄行人 (2冊) 81
照流看落釵 (2冊) 323
朝時篇 怨歌行 (1冊) 223
嘲友人 (1冊) 309
早行逢故人車中爲贈 (3冊) 291
種葛篇 (1冊) 200
從頓還城南 (3冊) 338
從頓還城應令 (3冊) 60
從頓蹔還城 (2冊) 335
走筆戲書應令 (3冊) 106
中山王孺子妾歌 (2冊) 113
贈故人 (2冊) 65
贈內 (2冊) 254
贈答 (3冊) 228
贈杜容成 (2冊) 225
贈婦詩 (1冊) 126, (3冊) 137
贈謝府君覽 (3冊) 294
贈王主簿 (2冊) 98
至烏林村見采桑者聊以贈之 (2冊) 201
織婦 (2冊) 300
秦王卷衣 (2冊) 222
晉惠帝時童謠歌 (3冊) 165
執筆戲書 (2冊) 337
倡樓怨節 (3冊) 211
倡婦怨情十二韻 (2冊) 327
採蓮 (2冊) 223
采菱 (2冊) 266
採菱 (3冊) 295
採桑詩 (2冊) 58
妾薄命篇十韻 (2冊) 310
青陽歌曲 (3冊) 279
聽隣妓 (2冊) 89
青青河畔草 (1冊) 104
青青河邊草篇 (1冊) 216
楚妃歎 (2冊) 315
迢迢牽牛星 (1冊) 107
初春 (2冊) 152
初春携內人行戲 (3冊) 78
燭 (2冊) 108
蜀國弦歌篇十韻 (2冊) 308
秋歌 (3冊) 273, 325
秋閨 (3冊) 98
秋閨夜思 (2冊) 333
秋閨怨 (2冊) 247, (3冊) 305
秋閨有望 (2冊) 203
秋蘭篇 (1冊) 227
秋夜 (2冊) 105, (3冊) 47, 85, 285
秋夜凉風起 (2冊) 265
秋日白紵曲 (3冊) 187
秋風 (3冊) 298
秋胡詩 (2冊) 43
春歌 (3冊) 272, 320
春江曲 (3冊) 339
春郊望美人 (2冊) 261
春閨思 (3冊) 349
春閨怨 (3冊) 111
春閨有怨 (2冊) 235
春閨情 (2冊) 348
春別 (3冊) 215
春別應令 (3冊) 212
春思 (3冊) 309
春宵 (2冊) 324
春詠 (2冊) 137, 226
春怨 (2冊) 230
春月 (3冊) 45
春日 (3冊) 103, 104
春日白紵曲 (3冊) 186

七夕　(2冊) 301, 342, (3冊) 93
七夕觀織女　(1冊) 306
七夕月下　(2冊) 40
七夕穿針　(2冊) 165
七月七日詠牛女　(1冊) 323
彈箏　(3冊) 340
蕩婦高樓月　(3冊) 356
八詠　(3冊) 180
披褐守山東　(3冊) 244
夏歌　(3冊) 273, 322
何生姬人有怨　(2冊) 243
學謝體　(2冊) 177
學阮步兵體　(2冊) 68
學靑靑河邊草　(2冊) 198, 199
寒閨　(3冊) 84, 335, 348
漢成帝時童謠歌　(3冊) 126
寒宵三韻　(2冊) 367
漢時童謠歌　(1冊) 122
漢桓帝時童謠歌　(3冊) 129
合歡詩　(1冊) 297
解珮去朝市　(3冊) 240
行路難　(3冊) 171, 176, 188, 196, 222
行雨　(3冊) 336
行行重行行　(1冊) 102
華觀省中夜聞城外擣衣　(2冊) 257
和劉上黃　(2冊) 365
和繆郎視月　(2冊) 179
和班氏詩　(1冊) 229
和湘東王　(3冊) 69
和湘東王名士悅傾城　(2冊) 334
和湘東王三韻　(2冊) 324
和湘東王夜夢應令　(2冊) 370
和湘東王橫吹曲　(2冊) 316
和徐錄事見內人作臥具　(2冊) 329
和昭君怨　(3冊) 115
和蕭記室春旦有所思　(2冊) 260
和蕭洗馬子顯古意　(2冊) 208
和蕭洗馬畵屛風詩　(2冊) 263
和蕭侍中子顯春別　(3冊) 206
和吳主簿　(3冊) 45
和王舍人'送客未還閨中有望'　(3冊) 108
和虞記室騫古意　(2冊) 178
華月　(3冊) 337
和陰梁州雜怨　(3冊) 87
和人渡水　(3冊) 348
和定襄侯八絶初笄　(3冊) 359
和定襄侯八絶楚越衫　(3冊) 360
和婕妤怨　(3冊) 114
歡聞　(3冊) 276
歡聞歌　(3冊) 330
會圃臨春風　(3冊) 183
效古　(2冊) 151
曉思　(2冊) 371
休上人怨別　(2冊) 122
携手　(2冊) 224
戱蕭娘　(2冊) 182
戱作　(2冊) 302
戱作謝惠連體十三韻　(2冊) 325
戱作艶詩　(2冊) 363
戱贈麗人　(2冊) 331
擕手曲　(2冊) 134
艶歌曲　(2冊) 338
艶歌篇十八韻　(2冊) 305
艶歌行　(1冊) 93, 280
郡縣遇見人織率爾寄婦　(3冊) 73